Konstantios II. bei Libanios

Europäische Hochschulschriften
Publications Universitaires Européennes
European University Studies

Reihe III
Geschichte und ihre Hilfswissenschaften

Série III Series III
Histoire, sciences auxiliaires de l'histoire
History and Allied Studies

Bd./Vol. 798

PETER LANG
Frankfurt am Main · Berlin · Bern · New York · Paris · Wien

Eva-Maria Seiler

Konstantios II. bei Libanios

Eine kritische Untersuchung des überlieferten Herrscherbildes

PETER LANG
Europäischer Verlag der Wissenschaften

Die Deutsche Bibliothek - CIP-Einheitsaufnahme

Seiler, Eva-Maria:

Konstantios II. bei Libanios : eine kritische Untersuchung des überlieferten Herrscherbildes / Eva-Maria Seiler. - Frankfurt am Main ; Berlin ; Bern ; New York ; Paris ; Wien : Lang, 1998
(Europäische Hochschulschriften : Reihe 3, Geschichte und ihre Hilfswissenschaften ; Bd. 798)
Zugl.: Hannover, Univ., Diss., 1997
ISBN 3-631-33796-5

Gedruckt auf alterungsbeständigem,
säurefreiem Papier.

D 89
ISSN 0531-7320
ISBN 3-631-33796-5

Printed in Germany 1 2 4 5 6 7

Inhalt

Einleitung

Konstantios II., von 337-361 n. Chr. Herrscher des Römischen Reiches[1], erhielt im Gegensatz zu seinem Vorgänger Konstantin d. Gr. und seinem Nachfolger Julian "Apostata" kaum eine positive Würdigung in der antiken Literatur: Von den christlich-"orthodoxen" Schriftstellern als Häretiker und Epigone seines Vaters Konstantin abgetan[2], von den heidnischen Autoren als ein Gegenspieler Julians, des letzten heidnischen Kaisers, geschmäht[3], fand man kaum etwas Gutes an diesem Kaiser und seiner Regierung.

Auch der heidnische Rhetor Libanios – neben Julian und dem Historiographen Ammianus Marcellinus für uns der wichtigste Gewährsmann für die von paganer Seite geprägten Vorstellungen über Konstantios[4] – zeichnete in seinen julianischen Reden[5] ein prononciert negatives Bild von diesem Kaiser. Nach sei-

---

1 Konstantios II. wurde am 7. August 317 als dritter Sohn Konstantins d. Gr. geboren und am 8. Nov. 324 von seinem Vater zum Caesar ernannt; nach dessen Tod am 22. Mai 337 wurde er zusammen mit seinen Brüdern Konstantin II. und Konstans zum Augustus ausgerufen (9. Sept. 337) und herrschte zunächst über den römischen Osten. Seit seinem endgültigen Sieg über den gallischen Usurpator Magnentius im Jahre 353 regierte er das römische Reich als Alleinherrscher, und zwar bis zu seinem Tode am 3. Nov. 361 (Seeck, 1901 (s.v.Constantius (4)), Sp. 1044-1094).

2 Demandt, 1989, S. 93. Klein, 1977, S. 16-159. Konstantios II. begünstigte im sog. christologischen Streit die Theologie der Gegner des Athanasios. Infolgedessen war er in der sich zuspitzenden Auseinandersetzung in zunehmendem Maße den "infamen Verleumdungen und Haßtiraden" der die athanasianische Position vertretenden Bischöfe ausgesetzt und wurde von ihnen gar als *praecursor Antichristi* beschimpft (Klein, 1977, S. 159).- Zur Problematisierung des Begriffspaares orthodox (= nicänisch) – arianisch und dessen Ersatz durch das Gegensatzpaar athanasianisch – antiathanasianisch siehe unten, S. 30, Anm. 81.

3 Demandt, 1989, S. 93. Schon W. Hartke, Römische Kinderkaiser. Eine Strukturanalyse römischen Denkens und Daseins, Berlin 1951, S. 304, konstatierte, daß das "arianische" Christentum des Konstantios "in den seinem Tode folgenden Jahrzehnten sowohl den julianisch gesonnenen Heiden wie den orthodoxen Christen eine Angriffsfläche (bot)".

4 Eine kurze Quellenübersicht liefert Demandt, 1989, S. 80 f. Eingehend informiert Moreau, 1959, S. 162-64.

5 Es handelt sich bei dieser Quellengruppe um eine Reihe von Ansprachen, welche von Libanios entweder an den lebenden Julian selbst gerichtet sind oder ihn selbst betreffen (orr. 12-16 aus den Jahren 362/3) oder aber den verstorbenen Julian zum

nem Urteil war Konstantios zögerlich, mißtrauisch und ängstlich, dabei in seinen außenpolitischen Unternehmungen erfolglos; im Innern erwies er sich schon durch seinen Herrschaftsstil als Despot, nichtsdestotrotz war er den Eunuchen untertan; die Städte schwächte er in ihrer Wirtschaftskraft durch den Abzug von Kurialen an den Hof und in die neue Hauptstadt; darüber hinaus bedrohte er ihre Freiheiten durch Eingriffe von seiten eines immer mächtiger werdenden Hofbeamtentums; schließlich ruinierte der Kaiser die literarische Bildung (λόγοι) und den Kult der alten Götter (ἱερά) und beging bei all dem – zwecks eigener Machterhaltung – noch in skrupelloser Art und Weise Verwandtenmorde, übte in hinterhältiger Manier Verrat und initiierte ungerechtfertigte Bürgerkriege. Dies ist das Bild, welches Libanios in seinen bekanntesten, den für Julian komponierten Reden von Konstantios II. vermittelte[6].

Die Ereignisse im Zusammenhang mit der Usurpation Julians widersprechen freilich einer solch negativen Einschätzung des Kaisers und seiner Regierung. So ist bekannt, daß der Caesar Julian, nachdem er sich zu Beginn des Jahres 360 in Gallien gegen den regierenden Augustus erhoben hatte[7], bei seinem Vormarsch nicht nur im Osten, sondern auch in den von ihm beanspruchten westlichen Reichsteilen immer wieder auf Opposition[8] stieß: Der *praef.praet.Galliarum* Nebridius verweigerte ihm seinen Eid[9], der *praef.praet.Italiae* Taurus und der *praef.praet.Illyriae* Florentius flohen vor seinen Truppen[10]; Sirmium wurde nur durch die vermittels einer Kriegslist bewirkte Gefangennahme des *mag.equitum et peditum per Illyricum* Lucillianus eingenommen[11]; Italien konnte bis zum Tode des älteren Kaisers "so gut wie gar nicht gewonnen" werden[12], und auch der römische Senat distanzierte sich von den Forderungen des Usurpators, indem er Julian sein bekanntes Schreiben schickte: *auctori tuo reverentiam rogamus*[13]. Nach dem plötzlichen, unerwarteten Tode des Konstantios Ende des Jahres 361 ließ es die Anhänglichkeit der kaiserlichen Truppen, bei denen der ältere Herr-

---

Gegenstand haben (zu nennen sind hier die Reden 17 u. 18 aus den Jahren 364 u. 365 bzw. 368); vgl. Scholl, 1994, S. 2 f.

6 Die hier genannten Vorwürfe werden eingehend in Kap. I 2, II 2 und III 1 dieser Arbeit behandelt. Auf die wenigen Bemerkungen, welche Libanios in seinen übrigen Reden, vorrangig den orr. 19, 30 und 62, über Konstantios und seine Herrschaft machte, ist bei der Behandlung der entsprechenden Themen einzugehen.

7 Szidat, 1977, S. 93.

8 Vgl. Szidat, 1977, S. 88.

9 Amm.Marc.21,5,11.

10 Amm.Marc.21,9,5.

11 Amm.Marc.21,9,5 ff. Bliembach, 1976, S. 2 f.

12 Bliembach, 1976, S. 4 unter Verweis auf den Abfall der Stadt Aquileia.

13 Amm.Marc.21,10,7.

scher noch lange verehrt werden sollte[14], für Julian als ein Gebot der politischen Klugheit erscheinen, dem verstorbenen Rivalen ein feierliches Staatsbegräbnis zu veranstalten[15]. Schließlich wurde der jüngere Kaiser nachdrücklich mit der anhaltenden Popularität des Konstantios konfrontiert, als die Antiochener, welche ihre Stadt einst aus Dankbarkeit Constantia genannt hatten[16], ihm in Sprechchören zuriefen, daß weder das Chi (= Christus) noch das Kappa (= Konstantios) ihnen je ein Unrecht zugefügt hätten[17].

All diese Hinweise auf die Akzeptanz, welche das christliche, konstantinisch geprägte Kaisertum des Konstantios offensichtlich von seiten ganz unterschiedlicher Bevölkerungsgruppen erfuhr, lassen in der Tat Zweifel an dem von Libanios vermittelten negativen Kaiserbild aufkommen. Dabei war Libanios aufgrund seiner persönlichen Lebensumstände eigentlich in besonderem Maße dazu berufen, den Zeitgenossen wie auch der Nachwelt ein historisch relevantes Bild von Konstantios und seiner Regierung zu überliefern: Fast gleichen Alters wie der Kaiser, wurde er im Jahre 314 in Antiocheia am Orontes, der drittgrößten Metropole des Reiches, als Mitglied einer angesehenen Familie und damit auch Angehöriger der städtischen Oberschicht geboren. Seine Laufbahn als Rhetoriklehrer begann Libanios zunächst in den Städten Konstantinopel, Nikaia und Nikomedien[18]. Im Jahre 349 kehrte er – von Konstantios selbst dazu aufgefordert[19] – wieder in die kaiserliche Hauptstadt zurück, die er jedoch trotz vielfacher Auszeichnungen aus nicht ganz geklärten Gründen[20] bald wieder verließ, um sich ab dem Jahre 354 für immer in seiner Heimatstadt Antiocheia niederzulassen[21]. Hier lebte und lehrte Libanios als hochangesehener Rhetor[22] bis zum Ende seines Lebens und hatte die Möglichkeit, mit vielen bedeutenden Persönlichkeiten und höheren Beamten seiner Zeit in Kontakt zu treten[23] und sich

---

14 Amm.Marc.26,7,10. Bliembach, 1976, S. 11.

15 Bliembach, 1976, S. 14.

16 Jul.I, 40 D.

17 Jul.Mis.357 C. 360 A. Wiemer, 1995, S. 194 u. 238.

18 Scholl, 1994, S. 7.

19 Wiemer, 1995, S. 24, Anm. 48.

20 Foerster/Münscher, 1925 (s.v. Libanios), Sp. 2490; einer der Gründe für die von Libanios selbst bezeugte Unzufriedenheit in der kaiserlichen Hauptstadt (Lib.1,75 ff) mochte die überragende Stellung gewesen sein, die der Philosophieprofessor Themistios damals dort bekleidet hatte (ebd.).

21 Scholl, 1994, S. 7.

22 Wiemer, 1995a, S. 114 ff.

23 Libanios war beispielsweise gut bekannt mit dem *praef.praet.Orientis* Strategius Musonianus und soll während dessen Amtszeit (354-58), als sich der Praefekt überwiegend in Antiocheia aufhielt, fast täglich in seinem Amtslokal verkehrt haben; Seeck, 1906 (s.v. Strategius I), S. 282 ff. Wiemer, 1995a, S. 120. Zu weiteren Kontakten des Libanios zu hohen Funktionären unter Konstantios s. Vogler, 1979,

mündlich oder schriftlich – mittels eines umfangreichen Briefverkehrs[24] – über die entscheidenden politischen Ereignisse und Personen seiner Zeit zu informieren.

Den nachhaltigsten Einfluß auf Libanios und seine in den sechziger Jahren komponierten Reden auf Julian sollte freilich Julian selbst ausüben. Der Rhetor hatte den späteren Caesar und Kontrahenten des regierenden Kaisers Konstantios am Ende seines Aufenthalts in Nikomedien, wohl im Jahre 349, kennengelernt[25]. Seitdem stand er nicht nur in Briefverkehr mit ihm[26], sondern die vom Caesar selbst verfaßten Schriften[27] dienten dem Rhetor als wichtigste Quellengrundlage seiner julianischen Reden[28]. "Hauptquelle" der für das negative Konstantiosbild so bedeutsam gewordenen 18. Rede, des ἐπιτάφιος λόγος – einer längeren Grabrede auf Julian –, wurde die uns überlieferte *Epistula ad Athenienses*[29], ein offener Brief Julians an die Athener zwecks Rechtfertigung seiner Erhebung[30]. Demnach bezog Libanios seine Informationen über Konstantios und dessen Verhalten gegenüber dem Caesar[31] hauptsächlich aus einem Schreiben, welches von Julian kurz nach seiner Usurpation als Propagandaschrift gegen den legitimen Kaiser verfaßt worden war[32]. Das aber bedeutet, daß sich der Rhetor bei der Abfassung seines Epitaphios und anderer Reden einer Quelle bediente, deren tendenziöser Charakter das von ihm vermittelte negative Kaiserbild von vornherein dem Verdacht der Einseitigkeit aussetzen muß.

S. 57 ff.

24 Allein aus der Regierungszeit des Konstantios sind uns über 6OO Briefe des Libanios erhalten, von denen die Hälfte an höhere Beamte – insgesamt 82 von ihnen – gerichtet ist; Demandt, 1989, S. 81.

25 Wiemer, 1995, S. 360.

26 Scholl, 1994, S. 8 u. 12. Bliembach, 1976, S. XLVII.

27 Hierunter sind vor allem zu nennen: Die drei uns überlieferten panegyrischen Reden Julians auf Konstantios und Eusebia (or.I-III), die verlorengegangenen Berichte des Caesar über seine Aktivitäten in Gallien und der uns ebenfalls erhaltene Brief Julians an die Athener.

28 Scholl, 1994, S. 13-19. Bliembach, 1976, S. XLVII ff, bestätigt dies für den Epitaphios.

29 Scholl, 1994, S. 18 f. Vgl. Lib.18,115, wo Libanios seine Kenntnis des Briefes an die Athener ausdrücklich bezeugt.

30 Bliembach, 1976, S. XLVII.

31 Julian schilderte in seinem Brief an die Athener ausführlich die vermeintlich schlechte Behandlung, die er durch Konstantios von Jugend an und vor allem auch während seines Caesariats in Gallien erfahren hatte.

32 Schon Stein, 1928, S. 243, urteilte über den Brief Julians "an den Rat und das Volk der Athener": "Von dem agitatorischen Bestreben, an Constantius kein gutes Haar zu lassen, waren die langen Proklamationen beherrscht, die Julianus an den Senat von Rom und an einige griechische Städte richtete".

Darüber hinaus verfolgte Libanios selbst ein apologetisches Interesse mit seiner nach dem Tode des Julian verfaßten[33] Grabrede: So übernahm der Rhetor das von Julian geprägte negative Bild des Konstantios und entwickelte es fort[34], um den von ihm so verehrten letzten heidnischen Kaiser gegen die Angriffe und aufkommende Polemik von christlicher Seite verteidigen zu können. Dadurch erhielt seine Rede "ihrerseits einen polemischen Zug"[35], was sich insbesondere an den verunglimpfenden Äußerungen des Libanios über Konstantios zeigen sollte.

Allerdings sind uns durchaus nicht nur negative Aussagen von Libanios über Konstantios erhalten: Während seines Nikomedienaufenthaltes komponierte der Redner – entweder um die Jahreswende 348/9 oder bereits zum Jahreswechsel 344/5[36], ca. vierzehn bis achtzehn Jahre, bevor er seine julianischen Reden zu verfassen begann – einen Panegyrikos auf Konstantios und seinen Bruder Konstans (= 59. Rede), den er im Auftrage eines anwesenden hohen Beamten dem lokalen Publikum vortrug[37]. An dieser Lobrede erweist sich, daß Libanios, bevor er von den Schriften Julians Kenntnis genommen hatte und bevor er sich als Anhänger des Caesar offensichtlich auch dem von ihm verbreiteten abschätzigen Kaiserbild verpflichtet fühlte, andere Auffassungen von Konstantios und dessen Politik vertrat. Auch sollte Libanios sich vierzig Jahre später bereit zeigen, in einer Rede an den Kaiser Theodosios ein Lob auf die besondere Milde und Nach-

---

33 Zur fraglichen Datierung des Epitaphios in das Jahr 368 oder aber 365 vgl. Wiemer, 1995, S. 60-68.

34 Dies gilt vor allem im Hinblick auf die Kritik des Libanios an der Innenpolitik sowie auch an der Perserkriegsführung des Konstantios (s.u. Kap. I 2.1 u. II 2). Der Brief an die Athener nimmt auf beide Themenbereiche nur ganz kurz Bezug; vgl. Jul.ad.Athen.271 A (angebliche Erfolglosigkeit des Konstantios im Perserkrieg als Strafe für dessen vermeintlich begangene Verwandtenmorde); Jul.ad.Athen.274 C. D (Diffamierung der höfischen Umgebung des Kaisers).

35 Bliembach, 1976, S. XLV f.

36 Traditionellerweise wird die Abfassungszeit der 59. Rede auf die Jahreswende 348/9 gesetzt: s. Foerster/Münscher, 1925 (s.v. Libanios), Sp. 2508. Ebenso: Petit, 1955, S. 19. Callu, 1987, S. 135 f, brachte die Rede mit dem 25-jährigen Regierungsjubiläum des Konstantios in Verbindung und datierte sie deshalb auf den 8. Nov. 348. Dagegen will Portmann, 1989, S. 1-18, insbes. S. 13 f, die Rede auf die Jahreswende von 344/5 zurückdatieren; diese Umdatierung ist für die Interpretation des in der Rede vermittelten Konstantiosbildes jedoch nicht von Belang.

37 Lib.59,4 u. 6 ; Wiemer, 1994, S. 513, vermutet dahinter den Statthalter von Bithynia oder den *vicarius Ponticae*. Lib.59,72 (Verweis auf den Vortragsort Nikomedien). Vgl. Wiemer, 1995, S. 185. Callu, 1987, S. 136, plädiert dafür, daß die Rede entsprechend seinem Datierungsvorschlag auf den Tag des 25-jährigen Regierungsjubiläums des Konstantios im Beisein des Kaisers vorgetragen wurde, was Wiemer, 1994, S. 513, mit einleuchtenden Argumenten widerlegt.

sicht des Konstantios anzustimmen[38] und diesem Kaiser damit die nach traditioneller Auffassung höchsten Herrschertugenden zuzugestehen.

Erstaunlich ist nun, daß diese dem negativen Bild des Konstantios widersprechenden Äußerungen des Libanios in der modernen Forschung wenig Beachtung gefunden haben; vielmehr ist das von Julian zu eigenen Rechtfertigungszwecken entworfene und von Libanios – wie später auch von Ammian[39] – übernommene und erweiterte abschätzige Kaiserbild hier mehr oder weniger akzeptiert worden: Die Darstellungen eines Seeck[40], Moreau[41], Piganiol[42], wie auch die von Stein[43], Jones[44], Heuss[45] u.a.[46] geben immer wieder die vorurteilsbehafteten Sichtweisen der antiken heidnischen Autoren wieder. Auch Paul Petit verteidigte gegen Chantal Vogler das "assez triste image" dieses Kaisers[47], wiewohl sich in seinem bekannten Werk "Libanios et la vie municipale à Antioche"[48] zahlreiche Belege für eine gesetzmäßige und um Rechtlichkeit bemühte Regierung des Konstantios

38 Lib.19,47-49. Vgl. hierzu unten, Kap. III 2.

39 Es ist davon auszugehen, daß auch Ammian die Schriften Julians sowie auch die des Libanios bekannt waren, s. Rosen, 1970, S. 79. Ders., 1982, S. 55.

40 Seeck, 1920/23, Bd. IV, S. 1-302, insbes. S. 28-39 u. S. 300-302.

41 Moreau, 1959, S. 164-178, insbes. S. 164, 167, 170, 177 f.

42 Piganiol, 1947, S. 81-121, insbes. S. 99, 101 f, 119-21.

43 So charakterisierte Stein den Kaiser zwar als einen Regenten von hohem Pflichtgefühl, der auf das Wohl seiner Untertanen bedacht war, und beschrieb ihn – ganz im Gegensatz zu Seeck – als einen keineswegs unfähigen, sondern vorsichtigen und "mit dem Blute seiner Soldaten überaus sparsam()" umgehenden Feldherrn; darüber hinaus schilderte er ihn aber – hierin Ammian und Libanios folgend – als argwöhnischen und hinterhältigen Kabinettspolitiker, der seiner Umgebung, insbesondere den Hofeunuchen, "eine oft verderbliche Macht einräumte"; s. Stein, 1928, S. 201-245, insbes. S. 205 f sowie S. 218 f, 240, 242.

44 Wenn Jones, 1964, I, S. 127, etwa schreibt: "Constantius II was notoriously under the thumb of his eunuchs", so zitiert er Lib.18,152, wo es von dem *praepositus sacri cubiculi* Eusebius heißt, daß er Konstantios "unter seiner Fuchtel" gehabt hätte; vgl. hierzu unten, Kap. II 2.1.2, wo diese dem Konstantios von Libanios vorgeworfene Abhängigkeit von seinen Eunuchen diskutiert und widerlegt wird.

45 Heuss, ²1964, S. 462, kommentiert die Usurpation Julians mit den Worten, daß das "Mißtrauen des Konstantios" ihn nicht – wie noch seinen Bruder Gallus – "in den Tod (trieb), sondern in den Aufstand gegen den Kaiser"; einer solchen, der libanianischen Darstellung folgenden Interpretation der damaligen Ereignisse wird in Kap. III 1.2. u. 1.3. entgegenzutreten sein.

46 So urteilte Klein, 1978, S. 7-9, beispielsweise über die von Geffcken (1914) und Bidez (1930) herausgegebenen Julianbiographien und die in ihnen vermittelten Konstantiosbilder, daß "sie allzusehr der heidnischen Julianpanegyrik verpflichtet" seien.

47 Petit, 1981, S. 656 (in seiner Rezension des Buches von Ch. Vogler, Constance II et l' administration imperiale, Strasbourg 1979).

48 Petit, 1955.

auffinden lassen[49]. Noch 1989 schrieb Demandt, daß das (von Ammian geprägte) überwiegend negative Konstantiosbild "bisher keiner nennenswerten Verzerrung überführt werden" konnte[50], womit er insofern irrte, als Klaus Rosen bereits in seinen 1968 veröffentlichten "Studien zur Darstellungskunst und Glaubwürdigkeit des Ammianus Marcellinus" überzeugend dargelegt hatte, wie dieser spätantike Geschichtsschreiber und Anhänger des Julian gegen Konstantios II. Stellung bezog, indem er durch die Art seiner Darstellung Fakten verdrehte oder sie gar – nachweislich – wissentlich verschwieg[51].

Diese einseitige Parteinahme für Julian noch bis in die Gegenwart hinein ist vielleicht mit jener "extrem tendenziös(en)" Quellenlage zu erklären, welche "schon als solche zur Entstehung romantischer Ansichten über Julian in der Neuzeit führen mußte"[52]. So gewinnt man den Eindruck, daß auch von seiten der althistorischen Forschung dem Apostaten als einem der "letzten Heiden" und engagierten Verteidiger klassischer Bildungstraditionen Sympathien entgegengebracht wurden, welche zu teilweise unkritischem, nicht immer historisch fundiertem Urteil über ihn – und in der Folge auch über Konstantios – verführten.

Allerdings sind in jüngerer Zeit mehrere Arbeiten zu einzelnen Aspekten der Regierung dieses Kaisers oder seiner Dynastie erschienen, welche die Notwendigkeit einer Überarbeitung des vorherrschend negativen Konstantiosbildes insgesamt aufzeigen: So beschäftigte sich Barceló im Rahmen einer Untersuchung zur Außenpolitik der konstantinischen Dynastie mit den außenpolitischen Strategien des Konstantios und kam dabei zu einer eindeutig positiven Beurteilung seiner Leistungen, indem er zeigen konnte, daß dessen konsequent defensives Vorgehen und grundsätzliche Verhandlungsbereitschaft die den erschöpften Ressourcen des Reiches angemessenen außenpolitischen Verhaltensweisen darstellten[53]. Zuvor waren von Klein im Rahmen einer größeren Untersuchung[54] bereits

49 Siehe unten, Kap. II 2.2.
50 Demandt, 1989, S. 80.
51 Rosen, 1970, passim, insbes. S. 77 ff, 107 ff, 228 ff.
52 Cameron, 1994, S. 114; vgl. ebd., S. 110 ff.
53 Barceló, 1981, S. 24-34, 59-72, 82-98, 105-108.
54 Es handelt sich hierbei um die Arbeit Kleins zur Religionspolitik des Konstantios und seines Verhältnisses zur christlichen Kirche (1977). Zwar werden die darin angesprochenen Probleme nicht direkt Gegenstand der vorliegenden Arbeit sein, weil sie von dem Heiden Libanios nicht thematisiert worden sind; Kleins umfassende Untersuchung liefert aber wichtige Hintergrundinformationen bezüglich des von christlich-orthodoxer Seite entscheidend mitgeprägten negativen Kaiserbildes, insofern als sie die Auffassungen von dem sich nur in religiösen Spitzfindigkeiten ergehenden (Petit, 1981, S. 657), der arianischen Lehre anhängenden sowie "schwankenden" oder aber auch "despotischen" Kaiser (Klein, 1977, S. 16 ff, 68 ff, S 105 ff) überzeugend widerlegt. Infolgedessen ist deren Ergebnis hier kurz zu referieren:

die Verdienste herausgestellt worden, die sich Konstantios zunächst als Caesar und später als Augustus des römischen Ostens bei der Absicherung Armeniens als eines römischen Vasallenstaates gegenüber dem Perserreiche erwarb[55]. Von demselben Autor ist auch die Frage nach der bislang nicht geklärten Rolle des Konstantios bei den in Konstantinopel nach dem Tode seines Vater verübten Morden erneut aufgeworfen worden[56]. Vogler betrachtete die innenpolitischen Stabilisierungsbemühungen dieses Kaisers – insbesondere seinen Einsatz hoher Funktionäre, die von ihm verfolgte Politik eines Ausbaus der Zentrale und der verstärkten regionalen Überwachung – und stellte Konstantios als einen konsequenten Fortsetzer diokletianisch-konstantinischer Reformen dar, dessen Politik durchaus beachtliche Resultate aufzuweisen hatte[57]. Zu ähnlich positiven Ergebnissen kam auch Mudd mit ihren Untersuchungen zur Innenpolitik des Konstantios[58]; darüber hinaus betonte sie die Rechtmäßigkeit der dem Kaiser von den antiken heidnischen Autoren so sehr angelasteten Majestätsprozesse[59], eine Schlußfolgerung, zu der auch bereits Rosen im Zuge seiner Ammianstudien gelangt war[60]. Das gerade auch von Libanios immer wieder scharf kritisierte Verhalten des Konstantios gegenüber seinem Neffen und Caesar Julian ist von del Tredici[61], vor allem aber von Wirth[62] untersucht und gerechtfertigt worden.

Dagegen hat Konstantios II. bei den speziell mit Libanios befaßten Forschern bislang kaum Beachtung gefunden. So sind die jüngsten der ohnehin äußerst spärlich erscheinenden Veröffentlichungen zu Libanios[63] wiederum ausschließ-

---

Das Resümee Kleins lautete (ebd. S. 157 f), daß es sich bei dem häufig wiederholten Vorwurf, der "Arianer" Konstantios hätte in despotischer Manier nur sein eigenes Glaubensbekenntnis der gesamten Kirche aufzuoktroyieren versucht, womit die kirchliche Freiheit verletzt und die Spaltung innerhalb der Kirche weiter vorangetrieben worden wäre, lediglich um eine geschickte Propaganda von seiten der christlichen Orthodoxie gehandelt habe. Richtig dagegen sei, daß Konstantios zielstrebig und konsequent die Wiederherstellung der kirchlichen Einheit und bekenntnismäßigen Eintracht unter den Christen angestrebt hätte; dabei hätte der Kaiser die Glaubensformel favorisiert, welche "als eine weitreichende Klammer erschien, um gewiß divergierende, aber nicht grundsätzlich verschiedene theologische Meinungen einzuschließen. Ausgeschlossen blieben ihm allein die Extreme auf beiden Seiten".

55 Klein, 1977, S. 160 ff.
56 Klein, 1979.
57 Ch. Vogler, 1979.
58 Mudd, 1984, S. 7-231, 269-273.
59 Ebd., S. 27-48.
60 Rosen, 1970, 228-245.
61 Del Tredici, 1983, S. 93-132.
62 Wirth, 1978.
63 Wiemer, 1995, S. 8, bemerkte, daß "Literatur über Libanios überhaupt Mangelware

lich seinem Nachfolger Julian gewidmet[64] und zitieren, sofern sie auf den älteren Kaiser zu sprechen kommen, immer wieder unkommentiert die einseitig negativen Züge des überlieferten Bildes[65].

Diesem Desinteresse an der Person und Herrschaft des Konstantios entspricht, daß der in den vierziger Jahren vefaßte Panegyrikos des Libanios, jener oben bereits erwähnte Βασιλικὸς εἰς Κωνστάντιον καὶ Κώνσταντα (= 59. Rede), von den Libaniosforschern bis dato fast gänzlich übersehen worden ist. So ist die in der Ausgabe Foersters immerhin 88 Seiten umfassende Lobrede insgesamt weder übersetzt[66] noch kommentiert worden und hat abgesehen von zwei kürzeren, ihr als Ganzer gewidmeten Aufsätzen bisher nur beiläufige Bemerkungen gefunden[67]. Die darin enthaltenen Urteile sind auffallend widersprüchlich: So

---

ist". Insofern sind die Arbeiten Paul Petits (siehe Literaturverzeichnis), insbesondere seine Untersuchung "Libanios et la vie municipale à Antioche", immer noch grundlegend für den, der sich mit Libanios und seiner Zeit beschäftigt.

64 Dies gilt für die 1994 veröffentlichte Habilitationsschrift von Scholl "Historische Beiträge zu den julianischen Reden des Libanios" wie auch für die 1995 publizierte Studie von Wiemer zum Verhältnis von Rhetorik und Politik im vierten Jahrhundert n.Chr., welche als die überarbeitete Fassung seiner Dissertation unter dem Titel "Libanios und Julian" herausgegeben worden ist. Auch Bliembach beschränkte sich in ihrem 1976 erschienenen Kommentar zur 18. Rede des Libanios (= dem Epitaphios) auf die Paragraphen 111-308 der Rede und somit auf die Zeit des Vormarsches Julians und seiner kaiserlichen Herrschaft.

65 Beispielsweise erläutert Wiemer, 1995, S. 90, die Äußerung des Libanios, daß Konstantios wegen seines schlechten Gewissens lange zwischen Furcht vor und Vertrauen in Julian geschwankt habe (Lib.13,21), allein mit den Worten: "Hier liegt zweifellos eine Anspielung auf die Morde an den nächsten Verwandten Julians nach dem Tode Konstantins vor, die Constantius später zu bereuen behauptete", was bedeutet, daß Wiemer den Vorwurf des Verwandtenmordes unwidersprochen und uneingeschränkt auf Konstantios sitzen läßt.- Scholl, 1994, S. 76, spricht davon, daß – laut Libanios – Konstanios seinen Caesar "aus Neid und Mißgunst zugrunde zu richten suchte", ohne diese Aussage in irgendeiner Weise zu problematisieren.- Schließlich ist noch Bliembach, 1976, zu zitieren, wenn sie ohne Erklärung schreibt, daß an der "Intrige" gegen Gallus die Eunuchen, "welche unter Konstantius großen Einfluß" ausübten, maßgeblich beteiligt waren (ebd., S. 36) oder daß Julian vor allem die *agentes in rebus* vom Hof verbannte, "die sich durch ihre Spitzeltätigkeit für Konstantius kompromittiert hatten"(S. 45).

66 R. Foerster/E. Richtsteig, *Libanii opera quae supersunt*. Bd. I – XII, Leipzig 1903 – 1927 (Nachdruck 1963), Bd. IV, S. 208 – 296.- In Auszügen findet sie sich ins Englische übertragen bei Dodgeon/Lieu, 1991, S. 155-159, 174-179, 181-186.-Der hier dargebotenen Übersetzung kam es weniger auf eine elegante Ausdrucksweise als auf Genauigkeit an.

67 Dabei handelt es sich zum einen um den bereits erwähnten Aufsatz von Portmann, 1989, der sich mit der Datierungsproblematik der Rede befaßt, zum andern um den

nannte Paul Petit diese Rede des Libanios "la plus détestable de ses productions" und beschrieb sie weiter als "succession de flatteries, clichés littéraires usés, un fatras semé pourtant de renseignements utiles, mais en tout cas très opposé aux véritables sentiments de l'auteur"[68]. Entsprechend deutete Wiemer sie als ein nicht ernst gemeintes Loyalitätsbekenntnis des Libanios zur herrschenden Dynastie und charakterisierte sie an anderer Stelle als ein bloßes Schaustück zwecks reinen ästhetischen Vergnügens[69]. Ganz anders dagegen faßte Klein den Basilikos auf, wenn er ihn als ein durchaus aufrichtig gemeintes Lob interpretierte, in welchem Libanios alle Mittel einsetzte, um die Kriegführung des Konstanios gegen die Perser zu preisen[70].

Bei der im folgenden zu leistenden Interpretation des Basilikos wird es nun darum gehen, gegen Petit und Wiemer nachzuweisen, daß es sich bei dieser Lobrede um ein durchaus ernstgemeintes persönliches Bekenntnis des Libanios handelt; entgegen der Auffassung Kleins soll gezeigt werden, daß dieses aber keinesfalls als unkritisch aufzufassen ist. Das bedeutet, daß der zum Teil so geringschätzig beurteilte Panegyrikos des Libanios auf Konstantios und Konstans hier als ein wichtiges historisches Zeugnis begriffen wird, nämlich der Auffassungen, welche der Rhetor von Konstantios vertrat, bevor er das von Julian zwecks Selbstrechtfertigung entworfene negative Konstantiosbild übernahm und fortentwickelte, um es in ebenfalls apologetischer Absicht einsetzen zu können. Die vorliegende Arbeit verfolgt damit das Ziel, über eine historisch-kritische Untersuchung der Aussagen des Libanios über Konstantios zu einer Klärung des von ihm vermittelten, teilweise widersprüchlichen Herrscherbildes zu gelangen und damit auch eine genauere Kenntnis von der historischen Persönlichkeit des Kaisers und seiner Herrschaft zu gewinnen.

Aus dieser Zielsetzung ergeben sich folgende Untersuchungsschritte. So ist in Kapitel I und II der Arbeit – zunächst bezogen auf die 59. Rede des Libanios und dann auf dessen julianische Reden – folgenden Fragen nachzugehen: Was wird über den Kaiser als außen- und innenpolitisch Handelnden ausgesagt? Wie verhalten sich die von Libanios getroffenen Aussagen zu dem von uns erforschten historischen Geschehen? Welcher rhetorischer Mittel bedient sich der Redner, um seine Auffassungen von Konstantios dem Hörer näherzubringen? Welche Akzentuierungen oder Veränderungen lassen sich an dem von ihm vermittelten Kaiserbild festmachen? Welche Sichtweisen und Wertungen liegen den ein-

---

ebenfalls schon genannten Aufsatz von Callu, 1987, in welchem der Balilikos als ein Reflex konstantinischer Herrscherideologie interpretiert wird.

68 Petit, 1955, S. 185.

69 Wiemer, 1995, S. 185 u. 373 f. Vgl. auch Wiemer, 1994, S. 515: "... the whole speech seems to be based on official views...".

70 Klein, 1978, S. 15 f.

zelnen Vorstellungen zugrunde? Und schließlich: Welche veränderten Darstellungs- und Wirkungsabsichten lassen sich bei der Vermittlung der unterschiedlichen Bilder nachweisen?

Nachdem somit der Versuch unternommen worden ist, die Aussagen des Libanios über den Kaiser als innen- und außenpolitisch Handelnden zu klären und in ihren Bedingungen zu analysieren, wird es im III. Kapitel der Arbeit darum gehen, die einander widerstreitenden Persönlichkeitszüge des Konstantios, welche ihm von Libanios in seinen verschiedenen Schaffensperioden zugeschrieben worden sind, zu hinterfragen. Denn während Libanios den Kaiser in seinen julianischen Reden wiederholt als τύραννος brandmarkte, sollte er ihn in seiner 19. Rede wegen seiner großen Milde und Nachsicht loben bzw. ihm in seiner 59. Rede die Züge eines βασιλεύς zuschreiben. Ziel der quellenkritischen Untersuchung wird es insofern sein, diese Widersprüche aufzulösen bzw. zu erklären, um letztendlich einige Aussagen über die historische Persönlichkeit des in der Antike wie Moderne so viel geschmähten Kaisers zu versuchen.

I) Konstantios als außenpolitisch Handelnder

1. Das frühe Zeugnis der 59. Rede des Libanios: Die Führung des Perserkrieges durch Konstantios

Vorbemerkungen

Im Jahre 333 wurde der künftige Caesar des Ostens und spätere Kaiser Konstantios von seinem Vater Konstantin in den Orient abkommandiert, was nach der längeren Friedenszeit mit dem mächtigen Sassanidenreich "als ein Indiz für die sich verschärfende Lage im Osten gewertet" wird[1]. Insbesondere machte der Mitte der dreißiger Jahre abgewehrte Versuch eines persischen Zugriffes auf Armenien deutlich, daß Sapor II. eine Revision des 298 mit Rom abgeschlossenen Vertrages von Nisibis anstrebte[2]. 337 kam es schließlich – noch zu Lebzeiten Konstantins – zum offenen Ausbruch des Krieges mit den Persern. Dieser sollte sich zwar durch die gesamte Regierungszeit des Konstantios hinziehen und diese schwer belasten; ebensowenig aber gelang es der sassanidischen Monarchie bis 361, den Krieg zu ihren Gunsten zu entscheiden und damit die einst beabsichtigte Rückgewinnung Ostmesopotamiens und Lösung der Armenienfrage in ihrem Interesse zu erzwingen[3].

Welche Bedeutung Libanios dieser Auseinandersetzung mit den Persern von Anfang an beimaß, wird ersichtlich an dem breiten Raum, den der Rhetor in seiner 59. Rede der Abhandlung wichtiger Ereignisse aus jenen ersten Kriegsjahren widmet: Mit 62 von 173 Kapiteln, die der Basilikos insgesamt umfaßt, räumt er dem Geschehen des Perserkrieges mehr als ein Drittel seiner Ausführungen ein; darüber hinaus setzt er dessen Behandlung genau in das Zentrum seiner Rede

---

1 Barceló, 1981, S. 79.

2 Zu den Vertragsbestimmungen im einzelnen wie auch zu den hier angesprochenen Vorgängen s. Barceló, 1981, S. 73 u. 78 ff; Blockley, 1989, S. 468 ff; Klein, 1977, S. 190 ff; Stein, 1928, S. 199 f; Szidat, 1977, S. 63. Sapor hatte Armenien besetzt mit dem Ziel, dort eine persische Sekundogenitur zu errichten und so die persische Schutzherrschaft über diesem Lande erneuern zu können; er war aber von einem vereinten armenisch-römischen Heer geschlagen und aus dem Lande vertrieben worden.

3 Zum Kriegsausbruch und zu den persischen Kriegszielen s. Barceló, 1981, S. 79 ff, 85, 90.

(Kapitel [57]60 -121). Dies weist darauf hin, daß aus der Sicht des Libanios die Führung des Perserkrieges zur wichtigsten Aufgabe des neuen Kaisertums geworden war und damit auch zum Angelpunkt, an welchem sich seine Haltung gegenüber der neuen Herrschaft entscheiden sollte.

1.1. Kriegsvorgeschichte: Das Lob des "großen" Konstantin

In seiner Schrift über den βασιλικὸς λόγος empfiehlt Menander[4], bei der Schilderung der ruhmvollen Taten eines Kaisers dessen kriegerische Leistungen an den Anfang zu setzen[5]. Entsprechend kündigt Libanios an, seine Behandlung der Taten des Kaisers Konstantios mit einem Bericht über dessen Agieren im Perserkrieg zu beginnen[6].

Während nun aber – wie soeben erwähnt – der persische Krieg eine zentrale Stellung innerhalb seiner Erörterung erhält, ist von Konstantios selbst in dem ihm gewidmeten Teil des Panegyrikos zunächst einmal kaum die Rede. Obwohl als Caesar des Ostens bereits seit vier Jahren mit den vorbereitenden militärischen Maßnahmen betraut[7], tritt er in den ersten zwölf Kapiteln, welche die Vorgeschichte des Krieges zum Inhalt haben[8], als aktiv Handelnder überhaupt nicht in Erscheinung. Vielmehr beginnen diese mit einem langen Lob auf den "großen" Konstantin[9] und es berührt merkwürdig, daß nun zunächst noch einmal dem bereits seit Jahren verstorbenen "allergöttlichsten Vater"[10] gehuldigt wird, zumal die Leistungen dieses "allergrößten Kaisers"[11] bereits in dreizehn Kapiteln des von Menander geforderten Abschnittes über die Vorfahren[12] gepriesen worden sind[13].

Libanios erläutert, was er an Konstantin für so bewunderungswürdig hält: Nicht nur, daß jener, der "in jeder Hinsicht Beste"[14] und rastlos Tätige[15], in allen

---

4 Unter dem Namen des Menandros von Laodikeia, einem griechischen Grammatiker und Rhetor des dritten Jahrhunderts n.Chr., ist uns u.a. eine Abhandlung über die Theorie der epideiktischen Rede erhalten (περὶ ἐπιδεικτικῶν).

5 Men.p.372.

6 Lib.59,57 f.

7 Vgl. Barceló, 1981, S. 79. Klein, 1977, S. 198 f.

8 Lib.59,60-72.

9 Lib.59,59.

10 Lib.59,59: ...περὶ τοῦ θειοτάτου ... πατρὸς.

11 Lib.59,47: ...τοῦ μεγίστου βασιλέως.

12 Men.p.370.

13 Lib.59,17-29.

14 Lib.59,60: ...τῷ πάντα ἀρίστῳ.

15 Lib.59,27.

Dingen, welche zur königlichen ἀρετή beitragen, alle früheren Kaiser übertroffen habe[16], sondern darüber hinaus vor allem die kriegerische Tüchtigkeit dieses "zu siegen gewohnten" Kaisers[17]. Von den vielen Kriegen, die er hat bestehen müssen, gäbe es "keinen, von dem er nicht losgekommen wäre, indem er ihn nach seinem Willen beigelegt hat, und auch keinen, den er, nachdem er sich auf ihn eingelassen hat, hätte bereuen müssen, und auch keiner, der ihn ohne Siegeskranz hätte nach Hause zurückkehren lassen, sondern, als ob er einen Vertrag mit der τύχη über einen immerwährenden Sieg abgeschlossen hätte, hat er mutig die Waffen ergriffen und sich das Ende übereinstimmend mit seinen Erwartungen verschafft"[18]. Damit hat Libanios klargestellt, daß Konstantin die anstehende militärische Auseinandersetzung mit den Persern in genauer Voraussicht der zu erwartenden Schwierigkeiten begonnen und sie, wäre er nicht so früh gestorben, in all seiner Fortune auch ganz nach seinem Gutdünken zu führen und zu beenden gewußt hätte.

Daß die Perser es schließlich wagten, "gegen jenen die Hände zu erheben"[19], hatte seinen Grund darin, daß sie – in ihrem Mut bestärkt durch jahrzehntelange, umfassendste Rüstungen[20] – nicht länger gewillt waren, die im Frieden von Nisibis festgelegten Bestimmungen, sprich: den erweiterten Einfluß Roms nach Osten hin[21], auch fernerhin anzuerkennen[22]. Auf die enormen, über 40 Jahre lang währenden Rüstungsanstrengungen seiner persischen Nachbarn läßt Libanios Konstantin allerdings mit großer Gelassenheit reagieren – selbst dann noch, als sie versuchen, sich unter einem bloßen Vorwand von den Römern Eisenerzlieferungen zur Ausrüstung ihrer unverwundbaren Panzerreiter zu verschaffen[23]. In Kenntnis der φύσις dieser Barbaren durchschaut der Kaiser zwar deren listiges und eines freien Mannes an sich unwürdiges Vorgehen; um ihnen aber jeglichen Vorwand zum Kriege zu nehmen und vor allem seinem Sohne nicht waffenlose Feinde zu hinterlassen, gibt er ihrem Ersuchen nach[24]: Konstantin wird hier von Libanios als großartig und überlegen vorgeführt – insofern kann er es sich leisten, μεγαλοφροσύνη, die irrationale Tugend des spätantiken Kaisertums, in überreichem Maße zu üben; als allerdings der Perserkönig eine Gesandtschaft an

---

16 Lib.59,59.

17 Lib.59,60: ...νικᾶν εἰθισμένῳ.

18 Lib.59,59.

19 Lib.59,60: ...ἐκείνῳ ... τὸ Περσικὸν ἔθνος τὰς χεῖρας ἀντήρατο.

20 Lib.59,62-69.

21 Der Friedensvertrag von Nisibis sah vor, daß Rom "das nordöstliche Mesopotamien zurückerhielt, fünf armenisch-persische Provinzen jenseits des Tigris gewann und ein Protektorat über Armenien eingeräumt bekam" (Szidat, 1977, S. 63).

22 Vgl. Lib.59,63. Barceló, 1981, S.73 ff, 79, 85.

23 Lib.59,67 f.

24 Ebd..

den römischen Kaiserhof schickt, "um über die Grenzen zu streiten"[25], erklärt Konstantin den Krieg[26].

Mit der Art seiner Präsentation der Vorgeschichte hat Libanios deutlich gemacht, daß es sich hier um einen gerechtfertigten Krieg handelte, welchen Konstanin für Rom gegen einen die Integrität des Imperiums bedrohenden Aggressor zu führen gedachte. Von irgendwelchen Vermittlungsangeboten Sapors noch kurz vor Kriegsausbruch, für die sich aus anderen Quellen Hinweise entnehmen lassen[27], ist bei ihm nichts zu hören. Auch nach den ersten schwierigen Kriegsjahren, welche dem unvoreingenommenen Beobachter gezeigt haben mußten, daß ein römischer Sieg über die Sassaniden und ihr enormes Machtpotential so ohne weiteres nicht zu erfechten sein würde[28], läßt er auch nicht den Schatten des Verdachts der verantwortungslosen Kriegstreiberei[29] auf Konstantin fallen – der gänzlich souveräne Konstantin, noch dazu im Pakt mit der τύχη stehend, hätte den Krieg schnell und siegreich beendet. Doch es passiert etwas Unerwartetes: Noch auf dem Marsch gegen Persien ereilt ihn der Tod[30].

Damit hatte die Situation sich verändert. Die Leitung des in Gang gesetzten Krieges fiel nun allein in die Hände des kaum zwanzigjährigen Konstantinsohnes Konstantios, der nach dem Tod des Vaters Kaiser über das Ostreich geworden war[31]. Dies brauchte an sich keine Wendung zum Schlechteren hin zu bedeuten, da Konstantin, wie von Libanios ausführlich in 18 Kapiteln berichtet[32], bestrebt gewesen war, seine Söhne frühzeitig auf das Herrscheramt vorzubereiten und ihnen eine umfassende militärische Erziehung und Erfahrung zukommen zu lassen. Umsomehr muß es befremden, daß Libanios in seinem Panegyrikos bislang nichts Konkretes über das Wirken des Konstantios als Caesar des Ostens

---

25 Lib.59,71: πέμπει πρεσβείαν ὑπὲρ τῶν ὅρων ἀμφισβητήσουσαν... . Libanios fährt fort: "...damit, falls wir aus dem Lande wichen, er leicht der Sieger wäre, falls wir aber auf keine Weise wichen, er das als Vorwand für den Krieg benutzen könnte" (59,71). Stein, 1928, S. 200, interpretiert dies als Forderung Sapors an die Römer, Armenien zu räumen. Damit sollte Konstantin gedrängt werden, den Plan der Errichtung einer römischen Schutzherrschaft über Armenien wieder aufzugeben, den er offenbar als Antwort auf das entsprechende persische Vorhaben gefaßt hatte. Zum Hannibalianus-Projekt Konstantins vgl. Barceló, 1981, S. 79 f.

26 Lib.59,72.

27 Euseb.IV 57. Festus XXVI. Barceló, 1981, S. 81. Seeck, 1920/23, Bd. IV, S. 26.

28 Seeck, 1920/23, Bd.IV, S. 7, schreibt dazu: "Während an seinen andern Grenzen das römische Reich nur gegen wilde Stämme zu kämpfen hatte, die ... meist ... vereinzelt angriffen, stand ihm im Osten die geeinigte und organisierte Kraft eines grossen Königtums gegenüber".

29 Vgl. Amm.Marc.25,4,23.

30 Lib.59,72.

31 Piganiol, 1947, S. 81.

32 Lib.59,32-47.

und die von ihm dort durchgeführten militärischen Sicherungs- und Reorganisationsmaßnahmen zu sagen gewußt hatte.

Es ist bekannt, daß Konstantios – hiermit ganz der Logik des von Diokletian erbauten, tiefgestaffelten Verteidigungssystems folgend[33] – als Caesar begann, sich intensiv um eine Verstärkung der vorhandenen Befestigungsanlagen zu bemühen[34]. Dies wird angesichts der drohenden Auseinandersetzung mit den Persern sicherlich dringend erforderlich gewesen sein, denn es "ist zu vermuten, daß in der langen Friedenszeit unter Konstantin für die ständig notwendige Erneuerung und Erweiterung der Grenzanlagen im Osten wenig getan wurde"[35]. Gerade in Zeiten vermehrter Spannungen mit dem Sassanidenreich aber existierte an der langen und aufgrund ihres weitgehenden Mangels an natürlichen Hindernissen schwer zu verteidigenden Ostgrenze das permanente Risiko plötzlicher Einfälle, welche gerade in den flachen, syrisch-mesopotamischen Gegenden gleichsam zu jeder Zeit und an jeder Stelle erfolgen konnten[36]. Konstantios hat diesen Gegebenheiten von Anfang an Rechnung getragen, indem er konsequent all die Kriegsjahre hindurch dafür sorgte, daß die sich entlang der Haupteinfallsstraßen befindenden Festungsstädte und Kastelle gut geschützt, restauriert und munitioniert waren[37]. In seine Caesarenzeit fiel der Wiederaufbau des von den Persern einst zerstörten Antinooupolis und der Ausbau der ehemals kleinen Stadt Amida zu einer starken, mit Mauern, Türmen und Geschützen versehenen Verteidigungsbastion[38].

Daneben scheint der Caesar bestrebt gewesen zu sein, durch verschiedene Reorganisationsmaßnahmen die notorisch schlechte Kampfkraft der Osttruppen[39] anzuheben. Wir wissen, daß er – laut Ammian "der beste Kenner der Übungen der Fußtruppen"[40] – sich persönlich um eine gründliche Schulung neu angeworbener wie auch der älteren Heeresabteilungen bemühte. Zudem bildete er, nachdem er sich selbst zunächst in dieser Waffengattung geübt hatte, vier Vexillationen von *equites clibanarii* den persischen Panzerreitern nach und verstärkte so die römischen *clibanarii*-Formationen um mehr als das Doppelte[41].

---

33 Rosen, 1970, S. 22.

34 Blockley, 1989, S. 472 f. Klein, 1977, S. 198. Piganiol, 1947, S. 63.

35 Klein, 1977, S. 198.

36 Hoffmann, 1969, S. 417.

37 Barceló, 1981, S. 82-98. Noch Ammian erkannte an, daß unter der Regierung des Konstantios "alle Gebiete Mesopotamiens, die häufig beunruhigt werden, durch Garnisonen und Feldposten geschützt waren" (14,3,2). Vgl. Jul.I, 22 A.

38 Amm.Marc.18,9,1. Blockley, 1989, S. 472 f u. Anm. 42.

39 Hoffmann, 1969, S. 214.

40 Amm.Marc.21,16,7.

41 Jul.I, 21 C f. Hoffmann, 1969, S. 213 u. 270-275.

Von solchen planmäßigen Kriegsvorbereitungen und militärischen Sicherungsmaßnahmen des Caesar Konstantios gegen Persien ist bei Libanios allerdings nichts zu hören. Um die Bedeutung des Grenzschutzes sehr wohl wissend, verweist der Redner in diesem Zusammenhang wieder einmal nur auf Konstantin, indem er hervorhebt, daß dieser "die (persischen) Gegner sorgfältig einzäunte"[42]. In früheren, dem Bericht über den Perserkrieg vorangehenden Kapiteln hatte der Rhetor außerdem ganz allgemein verlauten lassen, daß Konstantin, seinen Söhnen Streitkräfte überlassend, den einen dem Westen, den anderen dem Osten voranstellte, damit durch sie die Grenzen des Reiches gegen die Barbaren geschützt würden[43]. Ganz im Stil panegyrischer Topik hatte er weiter ausgeführt, wie sich die Söhne "bewährten, besser als man es hätte wünschen können"[44], und daß sie sich als Diener der Beschlüsse ihres Vaters erwiesen sowie durch ihre vernünftige Besonnenheit und stetigen, sorgfältigen Übungen zeigten, "daß der Vater mehr auf sie selbst als auf ihre Siege stolz sein konnte"[45]. Diese ersten Siege nun konkreter zu benennen, hielt Libanios aber offensichtlich nicht für erforderlich. Vielmehr schien es ihm darauf anzukommen, herauszustellen, daß wiederum alles unter der Ägide Konstantins geschehen und jeder Erfolg letztlich auf dessen weisen Ratschluß zurückzuführen war: Bis zu seinem Tode[46], das heißt, in mehr als einem Drittel dieses seinen Söhnen gewidmeten Panegyrikos, ist Konstantin die alles überragende und beherrschende Figur. Dieses Phänomen sowie die damit einhergehende Unbestimmtheit all der Aussagen, welche sich auf den an und für sich zu preisenden Caesar und späteren Kaiser Konstantios beziehen, verlangt noch nach einer genaueren Erklärung.

Die fehlende Konkretisierung in den Äußerungen Konstantios betreffend kann nicht allein auf ein weitgehendes Informationsdefizit bei Libanios zurückgeführt werden. Der Redner, von offizieller Seite mit der Anfertigung dieses kaiserlichen Panegyrikos betraut[47], war damit für eine Aufgabe von außerordentlicher politischer Bedeutung auserwählt und als qualifiziert befunden worden; zudem zeigen die Berichte anderer Quellen, daß Nachrichten über den Caesar zwar spärlich, aber greifbar waren[48]. Der Hinweis auf die Gesetze der Gattung reicht als Erklärung ebenfalls nicht aus – andere Panegyriken zeigen, daß zwischen rhetorischem Flitterwerk sehr wohl historische Detailinformationen eingestreut

42 Lib.59,67.
43 Lib.59,43 f.
44 Lib.59,46.
45 Lib.59,46.
46 Lib.59,72.
47 Vgl. Lib.or.59,4.6 u. 153. Callu, 1987, S.136 f.
48 Vgl. etwa Amm.Marc.18,9,1 oder Jul.I 13 B ff u. 21 C; dazu: Hoffmann, 1969, S. 270 f.

sein konnten[49]. Es ist vielmehr zu fragen, ob nicht der spezifische Blickwinkel des Libanios und die damit einhergehenden Darstellungsabsichten für seine Art der Präsentation verantwortlich zu machen sind.

Denn zur Abfassungszeit der Rede hatte sich längst herausgestellt, daß Konstantios die in jenen Jahren begonnene Politik der militärischen Defensive, die zwar kräfteschonend war und die Risiken einer offenen Konfrontation mied, aber machtpolitisch wenig eindrucksvoll war, favorisierte, und sie – aus noch zu erläuternden Gründen – weiterhin konsequent und planmäßig verfolgen würde[50]. Libanios ist sich der positiven Auswirkungen einer solchen kontinuierlich und mit allen Mitteln betriebenen Sicherungspolitik bewußt. Nach dem Tode Konstantins wird er zunächst einräumen, daß "für sie (die Städte) als Wächter freilich ein viel Besserer (im Vergleich zu Konstantin) zurückgelassen worden war, um mit Homer zu sprechen", dann aber fortfahren: "oder um es wirklichkeitsnäher auszudrücken, einer, der durchaus nicht nachstand"[51]. Was hier auf den ersten Blick als großes Lob erscheint, nämlich daß Konstantios nicht nur für die Defensive sorgte, sondern dies auch noch zuverlässiger und umfassender tat als der so viel gepriesene Konstantin, wird sogleich wieder zurückgenommen und als eine der Realität nicht entsprechende, in die Form der bloßen literarischen Reminiszenz gekleidete, Aussage abgetan; vom Rhetor sicherlich beabsichtigt, hat dies die Wirkung, daß der Hörer nun auch das im Nachsatz enthaltene, sparsamere Lob nurmehr mit einer gewissen Skepsis aufzunehmen bereit ist.

Das bedeutet: Libanios ist offenkundig nicht gewillt, eine Politik, welche das Schwergewicht auf die militärische Defensive und die damit verbundenen wenig aufsehenerregenden Sicherungsmaßnahmen legt, vorbehaltlos zu würdigen. Insofern unterläßt er es, den Taten des sie verkörpernden Caesar und späteren Kaisers Konstantios besondere Beachtung zu schenken und sie im einzelnen herauszustreichen. Stattdessen huldigt er dem Vater Konstantin und der von ihm vertretenen Politik der entschlossenen und spektakulären militärischen Offensive und tut alles, um den Blick auf diesen – seiner Darstellung nach – größten Kaiser nicht zu verstellen.

Im Hinblick auf Konstantios fühlt sich Libanios lediglich bemüßigt, noch einmal darauf hinzuweisen, daß zwar die Durchführung des Krieges auf den Sohn, dessen Beginn aber bereits unter die Herrschaft des Vaters gefallen war[52];

49 So ist etwa der erste Panegyrikos Julians auf Konstantios reich an historischer Information.

50 Barceló, 1981, S. 82-98. Die Richtlinien der Außenpolitik des Konstantios werden im folgenden noch häufiger zur Sprache kommen.

51 Lib.59,73: ...ταῖς δὲ ἄρα φύλαξ καταλέλειπτο μέγ' ἀμείνων καθ' Ὅμηρον ἢ τό γε ἀληθέστερον κατ' οὐδὲν δεύτερος.

52 Lib.59,60.

die Perser hätten nicht erst nach dem Tode des alten Kaisers gewagt, die Waffen gegen Rom zu erheben, weil damals ihre Furcht geschwunden war[53]. Das heißt, der Zeitpunkt für den Beginn der militärischen Auseinandersetzung sei nicht durch den Herrscherwechsel, sondern allein den Abschluß der persischen Rüstungsanstrengungen bestimmt gewesen und damit könne – laut Libanios – von einer Geringschätzung des Sohnes vonseiten der Perser in diesem Zusammenhang in keiner Weise die Rede sein[54].

Auffallend an dieser sich gegenüber Konstantios so wohlwollend gebärdenden Verteidigung ist, daß die Rede beim Zuhörer eigentlich überhaupt keinen Zweifel daran lassen sollte, unter wessen Regierungszeit der Kriegsausbruch fiel. Es hat den Anschein, als ob Libanios, indem er vorgibt, Konstantios gegen einen mutmaßlichen Angriff zu verteidigen, sich vielmehr eine Möglichkeit verschaffen wollte, seine eigenen Zweifel an dem neuen Ostkaiser und seiner Politik in den ihm gewidmeten Panegyrikos einfließen zu lassen.

Ganz deutlich werden seine Perspektive und der sein Urteil leitende Maßstab noch einmal in der Schlußpassage seiner Vorkriegsgeschichte, wo er auf den Tod des μέγας βασιλεύς zu sprechen kommt. Libanios erklärt die nun eingetretene kritische Situation eines Herrscherwechsels bei Kriegsausbruch, indem er sagt: "... der Stärkere (Gott) sah, daß jener (Konstantin) zwar <schon> an vielen Siegesdenkmälern eingeschrieben war, daß aber von den beiden Söhnen auch derjenige, der gegen die Perser eingesetzt war (Konstantios), sich mit Siegen über die Barbaren auszeichnen können mußte. Und nachdem er das <bei sich> beschlossen hatte, berief er den einen nach oben zu sich, dem andern aber trug er – es ihm verkündend – den Kampf auf"[55].

Das heißt, Gott selbst hat letztendlich das Schicksal des hinreichend bewährten Konstantin besiegelt. Ganz im Sinne spätantiker Herrschaftsideologie sieht Libanios damit auch in dem neuen Kaiser einen Beauftragten Gottes, von ihm erwählt und eingesetzt, um seinen Willen auf Erden zu vollstrecken[56]. Dieser göttliche Wille forderte nun laut Libanios zuallererst, den Kampf gegen die Perser endgültig aufzunehmen und in ihm zu siegen. Der Redner macht unmißverständlich deutlich, daß der Kaiser, auch wenn ihm seine Macht als gottvermittelt galt, dadurch nicht der Notwendigkeit einer eigenen Bewährung enthoben war. Konstantios hatte also zunächst – und immer wieder – sein persönliches Charis-

---

53 Lib.59,61.

54 Lib.59,61.

55 Lib.59,72: εἶδεν ὁ κρείττων, ὅτι πολλοῖς μὲν τροπαίοις ἐκεῖνος ἐγγέγραπται, δεῖ δὲ καὶ τοῖν παίδοιν τὸν ἐπὶ Πέρσας τεταγμένον νίκαις ἐλλαμπρύνεσθαι βαρβαρικαῖς, καὶ δόξαν οὕτως τὸν μὲν ἄνω πρὸς αὑτὸν καλεῖ, τῷ δὲ φέρων τὸ ἔργον προσέθηκεν.

56 Vgl. Martin, 1987, S. 99 u. 193.

ma und damit seine Eignung als Basileus zu erweisen, jenseits aller dynastischen und göttlichen Legitimation.

Seinen ureigensten Ausdruck fand dieses Charisma – und Libanios bewegt sich hier ganz in dem Rahmen traditionellen hellenistischen Denkens – in der überzeugenden Zurschaustellung der militärisch-politischen Qualitäten eines Herrschers; dessen Leistungen als Heerführer waren ausschlaggebend für das Maß der Anerkennung von seiten seiner Untertanen[57]. Unter einer solchen Leistung wurde nun aber nicht – das haben die besprochenen Kapitel der 59. Rede gezeigt – die sich um Abwehr der offenen Konfrontation oder Beruhigung der Grenzen bemühende Defensive verstanden, sondern der glorreiche, schnell und entschieden erfochtene Sieg, die "militärische Großtat"[58], nach hellenistischem Verständnis seit eh und je das "Herzstück der königlichen Würde" und der Legitimitätsgrund jeder βασιλεία[59]. Bewachung und Abschirmung der Grenzen waren dagegen zwar wichtig, aber sie vermittelten nicht die das charismatische Heerführertum auszeichnende *gloria* bzw. δόξα[60]. Aus der Sicht des Redners aber hatte Konstantin sich diese δόξα in überreichem Maße erworben.

Aus all dem ist zu schließen: Wenn Libanios den Perserkrieg als das ihm wichtigste Thema in das Zentrum seiner hauptsächlich dem Konstantios gewidmeten Rede rückt, so nicht nur deshalb, weil er diesen Krieg für so bedeutsam für das weitere Schicksal des Ostreiches hielt, sondern auch, weil er in dieser Auseinandersetzung den Angelpunkt der Bewährung für den jungen Kaiser sah; den Maßstab für diese Bewährung aber lieferten die traditionellen Forderungen hellenistischen Denkens. Konstantin hatte ihnen in all seiner *gloria* entsprochen, und wenn langatmig und ausschweifend an ihn und seine Taten erinnert wird, so ist das nicht als beschauliche Reminiszenz aufzufassen, sondern als die äußerst ernstgemeinte Mahnung, es diesem Vorbild[61] gleichzutun: Der Krieg gegen Persien würde über die Leistungsfähigkeit des neuen Herrschers und damit letztendlich auch über die Akzeptanz seiner Herrschaft entscheiden.

1.2. Kriegsbeginn: Abkehr von der erwarteten Offensive

Der Tod Konstantins brachte dessen Sohn Konstantios – und das ist nach all dem bislang Gehörten nicht überraschend – in eine Zwangslage. Diese bestand laut

57 Gehrke, 1982, S. 252 f.

58 Ebd., S. 255.

59 Ebd..

60 Ebd., S. 262 f. Vgl. Rosen, 1970, S. 216, der die *gloria* als das für den Römer "höchste Ziel rechten Handelns" bezeichnet.

61 Vgl. Lib.59,22.

Libanios in einem Entscheidungskonflikt, nämlich darin, daß sich Konstantios einerseits genötigt sah, wegen des drohenden persischen Angriffes an der Ostgrenze zu verharren, um gegebenenfalls römisches Herrschaftsgebiet gegen die anrückenden Feinde zu verteidigen, er andererseits aber aus Pietätsgründen dem Begräbnis des Vaters in Konstantinopel beizuwohnen hatte[62]. Doch es gelang dem Kaiser schließlich, die beiden widersprüchlichen Forderungen miteinander zu verbinden: Er eilte zu dem Begräbnis seines Vaters "als ein zum Kampf Gerüsteter"[63]; vor allem aber hielt – ganz überraschenderweise – "die Furcht die Perser in ihrem Lande zurück"[64].

Die Erklärungen des Libanios für dieses unerwartete Ausbleiben eines persischen Angriffes im Frühjahr 337 befriedigen kaum: Nicht dadurch, daß "die Tatsache der Abwesenheit (des Kaisers) den Feinden verborgen blieb"[65], also nicht durch eine gelungene Täuschung von seiten der Römer werden die Feinde davon abgehalten worden sein, ihren möglicherweise geplanten Angriff durchzuführen; jene Täuschung konnte somit auch nicht "den Beweis für den guten Zustand der (römischen) Herrschaft" liefern[66]. Schon gar nicht hilft die Anmerkung des Redners weiter, die Perser könnten auf römischer Seite einen besonderen göttlichen Beistand vermutet haben[67]. Sondern es wird vielmehr den jahrelangen Bemühungen des Konstantios um einen soliden Grenzschutz zu verdanken gewesen sein, daß sich die Feinde nach dem Tode Konstantins trotz der aufkommenden innenpolitischen Wirren[68] nicht sofort zu Einfällen in das Reich veranlaßt gesehen hatten.

Die Qualität der geleisteten Defensivmaßnahmen erwies sich auch im darauf folgenden Jahr, als die Perser während der noch andauernden Abwesenheit des Konstantios die bedeutende Grenzfeste Nisibis in verlustreicher Belagerung zu erobern suchten[69]. Ihren erfolglosen Rückzug bringt Libanios mit einem Eingrei-

---

62 Lib.59,73.

63 Lib.59,74: πρὸς μὲν γὰρ τὴν ταφὴν εὔζωνος αὐτὸς ἠπείχθη... . Der Begriff εὔζωνος ist neben "wohlgegürtet, flink, rüstig" auch mit "zum Kampf gerüstet" zu übersetzen, womit Libanios – vielleicht in bewußter Doppeldeutigkeit – angedeutet haben könnte, daß Konstantios sich nicht nur in ständiger Bereitschaft für den zu erwartenden Perserkampf hielt, sondern auch, daß er zu diesem Zeitpunkt bereits auf größere Auseinandersetzungen in Konstantinopel gefaßt war; vgl. hierzu unten, Kap. III 1.1.

64 Lib.59,74: ...Πέρσας δὲ κατεῖχεν ἐπὶ τῆς οἰκείας ὁ φόβος.

65 Lib.59,74: ...εἴ γε τὰ τῆς ἀπουσίας τοὺς πολεμίους ἐλάνθανε.

66 Lib.59,74: ...τὸ δὲ τῆς περὶ τὴν ἀρχὴν ἀκριβείας τεκμήριον.

67 Lib.59,74: τὸ μὲν γὰρ τοῦ θεοφιλοῦς ἔχει σημεῖον.

68 Siehe unten, Kap. III 1.1.

69 Klein, 1977, S.202 u. S. 202, Anm.60 (andere Chronologie bei Stein, 1928, S. 212). Sapor sollte noch zweimal, in den Jahren 346 und 350 versuchen, diese "mit einem

fen der Gottheit in Verbindung[70]. Das heißt: Wiederum ist der glückliche Ausgang nicht den Auswirkungen einer rational kalkulierenden Politik zu verdanken, sondern ausschließlich einer dem Konstantios augenblicklich günstig gesinnten Schicksalsmacht[71].

Damit bleibt festzuhalten, daß trotz der nach dem Tode Konstantins erforderlich werdenden längeren Abwesenheit des Konstantios[72] die von Libanios beschworene kritische Situation im Osten nicht eingetreten war; der gefürchtete Einbruch an der persischen Grenze war nicht Wirklichkeit geworden. Wem allerdings die Aufrechterhaltung dieser relativen militärischen Stabilität im Osten zu verdanken war, wird anhand des vorliegenden Panegyrikos nicht klar: Denn nicht der Kaiser und die von ihm beauftragten Heeresteile werden von Libanios als aktiv Handelnde in den Vordergrund gerückt, sondern der Hörer soll an eine nicht recht erklärbare, zweimalige günstige Schicksalswendung glauben.

Während demnach einerseits die effektive Bewältigung einer aktuellen außenpolitischen Gefahrensituation nicht deutlich gemacht wird, unterläßt es Libanios andererseits, auf die sich aus den innenpolitischen Veränderungen ergebenden, ernsten Schwierigkeiten des Konstantios hinzuweisen. So kommentiert er das Treffen der drei jungen Augusti auf der Konferenz von Viminacium[73] einzig mit den Worten, daß Konstantios "mit dem Bruder, der in jeder Hinsicht wert ist bewundert zu werden, zusammengekommen war"[74]. Dabei bleibt gänzlich unerwähnt, daß die von den Brüdern vereinbarte Reichsteilung zur Folge hatte, daß der Ostkaiser von nun an über kaum ein Drittel der Konstantin ehe-

---

Kranz von Festungen umgebene Stadt" zu erobern, "weil sie wegen ihrer strategisch günstigen Lage und ihrer starken Befestigung 'das Haupt des ganzen Zweistromlandes war', wie es der syrische Bischof Ephräm ausdrückt ..." und "weil er wußte, daß ihm mit ihrer Einnahme der Zugang zum ganzen übrigen Mesopotamien offenstand" (Klein, 1977, S.202, Anm.60). Dabei zeigt die Erfolglosigkeit seiner Bemühungen, "wie gründlich die Abwehrmaßnahmen auf römischer Seite gewesen sein müssen. Der Fähigkeit des Constantius, in der Defensive erfolgreich zu operieren, wird ein gutes Zeugnis ausgestellt" (Barceló, 1981, S. 87).

70 Lib.59,75.

71 Vgl. dagegen, wie Libanios (18,38 ff) das erfolgreiche Wirken Julians in Gallien zwar auch als unter dem Schutz der Götter sich vollziehend beschreibt, es zugleich aber als Ausfluß der Leistung seiner ureigenen Persönlichkeit – seiner διάνοια (18,90) – rühmt.

72 Diese war durch die nach dem Tode Konstantins ausbrechenden Thronwirren sowie dadurch begründet, daß es zu einer Einigung unter den Brüdern erst im Juni 338 auf ihrer Zusammenkunft in Viminacium kam; Seeck, 1901 (s.v. Constantius (4)), Sp. 1046 f. Eine andere Chronologie vertreten: Piganiol, 1947, S. 82, Anm. 4 und Stein, 1928, S. 203.

73 Siehe oben, Anm. 72.

74 Lib.59,75.

mals zu Gebote stehenden finanziellen und militärischen Ressourcen verfügte[75]. Mehr noch: Abgeschnitten von den bevorzugten Rekrutierungsgebieten im Nordwesten des Reiches und zurückverwiesen auf die ihm allein unterstehenden, wenig kampfesstarken Osttruppen war Konstantios aus der Teilung als der militärisch Schwächste unter den Brüdern hervorgegangen[76]. Libanios, selbst Orientale, mag sich geweigert haben, die in den Quellen immer wieder beklagte, notorisch geringe Kampfkraft der Osttruppen[77] noch zu bestätigen, zumal mit dieser Auffassung leicht eine gewisse römische Verachtung gegenüber der orientalischen Bevölkerung zum Ausdruck gebracht wurde[78].

Libanios sagt ebenfalls nichts davon, daß Konstantios in diesem, ihm von Konstantin vererbten Krieg gegen das mächtige Sassanidenreich – der eigentlich als eine Angelegenheit des gesamten Imperiums zu betrachten gewesen wäre – ohne jede Unterstützung von seiten seiner Brüder blieb[79]. Der Grund hierfür lag in den machtpolitischen Rivalitäten[80] und den sich ihnen verbindenden religionspolitischen Unstimmigkeiten[81], welche bald nach dem Tode Konstantins un-

---

75 Jul.I 18 C. Seeck, 1901 (s.v. Constantius (4)), Sp. 1047.

76 Hoffmann, 1969, S.226. S. 214: "Durch das ganze 4.Jahrhundert läßt sich mithin beobachten, wie sehr der Reichsosten mit seiner nur bedingt kriegstüchtigen Bevölkerung gegenüber dem Westreich im Nachteil war." (Vgl. ebd., S. 233 u. 390.) Insofern scheint auch Konstantios sich sofort nach der Angliederung Thrakiens an seinen östlichen Reichsteil (339) bemüht zu haben, "die dort irgendwie entbehrlichen Grenzformationen ihrer besseren Qualität wegen für die comitatensischen Streitkräfte" im Osten zu gewinnen (ebd., S. 226).

77 Selbst der aus Antiocheia stammende Ammian beschreibt die Soldaten des Ostheeres als faul und untätig (18,6,2).

78 Vgl. Hoffmann, 1969, S. 214.

79 Jul.I 18 C. Vgl. Blockley, 1989, S. 472. Barceló, 1981, S. 83.

80 Von Piganiol, 1929, S. 147 ff u. ders., 1947, S. 83, Anm. 2, ist vermutet worden, daß Konstantin II. von Anfang an, also seit 337, nach einer Art Vorherrschaft im Reiche strebte. Ähnliches sollte später auch für Konstans gelten, vgl. unten, S. 37, Anm. 120.

81 Während sich die beiden Westkaiser Konstantin II. und Konstans hinter den noch zu Lebzeiten Konstantins nach Trier verbannten alexandrinischen Bischof Athanasios stellten und die Erlaubnis seiner Rückkehr in den Osten mit religiös-dogmatischen Begründungen forderten, lehnte der Ostkaiser Konstantios eine Rehabilitierung des durch die Synode von Tyros im Jahre 335 aus politisch-disziplinarischen Gründen rechtmäßig verurteilten Bischofs ab. S. Klein, 1977, S. 29 ff u. Anm. 78 f. Klein, ebd., S. 29 ff, hat dargelegt, daß es sich bei dem Kampf des Alexandriners und der ihn unterstützenden Westkaiser nicht um eine Sache des "wahren Glaubens" handelte, sondern daß es vielmehr um die Durchsetzung handfester persönlich-politischer Machtinteressen ging; insofern spricht er sich dafür aus (ebd., S.6), die beiden einander gegenüberstehenden Parteien nicht mehr durch die Begriffe orthodox - arianisch, sondern das Gegensatzpaar athanasianisch – antiathanasianisch zu kennzeichnen.

ter den Brüdern zum Ausbruch kamen; nachdem es bereits im Jahre 340 zu einer militärischen Auseinandersetzung zwischen Konstantin II. und Konstans gekommen war[82], scheute sich der inzwischen weitaus mächtigere Westkaiser Konstans[83] nicht, im Jahre 345 auch seinem Bruder Konstantios unmißverständlich mit dem Krieg zu drohen[84].

Libanios durfte auf diese gefährlichen machtpolitischen Kämpfe unter den Konstantinsöhnen direkt allerdings nicht zu sprechen kommen; denn es war erklärtes Ziel des vorliegenden Panegyrikos, die beiden noch lebenden Kaiser Konstans und Konstantios gemeinsam zu verherrlichen[85] und das hieß auch, ihr gegenwärtiges Verhältnis harmonisch zu verklären[86]. Erst nach dem Tode des Konstans (350)[87] würde Julian in seinem ersten Panegyrikos auf Konstantios einige Anspielungen darauf machen, daß dieser sich nach 337 nicht nur der feindlichen Bedrohung vom Osten her, sondern auch des auf ihn ausgeübten Druckes vonseiten der mächtigeren Brüder aus dem Westen her zu erwehren hatte – er, der vielmehr deren militärische Hilfeleistung dringend nötig gehabt hätte[88].

---

82 Der Kampf wurde dadurch ausgelöst, daß Konstans, der jüngste der drei Brüder, sich der Vormundschaft des ältesten Konstantinsohnes nicht mehr fügen wollte; er endete mit dem Tod Konstantins II., der daraufhin der *damnatio memoriae* verfiel; insofern durfte er von Libanios nicht in seinem Panegyrikos erwähnt werden. Vgl. Stein, 1928, S. 203 f. Seeck, 1920/23, Bd.IV, S. 46. Piganiol, 1947, S. 83 f.

83 Konstantios, durch den Perserkrieg gebunden, hatte es hinnehmen müssen, daß das Herrschaftsgebiet seines älteren Bruders nach dessen Tod vollständig in die Hände des jüngeren Konstans überging. Vgl. Stein, 1928, S. 204.

84 Vgl. Seeck, 1920/23, Bd. IV, S. 83 ff. Girardet, 1977, S. 107. Konstans sprach eine solche Drohung für den Fall aus, daß Konstantios sich weiterhin weigern würde, den auf dem Konzil von Serdica inzwischen von den Westbischöfen rehabilitierten, von den Ostbischöfen aber nach wie vor als verbannt erklärten Bischof Athanasios zurückkehren zu lassen. Konstantios, da machtpolitisch der weitaus Schwächere, mußte schließlich einlenken und damit die Rückkehr des kämpferischen Bischofs zum zweiten Male zugestehen; s. Piganiol, 1947, S. 93. Klein, 1977, S. 51 f. u. Anm. 115.

85 Lib.59,6 u.153.

86 Vgl. etwa Lib.59,152. Daß mit der Abwehr der Bürgerkriegsgefahr zunächst noch kein brüderliches Freundschaftsverhältnis hergestellt war, beweist die Tatsache, daß Konstans das Konsulat für das Jahr 346, welches er "zum Zeichen der Versöhnung mit seinem Bruder gemeinsam bekleiden sollte, zurückwies und im ganzen Occident nicht verkündigen ließ" (Seeck, 1920/23, Bd.IV, S. 85). Allerdings ist von irgendwelchen Auseinandersetzungen zwischen den beiden Brüdern in den folgenden Jahren bis zur Ermordung des Konstans im Zuge der Usurpation des Magnentius nichts mehr zu hören.

87 Er wurde im Zuge der Usurpation des Magnentius getötet (Stein, 1928, S. 215).

88 Vgl. Jul.I 18 C – 20 A. Julian betont hier, daß Friede und Einigkeit, welche in Viminacium unter den Brüdern noch aufrecht erhalten werden konnten, vor allem der σωφροσύνη und μεγαλοψυχία (19 B) des Konstantios zu verdanken gewesen seien.

Indem Libanios nun jede Andeutung auf diese schwierige Situation des Konstantios in seinen ersten Regierungsjahren unterläßt, wird der Hörer über dessen eigentliche Lage im Unklaren gelassen. Zwar wird ihm von einem aktuellen Entscheidungskonflikt im Zusammenhang mit dem Tode Konstantins berichtet, und daß die zu erwartenden negativen Folgen dank des Eingreifens einer Gottheit abgewehrt werden konnten – von der tatsächlichen, machtpolitischen und militärischen Zwangslage des Konstantios und seinen Anstrengungen, dieser entgegen zu wirken, erfährt der Hörer jedoch fast nichts. Insofern wird er auch nicht darüber aufgeklärt, daß der Perserkrieg nun unter ganz anderen Voraussetzungen zu führen war, als es noch diejenigen gewesen waren, unter denen Konstantin angetreten war. Das heißt, sowohl die Zielsetzung des Panegyrikos – das gemeinsame Lob beider Brüder –, als auch dessen spezifische Darstellungsformen bedingen, daß der Hörer zu einer selbständigen, den historischen Realitäten gerecht werdenden Einschätzung der erzählten Vorgänge nicht in der Lage ist: Libanios, selbst dem offensiven Denken verhaftet, hat es unterlassen darüber aufzuklären, warum Konstantios sich anschickte, auf den großangelegten, noch von seinem Vater geplanten Angriff zu verzichten.

1.3. Beschränkung auf die diplomatische Aktion

Die ersten Taten, die Libanios von Konstantios nach dessen Rückkehr aus Viminacium zu berichten weiß, sind zwei Eilmärsche dieses Kaisers in die östlichen Randgebiete seines Reichsteiles: Nachdem er die Nachricht vom Abzug der Perser von ihrer erfolglosen Belagerung der Grenzfeste Nisibis vernommen hätte, wollte Konstantios den Rest des Jahres nicht in Untätigkeit verbringen, und weil er glaubte, "daß solcher Art günstige Augenblicke der Taten und nicht der Hoffnungen bedürften"[89], lief er zurück, "den Doppellauf vollendend, gleich als ob er wirklich im Stadion fortwährend hin und her liefe, nicht aber den größeren Teil der Ökumene betretend (bzw. angreifend)"[90].

Auf diesen "Geschwindmarsch" folgte sofort ein zweiter Marsch in voller Bewaffnung[91] – wiederum aber geschieht nichts: Der Kaiser stand an der persischen Grenze "im Verlangen, seine Rechte blutig zu schlagen"[92], doch nirgends zeigte sich jemand, der bereit gewesen wäre, es mit seinem θυμός aufzunehmen,

---

89 Lib.59,75.

90 Lib.59,75: ...αὖθις ἔθει τὸν δίαυλον ἀποπληρῶν, ὥσπερ ὡς ἀληθῶς ἐν σταδίῳ διαθέων ἄνω καὶ κάτω συνεχῶς, ἀλλ᾽ οὐ τὸ πλέον τῆς οἰκουμένης ἐπιών.

91 Lib.59,76: ...διεδέχετο δὴ τὴν εἰς τάχος ὁδοιπορίαν ἐνόπλιος ἑτέρα πορεία.

92 Lib.59,76: ...ἐπιθυμῶν αἱμάξαι τὴν δεξιάν.

denn auf die Nachricht vom Aufmarsch der römischen Armee hätten die Feinde sich abermals zurückgezogen[93].

Libanios vermittelt hier ein widersprüchliches Bild von Konstantios. Auf den ersten Blick erscheint der Kaiser als geradezu tatendurstig: Offenbar zum Angriff entschlossen, will er die ihm noch verbleibenden Wochen des Jahres 338 nutzen und eilt in die bedrohten östlichen Grenzgebiete zurück, welche er im vorangegangenen Jahr zu verlassen gezwungen war. Die Schnelligkeit, mit welcher er sein Vorhaben ausführt, kennzeichnet ihn dabei als echten Feldherren, denn seit Caesar galt die *celeritas* als ein Charakteristikum fähiger Militärs[94]. Schließlich mit seiner Armee im Grenzgebiet angekommen, ist Konstantios bestrebt, seinen Mut und seine Tapferkeit im Kampf gegen die Feinde unter Beweis zu stellen, doch haben sich diese – allein durch den ihm vorauseilenden Ruf in Furcht versetzt – bereits wieder auf ihr eigenes Territorium zurückgezogen

Schaut man sich die gesamte Passage noch einmal genauer an, so tritt hinter den scheinbar positiven Bildzügen eine verdeckte negative Botschaft zutage: Zwar eilt der Kaiser rastlos hin und her, doch werden seine Aufmärsche jedesmals noch vor der feindlichen Grenze abgebremst. Die *celeritas* zeigt ebenfalls keine Wirkung, denn der Feind, offenbar schneller, findet genügend Zeit zum Rückzug. Das aber bedeutet, daß beide Eilmärsche im Endeffekt ins Leere zielten – der Kaiser scheint zwar anfänglich willens, schnell und entschieden vorzugehen, doch bleiben seine Aktionen ohne Ergebnis, denn weder ist er bereit, feindliches Territorium zu betreten, noch gelingt es ihm, eine Feindberührung auf römischem Gebiet herbeizuführen.

Insbesondere fällt auf, daß Libanios das Verhalten des Konstantios auf dem zweiten Marsch nicht mit dem Begriff der ἀνδρεία, sondern dem des θυμός charakterisiert[95]. Nicht die dem erwachsenen Manne gemäße Tapferkeit kennzeichnet demnach den Kaiser, sondern leidenschaftlicher Mut und Zorn. Das ist als bloße Ironie aufzufassen, denn der Begriff des θυμός – häufig vor allem als Erklärung für die vermeintlich wilde und draufgängerische Kampfesart nördlicher Barbarenvölker gebraucht[96] – steht in krassem Gegensatz zu der vorsichtigen Zurückhaltung, welche Konstantios bislang in diesem Kriege übte.

Tatsächlich verbarg sich hinter der zweifachen Aktion, welche Libanios als mißlungene Offensive präsentiert, ein doppelter und genau kalkulierter diplomatischer Vorstoß vonseiten des Kaisers: Konstantios hatte sich zunächst noch im Oktober 338 nach Emesa begeben, um dort mit arabischen Stämmen, welche seit

93 Lib.59,76.
94 Classen, 1988, S. 185.
95 Lib.59,76.
96 Vgl. Timpe, 1986, S. 28, 30 u. 36 ff.

langem die syrischen Provinzen durch ihre Plünderungen beunruhigten, zu verhandeln und sie zu Einfällen in persisches Territorium zu veranlassen[97].

Dieser Maßnahme zur Entlastung der Südflanke des römisch-persischen Grenzgebietes folgten Bemühungen des Kaisers um die Sicherung der Nordflanke: Und zwar hatte sich in Armenien der perserfreundlich gesinnte Adel erhoben und den prorömisch eingestellten Thronfolger Arsakes vertrieben[98] sowie darüber hinaus begonnen, benachbarte römische Gebiete durch Einfälle zu beunruhigen. Konstantios wandte sich, wahrscheinlich noch im selben Jahre (338), an der Spitze eines Heeres diesem Lande zu, um den geflohenen Arsakes auf seinen Thron zurückzuführen und damit die innenpolitischen Verhältnisse Armeniens wieder im römischen Interesse zu stabilisieren[99]. Eine solche Wiedereinsetzung des den Römern freundlich gesinnten Arsakiden hatte zweierlei zur Voraussetzung: Zum einen hatte Konstantios selbst, in kluger Einschätzung der ihm zur Verfügung stehenden Machtmittel, den ehrgeizigen Plan seines Vaters aufgegeben, den armenischen Thron mit einem römischen Prätendenten zu besetzen[100]. Zum andern hatte die perserfreundliche Partei Armeniens, mitbedingt durch den militärischen Mißerfolg Sapors vor Nisibis, inzwischen an Einfluß in ihrem Lande verloren[101]. Insofern vermochte Konstantios, anscheinend ohne nennenswer-

---

97 Stein, 1928, S. 212. Piganiol, 1947, S. 84. Barceló, 1981, S. 84. Kurz darauf – wahrscheinlich noch im Jahre 339/40 – wurde auch der Inder Theophilus von Konstantios mit der Führung einer Gesandtschaft in den südarabischen Raum beauftragt – eine Unternehmung, bei der, wie R. Klein gezeigt hat, die Wahrnehmung der politischen und wirtschaftlichen Interessen Roms gegenüber der von der Quelle genannten christlichen Missionstätigkeit eindeutig im Vordergrund stand (Klein, 1977, S.217 ff) und welche insofern auch die Vorstellung von einer durch Konstantios verfolgten außenpolitischen Gesamtkonzeption stützt (Barceló, 1981, S. 85).

98 Die armenische Königsfamilie der Arsakiden war Mitte der dreißiger Jahre bereits schon einmal ihres Thrones entsetzt worden, indem sie von den Persern überwältigt und entführt worden war. Ihre Rückkehr war dann durch den Sieg eines vereinten römisch-armenischen Heeres – u. U. selbst angeführt vom Caesar Konstantios – über die persischen Invasionstruppen möglich geworden (Klein, 1977, S. 190-94 u. 204, Anm. 63).

99 Stein, 1928, S. 212. Seeck, 1920/23, Bd. IV, S. 65 f. Ders., 1901 (s.v. Constantius (4)), S. 1047. Piganiol, 1947, S. 83. Barceló, 1981, S. 84 f.

100 In der neueren Forschung besteht weitgehend Einigkeit darüber, daß Konstantin mit der Ernennung des Hannibalianus zum "König von Armenien und der umwohnenden Völkerschaften" im Jahre 335 die Errichtung einer römischen Sekundogenitur über Armenien als Antwort auf die entsprechenden Bestrebungen Sapors geplant hatte. Vgl. Barceló, 1980, S. 79 ff. Blockley, 1989, S. 469. Klein, 1977, S. 196 f. R. Klein betont allerdings, daß die damit verbundene Nichtanerkennung der Arsakiden von seiten Konstantins schon damals "schwerlich die Billigung des Kaisersohnes gefunden haben (wird)" (ebd., S. 197, Anm. 53).

101 Deren Führer wurden von Konstantios auf römischem Boden interniert; Klein,

ten Widerstand vonseiten der armenischen Perserfreunde noch der Perser selbst zu erfahren, die Rückführung des Arsakes auf friedlichem Wege durchzusetzen[102]. Durch seine taktische Klugheit[103] war es dem Kaiser gelungen, das freundschaftliche Verhältnis zu Armenien wiederherzustellen und sich damit die außenpolitische Bundesgenossenschaft dieses so wichtigen Pufferstaates gegen Persien auf viele Jahre hin zu sichern[104].

Daß Libanios – obwohl sicherlich davon in Kenntnis gesetzt[105] – beide diplomatischen Einsätze des Konstantios nicht benennt, zeigt, wie wenig Bedeutung er ihnen beizumessen bereit ist. Die Verhandlungen mit den "barbarischen" Sarazenen, selbstverständlich unterstützt von römischen Subventionen[106], statt ihrer militärische Niederwerfung und die Anerkennung des Thronfolgers von Armenien statt der Errichtung einer römischen Sekundogenitur in jenem Lande stellten offenbar aus seiner Sicht keine erwähnenswerten außenpolitischen Leistungen dar. Indem er den Blickwinkel auf die großangelegte militärische Offensive verengt, übersieht Libanios die Relevanz friedlicher Übereinkünfte zum Zwecke der Flankensicherung gegenüber dem mächtigen Sassanidenreich[107]; die diplomatischen Anstrengungen des Kaisers als Teil seiner umfassenden außenpolitischen Defensivmaßnahmen werden im vorliegenden Panegyrikos deshalb nicht gewürdigt.

1.4 Bescheidener Sieg des Konstantios in Adiabene

Immerhin unternahm der Kaiser, der zunächst nicht willens gewesen war, die persische Grenze zu überschreiten, im darauf folgenden Frühjahr (wahrscheinlich 339) einen Einfall in feindliches Territorium. Libanios lobt, wie er – über-

---

1977, S. 202 f. Barceló, 1981, S. 84 f.

102 Ebd..

103 Die taktische bzw. politische Klugkeit des Konstantios bei dieser friedlichen und "für Rom vorteilhafte(n) Ordnung der Grenz- und Machtverhältnisse" (Barceló) betonen sowohl Klein, 1977, S. 203 wie Barceló, 1981, S. 84 f.

104 Ebd..

105 Im Gegensatz zu ihm wußte Julian in seiner ersten *oratio* davon zu berichten; s. Jul.I 20 C u. 21 B (zu den Verhandlungen mit den Sarazenen). Jul.I 18 C 19 A u. 20 D – 21 B (zu den Vorgängen in Armenien, wobei Julian hier nicht frei von Ironie bezüglich der vom Kaiser gegenüber den armenischen Rebellen geübten Milde ist)

106 Klein, 1980, S. 216 f u. Anm. 83.

107 Wirth, 1978, S. 463 f, hat darauf hingewiesen, daß Julians grobe Fehleinschätzung der hier von Konstantios geschaffenen Grundlagen des römischen Bündnisses mit den Armeniern wie den Sarazenen zu dessen Scheitern in nicht unerheblichem Maße beigetragen hat. Ebenso: Barceló, 1981, S. 101.

zeugt davon, daß die Perser den Kampf bald wieder aufnehmen würden – das Heer in den Städten überwintern ließ und, nachdem die gute Jahreszeit gekommen war, "selbst gleichfalls in Waffen erstrahlte"[108]. Allerdings: Konstantios betrat von Persien nur so viel, "wie seine Überlegung es ihm nahelegte. Denn die ausschließliche Beschäftigung mit den dortigen Angelegenheiten war ihm zwar zu wenig, aber nicht auf alle Weise anzugreifen erschien ihm als ein Zeichen von Untätigkeit. Deshalb teilte er die Zeit und gebrauchte den einen Teil für den Feldzug, den anderen für die Beratung."[109]

Wiederum stößt man auf eine verdeckt geäußerte Kritik des Libanios: Der Kaiser, zur militärischen Aktion zwar endlich bereit, wagt diese aber nur in ganz begrenztem, genau kalkuliertem Umfang. Verantwortlich dafür macht Libanios einmal die fehlende Bereitschaft des Konstantios, sich ausschließlich und mit all seinen Kräften auf den Krieg gegen Persien zu konzentrieren; zum andern scheint der Rhetor die Art von dessen Kriegführung zu mißbilligen. Denn "τὸ παντελῶς ἐπελθεῖν"[110] bedeutete für den Kaiser, seine Zeit in Feldzug und Beratung aufzuteilen[111].

Über die aktuellen Hintergründe eines solchen, von vorsichtiger Überlegung diktierten und jedwede Feindberührung sorgsam vermeidenden Verhaltens, welches Konstantios bis 343 beibehalten sollte, sagt Libanios nichts. Julian gibt wiederum einen Hinweis, wenn er berichtet, daß die östlichen Truppen, unzufrieden darüber, mit dem Tode Konstantins ihren alten Führer verloren zu haben, nach einer Kontrolle der Handlungen des jungen Augustus verlangten[112]. Man kann annehmen, daß sich hinter dieser Rebellion im Ostheer auch eine Auseinandersetzung zwischen Kaiser und Offizierskorps über die neuen, veränderten Strategien verbarg. Laut Julian gelang es zwar schnell, die Disziplin unter den Truppen wieder herzustellen[113], doch wird der neue Herrscher mit dem Einsatz dieses Machtinstrumentes solange zurückhaltend gewesen sein, bis er sicher sein konnte, sich mit den ihm eigenen Vorstellungen bei den führenden Militärs tatsächlich durchgesetzt zu haben[114].

---

108 Lib.59,77.

109 Lib.59,77 f: ...τῆς Περσίδος τοσοῦτον ἐπιὼν ὅσον ὁ λογισμὸς ἐπέτρεπε. τὸ μὲν γὰρ ὅλως προσκαθῆσθαι τοῖς ἐκεῖ πράγμασι ταπεινὸν ὑπελάμβανε, τὸ δὲ μὴ παντελῶς ἐπελθεῖν ἀργίας ἐνόμιζε. (78) διόπερ τεμὼν τὸν χρόνον τὸν μὲν στρατείας, τὸν δὲ βουλῆς ἐποιήσατο.

110 Lib.59,77.

111 Lib.59,78.

112 Jul.I 18 D.

113 Jul.I 20 D.

114 Daneben scheint Konstantios damals die bereits erwähnten, so dringend erforderlichen militärischen Reorganisationsmaßnahmen weiter vorangetrieben zu haben: Werbungen wurden veranlaßt, neue Truppenkörper ausgehoben (neben den *equites*

Darüber hinaus wurde Konstantios stark von dem sich in jenen Jahren zuspitzenden Konflikt zwischen Ost- und Westkirche in Anspruch genommen, denn seit der von Konstantin vollzogenen Integration der christlichen Kirche in den Staatsorganismus waren deren andauernde Zwistigkeiten zu einer staatlichen Angelegenheit geworden[115]. Verschärfend kam hinzu, daß sich dem religiös-dogmatisch motivierten Streit zwischen sabellianisch beeinflußtem Westen und origenistisch geprägtem Osten[116] kirchen- und machtpolitische Kämpfe verbanden. So suchte der Bischof von Rom die Auseinandersetzung zu nutzen, um seinen Führungsanspruch auch gegenüber der östlichen Kirche durchzusetzen[117]. Vor allem aber suchten die "orthodox"[118] eingestellten Brüder des Kaisers, indem sie sich an die Seite einiger rechtmäßig verbannter östlicher Bischöfe[119] stellten, massiv Einfluß auf die inneren Angelegenheiten des Ostens zu nehmen und diesen politisch unter Druck zu setzen[120]. Konstantios hatte ihnen schon in Viminacium nachgeben und die Rückkehr des streitbaren Athanasios und anderer Geistlicher auf deren östliche Bischofssitze gestatten müssen[121]. Die Folge dieser politisch erzwungenen und ohne jede kirchenrechtliche Legitimation[122] vor sich gehenden Maßnahme war nicht nur ein entschiedener Widerstand von seiten der Ostkirche[123], sondern auch der Ausbruch wilder Tumulte und militanter Kämpfe unter den christlichen Bevölkerungsschichten in den östlichen Metropolen[124]. Konstantios sah sich von nun an fortwährend genötigt, sowohl aus

---

clibanarii sind die *comites sagittarii* wahrscheinlich im Zusammenhang mit der Intensivierung der Beziehungen zwischen Rom und Armenien gebildet worden; Hoffmann, 1969, S. 247) und die Schulung der Mannschaften intensiviert; Jul.or.I 21 B u. C.

115 Stein, 1928, S. 146 f. u. 200 f.

116 Vgl. Heuss, ²1964, S. 465. Klein, 1977, S. 23 ff.

117 Piganiol, 1947, S. 91. Klein, 1977, S. S. 39f u. Anm. 93. Stein, 1928, S. 208.

118 Zur Problematisierung dieses Begriffes vgl. oben, S. 30, Anm. 81.

119 Es handelte sich hierbei um die Bischöfe Athanasios von Alexandrien, Paulus von Konstantinopel, Asklepas von Gaza, Marcellus von Ancyra und Lucius von Adrianopel; Klein, 1977, S. 31 f, Anm. 80 f.

120 Sowohl der älteste der drei Brüder, der offensichtlich eine Art Vorherrschaft anstrebende Konstantin II., suchte dem Osten religionspolitische Entscheidungen aufzuzwingen (Klein, 1977, S. 30 f, Anm. 79 u.80) als auch – nach dessen Tod – der jüngste von ihnen, Konstans (ebd. S. 52, Anm. 115); über dessen kirchenpolitische Maßnahmen sagt Girardet, 1977, S. 107, daß diese "von seiner Machtpolitik zur Gewinnung der Alleinherrschaft nicht zu trennen" gewesen seien.

121 Stein, 1928, S. 207. Klein, 1977, S. 30, Anm. 81.

122 Klein, 1977, S. 32 u. 40 f.

123 Ebd., S. 32 ff. Stein, 1928, S. 208. Piganiol, 1947, S. 90 f.

124 Stein, 1928, S. 208 ff. Piganiol, 1947, S. 90. Klein, 1977, S. 31 f u. Anm. 80 u. 81

sicherheitspolitischen Gründen als auch unter religionspolitischem Aspekt[125] in den Kirchenkampf zwecks Wiederherstellung des Friedens einzugreifen[126], ohne aber tatsächlich freie Hand zu einer Lösung des Konfliktes in seinem Sinne zu haben[127].

Der Heide Libanios war an dieser vielschichtigen Auseinandersetzung, da unter christlich-dogmatischem Vorzeichen geführt, nur sehr bedingt interessiert. Ihn ärgerte es vor allem, wenn der Kaiser dadurch von seiner zentralen Aufgabe, dem Krieg gegen Persien, abgelenkt wurde. Allerdings hatten die Feinde sich nach ihrer verlustreichen Belagerung von Nisibis erst einmal für einen längeren Zeitraum zurückgezogen und schienen – was für Libanios durchaus ein Problem war – zu einer direkten Konfrontation vorerst gar nicht bereit[128]. Auch zeigten die nun vom Kaiser wohl jährlich praktizierten Einfälle und die mit ihnen verbundene Taktik der verbrannten Erde ihre Wirkung: Die Perser hielten sich weiterhin versteckt, "weil sie vom Gegner das selber erlitten, was sie zu Beginn des Krieges gehofft hatten, der anderen Seite selber anzutun"[129]. Wenn Libanios schließlich hinzufügt, daß die meisten Syrer es jetzt gar für recht hielten, ihre Städte unbefestigt zu bauen[130], so bedeutet das jedoch eine reine Ironisierung dieser zunächst eigentlich recht zufriedenstellenden Situation; sein später folgender Bericht wird den Hörer noch darüber aufklären, daß zu einer solchen Euphorie tatsächlich keinerlei Anlaß bestand.

---

125 Und zwar in seiner ererbten Funktion als *pontifex maximus*; Girardet, 1977, S. 98, schreibt dazu, daß mit dem Übertritt Konstantins zum Christentum der römische Kaiser "mit der Selbstverständlichkeit eines *pontifex maximus* die Aufsicht über den Kultus seiner neuen Gottheit übernahm". Und an anderer Stelle (S. 101) heißt es: Konstantin mag sich "im Sinne der kaiserlichen Pflicht eines (heidnischen) *pontifex maximus* dazu aufgerufen gefühlt haben, durch Gewährleistung des ungestörten und einheitlichen Kultus der Gottheit das Wohl des Staates zu sichern". Ähnlich: Klein, 1977, S. 276 f.

126 Zur Bedeutung der Begriffe *unitas ecclesiae* und *pax perpetua christiana* im Denken des Konstantios s. Klein, 1977, S. 288 ff.

127 Da die genannten "orthodoxen" Bischöfe sich nicht nur der Unterstützung von seiten Roms, sondern auch der der mächtigen Westkaiser versichert hatten; siehe oben, S. 30, Anm. 81 u. S. 31, Anm. 84. Später sollte Athanasios auch nicht davor zurückschrecken, mit dem heidnischen Usurpator Magnentius gegen den Kaiser Konstantios zu kooperieren; Piganiol, 1947, S. 105. Klein, 1977, S. 53 f u. Anm. 117.

128 Libanios schreibt, daß der wichtigste Punkt der kaiserlichen Beratungen auf den Perserfeldzügen dieser Jahre nicht der war, wie man über die sich zeigenden Feinde siegen könne, sondern der, wie man diese überzeugen müsse, sich überhaupt zu zeigen; s. Lib.59,78.

129 Lib.59,78.

130 Lib.59,79.

An dieser Stelle hält Libanios jedoch erst einmal inne, um eine Charakterisierung des persischen Feindes einzuschieben, und zwar mit der Begründung, daß "derjenige, der nichts von den Besiegten zu sagen hat, was wert ist, erwähnt zu werden, das Lob auch der Sieger mitvernichtet hat"[131]. Die Kennzeichnung der Perser als "Besiegte" kündigt offensichtlich den so sehr erwarteten Bericht über einen militärischen Sieg des Kaisers an; was Libanios allerdings wirklich vom Feind zu berichten weiß, ist – entgegen seinen einleitenden Worten – ganz und gar nicht dazu angetan, in irgendeiner Weise zu imponieren.

Libanios nennt List, das Legen von Hinterhalten und Vertragsbruch als die den Persern gemäßen Formen der Kriegführung[132]; er beschreibt sie ferner als gefährliche Leute, weil sie stehlen und betrügen würden, dabei nicht so schnell aufgäben sowie sich durch Meineide bereicherten[133]. Trotz alledem ertrügen sie es nicht, mit geraden Augen in das Visier des Kaisers zu blicken: "Wenn sie nämlich hörten, daß er anrückte, dann verschwanden sie ganz und gar, wenn sie aber wahrnahmen, daß er abwesend war, dann griffen sie die Gegenübergelagerten (die Römer) an"[134].

Furcht auf seiten der Perser gepaart mit Listigkeit liefert Libanios demnach als Begründung dafür, daß es bislang noch immer nicht zu der direkten Konfrontation, der von ihm gewünschten großen Feldschlacht, gekommen ist. Diesem Bild der Feinde entspricht, daß sie wohl fähig seien, günstige Gelegenheiten wahrzunehmen, daß sie aber, wenn sie "wie in einem Netz gefangen" seien, sich veränderten und "alle in ein und derselben Art und Weise sich duckten und die Hände um Gnade flehend vorstreckten"[135]. Und Libanios fährt fort, daß auch die Einwohnerschaft einer "nicht gerade kleinen Stadt in Persien gleich beim ersten Angriff wie in einem Netz gefangen" und abtransportiert werden konnte[136].

Damit war endlich von römischer Seite nicht nur eine Grenzüberschreitung gewagt, sondern die Offensive auf feindlichem Territorium eingeleitet worden; der erste Sieg war nun – 343 in Adiabene[137] – erfochten und hatte aus dem persischen Aggressor einen "Besiegten" gemacht. Allerdings fällt auf, wie wenig Li-

---

131 Lib.59,80: ὁ γὰρ τῶν ἡττημένων οὐδὲν ἔχων εἰπεῖν ὅτου καὶ μνημονεύειν ἄξιον οὗτος καὶ τὸν τῶν κεκρατηκότων ἔπαινον προσαφῄρηται.

132 Lib.59,80.

133 Lib.59,81.

134 Lib.59,81. Die Attribute, mit denen Libanios hier die Perser belegt, entsprechen dem in der griechisch-römischen Antike immer wieder tradierten Bild des treulosen, feigen, hinterlistigen und betrügerischen Orientalen; vgl. hierzu: Sonnabend, 1986, passim, insbes. S. 105 f, 181, 193, 198, 218.

135 Lib.59,82.

136 Lib.59,83.

137 Stein, 1928, S. 213. Barceló, 1980, S. 86 f.

banios über dieses Ereignis selbst, obwohl auch als "Schicksalswende"[138] gerühmt, zu berichten weiß – im Zusammenhang mit diesem Sieg hält er weder die kriegerische Tapferkeit noch irgendeine strategische Leistung auf römischer Seite für erwähnenswert.

Die Erklärung hierfür liefert das zuvor gezeichnete Charakterbild der Feinde. An ihm war deutlich geworden, daß die Perser – zwar listig und schlau, wenn es um die Ausnutzung günstiger Gelegenheiten ging – beim Anblick tatsächlicher Gefahren jedoch zu würdelosen, nurmehr um Gnade flehender Barbaren degenerierten. Das sollte besagen: Für ein wirkliches Feldherrentalent, wie etwa Konstantin es war, wäre es ein Leichtes gewesen, diese Feinde endgültig zu besiegen. Insofern gereicht auch die Furcht, welche die Perser vor einer direkten Konfrontation mit dem Kaiser empfinden, nicht diesem zur Ehre, sondern dient einzig der Bestätigung ihres schwächlichen und feigen Charakters. Das Sassanidenreich, zu Beginn der Kriegserzählung noch als hochgerüstete Feindesmacht dargestellt, ist nun zu einem Ort kleinmütigen Barbarentums geworden – damit aber ist es Libanios gelungen, das Lob des Siegers angesichts seines ersten militärischen Erfolges gründlichst zu entwerten.

Da dieser militärische Erfolg jedoch der einzige eindeutige Sieg des Konstantios im Perserkrieg bis zur Abfassungszeit der Rede bleiben sollte, beginnt Libanios nun, die bekannten panegyrischen Register zu ziehen. Entsprechend der Empfehlung des Menander, den Bericht über die Kriegserfolge eines Kaisers mit einem Lob auf dessen Philanthropie abzuschließen[139], preist Libanios die φιλανθρωπία, μεγαλοψυχία[140] und πραότης[141] des Konstantios. Daß dieser seinen "Kampfpreis", die gefangene persische Bevölkerung, nicht getötet, sondern sie evakuiert und – sie gleich einem Siegesdenkmal nutzend – auf verwüstetem Land in Thrakien angesiedelt habe[142], zeige, daß er "sich zum Mitleid umstimmen" und "seinen Zorn fahren lassen" habe[143]. Über die auf solchem Wege erreichte Kultivierung wüsten Landes bemerkt Libanios: "Das war es, wovon ich gesagt habe, daß es schöner war als das Siegreichsein und auch ein Zeichen größerer strategischer Fähigkeiten. Denn Städte haben schon viele oftmals in ihre Gewalt gebracht; das aber, was sich aus der Eroberung als notwendig erweist, in Ordnung zu bringen, war nicht vielen gegeben"[144].

---

138 Lib.59,85: ...ἐν τῇ μεταβολῇ τῆς τύχης.
139 Men.p.374.
140 Lib.59,85.
141 Lib.59,83.
142 Lib.59,83.
143 Lib.59,85.
144 Lib.59,85: τοῦτ' ἦν ὅ φημι τοῦ κεκρατηκέναι κάλλιον εἶναι καὶ στρατηγικώτερον. πόλεις μέν γε πολλοὶ πολλάκις παρεστήσαντο, τὰ δ' ἐκ τῆς ἁλώσεως εἰς τὸ δέον οὐ

In Kenntnis seiner früheren Urteilshaltung, nämlich der uneingeschränkten Verherrlichung des siegreichen βασιλεύς, glaubt man dem Rhetor die damit zugestandene Relativierung des militärischen Erfolgs zugunsten herrschaftsorganisatorischer Leistungen des Kaisers allerdings nicht so recht. Und voller Skepsis hört man, wenn er schließlich sagt, daß dieses Geschehen diejenigen, die es mit ihren Augen verfolgten, mit "großer Freude und nützlicher Hoffnung" auch für die Zukunft hin erfüllt habe[145]. Denn es scheint zu diesem Zeitpunkt kaum mehr die Möglichkeit zu existieren, daß die so vorsichtige, hinhaltende Kriegspraxis des Konstantios in den Augen des Libanios, der auf spektakuläre Offensive und schnelle Entscheidung drängte, noch irgendwelche zufriedenstellenden Ergebnisse bringen würde.

Entsprechend zurückhaltend fällt auch die zusammenfassende Würdigung aus, die der Redner, gleich einer Zäsur, am Ende dieses Abschnittes gibt. Und zwar bezieht Libanios hier in Form einer Verteidigungsrede Stellung gegenüber vorgeblichen Angriffen auf den Kaiser von seiten seines jüngeren Bruders Konstans. Er sagt: "Es wäre gewiß auch dies ein hinreichender Maßstab für den anderen und fehlte nichts an eifriger Bemühung darin, auch wenn es nicht möglich wäre, zugunsten des Älteren etwas hinzuzufügen"[146]. Konstantios habe – indem er dem Begräbnis des Vaters beiwohnte – "nichts getan, was über seine fromme Pflicht hinausging", und habe, trotz des langen Sichfernhaltens von den Ereignissen, "nicht einmal eine Kleinigkeit verloren" und darüber hinaus die Feinde, "wenn immer er wieder als ein im Anmarsch Befindlicher gemeldet wurde", in Schrecken versetzt[147].

Das heißt, dem Kaiser und seiner "φιλοτιμία"[148] ist es zu verdanken, daß trotz der feindlichen Bedrohung die Integrität des östlichen Reichsteils gewahrt werden konnte; zwar war Konstantios nach dem Tode des Vaters infolge der Erledigung all seiner Angelegenheiten im Westen lange den gefährdeten Grenzbezirken ferngeblieben, doch vermochte er nach seiner Rückkehr dem Feind noch hinreichend Widerstand entgegenzusetzen, so daß die Gefahr eines Einbruchs an der östlichen Front des Imperiums zunächst einmal abgewehrt war.

πολλῶν ἦν διαθέσθαι.

145 Lib.59,86.

146 Lib.59,88: Ἦν μὲν οὖν ἂν καὶ τοῦτο μέτρον ἀρκοῦν θατέρῳ καὶ φιλοτιμίας οὐδὲν ἂν ἀπῆν, εἰ καὶ μηδὲν ἐνῆν ὑπὲρ τοῦ πρεσβυτέρου προσθεῖναι. – Aus der Tatsache, daß Libanios die beiden hier involvierten Personen als den "Älteren" und den "anderen" bezeichnet, wird klar, daß es sich um Konstantios und seinen jüngeren Bruder Konstans handeln muß.

147 Lib.59,88: τὸν γὰρ οὐδὲν μὲν ἀνωτέρω τῆς ὁσίας πεποιημένον, ἐν δὲ τῷ τοσοῦτον ἀποσχισθῆναι τῶν πραγμάτων μηδὲ τὸ μικρὸν ἀποβαλόντα, φοβοῦντα δὲ τοὺς ἐναντίους, εἰ προσιὼν ἂν ἀγγελθείη.

148 Lib.59,88.

Dies ist die Botschaft, die Libanios gen Westen sendet: Es gibt keinerlei Anlaß für den "anderen", Konstans, zu Vorwürfen gegenüber seinem Bruder Konstantios. Zugleich behauptet der Redner mit dieser Entgegnung die selbständige und unabhängige Stellung des Ostens gegenüber dem Westen und weist Kritik von seiten des letzteren als unerwünschte Einmischung in die östlichen Verhältnisse zurück. Allerdings läßt Libanios in diesem Verteidigungsbemühen auch seine eigenen Zweifel an der Richtigkeit der außenpolitischen Strategien des Konstantios durchscheinen. So ist es wiederum als Ironisierung aufzufassen, wenn er sagt, daß der Kaiser nicht nur die persischen Feinde in Schrecken versetzte, sondern ihnen "umgekehrt auch immer wieder die Möglichkeit bot, mutig zu werden, wenn der rechte Zeitpunkt für den Rückzug eingetreten war"[149].

Oder wenn Libanios schließlich fragt: "Wie könnte jemand sagen, daß dieser nicht auf alle Weise das Angemessene erreicht habe?"[150], so liegt auch hierin eine verdeckte Kritik. Denn bei all seiner eifrigen Bemühung hat der Kaiser in den Augen des Rhetors eben nur das προσῆκον[151], das "Angemessene", ihm "Zukommende", unbedingt "Pflichtgemäße", erreicht. Er hat, selbst wenn es ihm gelang, gegenüber einem hochgerüsteten Feind den Bestand seines Reiches zu wahren, lediglich einer Art Minimalforderung entsprochen, mehr nicht: Eine Vermehrung der *gloria* bzw. δόξα des Reiches ist ihm bislang nicht zu verdanken gewesen und damit sind auch die charismatischen Führungsqualitäten dieses Kaisers nicht erwiesen. Allerdings – die ganz entscheidenden Ereignisse (τὰ κυριώτερα), nämlich die *pugna Singarensis* sowie zwei Geschehnisse, welche die außerordentliche σοφία des Konstantios zeigten, seien noch gar nicht berührt worden[152]. Auf letztere kommt Libanios nun zunächst zu sprechen.

1.5. Der Kaiser als Scheiternder in der Schlacht bei Singara

1.5.1. Die Vorgeschichte zur Schlacht:

1.5.1.1. Die Eingliederung barbarischer Hilfskontingente in das römische Heer

Aus der Sicht des Libanios war gerade das Ostreich in hohem Maße von außen bedroht, denn es fände sich von den beiden größten Barbarenvölkern, den Skythen und Persern, umschlossen[153]. Während die Perser den Römern nun tat-

149 Lib.59,88: ...πάλιν παρέχοντα θαρρεῖν, εἰ τῆς ἀναχωρήσεως ὁ καιρὸς ἐπισταίη.
150 Lib.59,88: πῶς οὐ διὰ παντὸς φαίη τις <τοῦτον> ἂν ἀφῖχθαι τοῦ προσήκοντος;
151 Lib.59,88.
152 Lib.59,88.
153 Lib.59,89.

sächlich Widerstand leisteten, hätten die Skythen – obwohl in der Vergangenheit als die Allerblutrünstigsten und dem Ares Ergebenen bekannt – ihre Waffen niedergelegt und begonnen, den Frieden zu lieben und den römischen Kaiser gleich ihrem eigenen König zu achten.[154] Der Grund hierfür läge allerdings nicht in der Natur jener Barbaren, sondern in der Weisheit (σοφία) des Kaisers, dem es gelungen sei, aus ihnen anstelle von ἄπιστοι πιστοί, aus ἄτακτοι εὐπειθεῖς, aus παλίμβολοι βέβαιοι zu machen[155]. Und so sei geschehen, "was zu hören zwar angenehm, durch keine Tat aber noch je zuvor passiert ist, was vielmehr den einen nicht einmal in den Sinn gekommen, den anderen aber als nicht möglich erschienen ist"[156]: Konstantios habe die skythischen πολεμίοι in römische σύμμαχοι verwandelt[157], so daß bald darauf "ein skythisches Heer heranmarschierte, welches zur Mannschaft der Römer hinzukommen und der Macht der Perser entgegen treten sollte"[158]; und in der Tat zeigten jene Skythen eine προθυμία, gleich als ob sie für ihr eigenes Land kämpfen würden[159]. Libanios faßt zusammen, daß der Kaiser, "der Tapferkeit und Einsicht in gleichem Maße besitzt"[160], "sich mit einem einzigen Plan sowohl einen Beistand gegen die Perser verschaffte, als er auch einen nicht kleinen Teil des Skythenlandes entvölkerte und sie, die er durch seine Anrede an sich gebunden hatte, mit ihren eigenen Absichten verfeindete"[161].

Den historischen Hintergrund all dieser Ausführungen des Libanios bildete offenbar eine Invasion von Gotenscharen nach Thrakien in den frühen vierziger Jahren des 4. Jahrhunderts[162]. Konstantios, der sich in jener Zeit den Titel *Gothicus maximus* zulegte[163], scheint auf primär diplomatischem Wege – und unterstützt von Subsidienzahlungen – zu einer vertraglichen Einigung mit den Goten gelangt zu sein[164]. Dies hatte zum einen zur Folge, daß sich die eingefallenen Goten wieder in ihr Land jenseits der Donau zurückzogen, zum andern

154 Lib.59,89.
155 Lib.59,93.
156 Lib.59,91.
157 Lib.59,93.
158 Lib.59,92.
159 Lib.59,92.
160 Lib.59,90: ...ἀνδρίαν καὶ σύνεσιν ἐπίσης κεκτημένος.
161 Lib.59,93: ἑνὶ δὲ βουλεύματι κατά τε Περσῶν ἐπορίσατο προσθήκην καὶ τῆς Σκυθικῆς οὐ μικρὸν μέρος ἐκένωσε καὶ τοὺς συνημμένους τῇ προσηγορίᾳ ταῖς γνώμαις ἐξεπολέμωσεν.
162 Vgl. hierzu: Thompson, 1956, S. 379 ff. Klein, 1977, S. 261 ff. Vogler, 1979, S. 115 f, welche alle Lib.59,89 ff auf jene genannte Goteninvasion beziehen, auch wenn bei Libanios von Σκύθαι die Rede ist.
163 CIL III 3705. Thompson, 1956, S. 380. Vogler, 1979, S. 115, Anm. 31.
164 Thompson, 1956, S. 380 u. Klein, 1977, S. 261 ff.

stellten sie von nun an für das Ostheer Truppen und trugen damit zu einer qualitativen Verbesserung der so wenig kampfesstarken östlichen Streitkräfte bei[165].

Die zitierten Äußerungen des Libanios hinsichtlich dieser Vorgänge sind von der modernen Literatur als naiv oder gar verlogen abgetan worden[166]. Dem ist allerdings entgegenzuhalten, daß der Rhetor sich weder in einer distanzlosen noch heuchlerischen Verherrlichung kaiserlicher Politik ergeht, vielmehr in seinen Ausführungen ein – zu Recht oder Unrecht bestehendes – abgrundtiefes Mißtrauen gegenüber diesen militärpolitischen Maßnahmen des Konstantios offen durchblicken läßt. So ist für ihn die Tatsache, ὅτι βασιλεὺς ... τὰ μὲν εὐβουλίᾳ κεχείρωται, τὰ δὲ ἀνάγκῃ μετέρχεται[167], die Ursache des Paradoxons, daß aus blutrünstigen "Skythen" römische Verbündete geworden sind. Das heißt, Konstantios hat die Aufnahme föderierter Goten ins römische Heer betrieben, weil er, "einerseits durch Klugheit bezwungen", diese Politik "andererseits gezwungenermaßen verfolgte". Durch seine Wortwahl stellt Libanios hier den Kaiser als einen vom Druck der Verhältnisse Überwältigten hin, als gleichsam Getriebener setzt jener das – für den Rhetor – angeblich Unerhörte und kaum Faßbare in Gang.

Zweifellos vertritt Libanios zu Recht die Auffassung, daß das spätantike Kaisertum notgedrungen die Praxis der Anwerbung germanischer "Barbaren" gegen Subsidienzahlungen verfolgte; auf diese Weise konnten dem in seiner Wehrkraft weitgehend erschöpften Reich die Heeresverstärkungen zugeführt werden, welche es für eine Abwehr der hereindrängenden Völkerscharen[168] wie auch des persischen Feindes so dringend benötigte. Allerdings waren solche Maßnahmen bereits zu Zeiten des Konstantios alles andere als ungewöhnlich; seit der Diokletianisch-Konstaninischen Reform hatte der Anteil vor allem germanischer Soldaten im römischen Heer beständig zugenommen[169]; insbesondere galt jede Truppe "bald für um so tüchtiger und kriegerischer, je barbarischer sie war"[170]. Der von Libanios so sehr gepriesene Konstantin rekrutierte seine Auxilien "großenteils und zumindest in ihren Kernbeständen aus Barbaren"[171] und im Jahre 332 schloß auch er mit den Goten ein *foedus* ab, welches diese verpflichtete, gegen Zahlung von Geldern Hilfstruppen zu stellen[172]. Und ebenso wird später Julian auf sei-

165 Ebd..
166 Petit, 1955, S. 185.
167 Lib.59,90.
168 Waas, 1965, S. 8.
169 Seitdem waren reichsfremde Ausländer nicht mehr vom regulären römischen Heeresdienst ausgeschlossen; Waas, 1965, S. 7.
170 Ebd., S. 7.
171 Hoffmann, 1969, S. 137.
172 Stein, 1928, S. 198.

nem Perserfeldzug gotische Auxilien mit sich führen[173], wiewohl Libanios im Epitaphios behaupten sollte, daß jener es "nicht für schicklich hielt, die Skythen um Hilfe anzurufen"[174].

Die Gründe dafür, daß Libanios eine solche Aufnahme barbarischer Hilfstruppen ins römische Heer trotz ihrer unbestrittenen militärischen Fähigkeiten ablehnte, sind seinen Ausführungen indirekt zu entnehmen. Wenn er etwa die Skythen (= Goten) als treulos, zucht- und regellos sowie wankelmütig oder gar falsch[175] beschreibt, so entstammen diese Eigenschaften insgesamt den jahrhundertealten, literarisch überlieferten Vorstellungsmustern vom nördlichen Barbarentum[176]; sein topisch geprägter Blickwinkel ist verantwortlich dafür, daß der Redner nicht nur von der kulturellen, sondern auch charakterlichen Inferiorität dieser Barbarenvölker überzeugt ist[177] und ihnen insofern zutiefst mißtraut. Hinzu kommt sein Unbehagen angesichts der potentiellen Gefährlichkeit dieser kriegerischen Stämme: Libanios sagt, daß bei den früheren Einfällen der Skythen (= Goten) die Römer sich allein durch ein Gebet zu retten vermochten, nämlich "daß nur nicht das Eis auf der Donau fest werde, so daß sie (= die Skythen/Goten) die Möglichkeit hätten anzugreifen"[178]. Das heißt: Eine durchaus real empfundene Angst vor der von diesen Nordvölkern ausgehenden Bedrohung sowie ein aus der literarischen Tradition begründeter Argwohn hinsichtlich ihrer charakterlichen Zuverlässigkeit sind die Ursachen für die grundsätzlich ablehnende Haltung, die der Rhetor ihnen gegenüber einnimmt.

Insofern ist es keineswegs als distanzlose Zustimmung aufzufassen, sondern vielmehr als ein sich kaum mehr tarnender Spott, wenn Libanios den Kaiser überschwenglich dafür bewundert, daß er aus den blutrünstigen und ehemals feindlich gesonnenen Skythen vermeintlich treue, folgsame und beständige Verbündete gemacht habe[179]. Darüber hinaus lobt der Rhetor in diesem Zusammenhang gleich viermal die (außerordentliche) Weisheit bzw. Einsicht des Kaisers[180] und zum ersten Mal in dieser Rede – und das sogar gleich zweimal – auch dessen Tapferkeit[181]. Von ihr, der ἀνδρεία, hatte es bei Menander geheißen, daß sie den βασιλεύς mehr als andere Tugenden zu erkennen gebe und daß darum zu allererst die kaiserlichen Taten der Tapferkeit und erst danach die der Weisheit bei

---

173 Amm.Marc.23,2,7.
174 Lib.18,169.
175 Lib.59,93.
176 Vgl. Timpe, 1986, S. 28 ff u. 35 f. Speyer/Opelt, 1967, S. 263 f.
177 Zum Verhältnis des Libanios zu den "Barbaren" vgl. auch Petit, 1955, S. 182.
178 Lib.59,90.
179 Lib.59,93; vgl. oben, S. 43.
180 Lib.59,88.90.93.
181 Lib.59,90.93.

der Behandlung des Kriegsgeschehens zu besprechen wären[182]. Demgegenüber ist im vorliegenden Bericht noch nirgends von einer tapferen Handlung des Kaisers die Rede gewesen – das Verhalten des Konstantios bei der Bekämpfung der persischen Feinde scheint Libanios dazu offensichtlich keinen Anlaß gegeben zu haben.

Wenn der Redner dagegen die wohlwollende Aufnahme der soeben noch feindlich gesonnenen Goten zum Anlaß nimmt, ein Lob auf die kriegerische Tapferkeit des Kaisers anzustimmen, gibt das zu denken. Libanios verbindet damit den Tatbestand der Aufstellung barbarischer Kontingente gegen Subsidienzahlungen, welchen er bei den von ihm so verehrten Kaisern Konstantin und Julian schlichtweg übergeht bzw. leugnet, im Falle des Konstantios mit der Tugend der ἀνδρεία. Das heißt, die sich im Kriege zu bewähren habende und somit im höchsten Grade positive ἀρετή eines Kaisers wird hier in einen völlig veränderten – unkriegerischen und daher negativ zu interpretierenden – Kontext gestellt. Damit muß sich auch der Sinn der mit ihr intendierten Aussage in sein Gegenteil verkehren: Für Libanios ist es letztlich nicht ein Zeichen von Tapferkeit und Weisheit, sondern eher von Feigheit und Dummheit, wenn Konstantios bestrebt ist, die eingefallenen Goten durch Vertragsabschluß zu pazifizieren und ins römische Heer zu integrieren.

Insofern unterläßt er es nicht, dem Hörer in seiner Rede – obwohl als Panegyrikos auf eben diesen Kaiser konzipiert – die Folgen solch unverständlichen Handelns vor Augen zu führen: Die Römer wären in der Schlacht bei Singara gerettet worden, wenn nicht unvernünftige, vom bloßen θυμός geleitete Soldaten dem kaiserlichen Befehl ihren Gehorsam verweigert hätten[183]. Daß es sich bei diesen "thymos"-geprägten Soldaten nicht um Orientalen handeln konnte, sondern die erwähnten, aus dem Norden angeworbenen Barbaren gemeint sein mußten, verstand sich damals – im Sinne der immer wieder tradierten Nordvölkerschemata – von selbst. Der Redner hatte für den antiken Hörer in kaum mißzuverstehender Manier deutlich gemacht, daß die Hereinnahme der ungestümen nördlichen Barbaren in das Ostheer ein Grund für den ungünstigen Verlauf jener – seiner Meinung nach – so entscheidenden[184] Schlacht bei Singara war.

182 Men.p.372.
183 Lib.59,108.
184 Lib.59,88.

1.5.1.2. Beunruhigung durch die christliche μανία

Bei dem zweiten, "entscheidenden Ereignis"[185], welches Libanios im Zusammenhang mit der Schlacht bei Singara berichtet, handelt es sich um die inneren Unruhen, zu welchen es anläßlich der Neubesetzung des vakant gewordenen θρόνος von Konstantinopel kam[186]. Obwohl sich diese Unruhen bereits im Jahr 342 ereigneten, also noch vor dem militärischen Sieg in Adiabene anzusetzen sind, werden sie von Libanios erst später, im Rahmen seiner Vorgeschichte zur *pugna Singarensis,* behandelt. Dies macht deutlich, daß der Rhetor auf einen ursächlichen Bezug zwischen jenem Geschehen in Konstantinopel und dem im Anschluß erzählten Schlachtenverlauf verweisen will.

Über die Ereignisse selbst sagt Libanios, daß "es zum Nachteil des Kaisers" von "innen her zu einem unerwarteten Aufstand kam" und Konstantinopel von einer ziemlichen Unruhe erfaßt wurde[187]. Konstantios aber, "in der Mitte zwischen Krieg und στάσις sich befindend und eingekreist von der Menge der Schwierigkeiten, wurde in der Seele nicht verwirrt..."[188], sondern ließ noch mitten im Winter in einem Geschwindmarsch aus Persien aufbrechen[189], um in der östlichen Hauptstadt wieder für Ruhe und Ordnung zu sorgen[190].

Tatsächlich erforderte die Lage in Konstantinopel solch ein entschiedenes und schnelles Eingreifen von seiten des Kaisers. Denn nachdem durch den Tod des Eusebius von Nikomedien der Bischofsstuhl der Stadt vakant geworden war, suchte ihn dessen Vorgänger, der der athanasianischen[191] Richtung angehörende Bischof Paulus für sich zurückzugewinnen, obwohl er im Jahre 338 von einer östlichen Synode bereits zum zweiten Male exkommuniziert worden war[192]. Die eusebianisch, antiathanasianisch ausgerichtete Partei reagierte mit der Ernennung

---

185 Vgl. Lib.59,88.

186 Vgl. Seeck, 1920/23, Bd. IV, S. 70 ff. Stein 1928, S. 209. Piganiol, 1947, S. 91 ff. Klein, 1977, S. 71-77. Girardet, 1975, S. 142.

187 Lib.59,94.

188 Lib.59,95: ...ἐν μέσῳ στὰς πολέμου καὶ στάσεως καὶ πλήθει πραγμάτων κεκυκλωμένος οὐκ ἐταράχθη τὴν ψυχὴν.

189 Lib.59,96.

190 Lib.59,97.

191 Zu dem Begriffspaar athanasianisch – antiathanasianisch, mit welchem Klein, 1977, S. 6, untermauert von überzeugenden Argumenten (ebd. u. passim), das alte Gegensatzpaar orthodox – arianisch ersetzen will, vgl. oben, S. 30, Anm. 81.

192 Vgl. Klein, 1977, S. 71-77. Girardet, 1975, S. 142. Paulus war unter Konstantin dem Großen das erste Mal in die Verbannung geschickt worden, vom Westkaiser Konstantin II. 337 aber amnestiert worden; seine Rückkehr nach Konstantinopel wurde allerdings von so wilden Tumulten begleitet (Klein, 1977, S. 31 ff), daß ihn eine östliche Synode 338 erneut exkommunizierte.

eines Gegenbischofs; in der Folge brachen wilde Straßenkämpfe unter den den beiden kirchlichen Richtungen jeweils anhängenden Volksmassen aus, bei denen auch der von Konstantios zunächst entsandte *magister equitum* Hermogenes ums Leben kam[193].

Das persönliche Eingreifen des Kaisers zielte aber nicht nur darauf ab, die blutigen Auswirkungen des sich verschärfenden Konfliktes zwischen Athanasianern und antiathanasianisch Gesinnten einzudämmen und somit einer möglichen Ausweitung der religionspolitischen Auseinandersetzungen in seinem Reichsteil[194] entgegenzuwirken, sondern es hatte auch einen ernsten machtpolitischen Hintergrund. Und zwar war Paulus nach seiner Verbannung im Jahre 338 zusammen mit anderen exkommunizierten Bischöfen des Ostens in den Westen geflohen, wo er bald enge Kontakte nicht nur zu Athanasios, sondern auch zu den beiden Westkaisern Konstantin II. und Konstans aufgenommen zu haben scheint[195]. Insofern ist von Girardet u.a.[196] vermutet worden, daß die Rückkehr des Paulus nach Konstantinopel direkt im Auftrage und Interesse des Konstans geschah, der glaubte, "eines Tages auf die Unterstützung weitergehender politischer Pläne durch einen Mann seines Vertrauens an der Spitze der Kirche in der Hauptstadt des kaiserlichen Bruders rechnen zu können"[197]. Das bedeutet, daß sich hinter einer vermeintlich rein kirchenpolitischen Auseinandersetzung wiederum der Versuch eines machtpolitischen Zugriffs von seiten des stärkeren Westens auf den schwächeren Osten verbarg, dem Konstantios energisch entgegen zu treten hatte.

So gelang es dem Kaiser auch relativ schnell, Ruhe und Ordnung in der Hauptstadt wiederherzustellen, da allein die Nachricht von seiner Ankunft die aufgebrachten Volksmassen zur Vernunft gebracht hatte[198]. Libanios lobt, wie Konstantios dann die Schuldigen von den Unschuldigen trennte, erstere strafte, zwar ohne jemanden zugrunde zu richten, die Übeltäter aber sehr wohl züchtigte[199]. Konkret hieß das, daß der Kaiser den Paulus, weil dieser offenbar die Hauptverantwortung an den blutigen Ausschreitungen trug[200], als Gefangenen nach Singara abtransportieren ließ, dem Gegenbischof Makedonius, da ohne kaiserliche Zustimmung erhoben, ebenfalls die Anerkennung versagte und schließlich das Volk auf beiden Seiten damit strafte, daß er die staatlichen Getreidelie-

193 Vgl. die Literaturangaben in Anm. 186.
194 Vgl. hierzu Klein, 1977, S. 75.
195 Klein, 1977, S. 75 ff. Girardet, 1975, S. 142.
196 Ebd..
197 Girardet, 1975, S. 142.
198 Vgl. Lib.59,97. Seeck, 1920/23, Bd. IV, S. 72.
199 Lib.59,97.
200 Klein, 1977, S. 71 f.

ferungen für die östliche Hauptstadt um die Hälfte reduzierte[201]. Darüber hinaus räumte er den Betroffenen im Senat von Konstantinopel die Möglichkeit zur Rede ein, wobei er selbst in dieser Auseinandersetzung, wie Libanios anerkennend bemerkt, "meistenteils als Redender Sieger blieb"[202].

Insgesamt scheint sich Libanios allerdings weder der möglichen Tragweite noch des machtpolitischen Hintergrundes dieses Kirchenstreites bewußt gewesen zu sein; für ihn reduzieren sich die berichteten Ereignisse auf einen lokal und glaubensmäßig begrenzten Konflikt[203]. Selbst Heide, interpretiert er die sich zuspitzenden Kämpfe zwischen den christlichen Parteien des Ostens und Westens als eine μανία[204], der es entsprechend zu begegnen gilt. Insofern übt er auch nicht an der Entschiedenheit der kaiserlichen Reaktion, wohl aber an dem Ausmaß der Aufmerksamkeit, welches Konstantios diesem "Wahnsinn" zu widmen bereit ist, in der bekannten verdeckten Art und Weise Kritik.

Und zwar bezeichnet Libanios gleich zu Beginn seiner Ausführungen die Auseinandersetzung mit den Persern – nochmals rückblickend – als einen "so gewaltigen Krieg" (τοσοῦτον πόλεμον)[205], dem gegenüber der Aufruhr in Konstantinopel im Folgekapitel zu einer bloßen παρενθήκη – einem "Einschiebsel"[206] – zusammenschrumpft. Und während dieser gewaltige Krieg von seiten Roms seiner Auffassung nach "mühsam erduldet"[207] wurde, erweist sich das so charakterisierte "Einschiebsel" für Konstantios als dessen große Bewährungsprobe: Auf den ersten Blick ein Unglück, werde es bei näherer Betrachtung zum höchsten Glück, denn es biete dem Kaiser die Möglichkeit – gleich den besten Ärzten, welche die "allerschlimmsten Krankheiten" heilten –, seine Kunstfertigkeit zu zeigen bzw. sich als guter Steuermann zu bewähren[208]. Konstantios allerdings genügte beidem, nämlich Krieg und Aufruhr, "gleich als ob er vor dem einen von beiden völlige Ruhe hätte"[209]. Gemeint kann mit diesem "einen" nur der Perserkrieg sein, denn Libanios fährt fort, daß der Kaiser "aus Persien aufbrechen ließ, jene (die Perser) nicht beachtend, gleich als ob sie sich nirgendwo zeigen würden"[210]. Dies nun ist eine unüberhörbare Kritik: Der Kai-

---

201 Vgl. die Literaturangaben in Anm. 186.

202 Lib.59,97: ...πλεῖστον ἐκράτει λέγων. Der Rhetor fährt fort, daß Konstantios in den Wechselreden "den größten Teil des Rates energisch niedergerungen" habe (... τὸ δεινότατον τῆς βουλῆς κατεπάλαισεν ὀξέως).

203 Der Redner vermag ihn insofern als παρενθήκη zu bezeichnen; Lib. 59,95.

204 Lib.59,97.

205 Lib.59,94.

206 Lib.59,95.

207 Lib.59,94: τοσούτου γὰρ πολέμου διαντλουμένου... .

208 Lib.59,94 f.

209 Lib.59,95: ὥσπερ ἂν εἰ πολλὴν ἦγεν ἀπὸ θατέρου σχολήν.

210 Lib.59,96: ...ἀπανέστη τῆς Περσίδος ὑπεριδὼν ἐκείνων ὡς οὐδαμοῦ φανησομένων.

ser – tatsächlich aus Antiocheia, wo er sich bereits im Winterlager befand, aufgebrochen[211] – verläßt bei Libanios den persischen Kriegsschauplatz, dabei alle feindliche Bedrohung mißachtend, um seine Schnelligkeit, Entschiedenheit und Unerschütterlichkeit[212] am falschen Ort zur falschen Zeit zu demonstrieren. Und ähnlich verhält es sich mit den kaiserlichen Tugenden der Tapferkeit und Weisheit, welche Libanios wiederum, zu Beginn und am Ende dieses Berichtes[213], überschwenglich rühmt: Denn bei der Niederwerfung eines sich wie rasend gebärdenden christlichen Pöbels konnten sich die beiden höchsten Tugenden gar nicht zu erkennen geben, da es ihrer in diesem nebensächlichen Zusammenhang[214] überhaupt nicht bedurfte.

Die über der Abwesenheit des Kaisers vermeintlich erfolgte Vernachlässigung des Perserkrieges sollte sich in der Darstellung des Libanios schließlich bitter rächen, denn bald nach seiner eiligen Rückkehr wurde Konstantios von dem geballten Aufmarsch einer konzentrierten Feindesmacht gänzlich überrascht[215]. Der Rhetor hat mit seiner Vorgeschichte zur *pugna Singarensis* klargemacht, daß Konstantios, indem er einem äußeren Feind – den germanischen "Barbaren" – den Zutritt ins Heer gewährte und einem inneren Feind – den christlichen "Barbaren"[216] – zu große Aufmerksamkeit schenkte, sich um die Chance brachte, in angemessener Weise auf die persischen Feinde zu reagieren.

1.5.2. Die Schlacht selbst:

1.5.2.1. Zögerliche Reaktion des Kaisers auf die persische Großoffensive

An dem Bericht des Libanios über die "letzte und größte" Schlacht, welche unter der persönlichen Führung des Kaisers ausgefochten wurde, fällt zunächst dessen erstaunlicher Umfang auf. Während der Rhetor den römischen Sieg bei Adiabene in nur 5 Kapiteln (Kap. 83-87) abhandelte, widmet er der Schlacht bei Singara, obwohl in ihrer Endphase keineswegs siegreich für die Römer verlaufen, ganze 22 Kapitel (Kap. 99-120); ziemlich ins Zentrum des Panegyrikos gesetzt,

211 Seeck, 1901 (s.v. Constantius (4)), S. 1056.
212 Lib.59,96 f.
213 Lib.59,93 u. 98.
214 Lib.59,95: "παρενθήκη".
215 Siehe unten, S. 51 ff.
216 Die Gleichsetzung von Hellenen und Heiden zunächst durch die Christen provozierte, daß das sich daraus ergebende, neue Gegensatzpaar Hellene (= Heide) – Christ dem alten Gegensatzpaar Hellene – Barbar bald als gleichbedeutend an die Seite gestellt wurde; vgl. Bliembach, 1976, S. 19. Zu den abwertenden Bezeichnungen des Libanios für die Christen, vgl. Petit, 1955, S. 204.

stellt sie das bei weitem am ausführlichsten berichtete Ereignis der Rede und den Höhepunkt in der Erzählung des Perserkrieges dar.

Das muß verwundern, selbst wenn es sich bei jenem Treffen in der Tat um eine Schlacht von außerordentlicher Bedeutung für den weiteren Fortgang des Perserkrieges gehandelt haben sollte[217]. Denn da Libanios im vorliegenden Fall mit einer Lobrede auf den Kaiser Konstantios beauftragt worden ist, wäre es – in Anbetracht der panegyrischen Regeln – zu erwarten gewesen, daß sich der Redner zunächst der Ausschmückung der erfolgreichen kaiserlichen Aktionen widmete, hingegen die für jenen weniger glücklich verlaufenen Ereignisse nur am Rande oder gar nicht erwähnte. Libanios wählte in seiner Rede jedoch einen anderen Weg: Die Bedeutung dieser im Endeffekt verlustreichen Schlacht wird von ihm nicht nur an keiner Stelle geleugnet; durch Umfang und zentrale Stellung seines Berichtes unterstreicht er vielmehr noch deren Bedeutung, um sie im weiteren Verlauf dann als einen zwar nicht eindeutigen, aber letztendlich doch und vor allem vom Kaiser ganz persönlich errungenen Sieg zu interpretieren.

Wenn es allerdings gleich zu Beginn des Berichtes heißt, daß Konstantios in dieser Schlacht "zugleich die Perser sowie die eigenen Kräfte besiegte"[218], läßt dies sofort aufhorchen. Denn die Ausdrucksweise des Libanios, der Kaiser habe auch über "die eigenen Kräfte" gesiegt, impliziert, daß ein Gegeneinander zwischen dem Heer und dem Kaiser existierte. Das aber bedeutet, daß der Redner versucht, einen negativ zu interpretierenden Sachverhalt – nämlich die Uneinigkeit zwischen kaiserlicher Führung und militärischem Gefolge – mittels eines positiv behafteten Vokabulars ("Sieg") zu beschreiben und somit unter verkehrtem Vorzeichen zu präsentieren. Indem er dies jedoch in einer für den aufmerksamen Hörer durchschaubaren Art und Weise realisiert, kündigt sich eine Doppelbödigkeit in Darstellung und Argumentation an, die es nun – im weiteren Erzählzusammenhang – zu untersuchen gilt.

Zunächst berichtet Libanios von einer erneuten umfassenden Mobilmachung auf persischer Seite: Die Perser, "gegenüber den Einfällen des Kaisers müde geworden und durch die Länge des Krieges in Mitleidenschaft gezogen", hätten ihre Männer im waffenfähigen Alter wie auch die ganz jungen ausgehoben und selbst Frauen als Lastenträgerinnen ins Heer aufgenommen sowie verschiedene, ihnen benachbarte Barbarenvölker mittels Geld angeworben oder in ihren Dienst gezwungen[219]. So gerüstet, hätten sie sich auf den Marsch begeben und alles, was ihnen vor die Füße kam, durch ihre Menge in Angst und Schrecken ver-

---

217 Vgl. die Belege bei Elliot, 1983, S. 47, dafür, daß die Schlacht bei Singara nach Meinung der antiken Autoren die wichtigste des Perserkrieges war.
218 Lib.59,99: ...Πέρσας τε ὁμοῦ καὶ τὰς οἰκείας δυνάμεις νενικηκότα.
219 Lib.59,100.

setzt[220]; und als sie sich schließlich auf den Fluß, den Tigris, zubewegten, "da erkannte der Kaiser, was geschah"[221].

Das bedeutet: Offensichtlich unvorbereitet für einen größeren Krieg mit Persien wurde Konstantios des feindlichen Aufmarsches viel zu spät gewahr, und dann auch nur, weil "eine so gewaltige Bewegung", die "auch nicht die Entferntesten schlafen ließ", gar nicht hätte verborgen bleiben können[222]. Doch als die Späher kamen, um ihm dies alles genau, aufgrund ihrer Anschauung, zu berichten[223], "wechselte er nicht die Farbe, wie wenn jemand in seiner Seele einen Schrecken erlitten hätte, sondern er suchte nach einem Plan, der für die gegenwärtige Lage gut war"[224].

Dieser Plan des Konstantios mutet in den Ausführungen des Libanios allerdings recht merkwürdig an: Angeblich war vom Kaiser ein Befehl an seine an den Grenzen stationierten Truppen ergangen, sich eiligst zurückzuziehen: "... sie sollten weder, wenn der Fluß mit einer Brücke überbaut würde, sich in Verwirrung bringen lassen, noch auch die Landung abwehren, noch einen Mauerbau verhindern, sondern vielmehr zulassen, daß sie (die Perser) einen Graben zögen, wenn sie das wollten, und daß sie sich mit einem Palisadenzaun umgäben und verpalisadierten und daß sie einen reichlichen Vorrat an Quellen in ihre Gewalt brächten und daß sie die günstigsten Stellen des Geländes im Voraus in ihren Besitz nähmen"[225]. Die Begründung, die Libanios für diese zunächst nicht recht verständliche Vorgehensweise des Kaisers gibt, lautet: Um den Feinden jeden Vorwand zur Flucht – wenn etwa gleich anfangs zurückgeschlagen – zu nehmen, sollten sie angelockt werden "vermittels der Ungefährlichkeit ihrer Landung"[226].

So geschah es, daß die Perser, ohne daß ihnen die Römer entgegentraten, drei Brücken über den Fluß schlugen[227]; und die Feinde "kamen allenthalben dichtgedrängt herüber und hörten Tag und Nacht nicht auf zu landen. Und sodann, als es nötig war, die Mauer anzulegen, da fertigten sie an ein und demselben Tage eine Ringmauer an ... . Alles war schon voll von Leuten, die übergesetzt hatten, die Ufer des Flußes, die Breite der Ebene, die Gipfel der Berge. Und es gab keinen kriegerischen Anblick, der nicht das Heer mitanfüllte, nicht der Bogenschütze, nicht der berittene Bogenschütze, nicht der Schleuderer, nicht der Schwerbe-

220 Lib.59,101.
221 Lib.59,101: ...ἔγνω μὲν βασιλεὺς τὸ γιγνόμενον.
222 Lib.59,101.
223 Lib.59,101.
224 Lib.59,102: ...τὴν μὲν χρόαν οὐκ ἤμειψεν, ὡς ἄν τις ἔκπληξιν τῇ ψυχῇ δεχόμενος, βουλὴν δὲ ζητῶν εἰς τὰ παρόντα χρηστήν.
225 Lib.59,102.
226 Lib.59,102.
227 Lib.59,103.

waffnete, nicht der Reiter, nicht die von allen Seiten Gepanzerten. Während sie (die Feinde) aber noch überlegten, wohin sie sich wenden sollten, da zeigte sich der Kaiser..."[228]. Libanios beschreibt, wie Konstantios in wahrhaft stoischer Gelassenheit "das ganze homerische Gemälde mit seinen Augen durchwanderte, dann anhalten ließ und – <wieder einmal> – das Ganze bei sich überlegte"[229].

All dem ist zu entnehmen, daß die Perser, infolge des sich jahrelang hinziehenden Krieges mürbe geworden, eine Entscheidung in offener Feldschlacht erzwingen wollten und daß sie insofern für den Sommer 344/8?[230] zur Großoffensive gerüstet hatten. Von ihrem Aufmarsch erlangte Konstantios erst spät Nachricht; vor allem aber war er auf einen solch konzentrierten Angriff von ihrer Seite her in jenem Jahre offensichtlich nicht gefaßt. Das mochte sein, weil der Kaiser den persischen König im Kampf gegen benachbarte Völkerstämme gebunden glaubte[231] oder aber weil er aufgrund eines zuvor mit Sapor abgeschlossenen Friedens- oder Waffenstillstandsvertrages zu jener Zeit nicht mit dessen Angriff rechnete. So ist bei Julian zu lesen, daß die Römer sich vor der Schlacht bei Singara aller Aggressionen enthielten, "um eher in jeder Hinsicht als diejenigen zu erscheinen, die sich verteidigen, und nicht als diejenigen, die von sich aus nach dem Friedensschluß mit dem Kriege anfangen"[232]. Libanios redet in ähnlicher Weise von einem Waffenstillstandsabkommen (συνθήκαι εἰς ἀνακωχὴν) und dessen Bruch durch die Perser, allerdings noch vor seinem Bericht über den Sieg bei Adiabene[233]. Da jedoch von irgendwelchen Vereinbarungen zwischen Römern und Persern zu jener Zeit ansonsten nichts bekannt ist, ist es denkbar, daß Libanios dieses Abkommen – unter Umständen nach dem Sieg bei Adiabene zwischen Rom und Persien getroffen – im Dienste seiner spezifischen Darstellungsabsichten bewußt um einige Kapitel vorverlegt hat[234]: Der Redner wollte

228 Lib.59,103.

229 Lib.59,103: ...πᾶσαν Ὁμηρικὴν εἰκόνα τῇ λαμπηδόνι παρερχόμενος καὶ θέμενος τὰ ὅπλα περὶ τοῦ παντὸς ἐσκοπεῖτο.

230 Zur fraglichen Datierung der Schlacht bei Singara vgl. Barceló, 1981, S. 200 f, Anm. 401 sowie Portmann, 1989, S. 1-18.

231 Seeck, 1920/23, Bd. IV, S. 424, Anm. 92, 20, schreibt dazu: Wenn – wie von Libanios, *or.*59,100, berichtet -"die Perser einzelne ihrer Nachbarvölker mit Gewalt gezwungen hatten, an dem Feldzuge nach Singara teilzunehmen, so ergibt sich daraus, dass sie kurz vorher gegen diese Völker hatten kämpfen müssen".

232 Jul.I, 23 C: ...ὅπως ἀμυνόμενοι μᾶλλον ἐν πᾶσιν, οὐχὶ δὲ αὐτοὶ πολέμου μετὰ τὴν εἰρήνην ἄρχοντες φανεῖεν.

233 Lib.59,80. Seine Bemerkungen hatten in jenem Zusammenhang die Funktion, auf eine vermeintlich allgemeine Neigung der persischen "Barbaren" zu Betrug und Vertragsbruch hinzuweisen.

234 Barceló, 1981, S. 200, Anm. 397, wendet sich gegen die hier vermutete Historizität des von Libanios und Julian erwähnten Waffenstillstands- bzw. Friedensabkommens mit dem nicht zufriedenstellenden Argument, es sei beiden Autoren in diesem

einen bestehenden Waffenstillstand zwischen Rom und Persien als Entschuldigung für die relativ unvorbereitete Situation des Kaisers möglicherweise nicht gelten lassen; denn dafür, daß Konstantios erst so spät die offensiven Absichten der Perser erkannte, hat Libanios schon fünf Kapitel zuvor seine eigene Erklärung geliefert: Der Kaiser hätte sich der Niederschlagung des christlichen Aufstandes in Konstantinopel gewidmet, "als ob er vor dem andern (dem Perserkrieg) völlige Ruhe hätte"[235]. Das heißt, nicht auf einen objektiven Sachverhalt war es seiner Meinung nach zurückzuführen, daß Konstantios vom persischen Angriff überrascht worden war, sondern der Grund lag für ihn allein in einer persönlichen Fehleinschätzung seitens des Kaisers, seiner kaum entschuldbaren Nachlässigkeit gegenüber dem Geschehen an der persischen Front.

Der vermeintlichen Sorglosigkeit des Konstantios entsprach dann der in völliger Unerschütterlichkeit gefaßte Plan der römischen Seite, sich vorerst aller Aktivitäten zu enthalten, um die Feinde zunächst in aller Ruhe gewähren zu lassen: Man solle ihnen den Flußübergang unbehindert gestatten, auch wenn sie dadurch in die Lage gesetzt würden, die günstigsten Landstriche für sich zu okkupieren; dahinter stünde allein die Absicht des Kaisers, die Perser in den römischen Teil Mesopotamiens zu locken.

Tatsächlich aber scheint Konstantios gar keine andere Wahl gehabt zu haben, als eine solch massierte Landung der persischen Streitmächte zunächst einmal hinzunehmen. Zwar wurde die äußerst schwer zu verteidigende Ostgrenze beständig von einer dichten Postenkette starker Limitantruppen bewacht, für eine effektive Abwehr der persischen Großoffensive waren diese jedoch unzureichend. Hierzu bedurfte es der kampfesstarken comitatensischen Heeresteile und unter Umständen auch der kaiserlichen Elitetruppen, welche nicht ununterbrochen an der fernen Grenze stationiert sein konnten und insofern erst einmal herangeführt werden mußten[236]. Konstantios blieb demnach nichts anderes übrig, als dem Perserkönig nach dessen glücklich begonnender Offensive erst einmal die Initiative zu überlassen, um dann – mit einer gewissen Verzögerung – zu reagieren.

Wenn Libanios allerdings versuchte, dieses durch die Umstände erzwungene Gewährenlassen des Feindes auf einen freiwillig gefaßten, doch recht leichtsinnig anmutenden Plan der Römer, "die Feinde anzulocken", zurückzuführen, so war das von ihm als eine bloß vordergründige Erklärung gedacht. Denn mit sei-

Fall nur auf eine rhetorische Ausschmückung angekommen.

235 Lib.59,95: ...ὥσπερ ἂν εἰ πολλὴν ἦγεν ἀπὸ θατέρου σχολήν. Der Redner fährt fort: Bei Ausbruch der Unruhen in Konstantinopel hätte der Kaiser aus Persien aufbrechen lassen, "jene (die Perser) nicht beachtend, als ob sie sich nirgendwo zeigen würden" (Lib.59,96).

236 Hoffmann, 1969, S. 417 f.

ner gesamten Darstellung hatte der Redner klargemacht, daß der Grund für die anfänglich geübte Passivität der römischen Seite einzig und allein in der Person des Kaisers selbst zu suchen war, nämlich in der von ihm praktizierten demonstrativen Gelassenheit und in seiner allzu bedächtigen Überlegsamkeit[237].

Ein solch überaus kontrolliertes und bedachtsames Verhalten des Konstantios war von Libanios auch andernorts bereits beschrieben worden[238]; seine Schilderung des Kriegsverlaufs hatte immer wieder gezeigt, daß der Kaiser, allen primären Impulsen abgeneigt, nur in genau berechneten Schritten etwas zu riskieren bereit gewesen war: "... Constance II est d' une intelligence remarquable. Libanios le sent et pour cette raison ... le Prince se définit dans l'Oratio LIX d'abord et avant tout par la puissance de sa pénétration intellectuelle."[239] So uneingeschränkt positiv, wie Callu hier den Eindruck erweckt, wollte Libanios diesen intellektualistischen Charakterzug des Kaisers freilich nicht werten. Für ihn war Konstantios durchaus nicht die "cérébralité en action"[240], denn an eben dieser Aktion hatte es der von ihm dargestellte Kaiser immer wieder fehlen lassen. Konstantios überlegte und plante zwar unaufhörlich, doch war – in den Augen des Redners – wenig Entscheidendes geschehen.

Das will besagen: Libanios hatte zwei offenbar allgemein bekannte Charakterzüge des Kaisers genommen, um sie, indem er sie überspitzt zur Darstellung brachte, in ihr negatives Gegenteil zu verkehren: Aus der disziplinierten Verhaltenheit des Konstantios war so bei ihm ein geradezu aufreizendes Phlegma und aus der exakt berechnenden Reflexion des Kaisers eine zur Handlung weitgehend unfähige Zögerlichkeit geworden. Dahinter verbarg sich letztendlich die Absicht des Redners, nicht objektive Gegebenheiten als Erklärung für die römische Taktik im Vorfeld der Schlacht bei Singara gelten zu lassen, sondern das vorsichtige und abwartende Verhalten des Konstantios mit dessen vermeintlichen Charakterfehlern zu begründen. Als angebliche Ursache für die so ungünstigen Ausgangsbedingungen in jener großen Schlacht sollten sie schließlich noch ganz fatale Folgen für die römische Seite haben – denn, während die Rö-

---

237 Lib.59,102.103.

238 Lib.59,95: "...der Kaiser, in der Mitte zwischen Krieg und Stasis sich befindend, ... wurde in der Seele nicht verwirrt". Vgl. Lib.59,96. Tatsächlich scheint sich der Kaiser, von frühester Kindheit an nach orientalischer Etikette erzogen, bewußt um eine disziplinierte und gelassene Haltung – in der Kyropädie das sichtbare Zeichen wahren Königtums (Xen.Kyrop. VIII 1,40 ff) – bemüht zu haben; siehe Callu, 1987, S. 149. Vgl. auch: Amm.Marc.16,10,9 ff. 21,16,7. Aur.Vict.42,23. Classen, 1988, S. 177-186.

239 Callu, 1987, S. 149.

240 Callu, 1987, S. 150.

mer nun in gefaßter Untätigkeit verharrten, erfuhr der persische Kriegsplan Schritt für Schritt seine erfolgreiche Umsetzung.

1.5.2.2. Der mißachtete Rückzugsbefehl des Konstantios

Libanios berichtet zunächst ausführlich über den persischen Kriegsplan: Die Feinde hätten ihr festumbautes Lager zusätzlich dadurch gesichert, daß sie die Bogenschützen und Speerwerfer auf den benachbarten Anhöhen und auf der Mauer positionierten und die Schwergepanzerten sich davor aufstellen ließen; die übrigen Soldaten seien den Römern geschlossen entgegengegangen[241]. Doch kaum sei es zum Treffen der beiden feindlichen Heere gekommen, da hätten die Perser sich wieder zurückgewandt und hätten zum Schein die Flucht ergriffen, mit dem Ziel, die sie verfolgenden Römer in die Nähe ihres Lagers zurückzulocken[242].

Von einem entsprechenden Plan auf römischer Seite ist dagegen bei Libanios nichts zu hören; der Rhetor läßt nichts darüber verlauten, daß auch der Kaiser sehr wohl eine eigene Strategie verfolgte und daß diese tagsüber, im Verlauf der offenen Feldschlacht, allem Anschein nach recht erfolgreich war. Und zwar hatte Konstantios seine Truppen offensichtlich weit entfernt vom persischen Lager zur Aufstellung gebracht, was sich daran zeigt, daß die Römer – wie von Libanios berichtet – fast über den ganzen Tag die Feinde zurückverfolgten, bis sie in die Nähe des persischen Lagers kamen[243]. Das heißt, der Kaiser hatte die anfänglich ungleich schlechteren Bedingungen auf römischer Seite dadurch auszugleichen versucht, daß er – nach der gezwungenermaßen überstürzten Sammlung seines Heeres[244] – sich einen günstigen Schlachtort erwählte, zu dem die Perser ihm hatten entgegenziehen müssen, so daß sie des besonderen Schutzes durch ihr festumbautes Lager beraubt waren.

Die vorgetäuschte Flucht von seiten der Feinde sollte den römischen Soldaten dann zwar eine Verfolgung aufzwingen, doch scheinen sie sich trotz alledem im Kampf als die Überlegenen erwiesen zu haben. Mehrere Autoren – wie auch Libanios in einem späteren Zusammenhang[245] – berichten[246], daß sich tagsüber,

---

241 Lib.59,104.

242 Lib.59,104.

243 Lib.59,107: "...der Zwischenraum zwischen den Heeren betrug 150 Stadien und mit der Verfolgung begannen sie, als der Markt sich füllte, der Befestigung hingegen näherten sie sich am späten Abend".

244 Vgl. oben, S. 53 f. Die besten Einheiten hatten offenbar nicht mehr herangeführt werden können: ...τῆς δ' ἡμετέρας στρατιᾶς τὸ κράτιστον οὐ μετέσχε τῆς μάχης (Lib.59,114).

245 Lib.59,112; die Kapitel 110-114 behandeln die Tugend und Tapferkeit auf seiten

während der Schlacht, ein Sieg für die Römer abzuzeichnen begann, welcher erst durch die hohen Verluste der Nachtschlacht wieder zunichte gemacht wurde. Der Kaiser hatte sich somit offenbar durchaus als fähiger Feldherr erwiesen – sein Unglück war es, daß er die am Ende des Tages erschöpften und von ihrem Durst getriebenen Soldaten nicht von der Erstürmung des umstellten feindlichen Lagers zurückzuhalten vermocht hatte[247].

Denn als die Römer nach ihrer langen Verfolgung schließlich das persische Lager erreichten, war es allein der Kaiser, der die sie dort erwartende Bedrohung erkannte: "Als einziger verstand er den Sinn dessen, was geschah, als einzigem blieb ihm der Sinn der Schlachtordnung nicht verborgen, als einziger befahl er, laut zurufend, nicht zu verfolgen und sich nicht in eine offenkundige Gefahr zu stürzen"[248]. Und: "Indem er das alles bei sich überlegte, die Erschöpfung infolge des Gewichtes der Waffen, die Länge der Verfolgung, die Erhitzung durch die Sonne und das Übermaß des Durstes, die bevorstehende Nacht und die Bogenschützen auf den Hügeln, da hielt er es für richtig, die Perser unbeachtet zu lassen und den Umständen zu gehorchen"[249]. Doch seien die römischen Soldaten nun nicht mehr zu halten gewesen: Von ihrem θυμός einmal in Bewegung gesetzt, hätten sie den eindringlichen Befehl des Kaisers mißachtet[250]. Zwar sei es ihnen noch gelungen, das persische Lager zu stürmen[251] und zu plündern[252] sowie den Sohn Sapors gefangen zu nehmen[253], nach Einbruch der Dunkelheit aber seien viele von ihnen in dem hell erleuchteten Lager ein Opfer des auf sie niedergehenden Geschoßregens geworden[254]. Libanios betont, daß sie gerettet gewesen wären, wenn sie dem Befehl des Konstantios gefolgt wären; doch – so heißt es weiter -: "... je mehr man jenen Vorwürfe macht, um so mehr verherrlicht man den Kaiser. Denn die, die durch ihre Gehorsamsverweigerung eine Niederlage erlitten, die haben den Rat des Warnenden zu Ehren gebracht"[255].

---

der römischen Soldaten; vgl. unten, Kap. I 1.5.2.3.

246 Vgl. Jul.or.I 24 C ff. Fest. XXVII. Eutrop. X 10.

247 Lib.59,107 f.

248 Lib.59,106: μόνος μὲν ἐξεῦρε τῶν δρωμένων τὸν νοῦν, μόνον δὲ οὐκ ἔλαθεν ἡ γνώμη τῆς παρατάξεως, μόνος δὲ βοήσας κελεύει μὴ διώκειν μηδὲ εἰς πρόδηλον ὠθεῖσθαι κίνδυνον.

249 Lib.59,107.

250 Lib.59,108.

251 Lib.59,110 ff.

252 Lib.59,112.

253 Lib.59,117.

254 Lib.59,112.

255 Lib.59,108: ...ὅσῳπερ ἄν τις ἐκείνοις ἐγκαλῇ, τοσούτῳ πλέον τὸν βασιλέα σεμνύνει. οἱ γὰρ ἐν τῷ μὴ πεισθῆναι πταίσαντες τὴν τοῦ παραινέσαντος συμβουλὴν κεκοσμήκασιν.

Wiederum vermittelt der Rhetor seine Kritik am Kaiser in Verbindung mit einer scheinbar uneingeschränkten Loyalitätserklärung. Denn die Weigerung der Soldaten, seinem Befehl zu gehorchen, führt Libanios explizit auf deren Thymosgeprägtheit zurück[256]. Da – wie oben bereits angemerkt – eine solche Charakterisierung für die orientalischen Soldaten gänzlich unüblich war, mußte es sich bei diesem θυμός um die allbekannte, immer wieder beschriebene Eigenschaft germanischer Soldaten handeln[257]. Das will besagen: Die Germanen bzw. Goten, die Konstantios kurz zuvor ins Heer aufgenommen hatte[258], waren es, welche den römischen Truppen bei Singara ihr Verderben brachten; deren vorwärts drängendes Ungestüm verführte auch die übrigen Soldaten dazu, den kaiserlichen Befehl zu mißachten und sich in das von den Persern zum Hinterhalt ausgebaute feindliche Lager zu begeben. Damit wird die eigentliche Schuld für jenes nächtliche Fiasko im Endeffekt aber wieder dem Kaiser zugeschrieben: Ihm war es zu verdanken, daß diese fremdstämmigen, mit römischer Ordnung und Disziplin nicht vertrauten "Barbaren" ins Reich geholt worden waren; demzufolge trug auch er die Verantwortung dafür, wenn diese – allem Anschein nach – unzureichend integrierten germanischen Soldaten sich später, während des Schlachtverlaufs, als nicht beherrschbar erwiesen.

Geradezu perfide ist es, wenn Libanios den mit einer Gehorsamsverweigerung beantworteten Befehl des Konstantios in das Zentrum seiner Betrachtungen rückt, um ihn dann noch als einen Sieg des Kaisers zu feiern, und zwar als einen ganz besonderer Art: "... nicht so wie diese üblichen Siege und auch nicht so, wie sie sich zahlreich ereigneten, ... nicht einen, dessen Zustandekommen auf der Kraft der Hände und den Kriegswaffen beruhte, und nicht einer, für den man Gemeinschaft bräuchte und der wohl nicht auf eine andere Weise herbeigeführt werden könnte, sondern einen, den man eindeutig bezeichnen kann als den eigenen dessen, der gesiegt hat"[259]. Wiederum wird hier ein an sich negativer Tatbestand – die Weigerung der Soldaten – in positivem Lichte, und zwar als ureigener Sieg des Kaisers, präsentiert und die ihm zugrunde liegende Verhaltensweise des Konstantios – sein einsamer Ratschluß – durch übersteigerte Lobpreisung ironisiert. Eine genauere Untersuchung des von Libanios Vorgetragenen zeigt,

256 Lib.59,108: εἰ μὲν οὖν ἐδέξαντο τὸν λόγον καὶ μὴ μεῖζον ἴσχυσε τῆς παραινέσεως ὁ θυμός. Vgl. Fest. XXVII, der ebenfalls von der *ferocia* der kämpfenden (germanischen ?) Soldaten redet, den Grund aber für die Lagererstürmung und des sich anschließenden nächtlichen Fiaskos letztendlich in der gierigen Suche der dürstenden Soldaten nach Wasser sieht.

257 Vgl. oben, S. 45 u. 46.

258 Vgl. oben, S. 43 ff.

259 Lib.59,105.

wie wenig der Rhetor tatsächlich mit der militärischen Führerschaft des Kaisers auch während des Kampfes einverstanden war.

Denn nach den Vorgaben Menanders[260] hätte sich Libanios spätestens in diesem Bericht über die vom Kaiser persönlich geleitete Schlacht – wenn nicht schon vorher – um eine Herausstreichung von dessen Tapferkeit im Kampf[261] bemühen müssen. Doch sucht man nach einer, wie auch immer gearteten, tapferen oder kühnen Handlung des Konstantios selbst in diesem Zusammenhang vergebens. Stattdessen fehlte es dem Kaiser im entscheidenden Moment auch noch an Stärke und Durchsetzungskraft; indem er sich gegenüber seinen germanischen Auxilien nicht zu behaupten vermochte, erschien er schließlich als gegenüber dem gesamten Heer isoliert: Die römischen Soldaten kämpften gegen seinen Willen und ohne ihn weiter – und dies – laut Libanios – in geradezu bewundernswerter Art und Weise.

1.5.2.3. Ἀρετή und ἀνδρεία auf seiten der römischen Soldaten

In der zweiten Hälfte seines Berichtes hebt der Redner nun zu einem großen Lob auf die ἀρετή[262] und ἀνδρεία[263] der in dieser Schlacht kämpfenden Römer an und betont, "aus welcher schlechten Situation heraus sie sich als was für (tüchtige) Leute erwiesen"[264]. Sie hätten Tapferkeit[265] und Geschicklichkeit[266] beim Kampf sowie ein entschiedenes Vorgehen gegenüber dem Feind[267] gezeigt und auch ein großes Durchhaltevermögen noch über den späten Abend hinaus[268] bewiesen. Allein der Eintritt der Nacht verhinderte, daß der Sieg von ihnen vollständig errungen wurde[269]: Als Opfer der Geschosse, welche von den auf den Hügeln positionierten persischen Schützen abgegeben wurden, verloren sie zwar gute Männer, "aber sie vertrieben die Feinde vom Platz"[270].

---

260 Men.p.374.
261 Menander spricht von ἀριστεία καὶ συμπλοκή: Men.p.374.
262 Lib.59,110.
263 Lib.59,113.
264 Lib.59,110: ...ἐξ ὅσων ἐλαττωμάτων ὁρμώμενοι ποῖοί τινες ἐγένοντο.
265 Lib.59,111 (ἀνδραγαθία). 113 (ἀνδρεία).
266 Lib.59,110.
267 Lib.59,112.
268 Lib.59,112.
269 Lib.59,112: "Nachdem der Sieg nun so herrlich eingetreten war, da hätte das Werk für die Vollendung der Erfolge eines helleren Tages bedurft..." (τῆς δὲ τροπῆς γεγενημένης λαμπρᾶς ἐδεῖτο μὲν τὸ ἔργον λαμπροτέρας ... ἡμέρας εἰς τὸ τῶν κατορθωμάτων πέρας...) .
270 Lib.59,112: ...τῆς χώρας δέ τοὺς πολεμίους ἐξήλασαν.

Libanios betont nochmals, daß, obwohl auf römischer Seite so viele Widerwärtigkeiten zu erleiden gewesen seien und die Feinde so viele Vorteile genossen hätten – eine Situation, für die, seinem Bericht zufolge, letztendlich vor allem der Kaiser verantwortlich zu machen war –, die Perser offenkundig besiegt worden seien[271]. Trotz ihrer unbehinderten Landung und der Möglichkeit zur Inbesitznahme der besseren Landstriche sowie ihrer enormen Waffenrüstung[272] hätten die Feinde beim Treffen der Heere sich augenblicklich wieder zur Flucht gewandt, seien zur Preisgabe ihres Lagers bereit gewesen, hätten sich die gesamte Habe plündern, den Sohn des Perserkönigs gefangen nehmen und töten lassen[273], hätten schließlich überstürzt das Land verlassen, ohne ihre Toten zu bergen, und "hofften nicht einmal im Traum, die Niederlage wieder gut zu machen"[274].

Nach dem Urteil des Libanios lag die Leistung der persischen Soldaten allein in der Durchführung einer Kriegslist, nicht aber in irgendwelchen tapferen Handlungen[275]. Auf römischer Seite war dagegen mit umso größerer Tapferkeit und unter vielfachem Lebenseinsatz gekämpft worden[276].

Der Rhetor schließt seine Betrachtungen ab mit der Bemerkung, daß für denjenigen, der das Nützlicherere in gutem Planen sieht, "sich der Kaiser durch seinen Ratschluß als der Tüchtigerere erwiesen hat", wer aber eher die Tatsachen zu beurteilen gewillt ist, für den zählt es, daß die römischen Soldaten, obwohl unter großen Opfern kämpfend, "nicht eher zurückgekehrt sind, als bis sie das Land von den Feinden gereinigt hatten"[277]. Erst diese vollständige Vertreibung des persischen Feindes machte für Libanios zweifelsfrei den Sieg aus[278].

Anhand dieser Ausführungen über die Leistungen der römischen Soldaten in jener großen Schlacht wird ersichtlich, daß die Sympathien des Libanios ganz auf deren Seite, nicht aber auf der des Kaisers lagen. Und selbst wenn der Redner am Ende seines langen Berichtes nochmals eine rhetorische Wendung zum Lobpreis des Konstantios unternimmt, so geschieht dies ganz offensichtlich nur,

---

271 Lib.59,113.
272 Lib.59,116.
273 Lib.59,117.
274 Lib.59,118: ...ἀναμαχεῖσθαι δὲ τὴν πληγὴν οὐδὲ ὄναρ ἐλπίζουσιν.
275 Lib.59,117. Diese Sichtweise deckt sich gänzlich mit dem überlieferten, topisch geprägten Orientalenbild; s. hierzu oben S. 39, Anm. 134 (mit entsprechenden Verweisen auf Sonnabend, 1986, ebd.).
276 Lib.59,110-114.
277 Lib.59,114: εἴτ᾽ οὖν τῳ τὸ κρεῖττον εὐβουλίᾳ γνωρίζεται, ... ἀμείνων ὁ βασιλεὺς οἷς ἐβουλεύσατο δέδεικται, εἴτε τῳ τὰ ἔργα ψιλὰ δοκιμάζειν ἥδιον, ..., τῶν ... ἡμετέρων ..., οἱ ... ἐπανελθόντες οὐ πρότερον ἀπενόστησαν πρὶν ἢ τὴν χώραν τῶν πολεμίων ἐκάθηραν.
278 Vgl. Lib.59,113 u. 119.

um der panegyrischen Form zu genügen. In Widerspruch zu seinen vorangegangenen Äußerungen räumt Libanios nun ein, daß die Perser nicht nur als Besiegte, sondern auch als Sieger geflohen sein könnten[279], und er zögert nicht, selbst dies dann noch als einen Sieg des Kaisers auszugeben: 'Wenn sie aber in dieser Nachtschlacht den Vorteil gewannen und trotzdem nicht mutig genug waren, uns fürderhin entgegen zu treten, dann erweist sich der Sieg des Kaisers als noch viel großartiger. Denn wenn sie (die Perser) auch über ihre Gegner gesiegt haben, aber sich nicht gegen die Hand jenes Mannes (des Kaisers) erhoben haben, dann haben sie wohl jedermann klargemacht, daß der Kaiser seine Stärke nicht so sehr im Gefolge, als vielmehr in <seiner eigenen> φύσις besitzt"[280].

Gerade diese letzte Äußerung ist für den aufmerksamen Hörer nun allerdings gar nicht mehr glaubhaft. Denn bei Libanios war es gerade jene vermeintlich zögerliche, allzu bedächtige und bar aller Tapferkeit und Kühnheit sich zeigende Natur des Kaisers, welche dessen Schwäche ausmachte; gerade die kaiserliche φύσις schien bei ihm verantwortlich dafür zu sein, daß man auf römischer Seite mangelhaft gerüstet und viel zu spät den Kampf gegen Persien aufgenommen hatte, während die Feinde von Anfang an sich ihre Vorteile hatten sichern können. Zwar hatte der Kaiser sich im Durchschauen der persischen Kriegslist als den Soldaten überlegen erwiesen, seine einzige Tat bestand jedoch – in Übereinstimmung mit dem von Libanios gezeichneten Charakter – darin, den Rückzug propagiert zu haben. Wenn Callu schreibt, daß Libanios damit den Kaiser gleichsam "l'art de la retraite" praktizieren ließ[281] und damit eine primär auf Schonung von Menschenleben bedachte Kriegsführung meinen dürfte, so stellt dies eine unzulässige Projektion moderner Wertsetzungen in das Werk eines antiken Autors dar. Denn nach den Worten des Libanios bestand die Leistung der römischen Soldaten ausdrücklich darin, trotz all ihrer hohen Verluste "nicht eher zurückgekehrt" zu sein, "als bis sie das Land von den Feinden gereinigt hatten"[282].

Alles in allem schien die Schlacht bei Singara im Endeffekt für die Römer – eben aufgrund der hohen Verluste – einen ungünstigen Ausgang genommen zu haben; dem in mehrere Sektionen aufgesplitterten Bericht[283] und der bewußt

---

279 Lib.59,120.

280 Lib.59,120: ...δῆλον δήπου πᾶσιν ἐποίησαν, ὡς οὐκ ἐν τοῖς ἑπομένοις <μᾶλλον: cf. krit. App. ad loc. cit.> ἢ τῇ φύσει τὴν ἰσχὺν ὁ βασιλεὺς κέκτηται.

281 Callu, 1987, S. 150.

282 Lib.59,114.

283 Libanios beleuchtet die Situation der gesamten Schlacht in drei voneinander getrennten Abschnitten: Zunächst liefert er seine Interpretation des mißachteten Rückzugsbefehls des Kaisers (Kap.105-109), dann würdigt er Tugend und Tapferkeit auf seiten der römischen Soldaten (Kap.110-114), um schließlich noch das Verhalten

verunklarenden Argumentationsweise des Rhetors ist dies allerdings nur indirekt zu entnehmen[284]. Auch davon, daß der Kampf vom Kaiser – wenn in seinem erfolgreichen Stadium abgebrochen – an einem der darauf folgenden Tage noch unter Umständen zu einem siegreichen Ende hätte geführt werden können, ist nirgends die Rede. Denn damit hätte Libanios den Kaiser als Feldherren in ein günstigereres Licht stellen und seiner zurückhaltenden und vorsichtigen Strategie Recht geben müssen.

1.6 Verhaltener Lobpreis auf Konstantios

Direkt an das Ende dieses Berichtes über jene verlustreiche, von Konstantios persönlich geführte Schlacht setzt Libanios seine abschließenden, im Stile eines Enkomions abgefaßten Betrachtungen über den Charakter des Kaisers[285]. Dazwischen gestreut finden sich nochmals einzelne Anmerkungen bezüglich der militärischen Vorgehensweisen des Kaisers, welchen insgesamt allerdings wieder die bekannte, verdeckt-kritische Tendenz zu eigen ist.

Libanios betont, daß Konstantios, ein ausgezeichneter Reiter und treffsicherer Bogenschütze[286], die Pausen zwecks Übung kriegerischer Dinge verwendete[287] und seine Seele durch das Anschauen von Pferderennen zur Tapferkeit reizte[288]. Von einem Erweis seiner kriegerischen Fähigkeiten und Tapferkeit im Kampfe selbst ist dagegen nirgends die Rede. Das bedeutet: Eine Bewährung dieser vom Kaiser primär geforderten Tugenden findet allein auf spielerischer Ebene und nicht in dem vom Redner als so dringlich empfundenen Ernstfall statt.

---

der Perser gesondert zu betrachten (Kap.116-118).

284 Auffallend ist, daß Libanios von den Persern in seinem Schlußkapitel sowohl als Besiegten wie Siegern spricht; Lib.59,120. Doch wie auch immer das Resultat dieses Kampfes gewesen sein mag, die Kräfte der Perser hatten "zu einem entscheidenden Durchbruch nicht aus(gereicht)" (Barceló, 1981, S. 88); die Überlebenden des Kampfes waren in ihre Heimat zurückgeflohen (Lib.59,120) und erst zwei Jahre später – 346 oder 350, je nach Datierung der Schlacht in das Jahr 344 oder 348 – sollte Sapor erneut – und wiederum vergeblich – die Eroberung der Feste Nisibis versuchen (Barceló, 1981, S. 87 u. Anm. 401).

285 Lib.59,121.122; vgl. hierzu auch unten, Kap. III 2.

286 Lib.59,122: ...κουφότατος μὲν ἁπάντων ἵππον ἀναβῆναι, τῶν δὲ παρ' Ὁμήρῳ πρὸς ἐμπειρίαν τοξικὴν ὑμνουμένων ἀκριβέστερος εἰς σκοπόν.

287 Lib.59,122: ...οὐκ εἰς ὕπνον καὶ ῥᾳστώνην τῆς ἡσυχίας διατρίβων τούς χρόνους, ἀλλ' εἰς τὴν τῶν πολεμικῶν ἄσκησιν τὰς ἀναπαύλας μεθιστὰς.

288 Lib.59,122: ...οὐδὲ πρὸς ψυχαγωγίαν τὴν ἀπὸ τῆς ὀρχήστρας ἀσέλγειαν ἐφελκόμενος, ἀλλ' ἵππων ἁμιλλητηρίων θέᾳ τὴν ψυχὴν θήγων πρὸς ἀνδρίαν.

Des weiteren charakterisiert Libanios den Kaiser mit dem Satz, er sei "von allen der Ungelehrigste in dem Verlangen, mehr Krieg anzufangen"[289]. Im Gegensatz zu seinem Vater Konstantin, den der Redner eingangs ausführlich für seine ständige Bereitschaft, in vielen Kriegen für den Sieg zu kämpfen, gepriesen hatte, und auch im Unterschied zu seinem jüngeren Bruder Konstans, für den es – wie Libanios noch anerkennend bemerken wird – "ein einziges Fest" gewesen sei, "die Barbaren mit Furcht zu erfüllen"[290], erweckte Konstantios den Eindruck, als ob er die militärische Auseinandersetzung geradezu meiden wollte. Der Kaiser schien sich somit im Vergleich zu seinem Vater und seinem Bruder als uneinsichtiger, und damit letztlich auch unfähiger zu erweisen, was die Erfüllung seiner wichtigsten militärischen Aufgabe, der schnellen und siegreichen Beendigung des großen Perserkrieges, anging.

Kaum merklich übt Libanios auch Kritik, wenn er hervorhebt, daß Konstantios seinem Gottesglauben eine höhere Bedeutung beimaß als der vom Kaiser geforderten Tugend der *celeritas* oder aber seinen eigenen Rüstungsbemühungen: Der Kaiser gehorchte günstigen Gelegenheiten zwar schnell, "wobei er die Schnelligkeit freilich nicht unter Verwirrung ausübt", "das Bessere aber erwartet er aus dem Bewußtsein der Frömmigkeit"[291]. Weiter heißt es: Konstantios, wiewohl "nicht durch die Menge der Soldaten auf den Sieg" hoffend, ließe "zwar nichts an der Sorgfalt der Rüstung fehlen, aber dem Gottgefälligen vertraut er mehr als den Waffen für den Sieg"[292].

Im Hinblick auf die Interpretation dieser Äußerungen ist zunächst darauf hinzuweisen, daß die hier beschriebene Haltung, nämlich die Religion bzw. rechte Gottesverehrung als entscheidend für das Wohlergehen des Staates – und damit auch für seinen militärischen Erfolg – anzusehen, durchaus keine Eigenart des christlichen Kaisers war; sie entsprach vielmehr dem für Heiden und Christen gleichermaßen geltenden antiken Religionsverständnis, die "*salus rei publicae* von einer sorgfältigen Verehrung der Götter" in Abhängigkeit zu sehen[293] und deren Vernachlässigung als "ein nicht zu verantwortendes Aufgeben des überirdischen Schutzes für das Reich" zu deuten[294]. Auch Libanios sollte die Auffassung vertreten, daß es vor allem der entschiedenen Restauration der alten

289 Lib.59,122: ἔρωτι δὲ τοῦ πλείονος ἐγεῖραι πόλεμον ἁπάντων ἀμαθέστατος.
290 Lib.59,145.
291 Lib.59,122: ... τῷ δὲ τῆς εὐσεβείας συνειδότι τὰ βελτίω προσδοκῶν.
292 Lib.59,122: ...οὐδὲν μὲν εἰς παρασκευῆς ἐλλείπων ἀκρίβειαν, πιστεύων δὲ τῷ θεοφιλεῖ πλέον ἢ τοῖς ὅπλοις εἰς τὸ κράτος.
293 Klein, 1977, S. 294.
294 Ebd., S. 273.

Kulte durch Julian zu verdanken gewesen sei, wenn die Perser unter seiner Herrschaft die Römer endlich wieder fürchten lernten[295].

Allerdings: Mochten Rhetor und Kaiser auch eine ähnliche Auffassung von der Bedeutung der rechten Kultform für das Staatswohl haben, ihre unterschiedlichen Glaubensinhalte trennten sie. Der dezidierte Heide Libanios stand dem christlichen Bekenntnis des Konstantios sogar ausgesprochen ablehnend gegenüber[296]. Eine kritische Absicht hinter den oben zitierten Äußerungen ist insofern kaum zu bezweifeln: Mit ihnen sollte dem Hörer anscheinend suggeriert werden, daß der allzu vorsichtig und bedächtig agierende Kaiser sich in seiner ohnehin begrenzten Aktionsfähigkeit noch durch den ihm eigenen Gottesglauben hemmen ließ.

Diesem Bild des allzu bedenklichen, seine Eigenverantwortung auch noch immer wieder bereitwillig an eine höhere, fremde Macht abtretenden Kaisers[297] stellte der Redner an späterer Stelle die Person des jüngeren Bruders Konstans gegenüber. Libanios rühmt in seinem zusammenfassenden Lobpreis auf den Westkaiser[298], mit welch erstaunlicher Geschwindigkeit jener seine verschiedenen Unternehmungen ausführte[299]. Vor allem nähme Konstans nicht "die Größe seines Heeres zu seinem Schutz für sich in Anspruch, sondern, nachdem er einige Wenige ausgewählt hatte, denen er zutraute, daß sie ihm mit der Geschwindigkeit folgen würden, und nachdem er ihnen aufgetragen hatte, ihm zu folgen, wohin auch immer er sie führte, schickt er sie – als ob ihm selbst Flügel gewachsen wären und er seinen Begleitern Flügel verliehen hätte – schneller als ein Gedanke überall hin"[300].

So kommt es, daß dem jüngeren Konstans in seinem Westreiche schließlich keine Feinde mehr gegenüberstünden[301], während das ungelöste Perserproblem nach wie vor in scheinbar unveränderter Weise eine Bedrohung für den Osten

295 Lib.12,79. Vgl. hierzu unten, Kap. II 2.3.2.
296 Petit, 1955, S. 196. Zur antiheidnischen Gesetzgebung des Konstantios, welche allerdings erst nach 353 – aus noch zu diskutierenden Gründen – einsetzte, vgl. Noethlichs, 1971, S. 62 ff sowie unten, Kap. II 2.3.2.
297 In ähnlicher Weise bigott wurde Konstantios auch gern von orthodoxer Seite dargestellt; Klein, 1977, S. 45, Anm. 104, bemerkt dazu, daß Konstantios sich auf seinen Feldzügen gegen die Perser von dem gelehrten Bischof Eusebius von Emesa begleiten ließ, "gewiß nicht nur, weil er sich von seinem Gebet wundertätige Hilfe erwartete, wie Sozomenos boshaft bemerkt (hist.eccl.III 6,6), sondern weil er mit ihm theologische Gespräche führte".
298 Lib.59,142-149.
299 Lib.59,147 f. Zu Konstans allgemein vgl. Seeck, 1901 (s.v. Constans (3)), S. 948-952.
300 Lib.59,148.
301 Lib.59,149.

darstellte. Zu verdanken war dies einem Kaiser, der – laut Libanios – "sich niemals von einer Unternehmung hat abbringen lassen"[302], das meint eigentlich, unbeirrbar und stur die einmal von ihm eingeschlagenen Wege verfolgte, und es darüber hinaus noch "leicht genommen hat, wenn er auch einmal eine Niederlage erlitt"[303].

Mit dieser reichlich sonderbaren Formulierung inmitten eines kaiserlichen Panegyrikos[304] gibt Libanios nun zu verstehen, wie seiner Auffassung nach der Ausgang jener Schlacht bei Singara aufzufassen ist. Ganz offensichtlich bedeutete es ihm darüber hinaus ein Ärgernis, daß Konstantios jenen angeblich von ihm selbst verursachten militärischen Mißerfolg mit relativer Unerschütterlichkeit hingenommen zu haben schien, also keinen Anlaß darin erblickte, die einmal von ihm verfolgten defensiven Strategien aufzugeben.

An diesem Punkte wird auch erklärlich, warum Libanios jene kurze, an obiger Stelle besprochene Würdigung der militärischen Leistung des Kaisers, mit all seiner "eifrigen Bemühung" das "Angemessene" erreicht zu haben[305], bereits nach dem Sieg bei Adiabene vorgebracht hatte anstatt in diesem abschließenden Enkomion, nach der vermeintlich so entscheidenden Schlacht bei Singara: Jene "Niederlage" hatte deutlich gemacht, daß der Kaiser – aus der Sicht des Redners – letzten Endes eben doch nicht das "Angemessene" erreicht hatte. Im Gegensatz zu seinem Vater Konstantin, der, wann immer es erforderlich war, "mutig die Waffen ergriffen und sich das Ende übereinstimmend mit seinen Erwartungen verschafft" hatte[306], und von dem es insofern schien, "als ob er einen Vertrag mit der τύχη über einen immerwährenden Sieg geschlossen" hatte[307], wird Konstantios von Libanios – wiewohl Menander dies nahelegt[308] – nirgends mit der τυχη in Verbindung gebracht: In all seiner Bedachtsamkeit hatte es der Sohn des Konstantin augenscheinlich nicht vermocht, die Glücksgöttin auf seine und damit auch die Seite Roms zu ziehen.

Unter solchen Umständen mochte es auch ein Unglück für das Imperium sein, daß der jüngere Bruder Konstans, der, angeblich von ungleich größerer Entschlossenheit und militärischer Tatkraft, seine Feinde anscheinend allesamt bereits bezwungen hatte, sich nun damit zufrieden gab, seine Tapferkeit allein

---

302 Lib.59,122: ...ἐγχειρήσεως μὲν οὐδεμιᾶς ἀποκρουσθεὶς οὐδεπώποτε.
303 Lib.59,122: ῥᾷστα δ᾽ ἂν ἐνεγκών, εἰ καὶ σφαλεὶς ἐτύγχανεν.
304 In einem Panegyrikos hatten nur positive Züge des Kaisers Erwähnung zu finden: Men.p.368.
305 Lib.59,88.
306 Lib.59,59.
307 Lib.59,59.
308 Men.p.376.

bei der Jagd, "an den Abbildern des Kampfes", zu erproben[309]. Libanios sagt nirgends direkt, daß es die Aufgabe des Konstans wäre, dem östlichen Reichsteil gegen die Perser zu Hilfe zu kommen. Insofern muß offen bleiben, ob mit diesem auf beide Kaiser gemeinsam komponierten Panegyrikos, in welchem die Innenpolitik bereits als gemeinschaftliche Angelegenheit abgehandelt wurde[310], auch für ein verstärktes Zusammengehen der kaiserlichen Brüder in außenpolitischer Hinsicht plädiert werden sollte[311].

Jedenfalls zeigen die besprochenen Ausführungen, daß der Redner mit den von beiden Kaisern bislang im Alleingang erbrachten kriegerischen Leistungen aus unterschiedlichen Gründen nicht einverstanden war: Während der eine, zwar tapfer und schnell, sich dazu herabließ, seine Kräfte nurmehr bei der Jagd zu vergeuden, zeigte der andere sich zwar als insgesamt pflichtbewußt, doch in der Auseinandersetzung mit den Persern kampfesscheu, allzu bedachtsam und gottergeben und überdies noch einen von Libanios strikt abgelehnten Weg stur verfolgend. So scheute der Redner am Ende seines Panegyrikos nicht vor der unterminierenden Bemerkung zurück, daß man "eher in der Jugend der Täter als in der Größe der Taten das Bewundernswerte finden wird"[312]. Bei der Einschätzung dieses abwertenden Urteils ist nun allerdings zu fragen, welcher Blickwinkel und welche Beurteilungskriterien Libanios bestimmten, und ob die ihm zugrunde liegenden Sichtweisen, gerade auch was die Person und Politik des Konstantios anging, noch vom heutigen Betrachter geteilt werden können.

Fazit

Mit Abschluß des Berichtes über die Taten des Kaisers im Kriege und des zusammenfassenden Enkomion ist auch der Teil des Panegyrikos, welcher speziell dem Konstantios gewidmet war, beendet; nach Abhandlung seiner zivilen Tugenden sollten die Taten dieses Kaisers im Frieden nurmehr kurz – in einem auf beide kaiserlichen Brüder gemeinsam komponierten Schlußteil[313] – angesprochen werden.

309 Lib.59,149.

310 Lib.59,150-173; Libanios harmonisiert sehr stark, was das gemeinsame innenpolitische Agieren beider Kaiser angeht, vor allem klammert er deren schwere religionspolitische Divergenzen (Stein, 1928, S.207-211) aus.

311 Dafür spricht auch die zentrale Stellung des Perserkrieges (Lib.59,60-120) in der den Brüdern zusammen gewidmeten Lobrede, welche darauf verwiesen haben könnte, daß es sich bei diesem Krieg um die zentrale Aufgabe für b e i d e gehandelt habe.

312 Lib.59,168: καὶ τάχα μεῖζον ἐν τῇ νεότητι τῶν πεποιηκότων ἢ τῷ μεγέθει τῶν πεποιημένων εὑρήσει τὸ θαῦμα.

313 Lib.59,150-173; vgl. Kap. II 1.

Folglich basierte das von Libanios in seiner 59. Rede vermittelte Bild des Konstantios hauptsächlich auf dessen außenpolitischem Agieren, nämlich der Führung des ihm von seinem Vater vererbten Krieges mit den Persern. Er ist das zentrale Thema des vorliegenden Panegyrikos und – aus der Sicht des Redners – auch die zentrale Aufgabe für den Kaiser, ihm zur Bewährung von Gott aufgetragen[314].

Allerdings war Libanios – wie oben des längeren dargelegt – mit der militärischen Führung des Konstantios nicht unbedingt einverstanden; insofern wies das von ihm vorgetragene Kaiserbild durchaus nicht nur positive Züge auf. Entgegen dem Urteil Paul Petits, welcher dem Rhetor in seiner 59. Rede unaufrichtige Schmeichelei vorgeworfen hatte[315], wird hier die Meinung vertreten, daß Libanios sehr wohl bestrebt war, die ihm eigenen Zweifel am Kaiser und seiner Kriegsführung zum Ausdruck zu bringen; er tat dies jedoch indirekt, einen offenen Widerspruch zu den panegyrischen Regeln[316] sorgsam vermeidend.

Die Methoden, derer er sich dabei bediente, waren folgende: Zunächst hatte Libanios sich bei der Themenabfolge weitgehend an die Vorgaben Menanders gehalten[317]. Am Beispiel der ἀνδρεία, der, laut Menander, obersten Tugend eines jeden βασιλεύς[318], ist jedoch gezeigt worden, wie Libanios hinsichtlich der Akzentuierung und Anordnung eines panegyrischen Topos variieren und damit dessen Aussage modifizieren konnte. Wenn von der Tapferkeit, der kriegerischen Tugend, im Hinblick auf Konstantios nur in unkriegerischem Kontext die Rede war[319], so wurde die spezifisch feldherrliche Tugend dieses Kaisers damit gleichsam negiert; das heißt, Libanios wählte die Sprache des Lobes, um sie dann, durch ihre Versetzung in unpassende Zusammenhänge, gewissermaßen ad absurdum zu führen.

Des weiteren entschied der Redner sich, die Erwähnung bestimmter, von Menander geforderter Topoi gänzlich zu unterlassen: Konstantios schien nirgends von der τύχη begleitet[320], vielmehr in seinem Krieg gegen die Perser gera-

---

314 Lib.59,72.

315 Petit, 1955, S. 185.

316 Welche mit Rücksicht auf den außergewöhnlichen Glanz der kaiserlichen Person forderten, keine ambivalenten oder umstrittenen, sondern nur die allgemein anerkannten positven Züge eines Herrschers zu nennen; vgl. Men.p.368.

317 Entsprechend dem panegyrischen Schema (vgl. Menander, ΠΕΡΙ ΕΠΙΔΕΙΚΤΙΚΩΝ) preist der Redner zunächst die Vorfahren des Kaisers (Lib.59,10-29), geht dann ausführlich auf dessen Geburt, Erziehung und Ausbildung ein (Lib.59,30-47), um schließlich von den Taten des erwachsenen Mannes im Krieg (Lib.59,60-120) und Frieden (Lib.59,150-173) nach dessen Herrschaftsübernahme zu berichten.

318 Men.p.372.

319 Lib.59,90.93.98.

320 Vgl. hierzu: Men.p.376.

dezu verlassen von ihr zu sein – das jedenfalls suggerierte die am Ende des ihm gewidmeten Redeteils berichtete "Niederlage"[321] –, wohingegen seinem Vater von Libanios zugestanden wurde, in einem regelrechten Bündnis mit dieser Glücksgöttin gestanden zu haben[322].

Zudem fällt die undetaillierte, faktenarme Darstellung in der Rede auf. Libanios verschwieg Vieles: Die äußerst erschwerten finanz-, militär- und machtpolitischen Bedingungen bei Regierungsantritt des Sohnes im Vergleich zu denen des Vaters; den umsichtigen Einsatz diplomatischer Mittel zwecks einer Beruhigung der übrigen Grenzen; die effektive Bewältigung außenpolitischer Gefahrensituationen in den ersten Kriegsjahren. All dies ließ sich nicht mit dem sicherlich mangelhaften Informationsstand des Libanios erklären[323], sondern hierfür war der spezifische Blickwinkel des Redners verantwortlich zu machen: Libanios wählte weniges, von ihm zu Berichtendes aus, welches er dann im Sinne seiner Darstellungsabsichten unter vielfachen rhetorischen Ausschmückungen vortrug. Der Hörer aber, weil ihm allzu viele Informationen vorenthalten wurden, war somit nicht mehr in der Lage, die gegebene Interpretation zu überprüfen, das heißt, sich selbst ein eigenes Urteil zu bilden[324].

Auch schuf sich der Redner durch wiederholte, angeblich ernst gemeinte Verteidigungsbemühungen die Möglichkeit, in seinen panegyrischen Text Negativurteile bzw. Zweifel hinsichtlich der Kriegführungspraxis des Konstantios, die in Wahrheit seine eigenen waren, einfließen zu lassen[325]; es ist gezeigt worden, daß seine diesbezüglichen Äußerungen eher als eine Art "Brunnenvergiftung", denn als aufrichtige Loyalitätsbekundung aufzufassen sind. Ähnlich verhält es sich, wenn dem Kaiser wortreich lächerliche Pseudosiege untergeschoben werden[326], jede ernsthafte Würdigung aber unterbleibt.

---

321 Nämlich die Schlacht bei Singara, vgl. Lib.59,99-120.122.

322 Lib.59,59.

323 Vgl. oben, S. 24 f.

324 Eine solche Einseitigkeit in der Darstellung betont auch Liebeschuetz, 1972, S. 36, in seinen Ausführungen über die Reden des Libanios insgesamt.

325 Vgl. oben S. 25 u. Lib.59,73, wo Libanios sagt, daß für die Städte als Wächter – im Vergleich zu Konstantin – ein viel Besserer (=Konstantios) zurückgelassen worden sei, um diese Aussage dann sogleich wieder zurückzunehmen; oder – s. oben S. 26 u. Lib.59,61 – wo er – völlig überflüssig – davon spricht, daß von einer Geringschätzung des Sohnes durch die Perser nicht die Rede sein könne; oder aber wenn er – s. oben S. 42 u. Lib.59,88 – scheinheilig fragt, wie jemand sagen könnte, daß der Kaiser mit seiner eifrigen Bemühung "nicht auf alle Weise das Angemessene erreicht habe".

326 Vgl. Lib.59,99 u. 104 ff, wo Libanios die Tatsache, daß Konstantios in der Schlacht bei Singara zwar als einziger den rechten Zeitpunkt für den Rückzug erkannte, diesen aber gegenüber seinen Leuten nicht durchsetzen konnte, mit überschwenglichen Worten als außergewöhnlichen und ureigenen Sieg des Kaisers feiert.

Welcher Blickwinkel und welche Kriterien Libanios bestimmten, ein solch verdeckt-negatives Konstantiosbild zu zeichnen, machte gleich zu Beginn des Panegyrikos der lange, nicht enden wollende Lobpreis auf Konstantin d. Gr. deutlich. In überschwenglicher Weise huldigte Libanios hier der kriegerischen Tüchtigkeit dieses "zu siegen (g)ewohnten"[327] Kaisers, weil er jeden der vielen von ihm begonnenen Kriege ganz nach seinem Gutdünken zu beenden gewußt hätte[328]. Offensichtlich erblickte der Redner in jenem die Verkörperung des hellenistischen Herrscherideals; für ihn war Konstantin der "gute König", der βασιλεύς, der durch die wiederholte Erhöhung der römischen *gloria* aller Welt sein Charisma bewiesen hatte[329].

Mit dem Sohn und seiner auf alle *gloria* weitgehend verzichtenden, die bloße *conservatio* des Bestehenden anstrebenden Kriegführung[330] war der Redner dagegen nicht einverstanden: Die Sicherungsmaßnahmen des jungen Caesar im Osten waren es kaum wert, neben den Taten seines Vaters überhaupt genannt zu werden. Im späteren Teil des Panegyrikos ist der Redner dann ebenfalls nicht bereit, sich mit den Bedingungen für die veränderte Kriegspraxis des Konstantios – seiner Abkehr von der Offensive und Hinwendung zur Defensive – auseinanderzusetzen. Es sind eben keine sachlichen Gründe, die den jungen Kaiser zu einem solchen Vorgehen nötigten, sondern dessen persönliche Defizite: Allzu zögerlich und bedachtsam sowie offenbar in einer ihm eigenen Frömmigkeit befangen erweckt Konstantios bei ihm den Eindruck, als ob er allein aus übermäßiger Vorsicht heraus einer jeden größeren militärischen Konfrontation auszuweichen suchte. Der Redner vermittelte damit ein Kaiserbild, welches ganz und gar abwich von dem von ihm selbst eingangs vertretenen hellenistischen Ideal des siegreichen – oder besser: "zum Siegen (gleichsam) verurteilt(en)"[331] – Königs.

Neben jener Gebundenheit des Rhetors an überlieferte Herrschervorstellungen gab es aber noch einen weiteren Grund dafür, daß Libanios das Agieren des Kaisers im Perserkrieg mit solch einer Skepsis betrachtete. Der Rhetor hatte seine Rede bald nach der Schlacht bei Singara verfaßt[332] und es hat den Anschein, als ob er noch ganz unter dem Eindruck jenes für die Römer im Endeffekt so verlustreichen Kampfes gestanden hätte[333]. Auch mochte der gebürtige Antio-

---

327 Lib.59,60.
328 Lib.59,59.
329 Siehe oben, Kap. I 1.1.
330 Vgl. Barceló, 1981, S. 91 f.
331 Gehrke, 1982, S. 277.
332 In *or.*59,88 spricht der Redner von der Schlacht bei Singara als dem "letzte(n) Kampf". Vgl. Portmann, 1989, S. 1.
333 Dafür spricht allein schon der außerordentliche Umfang des Schlachtberichts von 22 Kapiteln (Lib.59,99-120).

chener sich als ein in besonderem Maße Betroffender fühlen, da jede Gefährdung des militärischen Gleichgewichts zwischen Rom und Persien eine sehr reale Bedrohung gerade für die Bewohner seiner Heimatprovinz Syrien bedeuten konnte[334].

Der heutige Leser darf sich von dieser zwar verständlichen, doch begrenzten Optik des Syrers distanzieren. Wir wissen zwar nicht, warum Konstantios seinen Rückzugsbefehl nicht durchzusetzen und damit das Fiasko für viele der kämpfenden Soldaten nicht zu verhindern gewußt hatte, doch waren die Folgen jener Schlacht für das Ostreich durchaus nicht katastrophal: Nicht nur auf römischer, sondern auch persischer Seite zogen die übriggebliebenen Truppenteile sich nach der Beendigung des Kampfes sofort von der Front wieder in das eigene Land zurück, von einer persischen Invasion konnte keine Rede sein. Auch in den folgenden Jahren, als eine große Streitmacht der Perser sich erneut an der Eroberung der bedeutenden Feste Nisibis versuchte[335], vermochten die Römer sie unter Beibringung hoher Verluste zurückzutreiben[336] – ein Beweis dafür, wie sorgfältig Konstantios die Grenze abgesichert hatte und daß er zu einer realistischen Einschätzung der Situation sehr wohl in der Lage war.

Vor allem nannte schon Julian eine Fülle von sachlichen Gründen[337], die den Kaiser – unter Aufgabe der von Libanios so sehr herbeigesehnten Offensive – zu einer konsequenten Verfolgung seiner sicherlich risikoärmeren[338] Defensivstrategien bewogen haben mochten; darüber hinaus ist zu bezweifeln, daß es selbst Konstantin – bei seinem noch völlig ungeteilten Machtpotential – gelungen wäre, diesen von ihm begonnenen Krieg mit dem mächtigen Sassanidenreich in gewohnter, siegreicher Manier zu beenden[339].

Aufgrund all dieser Überlegungen ist zu fragen, ob Konstantios seinem Charakter nach tatsächlich so überaus zögerlich und unentschieden veranlagt war,

---

334 Vgl. hierzu: Blockley, 1989, S. 487. Libanios beklagt wiederholt den Schaden, den persische Invasionen in Antiocheia angerichtet hätten, s. Lib.15,16; 16,6; 24,38.

335 Barceló, 1981, S. 87.

336 Es scheint, daß Sapor sich von seiner dritten Belagerung jener Grenzfeste im Jahre 350 unter dem Verlust von nahezu 20 000 Kriegern zurückziehen mußte; s. Klein, 1977, S. 210, Anm. 72.

337 Jul.I 18 B – 20 B.

338 Der dem Kaiser gegenüber sonst so kritisch eingestellte Ammian bemerkt über ihn in diesem Zusammenhang: "*in conservando milite nimium cautus*" (21,16,3). Vgl. Stein, 1928, S. 205; dagegen: Hoffmann, 1969, Teil I, S. 390 f.

339 Schon Seeck schrieb hierzu (1920/23, Bd. IV, S. 25 f): "(Der Tod bedeutete) für Constantin, der immer ein Liebling des Glücks gewesen war, ... vielleicht ein neues Glück. Denn so blieb er der nie bezwungene Kriegsheld, während die ungeheuren Schwierigkeiten des bevorstehenden Feldzuges, die er wohl kaum übersah, ihm wahrscheinlich eine schwere Enttäuschung bereitet hätten".

oder ob nicht Libanios diesen Eindruck willkürlich erweckte, um eine ihm nicht genehme Art der Kriegführung mit den vermeintlichen Charakterfehlern des Kaisersohnes erklären zu können. Dagegen machte beispielsweise der Bericht des Redners über das Eingreifen des Konstantios in den Aufstand von Konstantinopel[340] deutlich, daß der Kaiser zur schnellen, entschiedenen Aktion sehr wohl fähig war.

Weitere positive Züge werden dem Kaiser auch von Libanios im Rahmen der von ihm erzählten Randereignisse des Perserkrieges zugestanden: So spricht die Besiedlung wüster Teile Thrakiens mit persischen Kriegsgefangenen für die herrschaftsorganisatorischen Fähigkeiten des Konstantios[341]; die Eingliederung der kriegerischen Goten in das wenig schlagkräftige Ostheer verweist zugleich auf eine taktisch geschickte Maßnahme zur Entlastung der bedrohten, nordöstlichen Reichsgrenze[342]. Und schließlich lassen die noch zu nennenden zivilen Tugenden des Kaisers sein ernstzunehmendes Bemühen um die φιλανθρωπία erkennen[343].

Allerdings galt das Hauptinteresse des Redners eben nicht der Vermittlung eines positiven oder möglichst authentischen Kaiserbildes, sondern es ging ihm vorrangig darum, seinem Unmut über die Entwicklung des Perserkrieges – freilich indirekt – Ausdruck zu verleihen. Libanios vermißte die ruhmvollen Siege, deren Erreichbarkeit die Person Konstantins noch zu gewährleisten schien; dabei übersah der Redner, daß ein solches Aushalten eines latenten Kriegszustandes, wie es Konstantios seit Jahren praktizierte, unter den gegebenen Umständen nicht nur eine Minimalisierung des Risikos bedeutete[344], sondern ebenso auf charakterliche Stärke hinwies. Konstantios wußte sehr wohl um die Kritik, die ihm von verschiedener Seite her zugetragen wurde – bei Ammian ist zu lesen, wie sich der Kaiser noch in den späteren Jahren in seinen Reden mehrfach und entschieden gegen den Vorwurf der *inertia* zu verwahren suchte[345]. Gerhard Wirth hat die Situation des Kaisers treffend beschrieben, wenn er sagt, daß es das Schicksal dieses Mannes gewesen sei, daß sein Leben "eigentlich allein davon bestimmt war, den väterlichen Höhenflug wieder auf ein normales, den wirklichen Umständen angepaßtes Maß zurückzuführen und die Reaktionen ab-

340 Lib.59,94-98.
341 Lib.59,83-86.
342 Lib.59,89-93.
343 Lib.59,121.122. Vgl. unten, Kap. III 2.
344 Ergänzend ist hierzu Barceló, 1981, S. 91, zu zitieren, wo er schreibt, daß die auf den Vertrag von Nisibis zurückgehenden Streitpunkte zwischen Rom und Persien eben "nicht durch eine einzige Schlacht zu lösen (waren). Diese Einsicht beherrscht die ganze Anlage der Persienpolitik des Kaisers".
345 Amm.Marc.14,10,15. 17,5,14.

zufangen, die schon bald nach dessen Tod sich einstellten. Derartiges aber verstanden weder Zeitgenossen noch unmittelbare Nachwelt ..."[346].

2. Das gewandelte Bild des Konstantios in den späteren Reden

2.1. Das Verhalten des Kaisers in den letzten Jahren des Perserkrieges

Vorbemerkungen

Während Libanios in seiner 59. Rede die militärischen Strategien des Konstantios nur sehr verdeckt zu kritisieren wagte, entwarf er in seinen gut 15 Jahre später verfaßten julianischen Reden – insbesondere dem so berühmt gewordenen Epitaphios – ein auffallend einseitiges und geschlossen negatives Bild von diesem Kaiser und seinem Verhalten in den letzten Jahren des Perserkrieges. Dieses Bild gilt es nun zu untersuchen und zu erklären, um im Anschluß daran die von Libanios dargebotene Schilderung der Vorgehensweisen des Konstantios an der Nordwestgrenze des Reiches zu analysieren.

2.1.1. Charakterliche Defizite als Erklärung vermeintlicher Inaktivität

Libanios äußert sich in seiner 12. Rede zunächst allgemein über das angebliche Unvermögen des Konstantios bei der Reichsverteidigung und stellt dieses in Gegensatz zu den herausragenden Fähigkeiten des Caesar und späteren Kaisers Julian. Auf allen Seiten des Imperium sei Konstantios von den Barbaren "gequält" worden: Während die Perser in den östlichen Grenzbezirken Verwüstungen angerichtet hätten, sei die Situation im Westen durch die eindringenden Germanen verzweifelt gewesen[347]; insofern hätte die Situation einen Kollegen auf dem Throne erfordert, denn Konstantios selbst hätte sich als untüchtig im Kampf gegen die äußeren Feinde erwiesen[348]. Julian sei es denn auch zuzuschreiben, daß zum ersten Mal seit Jahren den Barbaren von den Römern wieder Trotz geboten würde[349]; allein seinem energischen Widerstand sei es zu verdanken, daß die

---

346 Wirth, 1979, S. 294 f.

347 Lib.12,40: κακῶς ἔπασχεν ὑπὸ τῶν βαρβάρων πανταχοῦ, καὶ τὸ περικείμενον τοῖς Ῥωμαίων ὅροις Μυσῶν λείαν ἐπεποίητο τὰ τῇδε, μάλιστα δὲ τὸ περὶ τὴν ἑσπέραν ἐπόνει.

348 Lib.12,41: δραμεῖν μὲν οὖν αὐτὸς οὐκ ἠπίστατο, κοινωνὸν δὲ τῆς ἀνάγκης καλούσης.

349 Lib.12,78.

barbarischen Völker des Westens und Ostens sich letztendlich, nach Ausdehnung ihrer Eroberungen, am Bosporus die Hände gereicht hätten[350].

Bei all ihrer rhetorischen Übertreibung machen diese Äußerungen des Libanios zweierlei deutlich: Zum einen zeigen sie die offensichtliche Furcht, welche Libanios vor der vermeintlich drohenden Überschwemmung römischen Territoriums durch die von allen Seiten anstürmenden Barbaren nach wie vor empfunden zu haben schien. Zum andern lassen sie die anhaltende tiefe Unzufriedenheit erkennen, mit welcher der Redner die zurückhaltende Kriegführungspraxis des Konstantios betrachtete, und wie sehr es ihn demzufolge verlangte, in dem sich zunächst weit offensiver verhaltenden Nachfolger des Kaisers einen unbezwingbaren Barbarensieger zu sehen.

Seine längeren Ausführungen über den Perserkrieg des Konstantios im Epitaphios[351] beginnt der Redner denn auch mit einer Lobpreisung auf den jüngeren Kaiser. Ungeachtet der Tatsache, daß der großangelegte Perserfeldzug Julians im Jahre 363 nicht nur mit dessen Tod, sondern auch in einem Fiasko für die römische Armee endete[352], bezeichnet Libanios jenen als "Siegenden"[353], wohingegen die große Armee des Konstantios angeblich von der Macht der Perser überwältigt worden sei[354]. Diesen aller historischen Realität widersprechenden Äußerungen setzt Libanios hinzu, daß die gewaltigen materiellen Ressourcen, die Konstantios insbesondere seit der Erringung der Alleinherrschaft im Jahre 353 zur Verfügung standen, dem Kaiser die Aufstellung einer unbesiegbaren Armee hätten möglich machen müssen[355]; allerdings hätte der vom Vater ererbte Krieg eines wagemutigen und fähigen Kaisers bedurft, der sich darauf verstanden hätte, die vorhandenen Kräfte zu seinem Vorteil zu nutzen[356].

Über all diesen Anklagen vergißt Libanios zu erwähnen, daß die Verhältnisse an der Ostgrenze in den langen Jahren der erzwungenen Abwesenheit des Kaisers im Westen bis 359 gänzlich stabil geblieben waren[357]. Der Rhetor verliert

350 Lib.12,53.

351 Lib.18,205-211.

352 Barceló, 1981, S. 101 f. Wirth, 1978, S. 484 ff.

353 Lib.18,204: ...ὡς νικῶν ἔπιπτε.

354 Lib.18,205: ...ὅσην οὖσαν ἐνίκων τὴν Κωνσταντίου δύναμιν. Die Perser hatten im September 359 Amida und im darauffolgenden Jahr die Grenzfesten Singara und Bezabde einnehmen, nicht aber einen entscheidenden militärischen Sieg über das Ostheer erringen können; Barceló, 1981, S. 93 ff.

355 Lib.18,205: Κωνστάντιος γὰρ ... τὴν ἐξ αὐτῶν τῶν ᾐόνων ὠκεανοῦ γῆν μέχρι τῶν Εὐφράτου ρευμάτων ἐκέκτητο τά τε ἄλλα φέρουσαν πάντα πολλὰ καὶ σωμάτων μεγέθη καὶ ψυχῶν ἀνδρίαν ἀφ᾽ ὧν ἂν γένοιτο στρατόπεδον ἀρραγές.

356 Lib.18,206: ...οὗτος πόλεμον παρὰ τοῦ πατρὸς ἐκδεξάμενος θάρσους δεόμενον βασιλέως καὶ ψυχῆς ἐπισταμένης δυνάμει χρῆσθαι καλῶς.

357 Barceló, 1981, S. 88 ff.

ebenfalls kein Wort darüber, daß Konstantios – seit 353 Herrscher auch über den Reichsteil seines ermordeten Bruders Konstans – sich dort mit mehreren Usurpatoren auseinanderzusetzen[358] sowie mehrere Kriege gegen die ins Westreich vordringenden germanischen und sarmatischen Völkerscharen[359] zu führen hatte; so wurde der Kaiser noch im Jahre 359, zum Zeitpunkt der großen Perserinvasion, durch die dringend notwendig gewordene Pazifizierung des Donauraumes an der Nordostgrenze des Reiches festgehalten[360].

Mit anderen Worten: Die aus der Sicht des Libanios auch in den 50er Jahren wenig zufriedenstellende, weil allzu passive und ruhmlose Rolle Roms im Perserkrieg erklärt sich für den Redner nicht aus den vielfachen Belastungen des Reiches – seinen inneren Unruhen wie den äußeren Bedrohungen –, sondern er führt sie allein auf die persönliche Unfähigkeit des Kaisers, auf dessen Mangel an Kühnheit und geistiger Flexibilität[361], zurück.

Der schwerste Vorwurf, den Libanios gegenüber Konstantios erhebt, ist freilich der des Anscheins einer verdeckten Kooperation mit dem Feind: Konstantios hätte den Krieg geführt, "gleich als ob er geschworen hatte, im Bündnis mit seinen Gegnern zu agieren"[362]. Diese den Kaiser auch moralisch disqualifizierende Beschuldigung wird nun aber nicht konkret begründet, sondern der Redner fährt ganz allgemein fort, daß Konstantios "nicht daran dachte, irgendetwas von ihnen (den Persern) zu erbeuten oder darauf zu sehen, daß sie nichts von ihm gewinnen würden"[363].

Dies trifft nun schlechterdings nicht zu. Bereits aus der 59. Rede wissen wir, daß der Kaiser sehr wohl und mit Erfolg seine eigenen Abwehrstrategien verfolgte. Zwar hatte er sich seit Beginn des Krieges, in realistischer Einschätzung seiner damals recht begrenzten Machtmittel, entschlossen von jeder größeren militärischen Offensive zurückgehalten[364], er hatte jedoch immer wieder von sich aus Einfälle und Plünderungszüge in feindliches Gebiet unternommen[365],

---

358 Dies waren Magnentius, Vetranio, Nepotianus, Silvanus und schließlich Julian; Rosen, 1970, S. 244.

359 Stallknecht, 1969 S. 44 ff. Barceló, 1981, S. 24 ff u. S. 62 ff.

360 Barceló, 1981, S. 68 ff u. 91.

361 Lib.18,206.

362 Lib.18,206: ὥσπερ συμπολεμήσειν τοῖς ἐναντίοις ὀμωμοκώς. Laut Bliembach, 1976, S. 133, handelte es sich hierbei lediglich um eine ironische Antwort auf ganz ähnliche Vorwürfe gegenüber Julian von seiten der antijulianischen christlichen Propaganda.

363 Lib.18,206: ...ὅπως μὲν λήψεται τἀκείνων ἢ μή τι τῶν αὑτοῦ γένοιτο ὑπ' ἐκείνοις οὐκ ἐσκέψατο.

364 Vgl. oben, Kap I 1.2. u. 1.3. Barceló, 1981, S. 82 f.

365 Vgl. Lib.59,77.81. In diesem Zusammenhang sei auch erinnert an den Überfall auf eine persische Stadt in der Landschaft Adiabene und deren Einnahme im Jahre 343;

um so den persischen Aggressionswillen durch die von ihm angewandte Taktik der verbrannten Erde zu schwächen. Daneben erwies sich die Effektivität des römischen Verteidigungssytems in Mesopotamien vor allem an der Tatsache, daß die Perser dreimal – in den Jahren 338, 346 und 350 – vergeblich versuchten, in langwierigen und mit großem Aufwand betriebenen Belagerungen die bedeutende Grenzfeste Nisibis zu erobern[366]. Offensichtlich war es dem Kaiser gelungen, mittels umfassender Sicherungsmaßnahmen und wiederholt durchgeführter militärischer Störmanöver, die jedoch begrenzt und damit in ihrem Risiko kalkulierbar waren, die persischen Kräfte insoweit zu ermüden, daß ihnen der entscheidende Schlag gegen die römische Armee nicht gelang und sie selbst während der langjährigen erzwungenen Abwesenheit des Kaisers im Westen bis zum Jahre 359 auch keinen größeren Angriff mehr unternahmen[367].

Libanios allerdings hat keinen Blick für solch begrenzten militärischen Erfolg. Begierig darauf, an den alten Feinden, welche seine Heimatprovinz Syrien seit Jahrzehnten bedrohten, endlich Rache üben zu können[368], zeigt er keinerlei Verständnis für die von Konstantios verfochtene Strategie der "offensiven Defensive"[369], sondern interpretiert dessen Verhalten allein als eine ihn des Verrats verdächtig machende Passivität.

Bei Libanios erhält Konstantios schließlich die Rolle dessen, der, beständig gefangen in seiner eigenen Lethargie, immer nur mit einer gewissen verhängnisvollen Verzögerung auf die sich Jahr um Jahr erneut manifestierende persische Aggressionsbereitschaft zu reagieren vermag: "Jedes Jahr, am Beginn des Sommers, während der Feind bereits bei Frühlingsanfang seine Festungen belagert hatte, pflegte er (der Kaiser) seine Armee über den Euphrat zu führen und die beste Streitmacht, die er zusammengebracht hatte, haltmachen zu lassen, begie-

---

Lib.59,83 ff.

366 Barceló, 1981, S. 87. Vgl. Lib.59,75. 18,208.

367 Dazu kam, daß Sapor in den 50er Jahren auch gegen die in die nördlichen Provinzen seines Reiches eingedrungenen Chioniten und Gelanen vorzugehen hatte; Stein, 1928, S. 214.

368 So lautet sein Schlußgebet in der 12. Rede: "Daß unsere Armee in Susa (Ctesiphon) schwelgen möge und die Perser ihr aufwarten müßten" (12,100). Ähnlich: Lib.12,74.

369 Siehe Wirth, 1978, S. 460, der von einem "weitgespannte(n) System offensiver Verteidigung" spricht, welches Konstantios "über die gefährdeten Gebiete und deren Hinterland errichtet(e)" und darunter neben den sorgfältig getroffenen Grenzsicherungsmaßnahmen die wiederholte Mobilisierung einmal gewonnener Verbündeter – etwa der Araber und der Armenier – wie auch – seit dem Scheitern der Friedensverhandlungen im Jahre 358 – die planmäßige Heranziehung der verfügbar gewordenen Truppeneinheiten aus anderen Teilen des Imperiums versteht. Vgl. auch Barceló, 1981, S. 92 u. 97.

rig darauf, das Feld zu räumen, sobald der Feind sich zeigen sollte; und obwohl er schon fast die Klagen der belagerten Städte hören konnte, hielt er es für eine bessere Taktik, nicht zu kämpfen oder irgendwelchen seiner eigenen Untertanen zu helfen, die gerade vernichtet wurden"[370].

Offensichtlich hat Libanios hier die Ereignisse der Jahre 359/60 aufgegriffen, um sie – entsprechend einem noch zu klärenden Darstellungsinteresse[371] – zu interpretieren und dann – in unzulässiger Verallgemeinerung – als bezeichnend für den gesamten Kriegsverlauf zu präsentieren. Konstantios hätte sich demnach in all den vorangegangenen Jahren gegenüber den in römisches Territorium vordringenden Feinden in unverantwortlicher Weise passiv und träge verhalten. Der Kaiser hätte sich gar nicht erst bemüht, die Armee, regelmäßig von ihm zu spät zum Einsatz gebracht, über die römisch-mesopotamischen Grenzgebiete hinauszuführen; und selbst dann noch zu bequem zur direkten militärischen Konfrontation, hätte er es unterlassen, den vom Feind belagerten Städten mitsamt ihrer von Vernichtung bedrohten Einwohnerschaft zu Hilfe zu kommen.

In Wiederaufnahme der bereits geäußerten Vorwürfe hebt Libanios nochmals an: "Jahr für Jahr geschah das ebenso: der Perserkönig überquerte den Fluß, er (Konstantios) aber zögerte; jener griff die Festungen an und dieser setzte sich in Bewegung; jener war kurz davor, die Festungen einzunehmen und dieser ließ sich darüber benachrichtigen; jener hatte sie genommen und dieser war es zufrieden, keinen Kampf ausgefochten zu haben ..."[372].

Ein Vergleich mit den uns bekannten Kriegsabläufen zeigt jedoch, daß diese Beschuldigungen nicht aufrecht zu erhalten sind. Insbesondere der mehrfach artikulierte Vorwurf der Saumseligkeit bzw. bewußten Verschleppungstaktik ist zurückzuweisen. So ist es zwar richtig, daß die Perser zunächst im Sommer 359 mit Erfolg eine Großoffensive nach Römisch-Mesopotamien hinein starteten, während derer sie die Feste Amida zerstörten, und daß sie im darauffolgenden Frühjahr noch dazu die Grenzstädte Singara und Bezabde erobern konnten, ohne daß Konstantios ihnen entgegentrat[373]. Aber der Kaiser war nicht untätig, sondern mitsamt seiner Armee durch den Krieg gegen die Limiganten an der Nord-

---

370 Lib.18,206: ...στράτευμα δὲ ἄγων καθ' ἕκαστον ἔτος ἀρχομένου θέρους ἅμα ἦρι τειχομαχούντων διαβὰς Εὐφράτην καὶ περὶ αὐτῷ τοσαύτην στρατιὰν καθίσας καὶ διανοούμενος εἰ φανεῖεν οἱ πολέμιοι φεύγειν, τῶν πολιορκουμένων μόνον οὐκ ἀκούων τὰς οἰμωγάς, στρατηγικώτερον ἡγεῖτο τὸ μὴ μάχεσθαι μηδὲ τοῖς οἰκείοις ἀπολλυμένοις ἀμύνειν.

371 Vgl. unten, S. 83 f (Fazit).

372 Lib.18,207: καὶ τοῦτο ἦν ἔργον ἔτους ἑκάστου· διέβαινεν ὁ Πέρσης, ὁ δὲ ἔμμελλε. προσέβαλλε περιβόλοις, ὁ δὲ ἐκινεῖτο. ἐγγὺς ἦν ἑλεῖν, ὁ δὲ ταῦτα ἐπυνθάνετο. ᾕρει, τῷ δὲ ἤρκει μὴ μεμαχῆσθαι.

373 Amm.Marc.18,4-10. 19,1-8. 20,6-7. Blockley, 1989, S. 481 ff. Barceló, 1981, S. 91 ff.

ostgrenze des Reiches gebunden[374]. Den drohenden persischen Einfall hatte er bis zur Beendigung seines Donaukrieges durch taktische Verhandlungen hinauszuzögern[375] und einem möglichen Disaster durch beginnende Truppenverlegungen vorzubeugen versucht[376]. Nach seinem Aufbruch in Richtung Osten im Frühjahr 360[377] – Sapor hatte seinen Einfall bereits im Februar begonnen – traf Konstantios in Caesarea auf den Armenierkönig Arsaces, um sich, zwecks der von ihm erprobten Flankensicherung an der Ostgrenze, zunächst wieder der Bundesgenossenschaft dieses zwischenzeitlich zu den Persern abgefallenen Klientelkönigs zu vergewissern[378]. Sodann zog der Kaiser nach Edessa, wo er – nach zehnjähriger Abwesenheit – Fragen der Truppenkonzentration und Nachschuborganisation persönlich zu entscheiden hatte, bevor er noch im Spätherbst 360 das eroberte Bezabde zurückzugewinnen suchte[379].

Libanios scheint den mit solchen Feldzugsvorbereitungen notwendigerweise verbundenen Aufschub nicht gelten lassen zu wollen. Allerdings ist bekannt, daß auch Julian, obwohl "begierig, den Krieg gegen die Perser wieder aufzunehmen", nach seiner Ankunft aus dem Westen zunächst neun Monate in Antiocheia verweilte, denn "sein Heer bedurfte einer Ruhepause", welche er ihm – den Worten des Libanios zufolge – "widerwillig gewährte, äußernd, daß über ihn gewitzelt und er mit seinem Vorgänger verglichen werden würde"[380]. Im Klartext heißt das, daß Libanios sich nicht scheute, eine Verzögerung auf seiten Julians zu verteidigen, welche er bei Konstantios als elende Verschleppungstaktik verächtlich zu machen suchte.

Doch nicht nur als faul und träge, sondern auch als furchtsam und feige beschrieb der Rhetor den ihm anscheinend so unliebsam gewordenen Kaiser: Konstantios hätte "sein ganzes Leben in Furcht und Zittern vor den Persern zugebracht und sich vor jedem Frühjahr und der Invasion, welche dieses brachte, ge-

---

374 Amm.Marc.19,11. Blockley, 1989, S. 482 f. Barceló, 1981, S. 68 ff.

375 Amm.Marc.17,14,3. Blockley, 1989, S. 481. Barceló, 1981, S. 91.

376 Amm.Marc.18,8,2. 9,3. Barceló, 1980, S. 92, betont, daß der persische Einfall die Römer eben nicht unvorbereitet traf, sie allerdings "zahlenmäßig und operativ" den Persern zu jenem Zeitpunkt unterlegen waren, denn die "besten Einheiten des mobilen Feldheeres standen noch in Gallien und Illyrien".

377 Nachdem Konstantios den Winter mit Feldzugsvorbereitungen in Konstantinopel zugebracht hatte; u.a. hatte der Kaiser auch wiederum gotische Hilfstruppen angeworben; Seeck, 1901 (s.v. Constantius (4)), S. 1088. Barceló, 1981, S. 94.

378 Amm.Marc.20,11,1-3. Stein, 1928, S. 239. Klein, 1977, S. 214 u. Anm. 81. Barceló, 1981, S. 94.

379 Amm.Marc.20,11,4. 11,6-32. Blockley, 1989, S. 486 Barceló, 1981, S. 95.

380 Lib.18,163. Julian residierte von Juni/Juli 362 bis März 363 in Antiocheia; Stein, 1928, S. 255 u. 261; Bliembach, 1976, S. 85.

ängstigt"[381]. Immer darauf aus, sich sofort wieder zurückzuziehen, sobald der Feind in Sicht war, hätte er es nicht gewagt, den Einwohnern der belagerten Städte zu Hilfe zu kommen, sondern, nach der Zerstörung der letzteren hätte er sich darauf beschränkt, das Elend im Nachhinein zu inspizieren[382] und "der Τύχη Dank dafür zu wissen, daß er nichts Schlimmeres erlitten habe"[383]. Auf seinem Rückzug durch die Städte hätte sich Konstantios dann eitel und wichtigtuerisch gebärdet, "indem er sich von der Bevölkerung auf eine Art und Weise begrüßen ließ, wie sie gebräuchlich war nach einem Sieg"[384]. Zudem betont Libanios noch ein geradezu schamloses Genießertum auf seiten des Kaisers, wenn er sagt, daß der Feind in Horden von Gefangenen geschwelgt hätte, "er aber in Pferderennen; die Städte bekränzten die Perser als Sieger, er aber seine Wagenlenker"[385]. Schließlich kommt der Redner nochmals auf den Vorwurf des Verrats zu sprechen, indem er sich die rhetorische Frage stellt: "Bin ich nicht berechtigt zu sagen, daß er (der Kaiser) im Bündnis mit den Persern stand?" Und Libanios antwortet darauf – wiederum allzu allgemein -: "Denn die Dinge so laufen zu lassen, wo er sie hätte stoppen können, ist gleichbedeutend mit dem Helfen mit seinen eigenen Händen"[386].

Nach all diesen Ausführungen mußte der Hörer des Epitaphios zu der Überzeugung gelangen, daß die Römer in jenem Perserkrieg die gänzlich Unterlegenen gewesen seien und daß sie dies dem trägen und furchtsamen sowie gleich einem Verräter sich verhaltenden Kaiser Konstantios zu verdanken gehabt hätten. Tatsächlich scheiterte im Herbst 360 auch dessen Versuch, das im Frühjahr desselben Jahres von den Persern eroberte Bezabde zurückzugewinnen und auch Singara blieb für die Römer verloren[387]. Die moderne Forschung sieht darin allerdings keinen Beweis für das Scheitern der außenpolitischen Strategien dieses Kaisers. P. A. Barceló betont, daß der Fall solch bedeutender Festungen wie Amida, Bezabde oder Singara zwar einen Prestigeverlust für Rom bedeutete, daß er den Persern aber keineswegs entscheidende strategische Vorteile oder nennenswerte Territorialgewinne verschaffte: "Die Erfolge der Perser waren im

381 Lib.30,38: ὁ μὲν γὰρ ἐν τῷ τρέμειν καὶ δεδιέναι Πέρσας ἅπαντα τὸν βίον ἐβίω φοβούμενος ἔαρ ἕκαστον ἔξοδον ἔχον.

382 Libanios nimmt hier Bezug darauf, daß Konstantios sich im Herbst 360 selbst nach Amida begeben hatte, um sich ein Bild von dem Ausmaß der persischen Zerstörungen machen zu können; Amm.Marc.20,11,4.

383 Lib.18,207.

384 Lib.18,207.

385 Lib.18,207.

386 Lib.18,207: ἀρ᾽ οὐκ εἰκότως μοι προσείρηται Περσῶν οὗτος σύμμαχος; τὸ γὰρ παρὸν κωλύειν ἐπιτρέπειν ἐγγὺς ἂν εἴη τοῦ ταῖς χερσὶ συντελεῖν.

387 Amm.Marc.20,11,6-32. Barceló, 1981, S. 97.

Grunde mehr spektakulär als strategisch wirksam und standen in keinem rechten Verhältnis zu den dafür aufgebrachten Anstrengungen"[388].

Wichtiges Indiz dafür, daß auch nach den Ereignissen der Jahre 359/60 von einer tatsächlichen militärischen Überlegenheit der Perser nicht die Rede sein konnte, ist die Tatsache, daß die Feinde im darauffolgenden Jahr angesichts der ihnen entgegenziehenden römischen Truppen von ihren angekündigten Invasionsplänen[389] Abstand nahmen und wieder in ihr Land zurückwichen[390]. Konstantios hatte – nach umfangreichen Truppenkonzentrationen, erneuten Aushebungen und Rüstungen sowie nochmaliger Kontaktaufnahme zu den verbündeten Randstaaten[391] – sein gesammeltes Heer in Edessa Stellung beziehen lassen, offensichtlich nun, falls herausgefordert, zur großen Konfrontation mit dem persischen Feind entschlossen[392]. Daß Sapor das Wagnis einer solchen direkten Auseinandersetzung mit den vereinten, römischen Streitkräften nun doch nicht einzugehen bereit war, verrät ein Erlahmen der Angriffskräfte auf persischer Seite[393], aber auch Unsicherheit und Respekt vor dem langjährigen Gegner: Der Sassanide hatte wiederholt Einfälle nach Römisch-Mesopotamien hinein unternommen, als er den Kaiser mit seinen Truppen im Westen gebunden wußte[394] – der geballten römischen Streitmacht hingegen wollte er sich im Jahre 361 offenbar nicht mehr stellen[395].

Auf die Nachricht vom Rückzug der gegnerischen Armee verließ Konstantios den östlichen Kriegsschauplatz, nicht ohne ausreichend Truppen für einen angemessenen Grenzschutz zurückgelassen zu haben[396], um dann den Marsch ge-

---

388 Barceló, 1981, S. 97.

389 Amm.Marc.21,7,1: die Perser hätten gedroht, in diesem Jahr den Euphrat überschreiten zu wollen.

390 Amm.Marc.21,13,8; das persische Heer hatte sich bereits an den Ufern des Tigris positioniert (21,7,6); seinen Rückzug führt Ammian auf ungünstige Vorzeichen zurück (21,13,8).

391 Amm.Marc.21,6,6-8. 7,7.

392 Amm.Marc.21,7,1.7. 13,1.4. Vgl. hierzu Blockley, 1989, S. 486 ff, der nachdrücklich auf die Bereitschaft des Kaisers zur Offensive in jenem Jahr hinweist.

393 Vgl. Barceló, 1981, S. 97.

394 Dies trifft zu für die persischen Einfälle in den Jahren 359/60 und für die mit großem Aufwand und unter großen Verlusten durchgeführte Belagerung von Nisibis im Jahre 350 (Klein, 1977, S. 209 f u. Anm. 72) sowie in ähnlicher Weise auch für die Belagerung derselben Grenzfeste im Jahre 338 (vgl. Lib.59,75 sowie oben, S. 28 f u. Anm. 69).

395 Vgl. Blockley, 1989, S. 488, wo es heißt: "Indeed, the threat of a vigorous Roman response in 361 seems to have been sufficient to deter Sapor from aggression in that year".

396 Amm.Marc.21,13,8.

gen den bereits nach Thrakien vorrückenden Usurpator Julian anzutreten[397]. Daß auch nach seinem Abzug in den Westen keinerlei feindliche Angriffe mehr vom Osten her erfolgten, zeigt abermals an, wie sehr sich die militärischen Kräfte der Perser an der konsequent und zäh durchgehaltenen "offensiven Defensive"[398] des Kaisers erschöpft hatten.

In der Tat signalisierten die Sassaniden nach 361 auch mehrfach ihre Verständigungsbereitschaft[399], so daß ein Friedensabkommen mit ihnen "auf der Basis des Status quo"[400] – seit eh und je erklärte Absicht des Konstantios[401] – realistisch geworden zu sein schien: Sapor hatte offenbar von seinem ursprünglichen Ziel, die persische Suprematie über Römisch-Mesopotamien und Armenien wieder herzustellen, Abstand genommen und war nun allem Anschein nach bereit, auf römische Interessen einzugehen[402]. Aus der Sicht einiger moderner Historiker sind die bald nach dem überraschenden Tode des Konstantios artikulierten persischen Friedensangebote denn auch als ein später, wenngleich stiller Triumph dieses Kaisers aufzufassen, insofern als sich an ihnen die Richtigkeit des von Konstanios über all die Jahre unbeirrt verfolgten politisch-militärischen Defensivkonzeptes erwies[403].

Libanios hingegen führt jene, auch von ihm freudigst begrüßte[404] persische Verständigungsbereitschaft allein auf die Wirkung des Namens seines siegreichen[405] Helden Julian, des neuen Augustus, zurück[406]. Dementsprechend läßt er seinen Bericht über den Perserkrieg des Konstantios bei den militärischen Nie-

397 Amm.Marc.21,13,6.8. 15,1.
398 Vgl. oben, S. 75, Anm. 369.
399 Vgl. Lib.12,76. 17,19. 18,164.
400 Barceló, 1981, S. 97.
401 Barceló, 1981, S. 90-92. Die Position des Konstantios wird deutlich anhand eines bei Ammian überlieferten Antwortschreibens des Kaisers an Sapor im Rahmen der römisch-persischen Verhandlungen in der zweiten Hälfte der 50er Jahre; Amm.Marc.17,5.10-15.
402 Wirth, 1978, S. 460 f. Barceló, 1980, S. 97; vgl. S. 90. Blockley, 1989, S. 487 f, der allerdings darauf verweist, daß Libanios nichts Genaues über den Inhalt des bei ihm mehrfach erwähnten persischen Friedensangebotes mitteilt, wenn auch davon auszugehen ist, daß "the Persian initiative might indicate greater flexibility than was apparent in Sapor's reply in 358..." (ebd. S. 487, Anm. 111; im Jahre 358 hatte Sapor noch die Rückgabe Armeniens und Mesopotamiens gefordert: Amm.17,5,6).
403 Wirth, 1978, S. 460 f. Barceló, 1981, S. 97. Blockley, 1989, S. 488. Vgl. auch Rosen, 1970, S. 10-31, der, thematisch freilich beschränkt auf die Vorgänge bis 359, die "zentral gelenkte Defensive" (ebd. S. 23) des Konstantios ebenso positiv würdigte.
404 Vgl. Lib.12,77. 18,164.
405 Vgl. Lib.18,38-67 (zu den militärischen Erfolgen Julians in Gallien).
406 Lib.12,73-76. 18,164-165.

derlagen der Jahre 359/60 enden[407]. In Übereinstimmung zu dem von ihm offensichtlich verfolgten Darstellungsinteresse, den älteren Kaiser herabzusetzen, den jüngeren aber – wo immer es ging – in die Höhe zu loben, interpretiert Libanios jeden römischen Erfolg oder Sieg als einen Verdienst Julians, während der ältere Augustus aufgrund seiner Trägheit und seines Unvermögens ein bis zum Schluß in kläglicher Weise Versagender bleibt. In gänzlichem Unverständnis für die Vorgehensweisen des Konstantios im Perserkrieg und deren sachliche Berechtigung scheut sich Libanios nicht, die Politik dieses Kaisers insgesamt mit dem Stigma der Erfolglosigkeit zu belegen, um letztere dann wiederum auf seinen vermeintlich defizitären Charakter – seine Unfähigkeit, Faulheit und Feigheit – zurückführen zu können.

2.1.2. Nachlässige Führung des Ostheeres

Bei Libanios wird dem Kaiser nicht nur jegliche Anerkennung irgendwelcher Verdienste verweigert, sondern der Redner erhebt neben dem Vorwurf der verdeckten Kooperation mit dem Feind noch die Anschuldigung, die östliche Armee, "bislang geschult, dem Gegner Furcht einzujagen", verdorben und damit unbrauchbar gemacht zu haben[408]. Und zwar fänden sich – der Darstellung des Libanios zufolge – in den Verhaltensweisen der Soldaten die Fehler des Kaisers, nämlich Faulheit, Feigheit und Furchtsamkeit, gleichsam spiegelbildlich wieder: Durch schlechtes Training verweichlicht und unter der Führung des Konstantios vom Angriff abgehalten, hätten sie sich daran gewöhnt, "in den Zelten zu dösen, wenn ihre Gefährten als Gefangene abgeführt wurden, und keine Scham zu empfinden und den Tod zu fürchten"[409]. Die Angst vor den Persern, während mehrerer Jahre angewachsen, sei denn auch so tief verwurzelt gewesen, "daß sie schon in Schauder verfallen seien, wenn sie auch nur das Bild eines Persers gesehen hätten"[410].

Auch diese letzten Ausführungen des Libanios sind nicht unwidersprochen hinzunehmen. So kann keine Rede davon sein, daß Konstantios bei seinem Regierungsantritt ein gut geschultes Heer von hoher Moral vorgefunden hatte, welches erst durch die Nachlässigkeit seiner Führung verdorben worden war. Wie oben bereits angemerkt, hatte es vielmehr gerade die Schwäche dieses Kaisers ausgemacht, daß er – durch die Reichsteilung des Jahres 337 von den bevorzugten Rekrutierungsgebieten im Nordwesten des Imperiums abgeschnitten – auf

407 Lib.18,205-11.
408 Lib.18,208: αὐτὸ γὰρ δὴ τοῦτο καὶ τὸ σχέτλιόν ἐστιν· ὅτι ψυχὰς παραλαβὼν εἰδυίας πολεμίους φοβεῖν φοβεῖσθαι συνείθισε καὶ πονηρᾷ μελέτῃ γενναίας φύσεις ἐξέλυσεν.
409 Lib.18,210.
410 Lib.18,211.

die ihm zunächst allein unterstehenden, bekanntermaßen wenig kriegstüchtigen, östlichen Truppen zurückverwiesen war[411]. Nichtsdestotrotz hatte Konstantios – der es laut Ammian selbst meisterhaft verstand, zu reiten, den Speer zu werfen und geübt mit dem Bogen zu schießen und zudem als "der beste Kenner der Übungen der Fußtruppen" galt[412] – sich von Beginn seiner Regierung an bemüht, die Kampfkraft des östlichen Heeres durch Schulung und Reorganisationsmaßnahmen zu heben[413]; auch eventuellen Verweichlichungstendenzen unter den Grenztruppen suchte er durch entsprechende Maßnahmen entgegenzuwirken[414].

Wenn Libanios abschließend klagt, daß dies also die Armee gewesen sei, "die, so verdorben, unser ruhmvoller Kaiser (Julian) gegen die Perser zu führen hatte"[415], so offenbart sich daran die spezifische Funktion dieser wie auch der vorangegangenen Äußerungen des Redners über die Rolle des Konstantios in den letzten Jahren des Perserkrieges: Indem Libanios den älteren Augustus zunächst all seiner Verdienste entkleidete und sogar eines Zusammengehens mit dem Feind bezichtigte, wurde die Last des zu führenden Krieges allein auf die Schultern des jüngeren, ihm nachfolgenden Kaisers Julian gelegt. Dessen – freilich an keiner Stelle zugestandenes – Scheitern in seinem spektakulär angekündigten Feldzug gegen die Perser[416] erhielt damit eine andere Qualität: Es wurde erklärlich und entschuldbar, zumal mit der Behauptung, Konstantios habe seinem Nachfolger eine gänzlich unbrauchbare Armee von minderwertiger Moral hinterlassen, noch ein konkreter Grund für den militärischen Mißerfolg Julians gefunden zu sein schien.

Fazit

Wie die vorangegangene Untersuchung der Darstellung der letzten Perserkriegsjahre in den während der 60er Jahre verfaßten julianischen Reden zeigte, war das Bild, welches Libanios hier vom Kaiser Konstantios vermittelte, ein anderes als das, welches er in seinem bereits in den 40er Jahren geschriebenen Panegyrikos

---

411 Vgl. oben, S. 29 f.

412 Amm.Marc.21,16,7.

413 Jul.I 21 C f (bezugnehmend auf die Zeit nach 337). Amm.Marc.21,6,6 (bezugnehmend auf die Jahre 360/61).

414 Klein, 1977, S. 209 f, Anm. 71.

415 Lib.18,212: τούτους δὴ τοὺς οὕτω διεφθαρμένους οὗτος ὁ θαυμάσιος ἐπὶ Πέρσας ἦγεν... .

416 Vgl. Lib.16,56. 18,260 (Anspielungen auf Alexander den Großen). Wirth, 1978, S. 461.- Dem von Julian angeführten Expeditionsheer konnte der ungehinderte Abzug aus Assyrien nur durch einen Verständigungsfrieden mit Persien gesichert werden, "zweifellos einer der ungünstigsten außenpolitischen Verträge", die je von Rom abgeschlossen wurden (s. Barceló, 1981, S. 101 ff, insbes. S. 103).

auf eben diesen Kaiser überliefert hatte: Während der Redner in der frühen 59. Rede seine Vorbehalte gegenüber dem Kaiser nur sehr verdeckt und beschränkt auf dessen militärische Vorgehensweisen zum Ausdruck gebracht hatte, scheute er sich in den späteren Reden nicht, ganz unverhüllt und in diskreditierender Art und Weise an der gesamten Person des Konstantios Kritik zu üben. Libanios zeichnete hier das Bild eines Mannes, der sich aufgrund seiner defizitären Charakterstruktur mehr und mehr als kläglicher Versager entpuppte.

Die Mittel, derer sich Libanios im einzelnen bediente, um die ihm eigene Auffassung von diesem Kaiser und seiner Politik im Perserkrieg darzulegen, waren einmal die auffallend faktenarme, es auch an notwendigster Detailinformation fehlen lassende Darstellungsweise; insbesondere ließ der Redner die spezifischen Bedingungen, unter welchen Konstantios seinen Krieg zu führen hatte, gänzlich außer acht. Auch erging er sich in unzulässigen Verallgemeinerungen, indem er die Ereignisse der Jahre 359/60 als typisch für das gesamte Kriegsgeschehen präsentierte. Darüber hinaus scheute er sich nicht, den Kaiser in höchst suggestiver Manier einem ruchlosen Verräter gleichzustellen.

Was die dahinter liegenden Darstellungsabsichten anbelangt, so ist bereits darauf hingewiesen worden, daß jene einseitige Präsentation des Konstantiosbildes mit einem apologetischen Interesse des Rhetors im Zusammenhang stand[417]. Augenscheinlich war Libanios, dessen uneingeschränkte Parteinahme sogar für den sich gegen Konstantios wendenden Julian bekannt ist[418], auch nach dem Tod der beiden Kontrahenten entschlossen, in Konstantios allein den feindlich gesinnten Gegenspieler, den ἐχθρός[419], des von ihm so sehr verehrten Caesar und späterten Kaisers Julian zu sehen. In seiner 18. Rede, dem später so berühmt gewordenen Epitaphios auf Julian, zeichnete er den älteren Augustus als ausschließlich dunkle Kontrastfigur, von der er den jüngeren Kaiser als strahlend helle Lichtgestalt abhob; offensichtlich ging es Libanios in jener Rede um eine Rehabilitation des gerade auch in seiner Heimatstadt Antiocheia zu Lebzeiten wie nach dem Tode massivst und in mehrfacher Hinsicht attackierten Julian[420]: Die Analyse des Berichtes über die letzten Perserkriegsjahre zeigte, daß die faktenarmen, undetaillierten Darlegungen des Rhetors als ein breitangelegter Entlastungsversuch zugunsten des Jüngeren, auf kosten des Älteren, aufzufassen sind.

Allerdings schien der Rhetor selbst wahrgenommen zu haben, daß der Vorrang des apologetischen Interesses in seinen Reden und die einseitige Parteinahme in ihrer negativen Ausrichtung zu einer unzulässigen Reduktion des Kon-

417 Siehe oben, S. 82. Vgl. auch Bliembach, 1976, S. 130 f.
418 Vgl. Bliembach, 1976, S. XXXVIII ff u. LXI ff.
419 Lib.12,39.
420 Vgl. Vogler, 1979, S. 91 u. Bliembach, 1976, S. XLV ff.

stantiosbildes geführt hatten. Denn bereits in der 12. Rede fühlte er sich bemüßigt anzumerken, daß er kein Vergnügen darin fände, Konstantios anzuklagen, daß jedoch seine Erzählung dies erfordere, denn es sei ihm unmöglich, das Lob von dem Tadel zu trennen[421]. Hier nun liegt ein wichtiger Hinweis auf das spezifisch antithetische Kompositionsprinzip dieser Reden, welches nun noch kurz näher zu beschreiben ist.

Und zwar ist aufgefallen, daß die von Libanios propagierten Charakterfehler des Konstantios insgesamt eine gewisse Ähnlichkeit mit dem Tyrannenbild Platons aufweisen: Faul und träge[422], furchtsam und feige[423] sowie eitel, wichtigtuerisch[424], in egoistischer Manier genußsüchtig[425] und schließlich seine Treulosigkeit durch Verrat erweisend[426] – dies alles sind Züge, die sich auch im platonischen τύραννος, übertragen auf die zivile Ebene, wiederfinden lassen. Im weiteren Verlauf dieser Untersuchung wird noch zu prüfen sein, ob das Konstantiosbild des Libanios in seinen julianischen Reden tatsächlich als Konstrukt im Sinne des platonischen τύραννος zu begreifen ist, von dem abgehoben der βασιλεύς Julian in besonders hellem Licht erstrahlen sollte.

Allerdings lassen sich auch bei Libanios einige wenige Bemerkungen finden, die darauf verweisen, daß der Redner das Vorgehen des Kaisers im Perserkrieg nicht ausschließlich negativ beurteilt haben konnte. Gegen Ende der 18. Rede gestand er zu, daß die Perser ihre vergangenen Erfolge teuer bezahlt hätten, denn "durch keine der persischen Invasionen wäre Konstantios so in Verlegenheit geraten, daß er um einen Waffenstillstand hätte bitten müssen. Sondern der persische König ... hätte dann und wann einen Gesandten geschickt, um ein Ende des Krieges zu erbitten und den Sieger zu ersuchen, sich von weiteren Feindseligkeiten zurückzuhalten und das persische Reich als einen freundlich verbundenen Staat zu behandeln"[427].

---

421 Lib.12,44: ἀλλ' ἐκείνου κατηγορεῖν ἐμοὶ μὲν οὐχ ἡδύ, τῷ λόγῳ δὲ ἀνάγκη. διαστῆσαι γὰρ τὴν εὐφημίαν ἀπὸ τῶν μέμψεων οὐκ ἔστιν.

422 Der Tyrann entstammt einem Geschlecht von Faulenzern und Verschwendern; vgl. Plat.Pol.564a – 566a.

423 Der tyrannische Mensch ist voller Furcht und nicht zu überbieten in Unterwürfigkeit und Liebedienerei; vgl. Plat.Pol.578a – 579e.

424 Anfälligkeit des Tyrannen gegenüber Schmeichelei; vgl. Plat.Pol.575e.

425 Der tyrannische Mensch wird vom begehrlichen Teil der Seele beherrscht und er verlebt seine Tage mit "Festen, Aufzügen, Gelagen, Freudenmädchen und allem dergleichen"; vgl. Plat.Pol.573a – d.

426 Der tyrannische Mensch ist treulos – vgl. Plat.Pol.576a. 580a –, er gibt seine gegen ihn opponierenden Mitbürger den Feinden preis – vgl. Plat.Pol.567a.

427 Lib.18,256 f: Κωνστάντιος γὰρ ἐν οὐδεμιᾷ τῶν εἰσβολῶν εἰς αἴτησιν σπονδῶν ἠναγκάσθη πεσεῖν, ὁ δὲ ... ἔπεμψε τὸν δεησόμενον ἐνταυθοῖ στῆναι τὸν πόλεμον καὶ τὸν νενικηκότα τοῦ πλείονος ἀποσχόμενον φίλην ἔχειν καὶ σύμμαχον τὴν αὐτῶν

Freilich stellte auch dieses minimale Zugeständnis für Libanios keinen Anlaß dar, noch einmal genauer über die Politik des Kaisers nachzudenken. In der neueren Forschung ist man dagegen seit einiger Zeit bemüht, zu einem tieferen Verständnis der so mißachteten, strategisch-politischen Konzeption des Konstantios zu gelangen[428]. Am Ende dieser längeren Untersuchung über dessen Vorgehensweisen im Perserkrieg und deren Präsentation bei Libanios ist nochmals Gerhard Wirth zu zitieren. Dieser sieht in der Tatsache, daß der Kaiser "Entscheidungsschlachten vermied und radikalen Lösungen geradezu aus dem Wege ging, dafür aber bei minimalem militärischen Kräfteverschleiß den Gegner in jährlich sich erneuernden Angriffen sich allmählich erschöpfen ließ", den ganz bewußten Versuch eines eigenen Politikansatzes[429]. Wirth vermutet hinter dem so kritisierten Verhalten des Kaisers die Einsicht, daß "es nicht Ziel (des Imperium) sein könne, das persische Reich .. über Gebühr zu schwächen", sondern "in einer Zeit deutlicher Verstärkung drohender Kräfte an anderen, gemeinsamen Grenzen mochte man sich zwangsläufig mehr denn je aufeinander angewiesen fühlen" und jenseits des nach wie vor existierenden, "traditionelle(n) west-östlichen Antagonismus" mochte sich ein Bewußtsein "gemeinsame(r) Interessen vom Rhein bis zum Hindukusch" entwickelt haben[430]. Konstantios ging es um die Vereinbarung eines friedlichen Nebeneinanders mit dem Sassanidenreich auf der Basis der in den 50er Jahren bereits einmal aufgenommenen Verhandlungen[431]. Dieses Ziel schien er auch kurz vor seinem Tode erreicht zu haben: "Persische Friedensangebote im folgenden und übernächsten Jahre ... lassen sich tatsächlich nur aus persischem Eingehen auf die römischen Interessen und damit als Triumph einer Politik allmählichen Umgewöhnens an neue, allgemeine Konstellationen verstehen"[432].

Freilich sollte das Abbrechen dieser Politik und die Zerstörung ihrer Ansätze durch Julian[433] die jahrzehntelangen Bemühungen des Konstantios schließlich

---

ἀρχήν.

428 In diesem Zusammenhang sind u.a. die bereits mehrfach zitierten Veröffentlichungen von Rosen, Barceló, Blockley und Wirth zu nennen

429 Wirth, 1978, S. 460.

430 Wirth, 1978, S. 459 (unter Verweis auch auf: K.H. Ziegler, Die Beziehungen zwischen Rom und dem Partherreich, Wiesbaden 1964, S. 129 ff und S. 146 ff).

431 Vgl. Barceló, 1981, S. 89 ff.

432 Wirth, 1978, S. 461.

433 Bei Wirth, 1980, S. 461 f, heißt es weiter: "... gemessen an dem, was spätestens beim Tode des Constantius an differenzierten Erwägungen, Notwendigkeiten und nicht zuletzt durch ihn erst geschaffenen Gegebenheiten für das Verhältnis zum Osten allgemein bekannt gewesen sein kann, müssen Julians Absichten sich als mutwillige Vergröberung und Rückschritt in längst obsolet gewordene Denkweisen ausgenommen haben, in gewissen, vielleicht propagandistisch über Gebühr ausge-

doch noch weitgehend zunichte machen[434]. Es hat ganz den Anschein, daß Libanios – wider besseres Wissen[435] – kritisch gefärbte Stimmen gegenüber dem jüngeren Kaiser[436] mit seiner Schwarz-Weiß-Malerei, was die Persönlichkeitsbilder beider Herrscher anbetrifft, hat übertünchen wollen.

2.2. *Die Politik des Kaisers an der bedrohten Nordwestgrenze*

Vorbemerkungen

Auf die Politik des Konstantios an der Nordwestgrenze des Reiches in den Jahren 350-59 kommt Libanios in seiner 18. Rede nirgends direkt zu sprechen. Einzig im Rahmen der längeren Abhandlungen über die Taten des Caesar Julian in Gallien äußert er scharfe Kritik am älteren Kaiser und der von ihm geübten Germanenpolitik. Die Argumentation ist nun noch mehr geprägt von einer fortlaufenden Gegenüberstellung der beiden Kontrahenten, was auch dadurch bedingt sein mag, daß beide hier – im Gegensatz zu dem behandelten Perserkriegsgeschehen der Jahre 359/60 – am gleichen Orte zur gleichen Zeit tätig waren. Zudem wurde eine solche Kontrastierung noch dadurch begünstigt, daß Libanios als Informationsgrundlage für die betreffenden Ereignisse an der gallisch-germanischen Grenze hauptsächlich die von Julian selbst verfaßten Schriften dienten, nämlich der Tatenbericht über sein Wirken in Gallien, einige Briefe sowie vor allem auch die *Epistula ad Athenienses*, das bekannte Rechtfertigungsschreiben des Usurpators an die Athener[437].

---

nutzten Anklängen an Alexander den Großen überdies dazu noch abstoßend. ... Für eine Eroberung nach dem Vorbilde jenes Alexander aber fehlten, abgesehen von den Gefahren an den Grenzen anderer, weit entfernter Reichsteile, dem Imperium des 4. Jahrhunderts einfach die Kräfte. Politik wie Kriegführung eines Constantius waren demnach der einzig gangbare Weg gewesen, unter solchen Voraussetzungen doch noch ein Ziel zu erreichen".

434 Ebd., S. 461.

435 So schien der Redner zunächst durchaus nicht damit einverstanden gewesen zu sein, daß ein von den Antiochenern mit großer Freude aufgenommenes Verhandlungsangebot von seiten der Perser durch Julian brüsk zurückgewiesen worden war; s. Lib.18,164.

436 Der Perserfeldzug Julians war offenbar – bei Heiden wie Christen – sehr umstritten; vgl. Amm.Marc. 22,12,3 f. 23,5,4. 25,4,23. Vgl. Bliembach, 1976, S. 130 f.

437 Siehe oben, S. 10.

2.2.1. Das verräterische Agieren des Konstantios im Krieg gegen Magnentius

Im Jahre 350 hatte Konstantios die Ostfront, nachdem er dort zunächst für umfassende Sicherungsmaßnahmen gesorgt hatte[438], verlassen, um in den Krieg gegen den westlichen Usurpator Magnentius zu ziehen[439] – einen Krieg, der nach Worten des Libanios allerdings an sich schon jeder Rechtfertigung auf seiten des Kaisers entbehrte: Magnentius hätte sich zwar die Herrschaft über das Reich eines anderen angemaßt, dasselbe aber schließlich "unter Berücksichtigung von Gesetz und Ordnung" regiert[440]. Der Redner verschweigt, daß es sich hierbei um das Reich des Bruders des Konstantios, des Westkaisers Konstans, gehandelt hatte und daß dieser zudem im Verlaufe jenes Usurpationsgeschehens getötet worden war sowie daß Magnentius nicht eine Regierung nach Recht und Ordnung geführt, sondern – den Aussagen anderer Autoren zufolge[441] – gerade in den letzten Monaten seiner Herrschaft ein regelrechtes Schreckensregiment in Gallien aufrecht erhalten zu haben schien[442].

Es folgt sodann der schwerwiegende, zunächst allerdings nur indirekt ausgesprochene Vorwurf gegen den Kaiser, dieser hätte während seiner Auseinandersetzung mit dem westlichen Usurpator in skrupelloser Art und Weise Verrat an Rom geübt und sei insofern für die desolate Situation in Gallien Mitte der 350er Jahre verantwortlich zu machen[443].

Libanios beginnt seinen Bericht mit den zynischen Worten, Konstantios hätte im Verlaufe jenes verlustreichen Krieges gemeint, zu allen Mitteln greifen zu müssen, "um seinen Untergang sicherzustellen"[444]. Insofern hätte er Briefe an germanische Barbaren gesandt, mit denen er ihnen römisches Territorium eröffnete, denn er hätte ihnen darin die Erlaubnis erteilt, so viel Land, wie sie nur könnten, zu besetzen[445]. Damit aber seien die Vereinbarungen ihrer Verträge aufgehoben worden und die Germanen seien über die Rheingrenze nach Gallien vorgedrungen, ohne von irgendjemandem aufgehalten zu werden[446]. Sie hätten

---

438 Jul.I 26 D – 27 B. Stein, 1928, S. 214 f. Stallknecht, 1969, S. 48. Klein, 1967, S. 209 f. Vgl. Barceló, 1981, S. 88.

439 Stein, 1928, S. 214 f.

440 Lib.18,33: ...μετὰ φυλακῆς τῶν νόμων.

441 Jul.I 39 D – 40 B. Vgl. Zosim. II 53.54. Stein, 1928, S. 217 f. Seeck, 1920/23, Bd. IV, S. 116.

442 Stein, 1928, S. 215-218.

443 Lib.18,33-36.

444 Lib.18,33: ...πάντ' ᾤετο δεῖν κινεῖν ἐπὶ τῷ τὸν ἄνδρα ἑλεῖν.

445 Ebd.: ...καὶ ἀνοίγει δὴ τοῖς βαρβάροις διὰ γραμμάτων τοὺς Ῥωμαίων ὅρους ἐξεῖναι φήσας αὐτοῖς ὁπόσην δύναιντο κτᾶσθαι.

446 Lib.18,34: δοθείσης δὲ ἐκείνοις τῆς ἀδείας καὶ τῶν συνθηκῶν λελυμένων ταῖς ἐπιστολαῖς εἰσχυθέντες ἐπὶ πολλῆς τοῦ κωλύσοντος ἐρημίας.

wohlhabende Städte geplündert, Dörfer verwüstet, Mauern niedergerissen, die Bevölkerung fortgeschleppt, Männer versklavt und schließlich hätten jene barbarischen Sieger noch mit ihren eigenen Händen das Land, welches den Römern gehörte, bestellt[447]. Libanios schließt höhnisch mit den Worten, daß Konstantios, "nachdem er sich seinen Sieg zu einem solchen Preis erkauft hatte, zunächst frohlockte und sich glücklich schätzte, nach der endgültigen Niederlage des Gegners jedoch war sein Verrat offenbar geworden und Rom schrie gleichsam heraus, daß es ruchlos verstümmelt worden sei"[448].

Diesem von Libanios gegenüber Konstantios erhobenen Vorwurf einer verräterischen Kooperation mit den barbarischen Feinden sind folgende Überlegungen entgegenzusetzen: Der beginnende Krieg zwischen Ost- und Westreich, in welchem der "ausgesprochen legitimistisch"[449] eingestellte Kaiser sich anschickte, gegenüber dem fränkischen[450] Usurpator die Herrschaftsrechte des konstantinischen Hauses zu verteidigen, sollte bald zu einer ernsthaften Gefahr für jenen werden[451]. Denn der Usurpator verfügte nicht nur über die – im Vergleich zur Orientarmee – kampfesstärkeren gallischen Truppenteile[452], sondern er hatte in dem Bestreben, für den bevorstehenden Feldzug gegen den legitimen Kaiser alle ihm zur Verfügung stehenden militärischen Reserven zu mobilisieren, sein Heer auch noch durch Anwerbung ihm befreundeter Franken und Sachsen fast um die Hälfte vergrößert[453]. Für Konstantios, dessen Handlungsspielraum durch den im Osten andauernden Perserkrieg weiterhin eingeschränkt war[454], wurde die Usurpation gerade auch aufgrund dieses massierten Zuzuges von seiten rechtsrheinischer Germanen immer bedrohlicher. "Glaubwürdigen Nachrichten" zufolge[455] bemühte er sich insofern nun seinerseits um eine Unterstützung durch freie Germanen: Der Kaiser forderte dem Reich föderierte Germanen vom Stamm der Alamannen, zu welchen gerade er persönlich in einem besonderen Nahverhältnis

447 Lib.18,34.

448 Lib.18,36: ...καὶ ὁ μὲν τοσούτου μισθοῦ τὴν νίκην πριάμενος εὐθὺς μὲν ἥδετο καὶ ἐγαυρία, τοῦ πολεμίου δὲ ἡττημένου καὶ τῆς προδοσίας ἐκφανείσης καὶ μονονουχὶ βοώσης τῆς Ῥώμης ὡς ἠκρωτηρίασται.

449 Stroheker, 1974, S. 17.

450 Zur Abstammung des Magnentius vgl. Waas, 1965, S. 104 f.

451 Ebd..

452 Vgl. Hoffmann, 1969, S. 213 f und 390 ff.

453 Stein, 1928, S. 217.

454 Noch im Jahr des Abzugs des Kaisers in den Westen belagerten die Perser die Grenzfeste Nisibis zum dritten Mal, wiederum vergeblich, so daß sie schließlich unter dem Verlust von wohl nahezu 20 000 Kriegern abziehen mußten (Klein, 1977, S. 210 u. Anm. 72).

455 Stroheker, 1974, S. 17.

gestanden zu haben scheint[456], auf, in Gallien einzufallen, um dort den Kampf gegen den von Magnentius zurückgelassenen Bruder, den Caesar Decentius, selbständig aufzunehmen[457]. Tatsächlich konnte der Alamannenkönig Chnodomar den Bruder des Usurpators bei Sens vernichtend schlagen[458] und bald darauf nahmen die dem Kaiser verbündeten Germanen das ihnen von jenem zugesicherte Recht auf Nutzung römischen Gebietes wahr und begannen, sich links des Rheins niederzulassen[459]. Daß sich mit diesem Zugeständnis einer Landnahme auch aus alamannischer Sicht allerdings nur die Übertragung eines wirtschaftlichen Nutzungsrechtes – nicht Besitzrechtes – verband und daß infolgedessen Konstantios nicht Rom "ruchlos verstümmelt"[460] bzw. 'verantwortungslos römisches Land den Germanen preisgegeben"[461] hatte, dafür sollte Libanios selbst an späterer Stelle – ungewollt – den Beweis liefern, indem er die Germanen das von ihnen links des Rheins beackerte Land weiterhin als "römischen Boden" bezeichnen läßt[462].

Auch wenn an sich der "Einsatz eines mit Rom verbündeten Königs, der wie andere Klientelkönige zur Truppenstellung verpflichtet war, gegen einen Usurpator ... keine Besonderheit dar(stellte)"[463], konnte dieses Bündnis zwischen Kaiser und freien Germanen von Libanios doch scharf kritisiert werden[464]. Denn

---

456 Stroheker, 1974, S. 17, schreibt: "Schon bei dem Heer, mit dem Constantius II. 351 durch Illyricum nach Westen zog, befanden sich Offiziere alamannischer Abstammung in hoher Position. Als dann der Kaiser nach der Niederwerfung des Magnentius 354 einen Feldzug gegen die Alamannen am Oberrhein unternahm, um hier das römische Prestige wiederherzustellen, waren die einflußreichsten Kommandeure in seiner Umgebung Stammesgenossen der Gegner...".

457 Stroheker, 1974, S. 17. Seeck, 1920/23, Bd.IV, S. 105 und vor allem: Rosen, 1970, S. 107 ff. Vgl. Lib.18,33.34.52. Amm.Marc.16,12,3-5, u.a. (wichtigste Quellenzeugnisse mit Text nachzulesen bei Seeck, 1920/23, Bd.IV, S. 432, Anm. 105, 4.10.20). Siehe auch: Seyfarth, 1975, S. 107. Jankowski, 1975, S. 28 ff. Blockley, 1977, S. 219. Dagegen zweifeln Stallknecht, 1969, S. 48 und Barceló, 1981, S. 24 die Historizität dieses von seiten des Kaisers an die Alamannen herangetragenen Hilfegesuches an und sehen in dieser Information bloße, gegen Konstantios gerichtete Propaganda.

458 Amm.Marc.16,12,5. Stein, 1928, S. 218.

459 Lib.18,34. Jul.ep.ad Athen. 278 D ff. Rosen, 1970, S. 107. Jankowski, 1975, S. 26 ff.

460 Lib.18,36.

461 Stallknecht, 1969, S. 48.

462 Vgl. Lib.18,52, wo die Alamannen von dem von ihnen links des Rheins besiedelten Gebiet in einem anderen Zusammenhang als "ἐν γῇ Ῥωμαίων" sprechen und dazu Jankowski, 1975, S. 27 ff u. S. 30, der betont, daß Libanios hier eine "ungewollte Rechtfertigung für die Politik des Constantius" gibt.

463 Szidat, 1981, S. 90.

464 Lib.18,33. Vgl. die Aussagen des Redners zu dem entsprechenden Bündnis zwi-

einem solchen Zusammengehen standen die in den überlieferten Denkweisen verankerten und vermittels der Barbarentypologie immer wieder zum Ausdruck gebrachten grundsätzlichen Vorbehalte gegen die Angehörigen nördlicher Völker entgegen[465], welche zudem durch eine anhaltende allgemeine Furcht vor den "wilden"[466] Germanen noch verstärkt wurden[467].

Und in der Tat sieht es so aus, als ob die Ereignisse diesen Vorbehalten Recht gegeben hätten. Denn nach Libanios[468] schienen die kriegerischen Aktionen der dem Konstantios verbündeten Alamannen im Herrschaftsbereich des Usurpators schließlich zu relativ unkontrollierten Raub- und Eroberungszügen ausgeartet zu sein. Das ist durchaus glaubhaft, doch muß man hinzufügen, daß sich die Situation in Gallien auch dadurch entscheidend verschlechtert hatte, daß Magnentius – um seine eigene Armee zusätzlich verstärken zu können und weil er vielleicht glaubte, vor allem von den ihm verbündeten Franken nichts befürchten zu müssen – die regulären Grenztruppen weitgehend aus dieser Provinz abgezogen hatte[469]. Dies hatte zur Folge, daß Einfälle von seiten weiterer Germanengruppen an Ober- und Niederrhein begünstigt wurden[470] sowie daß, nach der endgültigen Niederlage des Usurpators, auch dessen nun zum Teil führerlos gewordene Soldateska sich zu Räuberbanden zusammentun und die völlig unzureichend geschützte Provinz ebenfalls heimsuchen konnte[471].

All dies aber bedeutet, daß Gallien – ausgelöst durch schwere innenpolitische Auseinandersetzungen und infolge eines kurzfristig entstandenen Machtvakuums – zu einem Kampfplatz ganz unterschiedlicher, vornehmlich germanischer Gruppierungen geworden war, welche bald auch gegeneinander die Waffen zu kehren begannen[472]. Die Vorgänge im einzelnen zu klären ist weder möglich noch in

---

schen Konstantios und Vadomar: Lib.18,107.113.

465 Vgl. hierzu allgemein: Timpe, 1986, S. 22 ff; Speyer/Opelt, 1967, S. 251 ff; zu Libanios: Petit, 1955, S. 182 f, wo er schreibt, daß Libanios all die Vorurteile gegenüber den "Barbaren", welche die griechische literarische Tradition verbreitet hatte – egal welcher Herkunft sie auch waren –, unverändert übernommen hat. Gerade die vorliegenden Passagen der 18. Rede liefern ein Beispiel dafür, denn die Germanen werden hier als ausschließlich raubgierige, zerstörungswütige, treulos und verräterisch agierende Barbaren geschildert (vgl. 18,34 f.91.107 f).

466 Beispielsweise sagt Konstantios bei Ammian, daß es ihm darum ginge, die "stürmische Wildheit" (*ferociae flatus*) der Germanen ohne Blutvergießen zu besänftigen (Amm.14,10,14).

467 Szidat, 1981, S. 90 f.

468 Lib.18,34.

469 Jul.I 34 D f. Stein, 1928, S. 219.

470 Stein, 1928, S. 219. Jankowski, 1975, S. 31 f.

471 Stein, 1928, S. 222.

472 So ist uns beispielsweise ein Franke namens Charietto bekannt, der sich in Trier niederließ und seit ca. 355 selbständig, "in einer Art Guerillakrieg" die aus den

diesem Zusammenhang erforderlich. Worauf es ankam, war zu zeigen, daß die Gründe für diese desolaten Verhältnisse in Gallien Mitte der 350er Jahre nicht – wie Libanios es will – auf eine verantwortungslos und verräterisch operierende Politik des Kaisers zurückzuführen sind und auch nicht auf eine sich immer wieder zeigende germanische Zerstörungswut. Vielmehr sind sie in der schwierigen Situation des Reiches selbst zu suchen, als ein Symptom seiner inneren Krise[473] zu begreifen; in diesem Sinne sind sie als die Folgeerscheinung einer seit langem existierenden Involviertheit der Germanen in die politischen Auseinandersetzungen Roms zu interpretieren[474].

2.2.2. *Mißgünstige Haltung gegenüber dem Caesar*

Nachdem mit dem endgültigen Sieg über den Usurpator Magnentius im Jahre 353[475] die allgemeine Reichskrise zunächst überwunden war, mußte Konstantios darangehen, der Autorität der Zentralgewalt in den nördlichen Grenzprovinzen erneut Geltung zu verschaffen. Libanios schreibt, die Situation hätte einen zweiten βασιλεύς erfordert[476] und Konstantios hätte nach Julian gerufen, vor allem da er selbst nicht den Mut gehabt hätte, die Eindringlinge unter Riskierung seines eigenen Lebens zu vertreiben[477].

Gegen eine solche Begründung der Ernennung Julians zum Caesar und des sich wiederholenden Vorwurfs der Feigheit und Unfähigkeit des Kaisers ist einzuwenden, daß Konstantios in den Jahren 354-56 persönlich drei Feldzüge an den Oberrhein unternommen hatte[478], jedoch als Kriegführender in den entsprechenden Kapiteln der 18. Rede des Libanios nicht einmal andeutungsweise in Erscheinung tritt. Dabei war es ihm zunächst gelungen, vermittels einer sorgsam kalkulierten, militärischen Machtdemonstration und der Vermittlungstätigkeit dreier in römischen Diensten stehender alamannischer Offiziere die im Breisgau

---

rechtsrheinischen Gebieten nachfolgenden Germanen bekämpfte (Waas, 1965, S. 95). In ähnlicher Weise wird Konstantios beabsichtigt haben, durch eine Ansiedlung der ihm foederierten Alamannen rechts des Rheins, sich "zugleich einen wirksamen Grenzschutz gegen weitere eindringende Germanen" zu verschaffen (Jankowski, 1975, S. 32) – gemäß dem seit Mark Aurel geltenden Grundsatz, "daß Germanen am besten durch Germanen zu besiegen seien" (Waas, 1965, S. 6).

473 Vgl. hierzu Krüger, ²1987, S. 394, Anm. 55.

474 Zu den seit Caesar existierenden, vielfältigen Beziehungen zwischen dem Römischen Reich und den Germanen vgl. Waas, 1965, passim.

475 Stein, 1928, S. 218.

476 Lib.18,31: ...τῶν πραγμάτων δὲ ἀπαιτούντων βασιλέα δεύτερον.

477 Lib.18,36: ...τοῖς μὲν αὐτοῦ κινδύνοις ἐξελάσαι τοὺς κωμάζοντας οὐκ ἐτόλμα.

478 Amm.Marc.14,10,6-16. 15,4,1-13. 16,12,15 f.

ansässigen Alamannen zum Abschluß eines Foederatenvertrages zu bewegen[479]. Sodann hatten seine Truppen über die nordöstlich des Bodensees angesiedelten alamannischen Lentienser einen Sieg erfochten[480], und schließlich hatte der Kaiser einen Kriegszug gegen die am oberen und mittleren Neckar ansässigen Juthungen mit dem Abschluß eines Friedensvertrages beendet[481].

Seinen systematischen Versuch, die vielerorts zusammengebrochene Rheinfront so schnell als möglich wieder aufzurichten[482], vervollständigte der Kaiser noch dadurch, daß er im Jahre 355 den fränkischen *magister peditum* Silvanus an den Niederrhein sandte, wo dieser – sicherlich auch aufgrund seiner Vertrautheit mit den dortigen Verhältnissen – recht erfolgreich gegen eingefallene Frankenscharen operierte[483]. Als der Franke jedoch meinte, im Zuge einer gegen ihn gerichteten Intrige, durch welche er fälschlicherweise des Hochverrats verdächtigt worden war, zur Usurpation gezwungen zu sein und daraufhin vom *magister equitum* Ursicinus gewaltsam beseitigt wurde[484], sollte sich die Lage am Rhein von neuem verschärfen. Mit dem Tode des Silvan wiederholten sich die Einfälle der Germanen[485], und es brachen allem Anschein nach auch innerhalb der Rheinarmee größere Unruhen aus[486]. Damit trat die anhaltende, allgemeine Instabilität der Verhältnisse in den nördlichen Grenzregionen wiederum offen zutage.

Libanios beschreibt die Situation mit den Worten, daß die Städte nahe des Rheins in Ruinen gelegen hätten und die Kommandeure, welche zu jenem Kriegsschauplatz ausgesandt worden seien, nach einer höheren Position als der ihnen zugestandenen gestrebt hätten[487]. Wenn der Rhetor allerdings den Ruf des Konstantios nach einem Stellvertreter von vornherein mit dessen vermeintlicher Feigheit bzw. Unfähigkeit begründet, so ist das nicht überzeugend. Libanios übersieht, daß Konstantios, der mit dem Jahre 353 Alleinherrscher über das Gesamtreich geworden war[488], – wollte er sich die Rolle eines *spiritus rector* nicht

479 Amm.Marc.14,10,6 ff. Barceló, 1981, S. 25 f u. 31.
480 Amm.Marc.15,4,1 ff. Barceló, 1981, S. 27 f.
481 Amm.Marc.16,12,15 f. Barceló, 1981, S. 30 f.
482 Vgl. Barceló, 1981, S. 32 f. Stallknecht, 1969, S. 44 ff.
483 Amm.Marc.15,5,1 ff.
484 Amm.Marc.15,5,2-34.
485 Amm.Marc.15,8,1. 16,3,1 (Eroberung Kölns durch die Franken).
486 Vgl. Frézouls, 1962, S. 687, wo er seine '*hypothèse invérifiable*' vorträgt: "... une crise interne de l'armée à la suite de l'usurpation et de la mort de Silvanus, accompagnée peut-être de troubles civils dans la région rhénane, aurait été l'une des raisons principales des difficultés accrues que connaissait la Gaule au moment où Julien y fut envoyé".
487 Lib.18,31.
488 Stein, 1928, S. 218.

nehmen lassen und in der Lage sein, die großen politischen Entscheidungen unter gesamtrömischer Perspektive von der kaiserlichen Zentrale her zu treffen – zu einer gewissen Distanzierung gegenüber den regionalen Geschehnissen gezwungen war[489]. Im Gegensatz zum Caesar, dessen Aufgabengebiet von vornherein begrenzt war[490], mußte er sich von einer zu engen Verflechtung mit den politisch-militärischen Angelegenheiten auf Provinzebene freihalten; dies galt gerade auch im Hinblick auf Gallien, dessen Befriedung sich nun als größere, einen längeren Zeitraum in Anspruch nehmende Aufgabe herausgestellt hatte. Demzufolge sandte Konstantios seinen Neffen Julian als Caesar an die gallisch-germanische Grenze[491], nicht weil er selbst weitere Auseinandersetzungen mit den Germanen fürchtete, sondern um die ihm zugefallene Regierung über das Gesamtreich effizienter ausüben zu können.

Darüber hinaus hatte sich der Kaiser bei seiner Wahl des Caesar für einen Angehörigen des konstantinischen Hauses entschieden, weil er – selbst das monarchische Prinzip konsequent vertretend[492] – hoffte, durch die Anwesenheit eines kaiserlichen Verwandten in den entlegenen Regionen künftigen Usurpationen von seiten der mit großen Machtmitteln ausgestatteten hohen Militärs vorzubeugen[493].

Die Haltung allerdings, mit welcher Libanios den Kaiser seinem Caesar von Anfang an gegenübertreten läßt, ist geprägt von Neid, Mißgunst und Hinterhältigkeit. Konstantios sei zwar bestrebt gewesen, die gallischen Provinzen zu retten, doch hätte er aufgrund seiner Neidgefühle Julian gegenüber den zwiespältigen Wunsch gehegt, daß der Caesar sowohl den Feind überwinden wie auch selbst von ihm überwunden werden würde; insofern hätte er ihn dem Tod nicht weniger als dem Sieg entgegengesandt[494].

Einen ersten Beweis dafür sieht Libanios darin, daß der Kaiser, obwohl im Besitz einer riesigen Armee, bloße 300 Mann seiner unzuverlässigsten Infanterieabteilung abgeordert hätte, um den Caesar ins Innere Galliens zu geleiten[495]. Der damit implizit geäußerte Verdacht unterstellte dem Kaiser jedoch nicht nur ein völlig absurdes Verhalten, er ist auch schnell durch die Information zu entkräften, daß der in der Kriegführung damals noch völlig unerfahrene Julian zu-

---

489 Vgl. hierzu: Barceló, 1981, S. 29 f u. S. 33 f. Rosen, 1970, S. 23.
490 Straub, 1939, S. 56.
491 Stein, 1928, S. 221 ff.
492 Straub, 1939, S. 54.
493 Straub, 1939, S. 54 ff. Rosen, 1970, S. 77 f.
494 Lib.18,36 f: ...τὸ δὴ καινότατον, τὸν αὐτὸν ὁμοῦ κρείττω τε φανῆναι καὶ χείρω τῶν πολεμίων ηὔχετο, τῷ μὲν τῆς γῆς ἐπιθυμεῖν ἐκεῖνο ποιῶν, φθόνῳ δὲ τοῦτο. καὶ ὅτι γε ἀπολούμενον οὐχ ἧττον ἢ κρατήσοντα ἐξέπεμψεν εὐθὺς ἔδειξεν.
495 Lib.18,37.

nächst keinerlei militärischen Auftrag; sondern allein Repräsentationsfunktionen zu erfüllen hatte[496]; bei der vermeintlich viel zu kleinen und unfähigen Mannschaft handelte es sich demnach lediglich um eine Eskorte, welche den Caesar von Mailand nach Reims, ins Hauptquartier des gallischen Heeres[497], zu begleiten hatte.

Libanios hält freilich jene Vorsichtsmaßnahme des Kaisers, den Oberbefehl über das gallische Heer zunächst noch in den Händen seiner beiden erfahrenen *magistri militum* zu belassen, für überflüssig und eine den Caesar in seiner vorwärtsdrängenden Aktivität behindernde Maßregel. Die Situation der gallischen Provinzen hätte sich sofort gebessert, hätte Julian im Jahre 356 bereits das militärische Oberkommando besessen und wäre nicht den beiden Generälen untergeordnet gewesen[498]. Daß Konstantios in eben jenem Jahr einen kombinierten Zangenangriff gegen einige rechts des Oberrheins ansässige Alamannenstämme durchführte, wobei er den Südflügel des beteiligten Heeres von Raetien aus selbst befehligte, und daß dieser Feldzug mit einem Friedensabkommen mit den betreffenden Alamannenfürsten endete[499], darüber verliert Libanios kein Wort. Der behaupteten, dem Kaiser zugeschriebenen Feigheit und Unfähigkeit entspricht das Verhalten seiner beiden Heerführer, denn sie hätten es, während der Caesar seine ersten Heldentaten in Gallien vollbrachte, vorgezogen zu schlafen[500].

Ebensowenig sagt der Rhetor etwas über das entgegenkommende und bedachte Verhalten des Konstantios, als dieser den *magister peditum* Marcellus, nachdem es zwischen ihm und Julian zu ernsten Unstimmigkeiten gekommen war, durch den besonnenen Heermeister Severus, einen "erstklassigen und in der Kriegführung erfahrenen Mann"[501], ersetzen läßt[502]. Vielmehr entwickelt sich bei Libanios der Kaiser zu einem in seinem Neid und seiner Mißgunst immer gefährlicher werdenden Gegenspieler Julians. Wie sich aus den Quellenzeugnissen rekonstruieren läßt, sah der kaiserliche Feldzugsplan des darauffolgenden Jahres 357 nochmals einen kombinierten Zangenangriff gegen alamannische Stämme des Oberrheins nach Maßgabe des Vorjahres vor[503]. Da Konstantios durch die beginnenden Unruhen der Quaden und Sarmaten an die Donau abgerufen wor-

---

496 Vgl. Lib.18,42. Straub, 1939, S. 56 f. Rosen, 1970, S. 77. Barceló, 1981, S.34.

497 Zur Route Julians s. Jankowski, 1975, S. 38 ff.

498 Lib.18,42.

499 Amm.Marc.16,12,15. Barceló, 1981, S. 30 f. Vgl. oben, S. 91 f.

500 Lib.18,42.

501 Lib.18,48.

502 Lib.18,48. Amm.Marc.16,7,1-3; 10,20; 11,1. Rosen, 1970, S. 80 ff. Vogler, 1979, S. 98 f. Barceló, 1981, S. 34.

503 Lib.18,49 ff. Amm.Marc.16,11. Rosen, 1970, S. 84 ff. Barceló, 1981, S. 34 f.

den war[504], ließ er den Südflügel in diesem Jahr durch den *magister peditum* Barbatio befehligen, während Julian sein erstes Oberkommando, über den Westflügel des gallischen Heeres, übertragen erhielt[505]. Libanios berichtet, daß beide Armeen sich miteinander hätten vereinigen sollen, daß aber Konstantios, als keine große Entfernung mehr zwischen den beiden sich einander annähernden Heeresteilen bestanden hätte, aus Furcht, Julian könnte an seinem Sieg teilhaben[506], und zugleich dessen Streitmacht für ausreichend haltend, seinem Heermeister befohlen hätte, die Vereinigung nicht zu bewirken, sondern alleine die geplante Rheinüberquerung zu wagen[507]. Das sodann im Alleingang ausgeführte Manöver des Heermeisters sei allerdings mißlungen, sein Heer sei von den Germanen angegriffen und in die Flucht geschlagen worden, und letztere hätten im Triumph nach Hause zurückkehren können[508].

Ein Vergleich dieses Berichtes des Libanios mit den Aussagen Ammians macht freilich deutlich, daß es weder Neid noch Mißgunst des Konstantios gegenüber möglichen Erfolgen Julians waren, welche die Ausführung des Kriegsplans verhindert und damit die gesamte Operation hatten scheitern lassen. Vielmehr scheint die Eigenwilligkeit Julians ein Grund dafür gewesen zu sein, daß die beabsichtigte Zangenbewegung nicht zustande gekommen war. Und zwar war Julian, ohne irgendeine vorherige Absprache mit Barbatio getroffen zu haben, aus dem geplanten Manöver ausgeschert, um zunächst einmal barbarische Laeten, welche durch die römischen Linien ins Innere Galliens vorgestoßen waren, zu verfolgen[509]; unter Befolgung des kaiserlichen Feldzugsplanes hatte der Heermeister daraufhin die Rheinüberquerung mit seinem Heeresteil allein gewagt, war aber von den Germanen angegriffen und in eine Zwangslage gebracht worden, so daß er schließlich das gesamte Unternehmen abbrach und seine Truppen verbittert in die Winterquartiere verlegte[510]. Wiederum waren es also nicht irgendwelche intriganten Verhaltensweisen des Kaisers, geboren aus dessen mißgünstiger Haltung gegenüber dem Caesar – wie Libanios glauben machen will –, sondern Differenzen zwischen dem sich eigenwillig verhaltenden Julian und dem *magister peditum* Barbatio, welche das beabsichtigte Zusammenspiel der beiden Armeen gestört und damit den großangelegten Zangenangriff des Jahres 357 hatten fehlschlagen lassen.

---

504 Amm.Marc.16,10,20. Rosen, 1970, S. 90.
505 Rosen, 1970, S. 90.
506 Lib.18,50: ...δείσας ὁ πρεσβύτερος μὴ μετάσχῃ τῆς νίκης ἅτερος.
507 Lib.18,50.
508 Lib.18,50.51.
509 Amm.Marc.16,11,3 ff.
510 Vgl. die Interpretation von Rosen, 1970, S. 90 ff, zu Lib.18,50 f u. Amm.Marc.16,11,1-15.

2.2.3. *Anmaßung fremder δόξα*

Noch im Herbst desselben Jahres kam es zur Schlacht bei Straßburg, in welcher Julian einen Sieg errang, der allerdings – heutigen Forschungsergebnissen zufolge – "von der antiken Historiographie überbewertet worden"[511] ist. Bei Rosen heißt es über jene Schlacht, daß sie "unstreitig eine große militärische Leistung des jungen Caesar (war), die nach der zurückhaltenden Kriegführung des Constantius um so mehr hervorstach. Aber ihren Ruhm verdankt(e) sie nicht so sehr dem Feldherrn als dem Schriftsteller Julian ..."[512], dessen βιβλίδιον auch dem Panegyriker Libanios als Quellengrundlage diente[513].

So war es für den Redner ein "überwältigender Sieg", zu verdanken den "übermenschlichen Fähigkeiten" Julians[514]; es sollte seinem Helden noch gelingen, "das Barbarentum bis in das Mark hinein zu erschüttern"[515]. Daneben rühmte Libanios die Bescheidenheit und Loyalität des Caesar, da dieser es für seine Pflicht gehalten hätte, die kriegerischen Aktionen zwar selbst auszuführen, die aus ihnen gewonnene Ehre aber auf den Kaiser zu übertragen[516]: Konstantios "feierte einen Triumph ... tat vornehm und erwarb sich aus den Gefahren eines anderen Mannes Ruhm"[517].

Ein solcher Vorwurf, der Kaiser habe unberechtigterweise den offiziellen Triumph für sich in Anspruch genommen, ist nun allerdings kaum aufrecht zu erhalten; denn Konstantios hatte Julian nie sein Auspicium übertragen: "Nicht als βασιλεύς, sondern als *fidus apparitor*[518] hatte der Caesar seine Siege erfochten" und sie darum – entsprechend alter Traditionen – "dem Ruhme des Augustus zuzuweisen"[519].

---

511 Barceló, 1981, S. 35.

512 Rosen, 1970, S. 128. Vgl. Lib.13,25. Bei Elliott, 1983, S. 81, ist zu lesen: "... it was a victory by a small Roman force against a yet smaller force of the Alamanni, and its importence has been grossly inflated...". Ebenso Rosen, 1970, S. 127, wo betont wird, daß "Zahl und Zusammensetzung des alamannischen Heeres... von vornherein dagegen(sprechen), daß Julians Sieg eine größere Wirkung gehabt hat... . Nirgends findet sich ein Hinweis, daß die Stämme von Verlusten betroffen oder auch nur durch die Niederlage beeindruckt waren".

513 Bliembach, 1976, S. XLVII ff.

514 Lib.18.65.66.

515 Lib.18,93.

516 Lib.18,66: ...οἰόμενος δεῖν αὐτὸν μὲν πονεῖν, τῶν δὲ τοιούτων ἄθλων ἐκείνῳ παραχωρεῖν.

517 Lib.18,67: ὁ δὲ ἦγέ ... πομπὴν καὶ ἡβρύνετο καὶ ἦν λαμπρὸς ἀπὸ τῶν ἑτέρου κινδύνων.

518 Vgl. Amm.Marc.16,7,3. Dazu Straub, 1939, S. 57.

519 Straub, 1939, S. 56 f. Vgl. Rosen, 1970, S. 129.

Darüber hinaus ist zu fragen, ob Konstantios mit dem Vorgehen seines Caesar tatsächlich so überaus einverstanden sein konnte, wie es die Schilderungen des Libanios insgesamt glauben machen wollen. Aufschlußreich ist, wenn der Redner selbst berichtet, daß kurz vor der Schlacht bei Straßburg ein alamannischer Gesandter Julian gegenüber die Anschuldigung erhoben hätte, er würde "gegen den Willen des Älteren verstoßen"[520]. Dies deutet darauf hin, daß der Caesar nicht nur in Streit mit den beiden vom Kaiser eingesetzten *magistri militum* des gallischen Heeres geraten war, sondern auch ganz offen gegen die vorgegebenen Richtlinien der von Konstantios bislang praktizierten Germanenpolitik gehandelt hatte.

So hatte Julian sich nicht gescheut, seine Magazine gerade mit jenem Getreide auffüllen zu lassen, das von den linksrheinischen Gebieten stammte, auf welche der Kaiser den Germanen einige Jahre zuvor ein wirtschaftliches Nutzungsrecht zugestanden hatte[521]. Die Germanen seien, laut Libanios, über diesen Ernteraub so empört gewesen, als ob die ihnen angestammten Gebiete verwüstet worden wären[522]; sie hätten einen Gesandten zu Julian geschickt, um ihm die Briefe des Kaisers, durch welche ihnen das Land zugesprochen worden war, zu zeigen und zugleich darauf zu verweisen, daß der Caesar sich entweder an die Worte der kaiserlichen Botschaft halten solle oder aber – im Falle einer Weigerung – "Krieg gewärtigen müsse"[523].

Mit anderen Worten: Die betroffenen Germanen bzw. Alamannen, drohten nicht Rom und nicht dem Kaiser mit Krieg, sondern Julian persönlich wegen des von ihm an ihnen verübten Ernteraubes. Und in der Tat scheint der Caesar diesen widerrechtlich – entgegen dem vom Kaiser schriftlich zugesicherten Nutzungsrecht, welches bislang offenbar auch unveränderte Gültigkeit besaß – verübt zu haben. Denn obwohl Konstantios damals bereits drei Feldzüge zwecks Restabilisierung der Grenzverhältnisse in die Oberrheingegend unternommen hatte, hatte er es offensichtlich nicht für nötig gehalten, auch gegen die foederierten[524], nun im Elsaß angesiedelten Alamannen vorzugehen. Ebensowenig hört man da-

520 Lib.18,52.
521 Lib.18,33.34.52.
522 Lib.18,52.
523 Lib.18,52: ...πέμψαντες κήρυκα καὶ δι᾽ ἐκείνου δεικνύντες τὰς ἐπιστολὰς αἳ τὴν γῆν αὐτῶν ἐποίουν, πολεμεῖν αὐτὸν ἔφασκον τοῖς τῷ πρεσβυτέρῳ δόξασι καὶ δεῖν τοῦτο ὁμολογεῖν ἢ τοῖς γεγραμμένοις ἐμμένειν ἢ μηδέτερον βουλόμενον ἐλπίζειν μάχην.
524 Zwischen den Germanen, mit welchen Konstantios schriftlich in Kontakt getreten war, und dem Reich hatten bereits Verträge – συνθῆκαι (Lib.18,33) – bestanden, von deren Verpflichtungen die Germanen freilich durch jene Briefe des Kaisers erst einmal – zumindest teilweise – entbunden worden waren (Vgl. Lib.18,33.). Seeck, 1920/23, Bd.IV, S. 105. Siehe auch: Stroheker, 1974, S. 17.

von, daß der Kaiser dieses den Germanen von ihm brieflich zugestandene Recht auf linksrheinische Gebiete widerrufen hätte[525].

Demnach hatte Julian die Schlacht bei Straßburg durch sein demonstrativ offensives Vorgehen gegenüber einigen, dem Reich und dem Kaiser foederierten alamannischen Gruppen bewußt provoziert[526] und damit ostentativ die von Konstantios getroffenen Regelungen verletzt. Der Caesar schien auf eine größere kriegerische Auseinandersetzung mit den Germanen geradezu erpicht gewesen zu sein, denn – laut Ammian – war der Tag der Schlacht bei Straßburg für ihn "langersehnt"[527]. Bei Libanios gewinnt man – ähnlich wie bei Ammian – den Eindruck, als ob die Germanen zunächst für den Caesar vor allem potentielle Objekte des Ruhmerwerbs waren, "Stoff zum Siegen" (*materia victoriae*)[528], mit welchem dieser sich erst einmal sein Ansehen als Feldherr begründen wollte[529].

Libanios, selbst den Kriterien von Ruhm und Ehre ergeben[530], rechtfertigte mit seiner Verherrlichung Julians ein solch entschieden gewaltsames Vorgehen gegenüber den Germanen und verteidigte damit zugleich eine Politik, welche in einem deutlichen Widerspruch zu den bislang geübten defensiven Strategien des Kaisers stand – nämlich seinem Verständigungswillen sowie seiner Bereitschaft, unter den einzelnen germanischen Gruppen zu differenzieren und gegebenenfalls mit einigen von ihnen, im wohlweislich verstandenen römischen Interesse[531], zu kooperieren[532].

---

525 Schon Rosen, 1970, S. 109, hat darauf hingewiesen, daß Ammian in seinem Bericht über den Ernteraub Julians (16,10,11.14) nichts davon verlauten ließ, daß die Germanen mit ihrer Bebauung römischen Bodens widerrechtlich gehandelt hätten.

526 Dem entspricht, daß Julian die Forderung des alamannischen Gesandten mit dessen – gegen alle Völkerrechtsgrundsätze verstoßenden – Inhaftierung beantwortete; Lib.18,53.

527 Amm.Marc.16,12,31.

528 Vogt, 1967, S. 12, charakterisiert mit diesem Zitat (Paneg. Lat. 6,4,4) die in den kaiserlichen Panegyriken des 4. Jahrhunderts zum Ausdruck gebrachte Haltung gegenüber unterwerfungsunwilligen "Barbaren".

529 Vgl. Barceló, 1981, S. 47 f.

530 Siehe oben, Kap. I 1.1.

531 Der Abschluß von *foedera* mit den freien Germanen bedeutete letztlich zumeist eine Gewinnung neuer Truppenverbände für das geschwächte spätrömische Reich; daneben sollten jene die Stabilität an der Grenze sichern helfen; vgl. Barceló, 1981, S. 21 u. 26.

532 Stallknecht, 1969, S. 46, schreibt über die Feldzüge des Konstantios an den Rhein, sie zeigten alle das gleiche Bild: "Der Kaiser demonstrierte den Barbaren seine militärische Stärke aus nächster Nähe, indem er über die Grenzflüsse in das gegnerische Gebiet einrückte, aber er versuchte, seine genau umrissenen Zwecke auch ohne den Einsatz seiner Soldaten zu erreichen. Sobald die Barbaren um Frieden baten, ließ er sich auf Verhandlungen ein und schloß den Vertrag ab, wenn sie auf seine Bedingungen eingingen"; wie der Fall der alamannischen Lentienser zeigt (Amm.Marc.

Konstantios selbst verteidigte diese Politik friedlicher Übereinkunft in einer bei Ammian überlieferten Rede[533] mit dem Bestreben, für Rom "Bundesgenossen anstelle von Feinden"[534] zu gewinnen. Der Kaiser, der jahrelang im Osten die militärische Schwäche des Imperiums hatte erfahren müssen[535] und der drei Jahre zuvor gezwungen gewesen war, gegen den Usurpator Magnentius die "verlustreichste (Schlacht) des Jahrhunderts"[536] zu führen, wußte um die abnehmenden militärischen Ressourcen des Reiches und um die dringende Notwendigkeit ihrer Schonung bzw. Ergänzung durch "barbarische" Kontingente[537].

Dieser pragmatischen Zielsetzung scheint zum einen eine veränderte Haltung gegenüber den Germanen entsprochen zu haben: Das relativ enge Verhältnis, welches Konstantios zu den Alamannen hatte[538], deutet darauf hin, daß seine Einschätzung der nördlichen "Barbaren" eine andere war als die, welche die traditionsstolze, noch ganz in den überlieferten Vorstellungen befangene literarische Öffentlichkeit – als deren Repräsentant sich auch Libanios erwiesen hatte – immer wieder vertrat[539].

Zum andern erforderte das "Gewinnen von Bundesgenossen"[540] auch eine veränderte Methode römischer Politik. Diese wird deutlich, wenn Konstantios in eben jener Rede die Absicht äußerte, die "stürmische Wildheit" der Germanen "ohne Blutvergießen" zu besänftigen, da sich seiner Auffassung nach der Feind mit sehr viel größerer Sicherheit unterwerfen würde, der dies freiwillig, ohne massiven militärischen Druck, getan hätte[541]. Damit wird einer Position, welche immer nur wieder auf bloße Gewaltanwendung gegenüber den Germanen setzte, eine deutliche Absage erteilt. Konstantios war offensichtlich bestrebt, mit der bislang vornehmlich geübten Praxis fortwährenden Schlagabtausches und der

---

15,4), wußte der Kaiser "(g)ewaltsamen Widerstand allerdings ... auch sofort gewaltsam zu brechen".

533 Amm.Marc.14,10,11-15.

534 Amm.Marc.14,10,14: "*ut auxiliatores pro aduersariis asciscamus*".

535 Vgl. Stallknecht, 1969, S. 44.

536 Barceló, 1981, S. 26.

537 Ebd..

538 Stroheker, 1974, S. 17 f. Nicht nur daß die drei alamannischen Offiziere Agilo, Scudilo, Latinus am Hofe des Konstantios eine gewichtige Rolle spielten (Waas, 1965, S. 12), der Kaiser hatte auch die beiden alamannischen Stammesfürsten Chnodomar (siehe oben, Kap. I 2.2.1.) und Vadomar (siehe unten, Kap.I 2.2.5.) zu seinen Verbündeten im Kampf gegen die Usurpatoren Magnentius und Julian erwählt.

539 Vgl. Vogt, 1967, S. 5 ff.

540 Konstantios begründet vor dem versammelten Heer einen Friedensabschluß mit den Alamannen mit den Worten, daß die Römer *auxiliatores pro adversariis* gewinnen wollten (Amm.Marc.14,10,14).

541 Amm.Marc.14,10,14.

ewigen wechselseitigen Abfolge von Massakern zu brechen[542]; und dies nicht nur – das machte seine Begründung deutlich –, weil eine solche Praxis in zunehmendem Maße die Kräfte des Reiches überforderte, sondern auch aus der Überzeugung heraus, daß eine solche "Schreckpraxis"[543] bei den Feinden immer nur wieder den Wunsch nach Vergeltung geweckt, also im Endeffekt durchaus nicht zu einer dauerhaften Lösung geführt hatte. Es sollte sich noch zeigen, daß auch die von Julian provozierte Schlacht bei Straßburg und seine sich anschließenden Strafexpeditionen in rechtsrheinische Gebiete[544] das drängende Problem einer dauerhaften Grenzsicherung keineswegs hatten lösen können: Bereits in den Jahren 365, 368, 378, 379, 383 und 392 erfolgten wieder größere Einfälle der Alamannen[545].

Daß der Kaiser der zunächst zwar erfolgreichen[546], doch seiner eigenen Politik zuwiderlaufenden Strategie des Caesar[547] nicht Einhalt gebot, ist wohl vor allem damit zu erklären, daß er selbst gerade mit dringlicheren Problemen konfrontiert war, denn erneute Auseinandersetzungen mit den Quaden und Sarmaten in den Jahren 358/59 sowie mit den Persern in den Jahren 359/60 kündigten sich an[548]. Darüber hinaus ist zu bedenken, daß, trotz der zunehmenden Integration einzelner Germanen und Germanengruppen in die römische Welt[549], Siege über jene gefürchteten Völker nichts von ihrer Popularität eingebüßt hatten: Libanios ebenso wie Ammian und andere Autoren[550] liefern die Beispiele dafür, unter

---

542 Frézouls, 1983, S. 195 f.

543 Peters, 1945, S. 75. Vgl. Stallknecht, 1969, S. 90, wo er schreibt, daß das römische Reich Konstantin die "Schreckpraxis" verdankte, "die einen barbarischen Einfall stets mit einem Gegenschlag in das feindliche Gebiet beantwortete".

544 Vgl. Lib.18,68 ff. Amm.Marc.17,1.2.8.10. 18,2. Stallknecht, 1969, S. 49 f u. S. 90, wo er hervorhebt, daß die Zeit des Wirkens Julians in Gallien "den Höhepunkt der 'Schreckpraxis' in der römischen Außenpolitik (bildete)". Barceló, 1981, S. 36 ff.

545 Schmidt, 1987, S. 340 f. Vgl. Amm.Marc.27,10,3. 28,5,8.

546 Die Verhältnisse an der Rheingrenze konnten im Jahre 359 zunächst einmal als stabilisiert gelten; Stallknecht, 1969, S. 50.

547 Wie genau man am Kaiserhof die Diskrepanz zwischen den beiden Vorgehensweisen registrierte, zeigen die – wiederum von Ammian berichteten – distanzierten Reaktionen auf die Siegesmeldungen Julians: Es wurden Beschuldigungen gegen den Caesar vorgebracht und man nannte ihn spöttisch einen "Siegerling" (*Victorinus*).- Der von Julian gefangen genommene und an den Kaiserhof geschickte König Chnodomar, der zunächst der Verbündete des Konstantios im Kampf gegen den Usurpator Magnentius und dann das Haupt der gegen Julian gerichteten Alamannenkoalition gewesen war, wurde nicht hingerichtet, sondern durfte die restliche Zeit seines Lebens in Rom in der *castra Peregrina* auf dem *mons Caelius* verbringen (Amm.Marc.16,12,66).

548 Vgl. Amm.Marc.16,10,20. 17,5.

549 Vgl. Waas, 1965, passim.

550 Vogt, 1967, passim (zu Ammian: S. 27 f).

welchem Legitimationsdruck sich der verständigungsbereite Kaiser gerade gegenüber den traditionsverhafteten Kreisen befand.

Durch Ammian wissen wir, daß Konstantios sich genötigt fühlte, vor seinem Heer zu erklären, daß der mit den Alamannen des Breisgaus im Jahre 354 vereinbarte Friede nicht der ihm immer wieder vorgeworfenen *inertia* zuzuschreiben[551], sondern der ihm eigenen *modestia* und *humanitas* zu verdanken sei[552]; und im Jahre 355, nach einem Sieg über die alamannischen Lentienser, nahm der gerade im Verhältnis zu den Alamannen so sehr auf Ausgleich bedachte Kaiser den Titel *"Germanicus Alamannicus Maximus"*[553] an; auch der Sieg Julians über die gegen ihn gerichtete Alamannenkoalition bei Straßburg wurde – den Zeugnissen des Libanios und Ammians zufolge – als kaiserlicher Triumph gefeiert[554].

All dies sind Zeichen dafür, wie sehr Konstantios darum wußte, daß er als Kaiser nach wie vor in erster Linie Heerführer zu sein hatte[555] und daß aus traditioneller Perspektive noch immer "sein Prestige und seine Anerkennung auf der Bewährung in der militärischen Führerschaft"[556] und der daraus abgeleiteten δόξα ruhten[557]: Gerade auf letztere konnte der Kaiser darum unmöglich verzichten.

2.2.4. Verantwortungsloser Truppenabzug

Nach Libanios führte das erfolgreiche Wirken Julians in Gallien dazu, daß dieser schließlich ein Opfer des Neides des Mannes wurde, "der ihm seine Siegeslorbeeren verdankte"[558]. Der βέλτιστος βασιλεύς Konstantios hätte dem Caesar die Macht mißgönnt, die er ihm einst übertragen hatte[559], denn er begann im Frühjahr 360, die besten Truppeneinheiten des gallischen Heeres abzuberufen[560]. Vorgeblicher Grund sei der Perserkrieg gewesen sowie die Tatsache, daß ein nun befriedetes Gallien keine Truppen mehr benötigen würde, als ob es nicht ein leichtes Spiel für diese treulosen Barbaren gewesen sei, sich rücksichtslos über die Vereinbarungen hinwegzusetzen[561]. Zudem hatte der Kaiser nach Auffassung

551 Amm.Marc.14,10,15. Vgl. ebd. 17,5,14.
552 Amm.Marc.14,10,15.
553 CIL III 3705.
554 Lib.18,66.67. Amm.Marc.16,12.70.
555 Heuss, ²1964, S. 442.
556 Ebd..
557 Gehrke, 1982, S. 252 f. 262 f; dies entsprach der Auffassung des Libanios; siehe oben, Kap. I 1.1. Vgl. Petit, 1955, S. 182.
558 Lib.18,90: ...ἦλθεν ἐπ᾽ αὐτὸν φθόνος παρὰ τοῦ στεφάνους ὀφείλοντος.
559 Lib.18,93.
560 Lib.18,90. Vgl. Amm.Marc.20,4,1.2.
561 Lib.18,91.

des Rhetors in seinem Krieg gegen Persien überhaupt keinen Bedarf an einer Armee, größer als diejenige, über die er bereits verfügte – denn: "Wie oft auch immer er ein Heer wie dieses aufstellte, würde er doch niemals in eine Schlacht gegangen sein, da er sich der Verzögerungstaktik verschrieben hatte"[562]. Für Libanios schien festzustehen, daß hinter jenen Truppenanforderungen sich einzig das Bestreben des Konstantios verbarg, Julian in seiner Aktivität und seinem aufsteigenden Ruhm zu behindern oder vielmehr den Ruhm, den er bereits gewonnen hatte, dadurch zu zerstören, daß er die barbarischen Krieger reizte, ihn und die ihm verbleibende unzuverlässige Heeresmacht anzugreifen[563].

Dem ist entgegenzusetzen, daß in der neueren Forschung seit längerem zugestanden wird, daß die Truppenforderungen des Konstantios angesichts der konzentrierten persischen Großoffensive des Jahres 359 ganz und gar berechtigt sowie in Anbetracht der zunächst einmal stabilisierten Verhältnisse an der Rheinfront auch durchaus zu verantworten gewesen waren[564]. Es ist eigenartig, daß Libanios, der andernorts immer wieder die von den Persern ausgehende Bedrohung betont[565], an dieser Stelle behauptet, schon ein Teil der dem Kaiser im Osten zur Verfügung stehenden Armee würde ausreichen[566], um das mächtige Sassanidenreich endlich zu besiegen. Der Redner scheint hier wider besseres Wissen gegen den von Konstantios geforderten, wohlüberlegten Truppenabzug zu argumentieren; und wenn er in polemischer Art und Weise fortfährt, daß Konstantios gar keinen Bedarf an einer größeren Armee gehabt hätte, da er ohnehin einer jeden Schlacht vermittels seiner Verzögerungstaktik aus dem Wege zu gehen getrachtet hätte[567], so zeigt sich damit zum wiederholten Male die unwillige, unduldsame Haltung des Rhetors gegenüber der zwar wenig aufsehenerregenden, doch äußerst bedachtsam kalkulierenden defensiven Strategie[568] des Kaisers.

Libanios läßt es an dieser Stelle freilich nicht bei einer Kritik an dem fehlenden militärischen Einsatz des Konstantios bewenden, sondern er entwirft – kurz

562 Lib.18,91: ...καὶ πολλάκις τὴν αὐτὴν ἀγείρας οὔποτ᾽ ἂν ἦλθε διὰ μάχης ἐγνωκὼς ἀεὶ μέλλειν.
563 Lib.18,92.
564 Stallknecht, 1969, S. 50 f. Müller-Seidel, 1955, S. 227-30; dem hier Gesagten schließt sich Rosen, 1978, S. 445, Anm. 186, an. Barceló, 1981, S. 92, schreibt: "Die Abhängigkeit der Ostarmee von Verstärkungen aus dem Westen war niemand besser bekannt als Constantius, der jahrelang auf diese Verstärungen hatte verzichten müssen und sich daher jetzt durch den planvollen Einsatz der Truppen aus dem Westen eine Wendung der Lage im Osten versprach".
565 Vgl. Lib.12,53.62. 18,164. 205 ff. 211.
566 Lib.18,91.
567 Lib.18,91.
568 Vgl. Vgl. Stallknecht, 1969, S. 47 f. Barceló, 1981, S. 33.

bevor er auf die Ereignisse um die Usurpation Julians zu sprechen kommt – das Bild eines Herrschers, der, zunehmend von Neid und Mißgunst gegenüber seinem Caesar angeregt, sich in die eigenen Machtgelüste so sehr verstrickt, daß er nicht davor zurückschreckt, ihnen sowohl den jüngeren Unterkaiser wie auch das Wohl der Provinzen zu opfern: Indem er Julian die besten und notwendigen Truppeneinheiten entzieht, liefert er ihn und das sich soeben wieder erholende Gallien den treulosen und kampfeswütigen Germanen aus[569]. Diese Preisgabe des Caesar und der gallischen Städte[570] schien in den Augen des Libanios das sich anschließende Usurpationsgeschehen zu erklären[571].

2.2.5. Wiederholtes Kooperieren mit dem germanischen Feind

Wäre Julian zu dem von Konstantios geforderten Verzicht auf die ihm von seinen Soldaten zugetragene Augustuswürde[572] bereit gewesen, so hätte er damit – nach Auffassung des Libanios – den Untergang nicht nur von sich selbst, sondern auch dem größten Teil seiner Armee, seinen Freunden und Vertrauten herbeigeführt; ein solcher Verrat an allem, was ihm lieb und teuer geworden wäre, hätte dem Caesar jedoch in höchstem Maße widerstrebt[573]. Dagegen trug der Kaiser keinerlei Bedenken, sich nochmals und in skrupelloser Art und Weise als Verräter zu betätigen: Konstantios hätte seine Zuflucht zu demselben Kunstgriff genommen, den er schon einmal zuvor angewendet hätte, indem er die Barbaren schriftlich herbeirief, um sie – gleichsam als Gunstbezeugung – zu bitten, römisches Territorium zu versklaven[574]. Mittel zum Zweck war für ihn dieses Mal der Alamannenfürst Vadomar, den er dazu verleitet hätte, sein Wort wie auch den bestehenden Vertrag mit Rom[575] zu brechen[576].

Und tatsächlich scheint es als erwiesen, daß die Alamannen vom Gau des Vadomar im Auftrage des Konstantios gehandelt hatten, als sie, obwohl dem Reich seit 354 als Foederaten verbunden[577], im Frühjahr 361 in gallische Pro-

---

569 Lib.18,90-93. Vgl. Lib.12,57 f.
570 Lib.12,58.
571 Lib.18,94 ff. Lib.12,58 ff.
572 Amm.Marc.20,4,14-18. 9,4. Stein, 1928, S. 240 f.
573 Lib.18,106.
574 Lib.18,107: ἐπειδὴ ταῦτα ἦν καὶ πάλιν ἐπὶ ταὐτὸ πάλαισμα Κωνστάντιος ἀφῖκτο καλῶν γράμμασι τοὺς βαρβάρους ᾗ πρότερον καὶ χάριν αἰτῶν καταδουλοῦσθαι τὴν Ῥωμαίων.
575 Amm.Marc.14,10,16. Stallknecht, 1969, S. 44 f. u. 46, wo er betont, daß in der Regel ein solcher Foederatenvertrag die Forderung des Unterlassens von Einfällen in römische Gebiete implizierte.
576 Lib.18,107 f.
577 Amm.Marc.14,10,6 – 16; vgl. hierzu oben, S. 91 f.

vinzgebiete einfielen, diese verheerten und darüber hinaus den ihnen von Julian entgegengesandten Eliteeinheiten der Kelten und Petulanten eine vernichtende Niederlage beibrachten[578].

Die Situation des Kaisers war ähnlich der des Jahres 350: Gleich dem Usurpator Magnentius hatte auch Julian das Gebiet der gallischen Praefektur faktisch in seine Gewalt gebracht, und da alle Verhandlungen zwischen ihm und dem legitimen Kaiser gescheitert waren[579], schien eine bewaffnete Auseinandersetzung zwischen den beiden Kontrahenten unvermeidlich geworden zu sein. Allerdings war Konstantios – wie schon im Jahre 350 – damals noch im Osten durch den Perserkrieg gebunden und es spricht in hohem Maße für das Verantwortungsbewußtsein dieses Kaisers, daß er in beiden Fällen vor seinem Abzug in den Westen gegen den jeweiligen Usurpator zunächst einmal wertvolle Zeit dafür verwendete, um die von ihm für notwendig befundenen Sicherungsmaßnahmen an der römisch-persischen Grenze abzuschließen[580]. Dies erklärt, warum Konstantios sich entscheiden mußte, die Organisation seiner Verteidigung gegen die von Julian zu erwartenden feindlichen Aktionen vorerst seinen Vertrauensleuten im Westen zu übertragen. Unter anderem bezog er den mächtigen, ihm verbündeten Germanenfürsten Vadomar[581] in seine Abwehrstrategie mit ein und beauftragte ihn damit, in die benachbarten römischen Grenzgebiete einzufallen. Dadurch sollte Julian offenbar in Gallien festgehalten[582] und von seinem geplanten militärischen Vorstoß in Richtung Osten vorläufig abgehalten werden[583].

Ein solche Handlungsweise von seiten des Kaisers ist nun keineswegs als verantwortungslos oder gar verräterisch zu verurteilen, denn zum einen war die Bürgerkriegssituation durch Julian selbst und dessen widerrechtliche Machtaneignung provoziert worden[584], zum andern stellte – wie oben bereits ange-

---

578 Vgl. Lib.18,107 f. 113. Jul.ep.ad Athen. 286 A u. B. Amm.Marc.21,3,1-5. Socr.3,1,38. Soz.5,2,23. Die Forschungsmeinungen hierzu resümiert Szidat, 1981, S. 89 ff, und liefert zugleich eine überzeugende Stellungnahme für die Glaubwürdigkeit des von den antiken Autoren Berichteten (ebd.).

579 Szidat, 1977, S. 85 ff.

580 Stein, 1928, S. 214 f u. 244. Stallknecht, 1969, S. 48. Barceló, 1981, S. 88 u. 95 f. Dagegen wirft Libanios dem Kaiser zu Unrecht vor, die Ostfront mitsamt seinen Truppen ohne Rücksicht auf die dort herrschende, bedrohliche Situation verlassen zu haben; Lib.12,62.71.

581 Zur Machtposition des Vadomar s. Müller-Seidel, 1955, S. 242.

582 Vgl. Amm.Marc.21,3,4.

583 Gerade zu jenem Zeitpunkt hatte Julian mit der Verschiebung seiner Truppen nach Osten, zum Einflußbereich des Konstantios hin, begonnen; vgl. Lib.18,105; Szidat, 1981, S. 89.

584 Vgl. Müller-Seidel, 1955, S.225-244. Rosen, 1978, S. 409-447. Selbstverständlich heißt es bei Libanios (18,105), daß der Kampf ihm von Konstantios aufgezwungen worden war (...ἔτρεχεν ἐπὶ τὸν ἀκούσιον ἀγῶνα); vgl. hierzu auch: Kap. III 1.3.

merkt[585] – der Einsatz eines mit Rom verbündeten Königs gegen einen Usurpator keine Besonderheit dar. Ebensowenig ist das Verhalten des Germanenfürsten Rom gegenüber als vertragsbrüchig zu bezeichnen, denn der zwischen ihm und dem Kaiser im Jahre 354 abgeschlossene Foederatenvertrag begründete nach germanischem Rechtsverständnis ein persönliches Verpflichtungsverhältnis, welches den Alamannen an die Person des regierenden Augustus, nicht aber an das Reich als Institution band[586]. Vadomar erwies sich demzufolge nicht als vertragsbrüchig und treulos, sondern, im Gegenteil, als ein ausgesprochen treuer und zuverlässiger Verbündeter des Konstantios, der angesichts der so schwierigen Situation des inneren wie äußeren Krieges bereit war, für den Kaiser seine militärischen Kräfte im Rahmen der ihm zur Verfügung stehenden Möglichkeiten einzusetzen und umsichtig und fähig in dessen Interesse zu agieren.

Mit welchen Widerständen ein solches Bündnis zwischen Kaiser und Germanenfürst im Falle seiner Offenlegung allerdings zu rechnen hatte, dafür bietet Libanios selbst das beste Beispiel. Für ihn war und blieb der Germane, ganz in Übereinstimmung zu den überlieferten Barbarenschemata, ein treuloser und hinterhältiger Verräter[587] und damit ein Feind Roms; nicht besser ist seiner Ansicht nach der mit ihm ein Bündnis eingehende Kaiser zu beurteilen. Libanios frohlockte geradezu darüber, daß Julian, nachdem er der Korrespondenz zwischen Kaiser und Barbarenfürst habhaft geworden war[588], diese Botschaften des "hinterhältigen und verräterischen" Konstantios[589] nutzen konnte, um gegen ihn öffentlich Stimmung zu machen[590]. Insbesondere zeigt das verwendete Vokabular, in welch erstaunlichem Maße der damals regierende Kaiser hier in die Nähe der von Libanios so verachteten und angefeindeten Germanen gerückt wurde: Die vom Rhetor geäußeren Negativurteile hatten offensichtlich die Funktion, Konstantios nicht nur als unheilvollen innenpolitischen Gegner Julians zu desavouieren, sondern ihn auf eine Stufe mit den Barbaren, den aus der Sicht des Rhetors so gefährlichen äußeren Feinden des Reiches, zu stellen, womit Usurpation und der vom Caesar initiierte (Bürger-) Krieg abermals gerechtfertigt zu sein schienen.

---

585 Siehe oben, S. 89.

586 Vgl. Leiprecht, 1932, S. 68. Stroheker, 1974, S. 15: "Die Germanenfürsten schlossen ihre Verträge mit dem jeweils regierenden Kaiser...".

587 Lib.18,107 f.

588 Amm.Marc.21,3,6. Vadomar wurde daraufhin von Julian nach Spanien deportiert; Amm.Marc.21,4,6.

589 Lib.18,113: ...τὰ τοῦ δειλοῦ καὶ προδότου γράμματα.

590 Ebd..

Fazit

Zum Abschluß dieses Kapitels, in welchem es gesondert um das Bild des an der Nordwestgrenze agierenden Kaisers Konstantios ging, ist noch einmal der von Libanios behauptete Gegensatz hinsichtlich der Vorgehensweisen der beiden dort tätig gewesenen Herrscher – des älteren Augustus und seines von ihm eingesetzten Caesar – zu hinterfragen. Während Konstantios wiederum als ausnahmslos negativer Charakter präsentiert wurde, erhielt Julian ausschließlich positive Züge zugesprochen: Libanios hatte sich ganz offensichtlich bemüht, den Caesar als Verfechter einer entschieden offensiv betriebenen Abwehr bzw. Abgrenzung gegenüber der barbarischen Welt vorzuführen.

Eine vergleichende Analyse der entsprechenden, an Informationen reicheren Ammianpassagen machte jedoch deutlich, daß sich die Politik der beiden Kontrahenten nicht so grundsätzlich voneinander unterschied[591] wie Libanios es hier glauben machen wollte. Trotz der anfänglich demonstrativ offensiven Kriegführung des Caesar, mit welcher dieser "seinen Ruhm als Feldherr begründete"[592], wies dessen Politik insgesamt, im nachhinein betrachtet, nicht wesentlich andere Tendenzen auf als die des Konstantios. Auch Julian schloß Verträge mit den Germanen und unterstützte die ihm Foederierten offensichtlich mit Geldzahlungen[593]; auch er ließ Germanen auf römischem Boden siedeln[594] und nahm einen freien Germanen, als dieser noch keinerlei Funktion in der römischen Armee bekleidete, in seine Dienste auf, um ihn selbständig mit seinem Gefolge für sich

591 Müller-Seidel, 1955, S. 233 f, hat bereits darauf hingewiesen, daß die konzeptionellen Unterschiede in der Germanenpolitik des Konstantios und Julian lange nicht so gravierend waren, wie bei Ammian dargestellt.

592 Vgl. Barceló, 1981, S. 47f, wo er schreibt: "Dem ungestümen, angriffsfreudigen Vorgehen des Caesars in den ersten Jahren seines Amtes, das seinen Ruhm als Feldherr begründete, steht die merklich behutsamere Art der letzten Jahre seines gallischen Kommandos gegenüber".

593 Ammian erwähnt beiläufig, daß der dem Caesar foederierte Alamannenfürst Hortar (Amm.Marc.17,10,7) zu Julian *munerandus ex more* kam (17,10,8). Vgl. Müller-Seidel, 1955, S. 233f.

594 Amm.Marc.17,8,4; laut Ammian hätten sich die salischen Franken dem Caesar, bevor er sie offiziell auf römischem Boden aufnahm, dediziert (Amm.Marc.17,8,4: *dedentes se cum opibus liberisque suscepit*), was in der neueren Literatur bezweifelt wird: Siehe Böhme, 1974, S. 200 f, der darauf hinweist, daß die salischen Franken in Toxandrien "in der Folgezeit keinem Laetenpräfekten unterstanden", jedoch auch nicht als *foederati* im engeren Sinne anzusprechen sind (ebd.). Vgl. hierzu Martin, 1987, S. 160, der schreibt, daß man bei den Verträgen, welche in jener Zeit zwischen den römischen Kaisern und den ins Reich übersiedelnden germanischen Gruppen abgeschlossen wurden, mit rechtlichen Zwischenformen zu rechnen hat, "ehe sich das Instrument der Föderatenverträge voll ausbildete".

kämpfen zu lassen[595]. Vor allem unterschied er sich weder in seiner Aushebungs-[596] noch in seiner Beförderungspraxis[597] von Konstantios, denn auch in seiner Umgebung spielten Germanen eine gewichtige Rolle[598].

Libanios mochte von all dem wenig gewußt haben[599], zumal Julian selbst – durch seine Usurpation unter besonderen Legitimationsdruck gesetzt – sich offenbar genötigt sah, in der Öffentlichkeit von seinem progermanischen Kurs abzurücken, um die einflußreichen traditionsverhafteten Kräfte des Reiches nicht noch mehr[600] gegen sich einzunehmen[601].

Vor allem aber schien der Redner sich geweigert zu haben anzuerkennen, daß mit den foederierten und immer wieder durchaus integrationswilligen Westgermanen sehr wohl verläßliche Verbündete für Rom zu gewinnen waren[602]. Libanios, in seiner Wirklichkeitsaufnahme von den überlieferten Barbarenschema-

---

595 Es handelte sich hierbei um den Franken Charietto, den Ammian als bloßen *vir* bezeichnet (Amm.Marc.17,10,5), was bedeutet, daß er sehr wohl wußte, daß Charietto kein regulärer Offizier war, sich dazu aber nicht äußern wollte, da die Information, daß Julian mit einem germanischen Bandenchef kooperierte, in seinen Augen ein entehrendes Licht auf den Caesar geworfen hätte; vgl. Blockley, 1975, S. 83 u. ders., 1977, S. 230.

596 Ebenso wie Konstantios ergänzte Julian sein Heer durch Rekruten aus dem freien Germanien, die er entweder als *tributarii* bzw. *vectigales* (Amm.Marc.20,4,1) oder als *voluntarii barbari militares* (20,4,4) übernahm.

597 Siehe z.B. Amm.21,8,1. 21,10,8. Von den vier führenden Militärs, die Julian auf seinem Perserfeldzug begleiteten, waren allein drei germanischer Herkunft: Nevitta, Arintheus und Dagalaif; s. Waas, 1965, S. 18.

598 Bei der Proklamation Julians zum Augustus nahmen die gallisch-germanischen Auxilien der Petulanten und Kelten eine Schlüsselrolle ein (Amm.Marc.20,4,9ff.); vgl. Szidat, 1977, S. 156.

599 Im Gegensatz zu ihm hatte Ammian Mitte der 50er Jahre die Situation an der Nordwestgrenze aus nächster Nähe als Offizier kennengelernt; Rosen, 1982, S. 18 ff u. 53 ff.

600 Der Senat von Rom hatte den Usurpator ermahnt: "*auctori tuo reverentiam rogamus*" (Amm.Marc.21,10,7).

601 Wenn er beispielsweise in einem Brief an den Senat von Rom Konstantin wegen seiner die Germanen auszeichnenden Beförderungspolitik angriff, obwohl er selbst inzwischen nicht anders verfuhr (Amm.Marc.21,10,7 f.), so ist "dahinter lediglich die aus politisch-diplomatischen Erwägungen des Augenblicks hervorgegangene Rücksichtnahme auf seit alters vorhandene Affekte der Senatoren gegen die Barbaren zu erkennen" (Waas, 1965, S. 31).

602 Vgl. Heuss, ²1964, S. 485, wo er betont, daß mit dem zunehmenden Einfluß von Westgermanen auf Kaiser und Politik in jener Zeit keineswegs ein politischer Kurs vorgegeben war, weil diese Germanen "ihre Impulse von den Aufgaben des Römischen Reiches (empfingen) und ... gar keine Möglichkeit (hatten), sich an einem 'einheimischen' politischen Interesse, das mit dem des Reiches als gleichwertig zu konkurrieren vermochte, zu orientieren".

ta geleitet und selbst Angehöriger jener traditionsverhafteten Kreise, in welchen Bildung und Barbarentum von alters her als schärfste Gegensätze aufgefaßt wurden[603] und welche aus der Pflege ihres Kulturgutes Identität und Selbstwert bezogen, erblickte offenbar in dem – feindlichen wie friedlichen – Näherrücken jener germanischen Fremden eine nahezu existenzielle Bedrohung auch für sich selbst.

Dieser Gesichtspunkt wie sicherlich auch eine ganz real empfundene Furcht[604] vor den germanischen "Wilden" mochten verhindert haben, daß Libanios die von Konstantios neu akzentuierte Vertragspolitik zu würdigen bereit gewesen war – eine Vertragspolitik, welche aus heutiger Sicht nicht nur deswegen als positiv zu beurteilen ist, weil sie sich an den nurmehr begrenzt vorhandenen Kraftreserven des Reiches orientierte, sondern auch, weil ihr allem Anschein nach – etwa im Vergleich zur Auffassung des Libanios – eine realistischere Einschätzung der westgermanischen Nachbarn als eines politisch und militärisch ernstzunehmenden Faktors zugrunde lag. Insbesondere waren aus ihr andere Konsequenzen zu ziehen als die, welche die jahrhundertealten Vorstellungsmustern anhängenden, ewig Sieg und Unterwerfung fordernden traditionsstolzen Kräfte des Reiches nur immer wieder von neuem empfahlen.

Zusammenfassend ist zu sagen, daß die behandelten Aussagen der julianischen Reden des Libanios offensichtlich nicht als eine primär um historische Genauigkeit bemühte Präsentation der Ereignisse an der bedrohten Nordwestgrenze des Reiches um die Mitte des 4. Jahrhunderts aufzufassen sind. Vielmehr sind sie als die vom Rhetor beabsichtigte pointierte Gegenüberstellung der beiden dort tätig gewesenen Herrscher gemäß dem eigenen Darstellungsinteresse zu interpretieren. Entsprechend seinem Verständnis von den Germanen und der ihnen gegenüber zu verfolgenden Politik stilisierte der Redner den Caesar zum Protagonisten einer entschlossen und fähig praktizierten Offensive, während der regierende Kaiser Konstantios bei ihm zu einer Art landesverräterischem Kollaborateur degenerierte: Der Rhetor wünschte die Heraufsetzung des einen und die Herabsetzung des anderen – in welchem ganz spezifischen Sinne ist nun noch genauer darzulegen.

Laut Libanios hätte sich Konstantios, allein um sich in seinem Krieg gegen den westlichen Usurpator Magnentius einen Sieg zu erkaufen, zu einem verräterischen Paktieren mit den Germanen, den so gefürchteten Feinden des Reiches, herbeigelassen[605]. Es hätte ihm allerdings der Mut gefehlt, die bald darauf mas-

603 Vgl. Stroheker,1970, S. 235. Petit, 1955, S. 182.

604 Vgl. Lib.12,53, wo es bezogen auf Julian heißt: εἰ δὲ μὴ σὺ τότε ἀντέκρουσας, οὐδὲν ἂν ἐκώλυσε τοὺς βαρβάρους ἑκατέρους τὴν ἐν ποσὶν ἀεὶ κτωμένους περὶ τὸν Βόσπορον ἀλλήλοις τελευτῶντας συμμίξαι.

605 Lib.18,33-36.

siert ins Reich vordringenden Germanengruppen eigens zurückzutreiben. Insofern sei sein Neffe Julian mit dieser Aufgabe betraut worden[606], die er auch mit großem Erfolg gemeistert hätte[607]. Während Konstantios demnach aktiv als Heerführer in jenen Auseinandersetzungen mit den Germanen bei Libanios überhaupt nicht in Erscheinung trat, wurde Julian bald als glorreicher Kämpfer und Sieger gefeiert, dem es durch seine entschiedene Offensive gelungen sei, "das Barbarentum bis in das Mark hinein zu erschüttern"[608]. Darüber hinaus hätte er sich als bescheiden und äußerst loyal gegenüber dem Kaiser erwiesen, indem er diesem den schwer erkämpften Ruhm bereitwillig überlassen hätte[609]. Konstantios hätte freilich keine Bedenken getragen, sich solch eine fremde δόξα anzumaßen[610], vor allem hätte er von Beginn an den tapfer kämpfenden Caesar mit Neid und Mißgunst verfolgt[611] und sich damit hinterhältig gegenüber einem Manne verhalten, dem er eigentlich "seine Siegeslorbeeren verdankte"[612]. Allein um dem Caesar, der römischen Boden noch jüngst von den Germanen befreit hätte, zu schaden, hätte der Kaiser begonnen, dessen Truppen zurückzuberufen[613]; und als sich Julian infolgedessen aus Treue gegenüber sich selbst, seinen Soldaten und Freunden gezwungen gesehen hätte, die Waffen zu ergreifen[614], hätte Konstantios auch nicht davor zurückgeschreckt, sich wiederum als Verräter zu betätigen und den feindlichen Germanen abermals römisches Territorium zu eröffnen[615].

Daß Julian überhaupt meinte, seinen Kampf gegen Konstantios um die von ihm angestrebte Machtstellung gegenüber einzelnen Städten rechtfertigen zu müssen[616], erklärte Libanios mit der unterschiedlichen Qualität der beiden Herrscher: Julian glaubte, "daß es für einen τύραννος ein Glücksfall sei, nicht beurteilt zu werden, für einen βασιλεύς aber, zur Rechenschaft gezogen zu werden"[617]. Hier nun ist ausgesprochen, was der Bericht des Rhetors über die Geschehnisse an der gallisch-germanischen Grenze von Anfang an suggeriert hatte,

606 Lib.18,36.
607 Lib.18,38-67.
608 Lib.59,93.
609 Lib.18,66.
610 Lib.18,67.
611 Lib.18,36f.50.90.
612 Lib.18,90.
613 Lib.18,90ff.
614 Lib.18,105f.
615 Lib.18,107ff.
616 Siehe: Jul.ep.ad.Athen.; an die Korinther und Römer verfaßte Julian ähnliche Schreiben; vgl. Norman, 1969, S. 352, Anm. b.
617 Lib.18,115: τυράννου μὲν γὰρ ἕρμαιον ἡγεῖτο τὸ μὴ κρίνεσθαι, βασιλέως δὲ τὸ περὶ ὧν ἔδρασεν εἰς λόγον καθίστασθαι.

nämlich daß in Konstantios nurmehr ein verachtenswerter τύραννος zu sehen wäre, während mit Julian ein βασιλεύς, der "gute König" und Hoffnungsträger für das gesamte Reich, die politische Bühne betreten hätte.

Die Tyrannenzüge im Charakter des Konstantios, bei der Besprechung des libanianischen Berichtes über die letzten Perserkriegsjahre bereits angedeutet[618], finden sich nun – in der direkten Gegenüberstellung mit dem zur selben Zeit am selben Schauplatz tätigen βασιλεύς Julian – noch sehr viel stärker hervorgehoben: So hinderten Furchtsamkeit und Feigheit[619] den Kaiser, die bedrohlichen Germanen selbst zu vertreiben; trotzdem verfolgte er voll Neid und Mißgungst[620] den an seiner Statt erfolgreich kämpfenden Caesar und scheute sich nicht, in hinterhältiger Art und Weise gegen den tapferen Mann vorzugehen[621], ihn schließlich gar seinen Feinden preiszugeben[622] und somit abermals treulosen Verrat[623] an Rom zu üben, ein Mittel, zu dem er Jahre zuvor bereits gegriffen hatte, allein um in seinem ungerechtfertigten Krieg[624] gegen den westlichen Usurpator Magnentius einen Sieg zu erkämpfen und damit die Alleinherrschaft[625] sicherzustellen.

Der Vergleich dieser von Libanios gelieferten Interpretation der Ereignisse mit den anderweitig bezeugten Zusammenhängen machte freilich die Einseitigkeit des Herrscherbildes und das Ausmaß des Konstruierten in seiner Darstellung deutlich. Auch ist zu bedenken, daß der im weit entfernten Syrien lebende Rhetor aller Wahrscheinlichkeit nach nicht sehr umfassend und darüber hinaus noch hauptsächlich aus den deutlich subjektiv gefärbten Schriften Julians[626] informiert war. Zudem schien er gezielt ausgewählt und Vieles weggelassen zu haben, um die wenigen, von ihm berichteten Fakten gemäß seinem Darstellungsinteresse zu

618 Siehe oben, S. 84.

619 Lib.18,36. Vgl. Plat.Pol.578 a: Der tyrannische Mensch ist voller Furcht.

620 Lib.18,36f.50.90. Vgl. Plat.Pol.579 c. 580 a: Der tyrannische Mensch ist neidgeplagt.

621 Lib.18,36f.50.90ff. Plat.Pol.567 bc: Der Tyrann stellt gerade allen Tapferen, Hochherzigen, Einsichtigen und Reichen nach, bis daß der Staat "gereinigt" ist.

622 Lib.18,90ff.107ff. Plat.Pol.566 e – 567 a: Der Tyrann, der bald beginnt, irgendwelche Kriege anzuzetteln, hat damit einen guten Vorwand, diejenigen, die er verdächtigt, seiner Herrschaft – aus einer freiheitlichen Gesinnung heraus – in den Weg treten zu wollen, zu beseitigen, indem er sie den Feinden preisgibt.

623 Lib.18,107ff. Plat.Pol.576 a – 580 a: Der Tyrann erweist sich als treulos.

624 Lib.18,33-36. Plat.Pol.566 e u. 567 a: Der Tyrann ist bestebt, ständig irgendwelche kriegerischen Unruhen in Gang zu halten.

625 Lib.18,36. Vgl.Plat.Pol.576 b: Zur Allein- bzw. Tyrannenherrschaft gelangt derjenige, der die hervorragendste Charakteranlage zum Tyrannen aufweist.

626 Den Brief an die Athener charakterisierte Bidez mit den Worten: "...c'est une suite de plaintes et de reproches qui s' exhalent dans une sorte de pamphlet" (J. Bidez, L' Empereur Julien. Tome I, Paris 1932, p. 211).

interpretieren. Denn wie schon gesagt, ging es dem Rhetor augenscheinlich nicht primär um einen historisch genauen Bericht, sondern um die Präsentation eines Arguments: Libanios erstrebte offenbar die Rechtfertigung des Heiden und Usurpators Julian als eines "guten Königs", während der christliche Kaiser Konstantios als dessen vermeintlich böser, tyrannischer Widersacher zu entlarven war.

Bei der Unterstellung einer solch propagandistischen Absicht erhebt sich abschließend die Frage nach der Öffentlichkeit[627], für welche die 18. Rede konzipiert gewesen sein könnte. Es ist vermutet worden, daß der Epitaphios nicht schriftlich verbreitet und auch nicht einem größeren Publikum dargeboten wurde, sondern daß ihn Libanios zunächst nur einem engeren, ausgewählten Kreise von gleichgesinnten Zuhörern vorgetragen hat[628].

Offensichtlich ging es dem Rhetor darum, mit seiner einseitigen und unverhüllten Verherrlichung Julians das Gedächtnis an den von ihm so verehrten, letzten heidnischen Kaiser unter den Heiden seiner Umgebung wach- und hochzuhalten. Darüber hinaus mochte Libanios auch die Absicht verfolgt haben, diesen mutmaßlich oppositionellen Kreisen[629] nach der demütigenden und all ihre Hoffnungen zerstörenden Erfahrung des unerwarteten Endes Julians zu einem neuen Selbstbewußtsein zu verhelfen und sie – mittels seiner scharfen Kritik am

---

627 Zur Frage nach der Veröffentlichung der libanianischen Reden vergleiche grundsätzlich Petit, 1956, S. 96, wo es heißt: "In der Regel las Libanios seine Reden seinen persönlichen Freunden vor, bevor er sie auf den Rat dieser ersten Zuhörer, die ihm wohl auch davon abraten konnten, zur Veröffentlichung freigab", wobei eine Rede "veröffentlichen" bedeutete, die Handschrift (an Freunde) weiterzureichen (ebd., S.97). Die Verbreitung der Schriften des Libanios geschah also sehr kontrolliert und es kam vor, daß der Rhetor Werke schrieb, "die ganz einfach in seiner Schublade vergraben blieben" (ebd., S. 97).

628 Bliembach, 1976, S. XLIV. Auch Wiemer, 1995, S. 360, plädierte mit gewichtigen Argumenten dafür, daß Libanios den Epitaphios ausschließlich im Kreise von Gleichgesinnten mündlich vortrug. Entsprechend der von ihm vorgenommenen Umdatierung der 18. Rede in die Mitte des Jahres 365 (statt 368; ebd., S. 260-68)), betont er, daß Libanios eine schriftliche Verbreitung nach Ausbruch des Bürgerkrieges zwischen Prokop und Valens gar nicht mehr riskieren konnte; nach dem Tode des Valens, bei dem Libanios aufgrund seines engen Verhältnisses zu Julian eine *persona non grata* gewesen war, mochte der Epitaphios freilich auch schriftlich verbreitet worden sein (ebd., S. 267 u. 360). – Vgl. Petit, 1956, S. 104, Anm. 60, der vermutete, daß der Epitaphios schließlich auch nach auswärts verschickt worden sei, denn wir wissen, daß Themistios ihn gelesen und wohl "auf gewisse Behauptungen des Libanios scharf reagiert" hätte.

629 Zur Problem der Existenz einer heidnischen Opposition in den 50er und 60er Jahren des 3. Jahrhunderts n. Chr. vgl. unten, Kap. III 1 4.

christlichen Kaiser – zu einer entschiedeneren politischen Selbstbehauptung zu bewegen[630].

630 Auf die Frontstellung von heidnischem und christlichem Kaisertum in jener Zeit verweist Bliembach, 1976, S. XLV: Libanios verfaßte seine Reden "auch als Untertan eines heidnischen Herrschers, von dem sich seine christlichen Nachfolger deutlich distanzierten und der mit heftiger Polemik verfolgt wurde. Dadurch mußten die Grabreden auf Julian ihrerseits einen polemischen Zug erhalten".

II) Konstantios als innenpolitisch Handelnder

Vorbemerkungen

Während Libanios auf das innenpolitische Wirken des Konstantios in seiner 59. Rede nur kurz zu sprechen kam, verdichteten sich die wenigen Anmerkungen des Rhetors in seinen julianischen Reden zu einer umfassenden und in schärfster Form vorgebrachten Kritik an den Verhältnissen unter diesem Kaiser, welche allerdings durch die entschiedene Restaurationspolitik des zur Herrschaft gelangten Julian eine radikale Umkehrung erfahren hätten. Das heißt, auch auf innenpolitischem Gebiet ist die Argumentation der julianischen Reden von der fortlaufenden Gegenüberstellung der beiden kaiserlichen Kontrahenten geprägt, wobei – wie im folgenden zu zeigen sein wird – die sich wiederholenden Themen als Reflex der traditionsverhafteten Sichtweisen des griechischen Rhetors und Heiden zu begreifen sind.

1. Die kurzgefaßten Informationen der 59. Rede

Für das innenpolitische Wirken des Ostkaisers Konstantios zeigte Libanios in seiner 59. Rede ein sehr bedingtes Interesse: Während er dessen außenpolitisches Agieren – die Führung des Perserkrieges – zum zentralen Thema erhoben und diesem ein längeres Enkomion auf den Kaiser hinzugefügt hatte, handelte der Rhetor das innenpolitische Agieren des Konstantios nur kurz und in einem auf beide kaiserlichen Brüder gemeinsam komponierten Schlußteil[1] ab. Und zwar setzt der Rhetor ein mit einem Lob auf die Stabilität der gegenwärtigen Zustände, Folge einer – zumindest oberflächlich – wiedergewonnenen Eintracht unter den beiden Regenten[2]: Im Reich herrschten Wohlstand und gesicherte Besitzverhältnisse[3], die Lage des Mittelstandes hätte sich beträchtlich verbessert[4] und die

1 Lib.59,150-173.

2 Lib.59,152 ff. 152: ἀλλὰ νῦν ἅπας μὲν ὁ παλαιὸς χρόνος ἥττηται, ἅπας δὲ φθόνου χαλεπὸς ὀφθαλμὸς ὑπερώρισται, φιλίας δὲ σύνδεσμος ἀρραγὴς τὰς τῶν βασιλέων συνέχει ψυχάς. Konstans hatte Konstantios aufgrund religionspolitischer Divergenzen im Jahre 345 unmißverständlich mit Krieg gedroht; vgl. hierzu S. 30 f, insbes. Anm. 84.

3 Lib.59,156: νῦν δέ γε πολὺς μὲν ἐκ βασιλέων πλοῦτος εἰς τοὺς ὑπηκόους μεταρρεῖ,

von übermäßigen Steuern bedrängten Bauern seien durch eine von beiden kaiserlichen Brüdern veranlaßte Katasterreform merklich entlastet worden[5]. Auch für die Frauen gäbe es Sicherheit: Entsprechend einem von Menander geforderten, panegyrischen Lob auf das züchtige Leben unter einem sich in der σωφροσύνη übenden Kaiser[6] breitet der Rhetor sich des längeren darüber aus, daß sie Entehrungen nun nicht mehr zu fürchten bräuchten[7].

Des weiteren sieht es Libanios als einen Erweis kaiserlicher φιλανθρωπία an[8], daß es den Provinzialen nun wieder gestattet sei, sich mit ihren Bittgesuchen direkt, wenn auch durch Verfahrensvorschriften geregelt[9], an den Hof zu wenden[10]. Zeichen dafür, daß die Kaiser die Gesetze zu Herren über sich selbst gemacht hätten[11], sei, daß sie die Praefekten zu letzten Instanzen erklärt[12] und damit die Appellationsgerichtsbarkeit teilweise an diese abgetreten hätten[13]. Schließlich rühmt der Rhetor, daß, nachdem beide Kaiser die früheren Praefekten entlassen hätten[14], bei denen "es nicht als ruhmvoller galt, mehr von den

---

πανταχοῦ δὲ τὸ βέβαιον τῇ φιλοτιμίᾳ συνέζευκται καὶ τοῖς λαμβάνουσιν οὐ μείζων ἡδονὴ τοῦ λαβεῖν ἢ τοῦ μετ᾽ ἀσφαλείας ἔχειν.

4 Lib.59,155: ...νῦν δὲ οἱ μέσως ἔχοντες τῶν πρότερον βασιλέων ἀφθονώτερον διάγουσιν. Vgl. Petit, 1955, S. 303.

5 Lib.59,159: τῶν τοίνυν γεωργούντων τοῖς ἀδικουμένοις καὶ μικρὰ μὲν ἢ φαῦλα κεκτημένοις, πολλὰ δὲ φέρειν ἠναγκασμένοις καὶ τούτου συμβεβηκότος παρὰ τὴν ἀμετρίαν τῶν πρὸ τοῦ τὴν χώραν ἀναμετρεῖσθαι ταχθέντων καὶ πολλῆς ἀπορίας οὔσης τῆς μὲν συντελείας κατεπειγούσης, τῆς δὲ γῆς οὐκ ἀποχρώσης, καὶ ταύταις ταῖς συμφοραῖς ἐπήμυναν λογιστῶν δευτέρων ἀκριβείᾳ τὴν ἐκ τῶν ἔμπροσθεν βλάβην λύσαντες. Vgl. Petit, 1955, S. 77, Anm. 5 u. S. 148 f, Anm. 11.

6 Men.p.376.

7 Lib.59,157.158: ἀλλὰ νῦν ἅπας μὲν φόβος τῶν γάμων ἀπελήλαται, ἀσφάλεια δὲ τὰς τῶν γενῶν διαδοχὰς μετ᾽ εὐθυμίας παραπέμπει, σωφροσύνη δὲ τρόπων οὐχ ἡττᾶται τυραννικῆς ἀνάγκης, γυναικὸς δὲ ὥραν εὐτυχεῖν ἀκίνδυνον.

8 Lib.59,160.161.

9 Dies wird von Libanios kritisch angemerkt: ...ὑπερηγάσθην, ὅτι τὴν φιλανθρωπίαν ἔννομον πρυτανεύειν ἠξίωσαν (59,161). Vgl. Demandt, 1989, S. 410.

10 Lib.59,160.161: καὶ συμβαίνει δὴ πανταχῇ μὲν τοὺς βασιλεῖς ταῖς ἱκετείαις ἐπινεύειν, μηδαμῇ δὲ τῶν θεσμῶν τὴν ἀκρίβειαν ὑπὸ τῆς φιλανθρωπίας βλάπτεσθαι. Vgl. Demandt, 1989, S. 410, wo darauf hingewiesen wird, daß nach dem Willen Konstantins der Verkehr zwischen Städten und Kaiser über die Statthalter hatte laufen sollen: "Dies machte Beschwerden über ihn unmöglich, darum gestattete Constantius II. den Provinzialen wieder, sich direkt an den Hof zu wenden".

11 Lib.59,162.

12 Ebd.: ἀπὸ τῆς αὐτῆς δὴ γνώμης καὶ τὴν τῶν ἀμφισβητημάτων διάγνωσιν εἰς τοὺς ὑπάρχους ἀπώσαντο.

13 Vgl. Mudd, 1984, S. 175 f; gegen die Urteile der Vikare oder Prokonsuln konnte auch weiterhin beim Kaiser Berufung eingelegt werden (ebd.).

14 Lib.59,164.

Feinden als von den eigenen Untertanen zu vernichten"[15], sich nun in den Seelen dieser ὕπαρχοι die kaiserliche Milde widerspiegelte[16].

Gegen Ende seiner Rede hebt Libanios an zu einem letzten Lob auf die ἀρετή beider Kaiser, indem er ihnen, ganz in Übereinstimmung zu den panegyrischen Regeln[17], die klassischen Herrschertugenden der δικαιοσύνη, σωφροσύνη und ἀνδρεία sowie der φιλανθρωπία und σύνεσις zuerkennt[18]. Den Hörer erstaunt dies nicht, erweckten doch die vorangegangenen Ausführungen den Eindruck mehr oder weniger geordneter politischer Verhältnisse unter diesen Kaisern[19]. Dann aber nimmt der Redner sein gesamtes Lob wieder zurück, indem er den – oben bereits zitierten[20] – Satz anfügt, daß, wenn nun jemand alles Dargestellte in angemessener Weise einschätzen wollte, "er wohl eher in der Jugend der Täter als in der Größe der Taten das Bewundernswerte finden wird"[21].

Diese letzte Bemerkung steht nun in einem auffallenden Widerspruch zu den vorangegangenen Äußerungen, mit welchen Libanios die innenpolitischen Zustände unter Konstans und Konstantios beschrieben hatte: Obwohl Stabilität, Wohlhabenheit und Rechtmäßigkeit der Verhältnisse zu preisen waren, zeigte sich der Rhetor offensichtlich unzufrieden, denn in seinen Augen hatten beide Kaiser – obwohl in ihren konkreten Einzelmaßnahmen nicht zu kritisieren – nichts wirklich Bemerkenswertes geleistet.

Diese in sich widersprüchliche Haltung läßt sich nur mit den grundsätzlichen Vorbehalten des Libanios gegenüber dem römischen Kaisertum erklären: Es wird sich noch zeigen, wie wenig der auf städtische Politik konzentrierte und einer längst vergangenen, städtischen Autonomie anhängende griechische Rhetor

---

15 Lib.59,163: ἄρχοντας τοίνυν ... οἱ μὲν ἔμπροσθεν βασιλεῖς τοὺς φονικωτάτους ἀρχικωτάτους ἐνόμιζον, ὥστε οὐκ ἦν ἐνδοξότερον <τῶν> πολεμίων πλείονας ἢ τῶν ἀρχομένων διαφθεῖραι. Mit Portmann, 1989, S. 4 f, ist in dieser Bemerkung des Libanios wohl eine Spitze gegen den mächtigen – und möglicherweise in die Morde von 337/8 verwickelten – Praefekten Ablabius zu sehen, "die ganz im Sinne des Konstantios war, der den Günstling seines Vaters beseitigt hatte". Vergleiche hierzu unten, S. 198 ff.

16 Ebd.: νῦν δὲ τῷ μὲν ξίφει τὸ σχῆμα πληροῦται, τῆς δὲ βασιλικῆς πρᾳότητος ἐν ταῖς τῶν ὑπάρχων ψυχαῖς εἰκόνες ἐκλάμπουσι.

17 Men.p.372 f. 375 f.

18 Lib.59,166.

19 Dabei ist zu freilich zu bedenken, daß Libanios nur die Verhältnisse im Osten, also im Herrschaftsbereich des Konstantios, wirklich beurteilen konnte; den Westen, sprich den Machtbereich des Konstans, hat er nie betreten.

20 Siehe oben, S. 66, Anm. 312.

21 Lib.59,168: εἰ δή τις μέλλοι τὸν προσήκοντα λογισμὸν ὑπὲρ ἁπάντων σχήσειν, μή μοι φιλὸν ἐξεταζέτω τῶν ἐγκωμίων τὸν ἀριθμόν, ἀλλ᾽ ἑκάστῳ προσαγέτω τὴν τῶν εἰργασμένων ἡλικίαν. καὶ τάχα μεῖζον ἐν τῇ νεότητι τῶν πεποιηκότων ἢ τῷ μεγέθει τῶν πεποιημένων εὑρήσει τὸ θαῦμα.

die römischen Herren liebte[22] – vor allem da von ihnen die in seinen Augen zentrale Aufgabe des Kaisertums, der äußere Grenzschutz, schmählich vernachlässigt worden zu sein schien. Ob Libanios darüber hinaus auch bereits religiös begründete Vorbehalte gegenüber den beiden Vertretern des christlichen Kaisertums hegte, ist schwer zu sagen; anscheinend wenig berührt, äußerte der heidnische Rhetor in seiner 59. Rede lediglich, daß sie es "nicht für richtig hielten, in Bezug auf ihre größten Unternehmungen ihrer Hoffnung durch Wahrsagekunst aufzuhelfen"[23].

Der Hörer jedenfalls hat zu konstatieren, daß Libanios, nachdem er abschließend noch einmal ein Loblied auf den im Reiche herrschenden Frieden und die wiedergewonnene Eintracht angestimmt hat[24], es unterläßt, ein Schlußgebet im Sinne Menanders[25] für die beiden Kaiser zu sprechen. Auf sein Verhältnis zu Konstantios bezogen heißt das: Libanios mochte die Götter offenbar nicht darum bitten, daß die Herrschaft eines Kaisers, der zunächst einmal den Schutz der äußeren Grenzen sträflich vernachlässigt hatte und dessen innenpolitisches Wirken ihn, den Verfechter städtischer Autonomie, sodann wenig zufriedenstellte – zumal dieser einem ihm völlig fremden Gotte huldigte –, lange dauern und dann noch auf seine Kinder übergehen möge[26].

Demnach lassen nicht nur die längeren Ausführungen des Rhetors hinsichtlich des außenpolitischen Handelns des Konstantios sondern auch seine wenigen Anmerkungen zur Innenpolitik dieses Herrschers in der frühen 59. Rede eine – sich freilich nur verdeckt äußernde – kritische Distanz erkennen. Diese sollte sich in den später verfaßten Reden – nachdem Libanios Zeuge der Auseinandersetzung zwischen Konstantios und Julian geworden war – wandeln in eine offen vorgebrachte, zum Teil mit haßerfüllter Polemik unterlegte Kritik. Welche Themen Libanios zu seinen feindseligen Reden veranlaßten, soll nun dargelegt und untersucht werden.

---

22 Vgl. hierzu unten, Kap. II 2.2 (insbes. das Fazit).

23 Lib.59,167: οἵ γε καὶ πρὸς τὰς μεγίστας τῶν πράξεων οὐκ ἐνόμισαν μαντικῇ τὴν ἐλπίδα θαρρύνειν... .

24 Lib.59,169 ff.

25 Men.p.377.

26 Stattdessen lautete der Schlußsatz des Libanios: νῦν δὲ οὐδὲν αἰτῆσαι πάρεστιν οὗ μὴ πάλαι πάρεστιν ἡ πεῖρα. ὥστε καὶ τοῦτ ' ἂν εἴη τῶν βασιλέων ἐξαίρετον, ὅτι μηδὲν ἡμῖν κατέλιπον ὅ ζητήσομεν (59,173).

2. Das Bild des Konstantios in den späteren Reden

2.1. Kritik an der Orientalisierung des römischen Kaisertums

2.1.1. Luxuriöse Hofhaltung und persisches Zeremoniell

In seiner 18. Rede verurteilt Libanios den unter der Regierung des Konstantios getriebenen höfischen Aufwand mit den Worten, daß Julian am Hofe von Konstantinopel eine "nutzlose Horde" (ὄχλον ἄχρηστον) von Leuten vorgefunden hätte – unzählige Köche, Friseure, Kellermeister, Schwärme von Dienern und Eunuchen, "mehr als Fliegen rund um die Hirten im Frühling", und eine Menge "Drohnen" von jeder Sorte und Art[27]. Julian nun, jedem größeren Luxus abhold[28], hätte sie alle, da vom kaiserlichen Geldbeutel zu keinem eigentlichen Zweck unterhalten, nicht als Gehilfen betrachtet, sondern als Plage und darum fortgejagt[29].

Auch die unter Konstantios üblichen Verkehrsformen zwischen hohen Palastangehörigen und Reichsbewohnern seien vom neuen Augustus grundlegend verändert worden: Während man früher – etwa bei der Annäherung der notarii – auf sein Gesicht zu fallen pflegte, gleich als ob einen Blitze umzuckten, seien unter Julian – sozusagen von gleich zu gleich – die Gespräche unter Händeschütteln geführt worden[30].

Libanios erweckt hier mit seiner Kritik am luxuriösen, verschwenderischen Stil des Hofes und der Proskynese, dem zeremoniellen Kniefall vor dem Kaiser bzw. vor dessen hohen Beamten, den Eindruck, als ob es sich bei diesen Erscheinungen um Besonderheiten gerade der Regierung des Konstantios gehandelt hätte. Dabei bezieht sich der Redner hier mit seinen Ausführungen auf ganz charakteristische Phänomene des spätantiken Kaisertums, deren Wurzeln bereits in der hellenistisch-orientalischen Prägung der politischen Kultur Roms seit der späten Republik[31] zu suchen sind. Insbesondere die Tendenzen zur Überhöhung der kaiserlichen Majestät, wie sie sich schon im Kaiserkult des ersten und zwei-

27 Lib.18,130: μαγείρους μὲν χιλίους, κουρέας δὲ οὐκ ἐλάττους, οἰνοχόους δὲ πλείους, σμήνη τραπεζοποιῶν, εὐνούχους ὑπὲρ τὰς μυίας παρὰ τοῖς ποιμέσιν ἐν ἦρι, καὶ τῶν ἄλλων ἑκάστων ἐθνῶν ἀμυθήτους κηφῆνας.

28 Lib.13,29: ...μᾶλλον δὲ τρυφᾶν οὐκ ἠνείχου.

29 Lib.18,130: τούτους τοίνυν οὓς μάτην ἔβοσκεν ἡ βασιλικὴ δαπάνη ζημίαν οὐχ ὑπηρέτας νομίσας ἐξέωσεν εὐθέως.

30 Lib.18,150: μέμνησθε δὲ ὡς ὧν πρότερον προϊόντων πρηνεῖς κατεπίπτομεν ὥσπερ ἐν ἀστραπαῖς, τούτοις ... ἐμβάλλοντες δεξιὰν διαλεγόμεθα.

31 Demandt, 1989, S. 211.

ten Jahrhunderts gezeigt hatten[32], sind von Diokletian aufgegriffen, verstärkt und mit der Einführung des persischen Hofzeremoniells als offizieller Verkehrsform gleichsam festgeschrieben worden[33].

Die Voraussetzungen für eine solche Entwicklung waren durch die Krise des dritten Jahrhunderts geschaffen worden: Damals war angesichts der eigenen Ohnmacht "die Bereitschaft (gestiegen), Macht grundsätzlich mit den Göttern zu verbinden"[34]; die gottähnlichen Züge eines jeden Herrschers waren in zunehmendem Maße betont worden[35], und der Verkehr mit dem auf einsamer Höhe, unter einem Baldachin thronenden Monarchen hatte kultische Formen angenommen[36].

Die religiöse Stellung des Kaisers aber fand ihren Ausdruck nicht nur in der feierlichen Huldigung seiner Person, wie sie ihm etwa in der Proskynese zuteil wurde[37], sondern auch in der Abgeschiedenheit des Herrschers innerhalb seines riesigen Palastes, dem *sacrum palatium*[38], sowie in seiner Abschirmung vor den Untertanen vermittels von Vorhängen bei vielerlei Anlässen, der Wahrung einer weihevollen Stille in seiner Gegenwart durch die *silentiarii*, welche auch vom Kaiser selbst kaum je durchbrochen wurde, denn zumeist hatte ein anderer für ihn zu sprechen[39]. Darüber hinaus sollten das prächtige, aber verhüllende Ornat und ein würdevoller, getragener Habitus dazu beitragen, die Individualität der kaiserlichen Person zu unterdrücken, um das Unpersönliche, das Institutionelle der kaiserlichen Gewalt in den Vordergrund zu rücken[40]. Ammians Beobachtungen, daß sich Konstantios auf seinem feierlichen Romeinzug "unbeweglich" (*immobilem*) und "wie ein menschliches Standbild" (*tamquam figmentum hominis*) gezeigt hätte[41], oder die boshafte Bemerkung des Libanios, Konstantios sei wenig besser als ein gemaltes Bild oder eine Tonfigur gewesen[42], machen deutlich, wie sehr sich gerade dieser Kaiser, dem auch eine überdurchschnittliche Selbstbeherrschung nachgesagt wurde[43], um gemessene Verhaltensweisen bemühte.

---

32 Bleicken, 1978, Bd. 1, S. 72.
33 Martin, 1987, S. 2, 99 f, 145, 194. Bleicken, 1978, Bd. 1, S. 72 f. Demandt, 1989, S. 221 f.
34 Martin, 1987, S. 2.
35 Bleicken, 1978, Bd. 1, S. 73.
36 Alföldi, 1934/5, S. 59. Bleicken, 1978, Bd. 1, S. 73.
37 Bleicken, 1978, Bd. 1, S. 73.
38 Ebd., S. 74 f.
39 Ebd., S. 73 f.
40 Ebd., S. 72 f.
41 Amm.Marc.16,10,9 f.
42 Lib.17,8: ...οὐδὲ πολὺ βελτίων τῶν ἐν ταῖς γραφαῖς ἦν ἢ τῶν πηλίνων.
43 Amm.Marc.16,10,11: *...patientiae non mediocris.*

Diese veränderten kaiserlichen Repräsentationsformen sowie der von Libanios angeprangerte höfische Aufwand und die die Untertänigkeit anzeigenden Verkehrsformen dienten dazu, die Andersartigkeit und Erhabenheit des Herrschers hervorzuheben. Der Kaiser sollte als ein der menschlichen Sphäre entrücktes und einer anderen, höheren Dimension zugehöriges Wesen dargestellt werden, letztendlich mit dem Zweck, ihn allen irdischen Zugriffen zu entziehen und damit unantastbar zu machen; vornehmlich sollte seine Gewalt in Zukunft besser vor den Übergriffen allzu mächtig gewordener Militärs geschützt und damit, nach der Krise des dritten Jahrhunderts, erneut stabilisiert werden[44].

Das modifizierte Kaiserbild diente dem weiteren Zweck, die Folgen der bürokratischen Erfassung und Zentralisation der Gesamtgesellschaft abzufangen: Die diokletianisch-konstantinischen Reformen hatten die Erwartungen gegenüber dem Staat anwachsen lassen und "als Folge davon auch die Legitimationsverpflichtungen" für das spätantike Kaisertum[45]. Indem die römischen Kaiser seit Diokletian beanspruchten, Willensvollstrecker der Götter bzw. des einen christlichen Gottes auf Erden zu sein und dies in ihren Repräsentationsformen auch nachdrücklich zum Ausdruck brachten, wiesen sie jenes charismatische Herrschertum, welches sich erst durch Leistung und Erfolg zu bewähren hatte – und damit auch den auf der spätantiken Monarchie in besonderem Maße lastenden Rechtfertigungsdruck – in energischer Art und Weise zurück[46].

Der Grieche Libanios freilich war mit solch einem rein theokratisch fundierten Kaisertum nicht einverstanden. Am Beispiel seines Lobpreises auf den unablässig siegenden Konstantin ist eingangs gezeigt worden, wie sehr der Rhetor dem hellenistischen Gegenbild einer charismatisch legitimierten Herrschaft, welche sich eben primär durch Leistung zu rechtfertigen hatte, anhing. Mit seiner Kritik am verschwenderischen Prunk des römischen Hofes und der persischen Ausprägung seines Zeremoniells bewegte sich Libanios wiederum im Rahmen traditionellen, hellenischen Gedankenguts.

So hatte den freiheitsliebenden Hellenen die persische Sitte der Proskynese bereits seit Herodot als Sklavensitte und ureigenstes Sinnbild von Knechtschaft und Zwangsherrschaft gegolten[47]; überdies hatten die Griechen in der Prunkkleidung des Perserkönigs und seiner Hofleute – in direkter Gegenüberstellung zu ihrer einfachen Tracht – ein weiteres Merkmal persischen Barbarentums und orientalischen Despotismus gesehen[48]. Jenem demütigen Unterwerfungsakt der Proskynese aber hatten die Griechen ihre bürgerliche Freiheit und die Gleichheit

44 Vgl. Bleicken, 1978, Bd. 1, S. 72.
45 Martin, 1987, S. 26.
46 Ebd., S. 99 f.
47 Alföldi, 1934/5, S. 11.
48 Ebd., S. 16.

gegenübergestellt[49] und mit persischem Pomp und Prunk – der beschämenden τρυφή – die eines Kulturmenschen allein würdige Schlichtheit in Auftreten und Lebenshaltung kontrastiert[50].

Wenn nun Libanios indirekt mit seiner Kritik auf solche, seit langem anachronistisch gewordenen[51] Normen Bezug nahm, so geschah dies offenbar, um Konstantios als einen Protagonisten des orientalischen Despotismus herauszustellen, den Prunk und Proskynese strikt ablehnenden Julian aber als einen Erneuerer hellenischer Freiheit[52]. Wie wenig man in der Spätantike tatsächlich an die einstige hellenische Freiheit bzw. römische *aequalitas* zurückdachte, zeigt sich an der Reaktion Ammians auf die rigoros durchgeführten Reformen Julians: Der Historiker kommentierte die umfangreichen Entlassungen von *palatini* durch den neuen Augustus, indem er schrieb, daß dieser dabei "nicht wie ein Philosoph und Lehrer des Strebens nach Wahrheit (handelte). Man hätte ihn nämlich loben können, wenn er wenigstens die Maßvollen, obwohl nur Wenige, behalten hätte, soweit ihre Zuverlässigkeit erprobt war"[53]. Darüber hinaus scheute der Historiker sich nicht zu erwähnen, daß einige Leute die ostentative Zurückhaltung im Auftreten Julians, seinen Verzicht auf den üblichen Prunk und das bekannte Zeremoniell, als verächtlich (*vilis*) und manieriert (*affectatus*) empfanden[54]; der Historiker selbst sprach an einer Stelle von unpassender Wichtigtuerei (*ostentatio intempestiva*) und unschicklichem Benehmen (*indecorus*) des jungen Kaisers und warf ihm vor, vergessen zu haben, wer er denn eigentlich sei[55].

Demnach wünschte sich auch Ammian ein Kaisertum, welches sich an die durch ein festes Zeremoniell vorgegebenen Verkehrsformen hielt und durch entsprechende Ausstattung und einen würdevollen Habitus des Herrschers die Erhabenheit – nicht Gleichstellung – der kaiserlichen Person zum Ausdruck brachte. Der ansonsten so scharfe Kritiker des Konstantios bezeichnet es – ganz im Gegensatz zu den verächtlichen Äußerungen des Libanios – als eine der hervorragendsten Eigenschaften dieses Kaisers, daß "*imperatoriae auctoritatis coturnum ubique custodiens popularitatem elato animo contemnebat*"[56].

---

49 Ebd., S. 12.
50 Ebd., S. 9 u. 16.
51 Vgl. ebd., S. 25.
52 Vgl. Lib.13,39.
53 Amm.Marc.22,4,1 f: *...non ut philosophus veritatis indagandae professor. laudari enim poterat, si saltem moderatos quosdam licet paucos retinuisset morumque probitate compertos.*
54 Amm.Marc.22,7,1.
55 Amm.Marc.22,7,3.
56 Amm.Marc.21,16,1.

Mit diesen Ausführungen sollte deutlich gemacht werden, daß es sich bei dem hier zu behandelnden Problem einer mehr oder weniger aufwendigen Hofhaltung nicht um eine Frage der individuellen Moral der beiden kaiserlichen Kontrahenten handelte: Es war nicht eine persönliche Verschwendungssucht, die Konstantios zu der von Libanios so sehr gerügten höfischen Prachtentfaltung bewegte, sondern deren tieferer Sinn lag in den strukturellen Bedingungen des spätantiken Kaisertums begründet, nämlich der Notwendigkeit, die Hoheit und göttliche Auserwähltheit des jeweiligen Herrschers allen Untertanen eindrucksvoll und glaubhaft vor Augen zu führen. Diese Notwendigkeit war es auch, welche den in seinem persönlichen Lebensstil als äußerst maßvoll bekannten[57] Konstantios zwang, an seinem Hofe "Horden" von – insofern gar mehr nicht so "nutzlosen" – Dienerschaften[58] zu beschäftigen.

Entsprechend waren auch die umfassenden Entlassungen des neuen Kaisers Julian nicht Ausdruck einer besonderen persönlichen Sparsamkeit oder gar Bescheidenheit, wiewohl Libanios sich bemühte, ihnen einen solchen Anschein zu geben[59]. Bliembach hat vielmehr darauf hingewiesen, daß, indem die Sicherheit eines jeden Herrschers in ganz entscheidendem Maße von seiner Hofdienerschaft abhing, diese bei einem Umsturz vor allem mitbetroffen war[60]. Insofern war es für Julian, den Usurpator und feindlichen Gegenspieler des Konstantios, schlichtweg ein Akt politischer Klugheit, wenn er die persönliche Dienerschaft des alten Kaisers einem großen Revirement unterwarf[61]. Hinzu kamen sicherlich religiöse Gründe, denn im Umfeld des Konstantios werden sich viele Christen befunden haben[62], die der um eine Restitution des Heidentums kämpfende Julian nicht in seiner näheren Umgebung dulden konnte oder wollte[63].

Ebensowenig wie die Palastreform kündigten freilich die bewußten Verstöße Julians gegen die im Hofzeremoniell festgelegten Verkehrsformen, insbesondere seine Aufgabe der Proskynese, tiefergreifende Veränderungen in den politischen

---

57 Vgl. Amm.Marc.21,16,5 f: *in vita parca et sobria edendi potandique moderatione valetudinem ... retinuit firmam ... . somno contentus exiguo, cum id posceret tempus et ratio, perque spatia vitae longissima impendio castus.*

58 Lib.18,130.

59 Vgl. den Hinweis des Libanios auf den kaiserlichen Geldbeutel, der all die Heerscharen von Dienern zu unterhalten hätte (18,130) oder seine Bemerkung, daß Julian sich allem größeren Luxus verweigerte (13,29).

60 Vgl. Bliembach, 1976, S. 35, wo zudem ähnliche historische Beispiele angeführt werden.

61 Über den tatsächlichen Umfang der von Julian vorgenommenen Entlassungen wird weiter unten, Kap. II 2.2.2, noch zu reden sein.

62 Ammian sagt von den *palatini*, daß "einige von ihnen sich am Raub aus den Tempeln mästeten" (Amm.Marc.22,4,3).

63 Vgl. Bliembach, 1976, S. 36 f.

Strukturen des spätantiken Kaisertums an. Julian mochte sich selbst immer wieder auf liberale Traditionen aus der Zeit des Prinzipats berufen[64], und Libanios mochte rühmen, daß mit ihm nun allen Menschen die Freiheit wiedergebracht worden wäre[65]: Nichtsdestotrotz erfuhr die kaiserliche Gewalt unter seinem Regiment keine nennenswerten Begrenzungen[66]. Zudem zeigte die Kritik der Antiochener und sogar Ammians, wie wenig man selbst von seiten der Untertanen bereit war, die veränderten Repräsentationsformen – und das heißt letztlich auch eine Uminterpretation der Kaisergewalt – hinzunehmen. Der Lobpreis auf Julian als eine Verkörperung des wahren βασιλεύς[67] und dessen Entgegensetzung zum τύραννος Konstantios erweist sich damit als ein Konstrukt: Als die nur subjektive, rhetorisch zwar wirkungsvoll eingekleidete, aber durchaus nicht unbedingt repräsentative Interpretation von Geschichte durch Libanios.

2.1.2. Eunuchenwirtschaft

Libanios klagt in einer seiner späteren Reden[68], Konstantios hätte "barbarische Menschen, irgendwelche nichtswürdigen Eunuchen, geliebt und um sich gehabt und zu Ratgebern und Lehrern gemacht; zu deren Gunsten hat er abgelassen von den Taten der βασιλεία, er selbst hat noch den Namen dargeboten und seine Gewandung war die eines βασιλεύς, die Macht aber lag bei diesen"[69]. Von jenen "anspeienswerten und betrunkenen Eunuchen"[70] war dem Rhetor der *praepositus sacri cubiculi* Eusebius am meisten verhaßt: Obwohl Sklave und, "was noch

---

64 Dagron, 1968, S. 72; S. 126: "Julien refuse le titre de *dominus,* il multiplie les références aux '*veteres leges*' et propose l'image idéale d'un souverain ... qui se comporte 'avec le peuple et les magistrats comme un citoyen soumis aux lois et non comme un roi supérieur à elles'(vgl. Jul.I 45 d)".

65 Vgl. Lib.13,39; auch: 12,34.

66 Dagron, 1968, S. 126: "On a conclu que Julien revenait au régime du principat, mais une telle interprétation ne peut se fonder ni sur le gouvernement effectif de Julien, au cours duquel le pouvoir impérial ne connut guère de limites, ni sur les principes attachés au nom de Julien, qui sont beaucoup plus radicaux que le compromis établi par Auguste ou par les Antonins entre la légalité républicaine et l'idée de souveraineté providentielle...".

67 Vgl. Lib.13,42 ff.

68 *Oratio* 62, verfaßt nach dem Jahre 366 (vielleicht im Jahre 374); s. Norman, 1969, S. liii.

69 Lib.62,9: ἠγάπα δὲ καὶ περὶ αὑτὸν εἶχε καὶ συμβούλους καὶ διδασκάλους ἐποιεῖτο βαρβάρους ἀνθρώπους, ὀλέθρους τινὰς εὐνούχους. οἷς ἀφειστήκει τῶν τῆς βασιλείας ἔργων, αὐτὸς δὲ τοὔνομα παρεῖχε, καὶ ἡ μὲν ἐσθὴς ἐκείνου, ἡ δὲ ἐξουσία τούτων.

70 Lib.62,11: ...οἱ δὲ κατάπτυστοι καὶ μεθύοντες εὐνοῦχοι.

schlimmer" sei, ein Eunuch, hätte er Konstantios "unter seiner Fuchtel" gehabt[71]; so sei auch er es gewesen, der "in erster Linie für den grausamen Tod des Gallus verantwortlich" zu machen gewesen sei[72]. Julian schließlich hätte auch diesen Mißständen ein Ende bereitet: Die Eunuchen hätten, wie Eunuchen es sollten, unter ihm nur untergeordnete Dienste erfüllt und keine hochmütigen Mienen mehr zur Schau gestellt[73].

Die solcherart vorgetragene Kritik des Libanios an der zweifelsohne bedeutsamen Rolle des Eunuchentums am Hofe des Konstantios[74] ist, zumindest in ihren Ansätzen, wiederum als literarischer Topos aus der Zeit der frühen Auseinandersetzung der Griechen mit den Persern aufzufassen: Denn die "Eunuchenwirtschaft" galt dem traditionellen Griechentum wie das Hofzeremoniell und die höfische Prachtentfaltung als ein wesentliches Merkmal der verachteten orientalischen Despotie[75].

Im einzelnen begründet Libanios sein abschätziges Urteil über jene hohen und zum Teil mächtigen Palastbeamten damit, daß sie niedrigster und barbarischer Herkunft seien[76]; mit deutlich spürbarer Aversion spricht er zudem von ihrem Kastratentum und bezichtigt den mächtigsten von ihnen, den *praepositus sacri cubiculi* Eusebius, auch noch der Grausamkeit.

Ob diesen verächtlichen Äußerungen des Libanios irgendwelche persönlichen Erfahrungen oder gar Insiderinformationen zugrunde lagen, ist unklar; fest steht jedoch, daß der Rhetor mit seinem Negativbild an die stereotypen Vorurteile anknüpfen konnte, welche damals allgemein, gerade auch innerhalb der Oberschichten, über diese fremdstämmigen Palastangehörigen verbreitet wurden[77]. Während Ammian sich aber trotz seiner grundsätzlich ebenfalls negativen Meinung von den Eunuchen[78] nicht davon abhalten ließ, ein hohes Lied auf die moralischen Qualitäten, die Klugheit und Bildung des Eutherius, den für Julian von

71 Lib.18,152: ὁ δ ' ἄνευ τοῦ τὸν Κωνστάντιον δεδουλῶσθαι δοῦλος αὐτὸς ὢν καί, τὸ τοῦδε δεινότερον, εὐνοῦχος... .

72 Ebd.. Zum Fall des Gallus siehe unten, Kap. III 1.2..

73 Lib.18,149.

74 Martin, 1987, S. 86. Demandt, 1989, S. 241 ff. Hopkins, 1963, S. 62 ff.

75 Alföldi, 1934/35, S. 9 ff u. 24.

76 Demandt, 1989, S. 242: "Sie wurden in aller Regel als Sklaven aus Persien, Armenien und den Kaukasus-Ländern importiert. Die Knaben erhielten eine gute Ausbildung und konnten dann im Hofdienst aufsteigen. Ihren Sklavenstand verloren sie dabei".

77 Hopkins, 1963, S. 64, 75 f, 78 ff.

78 Vgl. Amm.Marc.14,11,3 sowie die kritischen Bemerkungen Ammians über die *palatini* insgesamt (22,4,1-5) oder die *proximi* des Konstantios (15,8,2 f). Hopkins, 1963, S. 64.

Konstantios abgeorderten Kammerherrn, anzustimmen[79], ließ sich Libanios in Bezug auf jene *palatini* zu keinerlei positiven Aussagen herab. Offensichtlich ging es dem Rhetor darum, die engste Umgebung des Konstantios der Moral und ihrem kulturellen Niveau nach als gänzlich minderwertig zu charakterisieren: Der Kaiser sammelte um sich – und liebte auch noch![80] – verachtenswerte Kreaturen, eigentlich dem Umfeld orientalischer Tyrannenherrschaften angehörig; sie hätte er zu seinen Ratgebern gemacht, was ein solches Ausmaß angenommen hätte, daß sie es vermochten, ihn von der βασιλεία und seinen heiligsten Pflichten abzubringen[81].

Diskreditierte also Libanios den Hof des Konstantios bereits dadurch, daß er dessen Dienerschaft eingangs allgemein als "nutzlose Horde" bezeichnet hatte[82], so steigerte er diese Kritik noch durch seine Schmährede auf die Eunuchen. Die mit ihr als ganz und gar minderwertig entlarvte Umgebung des Kaisers ließ schließlich diesen selbst ebenfalls als minderwertig erscheinen: Indem sich Konstantios des verderblichen Einflusses dieser schändlichen Hofclique nicht zu erwehren vermocht, sich gar "unter der Fuchtel" seines *praepositus sacri cubiculi* Eusebius befunden hätte[83], sei er letztendlich unfähig zur Erfüllung seiner Aufgaben als βασιλεύς geworden; insofern sei er wiederum für jene zunehmend trostlose Situation des Imperium unter seiner Regierung[84] verantwortlich zu machen, welche erst durch das Erscheinen des wahren βασιλεύς Julian ihre radikale Umkehrung erfahren sollte[85].

Insgesamt steht hinter dieser Diffamierung der Eunuchen und ihres Verhältnisses zum Kaiser die von antiken wie modernen Autoren geteilte Auffassung, den machtvollen Einfluß jener Hofbeamten in damaliger Zeit als ein Indiz für die individuelle Schwäche des jeweiligen Herrschers zu begreifen[86]. Diese moralische Sichtweise des Phänomens ist allerdings von M. K. Hopkins zurückgewiesen worden, indem er zeigte, daß es sich hierbei nicht um ein individuelles, sondern ein allgemeines strukturelles Problem des spätantiken Kaisertums handelte[87]:

79 Amm.Marc.16,7,4 ff.
80 Lib.62,9.
81 Ebd..
82 Lib.18,130.
83 Lib.18,152.
84 Vgl. z.B. Lib.14,3, wo der Rhetor die Regierung des Konstantios als "kränkliches Regime" bezeichnet bzw. von "jenen bösen Tagen" spricht; sie hätten einer "geplagten Welt" (Lib.18,21) den "Ruin der Zivilisation" (ebd.) beschert.
85 Vgl. z.B. Lib.13,39.42 ff.
86 Vgl. Hopkins, 1963, S. 69 u. ebd., Anm. 2 u. 3 (mit Angaben der Belegstellen für jene Auffassung antiker und moderner Autoren).
87 Hopkins, 1963, S. 69-76. Diese Auffassung ist jüngst bestätigt worden von Schol-

Der keineswegs erst seit Konstantios, sondern bereits seit Diokletian zu konstatierende[88] wachsende Einfluß des Eunuchentums am Hofe sei hauptsächlich auf zwei politisch-gesellschaftliche Bedingungen dieses Kaisertums zurückzuführen. Zum einen resultiere die Macht jener Hofbeamten aus der zunehmenden Abschirmung des vergöttlichten Monarchen in seinem Palast und dem sich daraus ergebenden Kontaktverlust zu den Untertanen. Die Eunuchen hätten auf das entschiedene Bedürfnis des absoluten Herrschers nach Information und Vermittlung geantwortet[89]; ihr wachsender Einfluß stammte "from their intermediary position between a deified and isolated emperor and those about whom the emperor wanted information or who wanted favours from the emperor"[90]. Ihre Rolle als intermediäre Instanz hätten sie aber – aufgrund ihrer besonderen Nähe zum Kaiser – nicht nur für sich persönlich zu nutzen gewußt[91], sie hätten insgesamt auch entscheidend dazu beigetragen, daß die Handlungsfähigkeit des in seinem Palast isolierten Herrschers überhaupt erhalten blieb[92].

Die zweite Erklärungsmöglichkeit für den Gewinn einer so starken Stellung am kaiserlichen Hofe durch das Eunuchentum sieht Hopkins in den gesellschaftlichen Machtverschiebungen jener Zeit[93] und den sich daraus ergebenden Spannungen zwischen einem die absoute Gewalt beanspruchenden Herrscher und den übrigen, traditionell etablierten Kräften des Staates[94]. Für den Monarchen hätte die Notwendigkeit bestanden, das Wirken von Aristokratie und Militärs auf provinzialer Ebene zu überwachen und sich ein Gegengewicht zu beiden am Hofe zu verschaffen. Als kaiserliches Exekutivorgan aber hätte sich das Eunuchentum nicht nur aufgrund seiner Vertrautheit und kontinuierlichen Nähe zum Herrscher besonders geeignet, sondern auch, da es aufgrund seiner fremdstämmigen Herkunft, seiner familiären – das heißt zugleich erbrechtlichen – Bindungslosigkeit und der gesellschaftlichen Isoliertheit aufgrund seines niedrigen, verachteten Status immer gänzlich abhängig von der Gunst des jeweiligen Kaisers blieb und

ten, 1995, S. 198.

88 Demandt, 1989, S. 242 f. Hopkins, 1963, S. 77 f.

89 Hopkins, 1963, S. 73 f.

90 Ebd., S. 74.

91 Ebd., S. 64 ff. Vgl. S. 66: "... what gave most power in the later empire was the degree of association with the emperor". Realiter kam die Macht dieser Hofeunuchen vor allem zum Ausdruck in ihrem Recht, die kaiserlichen Audienzen zu kontrollieren, was ihnen die Möglichkeit gab, enorme Bestechungssummen zu kassieren, sowie in ihrem häufigen Einsatz zu politisch wichtigen und brisanten Sondermissionen, was ihnen große Einflußmöglichkeiten eröffnete (ebd., S. 66 ff).

92 Ebd., S. 80.

93 Hopkins, 1963, S. 74, weist etwa darauf hin, daß "... in the fourth century there were no equestrians to counterbalance (the aristocrats)". Vgl. Martin, 1987, S. 72.

94 Hopkins, 1963, S. 70-76.

sich als völlig untauglich für jegliche Form der Assimilation durch die Aristokratie erweisen mußte[95]: "... the very fact, that eunuchs, in spite of their unpopularity with the aristocracy, in spite of their despised status, were constantly invested by emperors with high rank and great power, does in some measure confirm the hypothesis that this was done to counteract the power of the nobles"[96].

Die Schlußfolgerung von Hopkins lautet insofern, daß das Ausmaß der politischen Macht des Eunuchentums in der Spätantike eben gerade nicht als ein Gradmesser der Schwäche oder Untugend des jeweiligen Herrschers zu werten ist, sondern – im Gegenteil – als ein Indiz für dessen Stärke und Durchsetzungsvermögen, insbesondere gegenüber der Aristokratie und den Militärs. Der kontinuierliche Einfluß und die anhaltende Machtausübung durch das Eunuchentum im östlichen Imperium des vierten und fünften Jahrhunderts "... limited the power of centrifugal forces in the state ... (and) was one of the major interacting factors ... in the preservation of central monarchic authority"[97].

Bei einem Vergleich dieses Ergebnisses mit den Verhältnissen unter der Herrschaft des Konstantios ist anzumerken, daß gerade auch die gehäuft auftretenden Usurpationen während und unter der Regentschaft dieses Kaisers[98] andeuten, mit welch großen gesellschaftlich-politischen Spannungen sich die direkten Nachfolger Konstantins d. Gr. auseinanderzusetzen hatten. Konstantios selbst vermochte seine Stellung in den jeweils auftretenden Krisensituationen zum Teil nur unter Einsatz massivster militärischer Mittel[99] oder Gewalt zu behaupten. Doch weisen einige Bemerkungen Ammians darauf hin, daß es letztlich gerade dieser Kaiser vermochte, Armee und Aristokratie in ihrer Macht begrenzt zu halten: Er hätte beständig und mit Erfolg darauf gesehen, die höchsten – zivilen – Würden nur äußerst sparsam zu verleihen und niemals den Hochmut der Militärs zu begünstigen[100]; auch im Heer wurden unter Konstantios Kommandostellen demnach nur nach Verdienst und dem Anciennitätsprinzip vergeben.

---

95 Ebd., S. 74 f. S. 75 heißt es: "They (die Eunuchen) were completely dependent upon the emperor and had no natural allies in society, no other retreat than his protection".

96 Hopkins, 1963, S. 75.

97 Ebd., S. 80. Hopkins fährt fort: "In the West there was a polarization of power between the army who dominated the emperor and the aristocracy who avoided tax payments, whether of men or money" (S. 80).

98 Unter ihm usurpierten: Magnentius, Vetranio, Nepotianus, Silvanus und Julian; "wahrscheinlich trug sich auch Gallus mit hochverräterischen Plänen" (Rosen, 1970, S. 244).

99 Etwa in der Schlacht bei Mursa, wo er dem Magnentius, der sich gegen seinen Bruder Konstans erhoben hatte, ein Heer von 80.000 Mann entgegengestellt haben soll; Stein, 1928, S. 218.

100 Vgl. Amm.Marc.21,16,1-3; insbes. 21,16,1: "... *magno erga tribuendas celsiores*

Zur Durchsetzung einer solchen, im Endeffekt restriktiven Politik aber bedurfte es auch eines erprobten, zuverlässigen Stabes von kaiserlichen Vertrauensleuten. Offensichtlich sind darunter auch die Eunuchen zu zählen, von denen Libanios sagte, daß Konstantios sie "geliebt und um sich gehabt und zu Ratgebern und Lehrern gemacht"[101] hätte. Wenn der Rhetor fortfährt, daß eben sie es waren, die die Sekretäre (ὑπογραφεῖς) – obwohl "in keiner Weise besser als ihre eigenen Sklaven" – hätten aufsteigen lassen[102] bzw. die in ihrem Übermut gar jene auf den Thron der Praefekten gesetzt hätten[103], was bedeutete, daß sie den steilen Aufstieg mancher *notarii* niedrigster Herkunft[104] begünstigt hätten, so verweisen diese kritischen Bemerkungen indirekt noch auf eine weitere Funktion der neuen Hofbeamtenbeamtenschaft. Zwar wußte Libanios selbstverständlich, daß hinter solchen Vorgängen letztlich der Wille des Kaisers stand[105], doch bedurfte dieser, um politisch überhaupt wirksam werden zu können, der Umsetzung. Dazu wiederum – speziell zur Durchsetzung unpopulärer oder die Aristokratie schädigender, weil ihre privilegierte Stellung bedrohender Maßnahmen – eigneten sich die Eunuchen aufgrund ihrer gesellschaftlichen Außenseiterrolle in besonderem Maße. Folglich betont Hopkins ihre Rolle als "scapegoats"[106] und "their usefulness in soaking up criticisms which might otherwise have fallen upon the emperor"[107], womit er ihre zusätzliche, nämlich herrschaftsstabilisierende Funktion aufzeigt, die darin bestand, daß sich die Eunuchen dazu gebrauchen ließen, Kritik aufzusaugen bzw. vom Herrscher auf sich abzulenken.

Was bislang allgemein über das Eunuchentum gesagt wurde, scheint noch in besonderem Maße für den Fall des Eusebius, des mächtigen *praepositus sacri cubiculi* des Konstantios, gegolten zu haben[108]. Dieser wohl schon zu Lebzeiten Konstantins am Hofe weilende Eunuch[109], der in ähnlich sorgfältiger Weise wie der bereits genannte Eutherius[110] erzogen und auf seine späteren Funktionen

---

dignitates impendio parcus ... numquam erigens cornua militarium".

101 Lib.62,9.

102 Lib.62,10.

103 Lib.62,11.

104 Vgl. hierzu Kap. II 2.2.2.

105 Libanios kommentiert die von ihm erwähnte Erhebung von Schreibern zu Praefekten zynisch mit den Worten: "... und der schöne Konstantios hat sich noch gefreut, als ob er wunderbar herausgefunden hätte die Sache, die den Staat retten wird" (62,11).

106 Hopkins, 1963, S. 63.

107 Hopkins, 1963, S. 64; er fügt hinzu: "Anything strange or wrong was attributed to the court eunuchs; above all, anything unpopular".

108 Vgl. auch Schlinkert, 1994, S. 345 – 59.

109 Vogler, 1979, S. 213.

110 Vgl. Amm.Marc.16,7,4 ff.

vorbereitet worden sein wird, wurde hauptsächliches Exekutivorgan des Kaisers und dessen persönlicher Vertrauensmann während seiner gesamten Regierungszeit, so daß er insofern nach Rang und Macht den höchsten Ministern gleichkam[111].

Daß ihm von einigen antiken Autoren wiederholt intrigantes Verhalten, Habgier, Grausamkeit und vor allem sein vermeintlich unheilvoller Einfluß auf den Kaiser vorgeworfen wurden[112], scheint weniger sachlich gerechtfertigt gewesen zu sein als vielmehr darin begründet gelegen zu haben, daß mit Eusebius ein verachteter – und vielleicht auch beneideter – Eunuch dauerhaft und erfolgreich die Politik des so viel kritisierten Konstantios vertrat. Ch. Vogler hat die uns bekannten Sondermissionen dieses kaiserlichen Hofbeamten – insbesondere sein Vorgehen gegen den Caesar Gallus, sein Verhalten gegenüber Julian und dem *magister militum* Ursicinus[113] – untersucht und ist zu dem Ergebnis gekommen, daß dieser dem Konstantios bis zu seinem Lebensende treu ergebene Palastbeamte sich nicht durch moralische Insuffizienz oder sachliche Inkompetenz ausgezeichnet, sondern vielmehr politischen Weitblick und die unverzichtbaren Qualitäten eines Staatsmannes besessen hätte[114].

Libanios mochte sich aber nicht nur aufgrund seiner allgemeinen Verachtung des Eunuchentums geweigert haben zuzugestehen, daß das langjährige Vertrauen des Konstantios in seinen obersten Hofbeamten sachlich berechtigt war; vielmehr war der Rhetor dem so einflußreichen Eusebius gegenüber auch im besonderen voreingenommen, weil es sich bei ihm um einen potenten Kritiker und Gegner Julians gehandelt hatte, der sich sowohl gegen dessen Berufung zum Caesar wie auch gegen dessen Nachfolge als Augustus über das Gesamtreich zu stellen gesucht hatte[115].

Damit ist wiederum der die 18. Rede zu weiten Teilen beherrschende Gegensatz zwischen Kaiser und Caesar, τύραννος und βασιλεύς, angesprochen. Und wenn Libanios auch urteilte, daß Eusebius den Konstantios "unter seiner Fuchtel hatte", so war damit nicht ein reales Verhältnis beschrieben; denn von blinder Ergebenheit bzw. einem durch persönliche Schwäche begründeten Abhängigkeitsverhältnis des Kaisers zu seinem obersten Hofbeamten, wie diese Worte es

---

111 Vogler, 1979, S. 213. Hopkins, 1963, S. 68.

112 Vogler, 1979, S. 212 ff. Seeck, 1909 (s.v. Eusebius V), Sp. 139 f.

113 Vogler, 1979, S. 214 ff wie auch S. 84 ff. Vgl. auch Thompson, 1947, S. 42-5. Hopkins, 1963, S. 64.

114 Vogler, 1979, S. 215: "Eusèbe fit preuve de clairvoyance politique beaucoup plus que de machiavélisme. ... et ne manquait pas non plus d'indéniables qualités d'homme d'Etat ...". Ähnlich: Schlinkert, 1994, S. 348 ff.

115 Jul.ep.ad.Athen. 274 A; vgl. Amm.Marc.15,8,2. 21,15,4. Seeck, 1909 (s.v. Eusebius V) Sp. 139 f.

suggerieren, konnte – wie ausgeführt – nicht die Rede sein. Vielmehr zielte seine Behauptung nicht allein auf eine Diffamierung der Beziehung zwischen ungeliebtem Herrscher und verachtetem Eunuchen, sondern Libanios schien es mit seiner Bemerkung um den Rekurs auf einen alten, griechischen Tyrannentopos zu gehen: Nach Platon war der τύραννος nicht nur der Herr, sondern immer auch der kriechende Knecht eines anderen, da von einer Schar lärmender Schmeichler – hier gleichzusetzen mit den Eunuchen und anderen *palatini* – umgeben[116].

Der βασιλεύς Julian hingegen zeichnete sich auch dadurch aus, daß unter ihm die Eunuchen, "wie Eunuchen es sollten", "nur untergeordnete Dienste erfüllten und keine hochmütigen Mienen zur Schau trugen"[117]. Mit dieser Aussage entsprach Libanios offensichtlich dem offiziellen Bild, welches Julian von sich selbst zu vermitteln gesucht hatte; denn dem neuen Augustus war es augenscheinlich mit der von ihm angestrebten Entfernung der Eunuchen vom Hofe auch darum gegangen zu zeigen, daß er eben nicht denselben Einflüssen und Kräften wie sein Vorgänger unterworfen war[118]. Seine Maßnahmen gegen das Eunuchentum sollten eine Frontstellung gegen die vom traditionellen Griechentum so verachtete orientalische Despotie zum Ausdruck bringen und damit zugleich den Widerstand des βασιλεύς gegen die verhaßte τυραννίς demonstrieren.

Bei seinem großen Revirement mußte freilich selbst Julian den geachteten Eunuchen Eutherius in seinem Amt als *praepositus sacri cubiculi* belassen, um ihm die auch weiterhin benötigte Hofdienerschaft zu unterstellen[119]. Daß nach seinem Tode das Eunuchentum insgesamt bald wieder seine frühere Stellung hatte zurückerobern können[120], zeigt wiederum, daß dessen Machtposition nicht als Ausfluß besonderer Vorlieben oder Schwächen einzelner Herrscher zu begreifen ist, sondern in engem Zusammenhang mit den strukturellen Bedingungen des spätantiken Kaisertums gesehen werden muß.

---

116 Plat.Pol.575 a – 576 a.

117 Lib.18,149.

118 Hopkins, 1963, S. 68, Anm. 8: "The pretext for the dismissal of the eunuchs was that, being celibate, he had no need of eunuchs. More likely the real motive was to show that he was not subject to the same influences as Constantius. Socrates (*H.E. 3,1*) says that Julian found everyone indignant at the eunuchs' power, and Theophanes (*I, 71-2*) records that he wanted to show Constantius up as unjust".

119 Bliembach, 1976, S. 37.

120 Hopkins, 1963, S. 62 f u. S. 63, Anm. 1 u. 2 (mit Angaben zahlreicher Belegstellen). Vgl. Martin, 1987, S. 86. Demandt, 1989, S. 244.

Fazit

In den beiden vorangegangenen Kapiteln war die ablehnende Haltung des Libanios gegenüber der Orientalisierung des spätrömischen Kaisertums herausgearbeitet worden. Der Rhetor hatte Kritik am neuen Stil des kaiserlichen Hofes – an seiner verschwenderischen Ausgestaltung, den dem persischen Zeremoniell entlehnten Repräsentations- und Verkehrsformen sowie der wachsenden Macht der Eunuchen – geübt. Seine Bemerkungen hatten ihn als jemanden gezeigt, der in den überlieferten Wertsetzungen des klassisch gebildeten Griechentums verhaftet war; dieses war seit der großen Auseinandersetzung zwischen Griechen und Persern gewohnt, in den Formen des persischen Hofzerimoniells Äußerungen des orientalischen Despotismus zu erblicken, welchem man die längst vergangenen griechischen Bürgertugenden von Freiheit und Gleichheit, Schlichtheit und Einfachheit gegenüberstellte.

Festzuhalten bleibt am Ende dieses Kapitels vor allem zweierlei: Zum einen war deutlich geworden, daß der Rhetor seine Kritik allein auf die Person des Konstantios konzentriert und diesen damit für Entwicklungen verantwortlich gemacht hatte, welche – vor langer Zeit einsetzend – von Diokletian in systematisierender Art und Weise aufgegriffen und festgeschrieben, später von Konstantin noch ergänzt worden waren[121]; tatsächlich hatte Konstantios jedoch lediglich "le plus souvent agi dans la logique des réformes de Dioclétien et de Constantin et s'était efforcé de parer de son mieux aux difficultés qu'elles n'avaient pas résolues ou qu'elles avaient entraînées"[122]. Was nach Auffassung einiger moderner Forscher als eine Wirkung struktureller Bedingungen des spätantiken Kaisertums zu begreifen ist[123], hatte Libanios zum Thema individueller Moral erhoben und als Schwäche des von ihm so ungeliebten Herrschers herausgestellt.

Zum andern ist als bedeutsam zu notieren, daß Libanios seine Kritik wiederum in die literarisch geprägten Formen griechischer Tyrannentopik kleidete: Die verachtungsvollen Worte, welche der Rhetor für die höfische Umgebung des Konstantios fand, seine Kennzeichnung der Eunuchen als "nichtswürdig" und "anspeienswert", die Beschreibung der *palatini* als "nutzlose Horde" oder einer Menge "müßiger Vielfraße" bzw. "Drohnen", welche nur den kaiserlichen Geldbeutel belasteten, ohne einem eigentlichen Zweck zu dienen[124], – dies alles erin-

121 Stein, 1928, S. 101 f. Martin, 1987, S. 2, 99 f, 145. Demandt, 1989, S. 221 f. Vogler, 1979, S. 281 f.

122 Vogler, 1979, S. 281.

123 Vgl. Hopkins, 1963, über das Eunuchenwesen in der Spätantike. Sodann auch: Martin, 1987, S. 84 – 90, 96 -100. Vogler, 1979, S. 281 ff.

124 Lib.62,9.11. 18,130.

nert an den "lärmenden Schwarm"[125] und das "Gepränge des tyrannischen Hofstaates"[126] bei Platon. Auch dort lebte der Tyrann in einer Gesellschaft von Menschen, "welche zum größten Teil nichts taug(t)en"[127], einem "Geschlecht von Faulenzern und Verschwendern"[128], eben: "κηφῆνες"[129], einem "bunte(n) Gemisch von Leuten aus allerlei fremdem Volk"[130]. Ähnlich dem platonischen Tyrannen offenbarte sich auch Konstantios bei Libanios nicht nur als Herr, sondern, indem er "unter der Fuchtel" seines obersten Hofeunuchen stand[131], zugleich "als kriechender Knecht" eines anderen[132], das heißt, als ein im letzten zutiefst unfreier, unglücklicher[133] und damit auch minderwertiger Charakter.

Den genannten Tyrannenzügen sind nun noch zwei weitere Charakteristika hinzuzufügen, welche Libanios in seiner 18. Rede erwähnt, um den Herrschaftsstil des Konstantios als tyrannisch zu kennzeichnen. Und zwar hätten die Mitglieder des Senats von Konstantinopel, wenn aus der Kurie in den Palast gerufen, dort jeweils stehenderweise den wenigen Äußerungen des Kaisers zu folgen gehabt[134].

Mit diesem Hinweis auf den Verlust des senatorischen Sitzrechtes in Anwesenheit des Herrschers spielte Libanios wiederum auf einen alten Topos an, der freilich zu jener Zeit nurmehr in der Rhetorenschule seine Bedeutung hatte: Ungeachtet der Tatsache, daß es im spätantiken Kaisertum, "sicher schon vor Diokletianus" fast allgemeingültige Regel geworden war, daß der Kaiser saß, der Untertan aber stand[135], lehrte man dort nach wie vor, "daß der gute Princeps vor ansehnlichen Menschen aufsteht, der Tyrann jedoch sitzen bleibt"[136]. Damit war Konstantios – für jeden gebildeten Zuhörer erkenntlich – erneut als τύραννος gebrandmarkt; Julian hingegen wurde – indem es bei Libanios hieß, er hätte, sich jeweils selbst in das Versammlungshaus begebend, die Senatsmitglieder sitzenderweise um sich herum versammelt[137] – zum wiederholten Male als wahrer βασιλεύς gepriesen.

---

125 Plat.Pol.575 a.
126 Plat.Pol.577 a.
127 Plat.Pol.567 d.
128 Plat.Pol.564 b.
129 Plat.Pol.567 d. Ebenso: Lib.18,130.
130 Plat.Pol.567 e.
131 Lib.18,152.
132 Plat.Pol.576 a.
133 Plat.Pol.576 a – 577 e.
134 Lib.18,154: εἰς μὲν γὰρ τὸ βασίλειον εἰσεκαλεῖτο πρότερον <ἡ μεγάλη βουλὴ> ἑστήξουσά τε καὶ μικρὰ ἀκουσομένη.
135 Alföldi, 1934/35, S. 44.
136 Ebd., S. 45.
137 Lib.18,154.

Noch deutlicher wird Libanios, wenn er sagt, Julian hätte die Gültigkeit altbewährter Gesetze erneuert, welche zwar in früheren Zeiten verfügt, nun aber durch die Anmaßung eines Machthabers – sprich des Konstantios – aufgegeben worden wären[138]. Und zwar galt in der Antike die fehlende Achtung vor dem überlieferten Gesetz als eines der wichtigsten Tyrannenmerkmale[139]. Daß der Rhetor Konstantios ein solches Verhalten überhaupt vorwerfen konnte, hatte seinen Grund vor allem darin, daß er in ihm – wie oben ausgeführt – den hauptsächlichen Exekutor diokletianisch-konstantinischer Reformpolitik sah[140]: War es bei Ammian noch Konstantin d. Gr. gewesen, dem Julian vorwarf, "Neuerungen eingeführt und die alten Gesetze sowie die von altersher übernommenen Gewohnheiten in Unordnung gebracht" zu haben[141], so richtete Libanios diese Beschuldigung gegen den Sohn – auch wenn, wie von Vogler u.a. hervorgehoben, dessen Wirken gar nicht primär innovatorischer Natur war, sondern der Kaiser seine eigentliche Aufgabe vielmehr darin erblickte, den negativen Konsequenzen jener Politik, welche sich massiert erst unter seiner Regierung zeigen sollten, entgegenzuwirken[142].

Grundsätzlich ist zu dem hier zuletzt genannten Vorwurf tyrannischer Gesetzesmißachtung und der sich in seinem Kontext stellenden Frage nach dem

---

138 Lib.18,151: τοὺς ... μὲν <νόμους> ... ἐοικότας τῶν πάλαι κρατούντων, λελυμένους δὲ αὐθαδείᾳ δυνάστου πάλιν κυρίους ἀπέφηνε.

139 Vgl.Plat.Pol.563 d. 575 a. Vgl. Lenschau, 1948 (s.v. Tyrannis), Sp. 1839. Hadot, 1972, S. 606.

140 Vgl. oben, S. 130 sowie 117 ff u. 124 ff. Bei Vogler, 1979, S. 281, heißt es, daß Konstantios für die antiken Schriftsteller "une sorte de bouc émissaire" darstellte. Dagron, 1968, S. 59, hat eben dies auch für Eunap und Zosimos festgestellt.

141 Amm.Marc.21,10,8: *...memoriam Constantini ut novatoris turbatorisque priscarum legum et moris antiquitus recepti vexavit.*

142 Vgl. Vogler, 1979, S. 281: "Les fils de Constantin conservèrent, pour l'essentiel, les structures admininstratives héritées de leur père"; u. 281 ff, wo es heißt, daß insbesondere der dem Konstantios vorgeworfene höfische Prunk, die zahlenmäßige Inflation der Funktionäre wie auch das Anwachsen der fiskalischen Belastungen als Folgeerscheinungen der Verwaltungsreformen seiner Vorgänger anzusehen sind. Vgl. Wirth, 1979, S. 294 f. Zu den Folgen konstantinischer Religionspolitik und dem Versuch, "durch die Vereinigung von Staat und Kirche den ganzen moralischen und wirtschaftichen Einfluß der klerikalen Organisation in den Dienst des Staates zu stellen", bemerkt Stein, 1928, S. 147: "... wäre Konstantin der große Staatsmann, für den er vielfach gehalten wird, so hätte er ... allmählich erkennen müssen, daß der Wert der Kirche als eines Instruments des Staates gering war im Verhältnis zu den obendrein stets vergeblichen Anstrengungen, die zur Herstellung des Kirchenfriedens gemacht werden mußten und die die Kraft des Staates, der schon seinen alten Aufgaben nur mit Mühe nachkommen konnte, vollends absorbierten". Zu den damit angedeuteten, unter der Regierung des Konstantios zutage tretenden, großen religions-und kirchenpolitischen Problemen, vgl. Klein, 1977, passim.

Rechtscharakter und Machtumfang des spätantiken Kaisertums folgendes auszuführen: Das spätrömische Reich stellte, unter staatsrechtlichen Gesichtspunkten betrachtet, keine Neuschöpfung dar[143]; schon E. Stein hat darauf verwiesen, daß der immer wieder behauptete Gegensatz zwischen frühem und spätrömischem Kaisertum, sogenanntem Prinzipat und Dominat, konstitutionell beschränkter und absoluter Monarchie oder orientalisch gearteter Despotie, in der behaupteten Form nicht existierte[144]. Gerade hinsichtlich der Herrschergewalt betonte Stein, daß "die rechtliche und tatsächliche Machtvollkommenheit eines Hadrian oder Septimius Severus nicht geringer (war) als die der byzantinischen Kaiser"[145]. Dementsprechend ist für Konstantios wie für die anderen spätrömischen Herrscher zu sagen, daß, "(a)uch wenn (ihr) Wille ... als Gesetz galt", sie nicht über dem Recht standen, vielmehr die rechtlichen Traditionen und gesetzlichen Grundlagen der frühen Kaiserzeit für sie durchaus verbindlich blieben[146].

Daß eine solche rechtliche Bindung der spätantiken Monarchie in der Antike wie Moderne[147] überhaupt infrage gestellt werden konnte, liegt auch an der inzwischen viel beachteten Tatsache, daß dem römischen Kaisertum eine genauere rechtliche Umschreibung seiner Gewalt fehlte[148]. So ließen die seit Caesar und Augustus bewußt hingenommenen Zweideutigkeiten bezüglich der Definition kaiserlicher Macht ganz unterschiedlichen Interpretationen Raum: Je nachdem, ob auf republikanische Traditionen – das altrömische Prinzip der Volkssouveränität – rekurriert wurde oder mehr die mono- bzw. theokratischen Vorstellungen angesprochen wurden, welche seit Beginn der Kaiserzeit daneben ebenfalls existierten, ließ sich die römische Monarchie als Prinzipat oder aber Dominat deuten[149].

Diese Möglichkeit, den römischen Kaiser sowohl als Princeps wie als Dominus aufzufassen, nutzte Libanios nun für seine pointierte Gegenüberstellung der beiden Kontrahenten im Sinne eines βασιλεύς und τύραννος. Dabei wirkte verstärkend, daß Konstantios – hierin ganz der allgemeinen Tendenz des spätanti-

---

143 Demandt, 1989, S. 211. Stein, 1928, S. 2: Wir erkennen "immer mehr, daß die politische Leistung des IV. Jahrhunderts nicht so sehr in der Schöpfung von Neuem, als in der großartigen Ordnung von regellos entstandenem Alten zu einem System besteht. Dieses Systematische und Uniforme, das freilich nicht mit Starrheit verwechselt werden darf, da an dem durchgebildeten System im einzelnen fortwährend Änderungen vorgenommen werden, unterscheidet am deutlichsten den byzantinischen Staat von dem des späteren Prinzipats."

144 Stein, 1928, S. 1 f.

145 Ebd., S. 2.

146 Martin, 1987, S. 96 f.

147 Vgl. Demandt, 1989, S. 229.

148 Martin, 1987, S. 96.

149 Vgl. hierzu: Demandt, 1989, S. 229. Stein, 1928, S. 2 f. Dagron, 1968, S. 122 ff.

ken Kaisertums folgend – sich sehr wohl in aufwendiger Hofhaltung und einem großartigen Zeremoniell gefiel[150]: Der Sohn des Konstantin scheute sich nicht, seine Herrschaft in Ausdrucksformen zu kleiden, welche bei den klassisch gebildeten Griechen das Schreckbild orientalischer Despotie wachrufen mußten, wohingegen Julian es liebte, sich demonstrativ als einfacher Bürgerkaiser zu geben, um somit den traditionellen Vorstellungen eines "guten Princeps" zu entsprechen[151].

Es erweist es sich immer mehr als literarische Fiktion, daß korrespondierend zu dem von Libanios so betonten unterschiedlichen Repräsentationsgebaren der beiden Kontrahenten auch zwei alternative Herrschaftsformen existierten, zumal der zunehmend eingeschränkte Handlungsspielraum den spätrömischen Monarchen gar keine größeren Wahlmöglichkeiten gelassen zu haben schien. So ist bereits darauf hingewiesen worden, daß jene veränderten, aufwendigen Repräsentationsformen nicht als Indiz für einen gefährlichen Machtzuwachs auf seiten des Kaisertums zu werten sind, sondern vielmehr als Zeichen seines Machtverlustes: Mit dem durch sie ausgedrückten Anspruch versuchten die spätrömischen Herrscher augenscheinlich auf die sich mehrenden Verselbständigungstendenzen von Heer, Adel, Kirche und Verwaltung zu reagieren[152].

Doch nicht nur das Kaisertum selbst verlangte nach solch prätentiösen Darstellungsformen; auch auf seiten der Reichsbewohner ersehnte man sich nach jenen instabilen, krisengeschüttelten Zeiten des dritten Jahrhunderts den durch göttliche Weihen legitimierten Herrscher. Ammians Kritik an den Verhaltensweisen Julians zeugte davon, daß selbst das Bewußtsein der Gebildeten sich in diesem Sinne verändert hatte[153]. Und auch die im folgenden zitierten Anmerkungen des Kirchenhistorikers Sokrates bezüglich der Palastreformen Julians zeigen, daß man in jenen Bestrebungen des jungen Augustus keineswegs mehrheitlich Äußerungen eines vorbildhaft schlichten Habitus, also die Kennzeichen eines "guten Princeps", erblickte, sondern sie eher als Nachlässigkeit und Ungehörigkeit gegenüber der Hoheit und Würde des Kaisertums empfand, wobei man insbesondere noch dessen Desavouierung vor den Augen der einfachen Untertanen fürchtete. Demzufolge heißt es bei dem griechischen Kirchenhistoriker Sokrates, daß diese verschiedenen Sparmaßnahmen "von einigen wenigen hoch gelobt, von allen anderen aber streng getadelt wurden, da sie dazu führten, die kaiserliche Würde der Geringschätzung auszusetzen, indem sie sie jener Bei-

---

150 Vgl. die Schilderung seines Romeinzuges bei Amm.Marc.16,10,4-12.

151 Vgl. Amm.Marc.22,7,1-4, insbesondere dessen ironische Kommentierung der Verhaltensweisen Julians: *nimius captator inanis gloriae visus* (22,7,3).

152 Demandt, 1989, S. 230.

153 Amm.Marc.22,7,1-4. Demandt, 1989, S. 229.

gaben des Prunkes und der Pracht entkleideten, welche einen so mächtigen Einfluß auf die Gemüter des gemeinen Volkes auszuüben pflegen"[154].

Das Vorgehen Julians wurde demnach von vielen Reichsbewohnern als eine bedenkliche Grenzverletzung gegenüber der Institution des römischen Kaisertums aufgefaßt und als solche kritisiert. Darüber hinaus schien man um die herrschaftsstabilisierende Funktion jenes höfischen Prunkes gewußt und diesen insofern durchaus bejaht zu haben.

Das Zeugnis des Sokrates legt aber auch den Gedanken nahe, daß Libanios mit seiner Billigung der demonstrativ auf Schlichtheit bedachten Verhaltensweisen Julians einer kleineren Minderheit angehörte. Das bedeutet, daß die Repräsentativität seiner den Herrschaftsstil des Konstantios kritisierenden Aussagen sowie die Allgemeingültigkeit der seinen Urteilen zugrunde liegenden Sichtweisen in Frage zu stellen sind.

2.2. Kritik an den Machtverschiebungen innerhalb des Systems

2.2.1. Der Abzug von Kurialen an den Hof und in die neue Hauptstadt

Libanios führte auch Klage darüber, daß die Kurien, die in vergangenen Zeiten, was Zahl und Wohlstand ihrer Mitglieder anbetraf, prosperierten, in seiner Zeit zu einem Nichts herabgesunken seien. Denn abgesehen von einigen wenigen hätten sich deren Angehörige fortbegeben, um in der militärischen oder zivilen *militia* zu dienen, um in den Senat von Konstantinopel einzutreten oder aber ein Leben in Leichtigkeit und physischem Wohlbehagen[155] zu führen[156]. Die zurückgebliebenen Kurialen – eine bloße Handvoll von Leuten – befänden sich nun in einer ernsten Notlage, und für die meisten von ihnen endete der Dienst für die Gemeinde – die λειτουργία – im Bettlertum[157].

---

154 Sokrat.III,1.

155 Laut Norman, 1969, S. 375, Anm. c, meinte Libanios damit den Eintritt in den christlichen Klerus oder Juristenstand.

156 Lib.18,146: ...<αἱ βουλαί> πάλαι μὲν πλήθεσί τε καὶ πλούτοις ἔθαλλον, ἔπειτα ἦσαν οὐδὲν μετερυηκότων πλὴν ὀλίγων κομιδῇ τινων τῶν μὲν εἰς τὰ στρατιωτῶν, τῶν δ᾽ εἰς τὸ μέγα συνέδριον, τοὺς δ᾽ ἦν ἕτερόν τι τὸ δεξόμενον καὶ οἱ μὲν ἐκάθευδόν τε καὶ ἐχαρίζοντο τῷ σώματι.

157 Lib.18,146: τὸ δὲ ὑπολελειμμένον ὀλίγον ὂν ἐβαπτίζετο, καὶ τὸ λειτουργεῖν τοῖς πλείοσιν εἰς τὸ προσαιτεῖν ἐτελεύτα. Das "Enden im Bettlertum" ist laut Bliembach, 1976, S. 57, nicht wörtlich zu nehmen, sondern sollte bedeuten, daß die zurückgebliebenen Kurialen, welche nun entsprechend mehr belastet wurden, um kaiserliche Unterstützung – etwa für die Ausrichtung der Spiele – nachsuchen mußten.

Verantwortlich für diese Misere sei wiederum allein Konstantios zu machen. Ganz im Gegensatz zu seinem Nachfolger Julian, dem es gelungen sei, vermittels eines "bewunderungswürdigen Erlasses"[158] die Lage der städtischen Kurien entscheidend zu verbessern[159], sei jener Kaiser nur dem Scheine nach ihr Freund gewesen: "Konstantios aber, dem Worte nach ein Freund der Kurien, war tatsächlich ihr Feind, denn er versetzte in andere Sphären Männer, die den Dienst dort zu vermeiden suchten und bewilligte illegal Immunitäten"[160].

Was Libanios hier dem älteren Kaiser zur Last legt, ist die Abwanderung von Kurienmitgliedern in den privilegierten Reichsdienst, den hauptstädtischen Senat oder den ebenfalls vom Staate begünstigten, christlichen Klerus, ein für das vierte Jahrhundert kennzeichnendes Phänomen[161]. Diese Fluchtbewegung ist nun allerdings nicht als Grund dafür anzusehen, daß "die Kurien zu einem Nichts herabgesunken" waren[162] – Libanios verwechselt hier Ursache und Wirkung –, sondern der Niedergang des antiken Munizipalwesens war ein seit langem in Gang befindlicher Prozess, der seinen Ausgang bereits in der Reichs- und Wirtschaftskrise des vorangegangenen Jahrhunderts genommen hatte. Jene Krise hatte dazu geführt, daß die umfassenden, ehedem freiwillig erbrachten Leistungen der reichen städtischen Oberschichten für ihr *municipium* unter dem Druck der enger gewordenen wirtschaftlichen und finanziellen Verhältnisse zu einer schweren Last geworden waren[163]. Ungeachtet dessen war der Staat dazu übergegangen, diese Leistungen für die Allgemeinheit von den Kurialen in der Form öffentlicher Verpflichtungen, den sog. *munera*, auch weiterhin unabdingbar einzufordern[164]. So war aus dem "zum ehrenvollen Amt gewählten und sich in das

---

158 Lib.18,148: ...τὸ γὰρ δὴ πολλῶν ἐπαίνων ἄξιον ἐκεῖνο γράμμα.

159 Ebd.. Vgl. CTh.12,1,52. 12,1,51. In Antiocheia vermehrte Julian die städtische βουλή um 200 Mitglieder (Bliembach, 1976, S. 61); freilich hätte jene nach Lib.48,3 noch immerhin 1200 Mitglieder umfaßt, wenn auch seit Konstantin deren Zahl ständig gesunken sei (Bliembach, ebd., S. 55).- Zur Frage der von Libanios u.a. behaupteten, unvergleichlich hohen Effektivität der julianischen Gesetzgebung und Reichsverwaltung vgl. E. Pack, 1986.

160 Lib.18,147: ἀλλὰ Κωνστάντιος μὲν λόγῳ ταῖς βουλαῖς βοηθῶν ἔργοις ἦν ἐχθρὸς μετατιθεὶς ἑτέρωσε τοὺς ἐκείνας φεύγοντας καὶ διδοὺς ἀτελείας παρανόμους.

161 Martin, 1987, S. 72.93. Demandt, 1989, S. 408 ff. Vogler, 1979, S. 159 ff. Bliembach, 1976, S. 55 f.

162 Lib.18,146.

163 Bleicken, 1978, Bd. 2, S. 23 f.

164 Ebd.. Daneben oblag den städtischen Kurienmitgliedern die Eintreibung der Steuern und sie konnten – zusätzlich zu ihrer persönlichen Steuerschuld, welche der einzelne als Angehöriger einer der landreichsten Gruppen des Reiches zu tragen hatte (Demandt, 1989, S. 408) – für das steuerliche Gesamtaufkommen der Gemeinde zur Rechenschaft gezogen werden (Martin, 1987, S. 93. Demandt, 1989, S. 408).

Amt drängenden Reichen ... ein mit finanziellen Abgaben und Dienstleistungen überhäufter und drangsalierter Zwangsverpflichteter geworden"[165].

Daneben hatten die städtischen Führungsschichten offensichtlich viel von dem ihnen bislang – gleichsam kompensatorisch – zugestandenen Sozialprestige eingebüßt[166]. Als *honestiores* waren sie zwar von den *munera sordida* befreit[167], doch wurden schon die Vorteile, die sie innerhalb des Strafprozesses genossen – ein deutliches Indiz ihres gesunkenen Ansehens – immer weniger beachtet[168]. Des weiteren hatte sich auch der politische Handlungsspielraum, der ihnen im innerstädtischen Leben zugestanden wurde, zunehmend geschmälert[169], indem von den Kaisern seit dem zweiten Jahrhundert zur Erledigung der sich als notwendig erweisenden Kontroll- und Überwachungsaufgaben ihnen selbst verantwortliche Stadtbeamte eingesetzt worden waren: Beispielsweise die *curatores*, welche den Finanzhaushalt der durch übermäßiges Bauwesen oder aufwendige Spiele häufig verschuldeten Städte zu überprüfen hatten, oder die *defensores civitatis* bzw. *plebis*, welche den kleinen Mann gegen den seine Macht eventuell mißbrauchenden Dekurionen schützen sollten[170].

Wenn auch die Herrscher der Spätantike an dem Prinzip der kommunalen Selbstverwaltung grundsätzlich nicht rüttelten[171], so mußte doch der Einsatz solch kaiserlicher Aufsichtsorgane die Autonomie und reale Macht der Kurie schwächen[172]. Nach Paul Petit schien weniger das finanzielle Ausmaß jener Steuern als die Art ihrer Erhebung, insbesondere die Umlage der verschiedenen *munera* – den Kurien auferlegt und vom Staate überwacht –, die Städte zu belasten und ihr politisches Leben zu verändern[173]. Schließlich hätte der "Geist der Requisition" den "Geist des Euergetismus" besiegt[174] und die Kurialen, da nun

165 Bleicken, 1978, Bd. 2, S. 24.

166 Ebd., S. 191.

167 Ebd., S. 93.

168 Ebd., S. 93 f. Bliembach, 1976, S. 59, schreibt: "Die Kurialen waren zwar als *honestiores* von der Folterung ausgeschlossen, trotzdem aber kamen Übergriffe seitens der Statthalter vor, so daß Konstantios mehrfach einschreiten mußte". Vgl. CTh.12,1,39.47.

169 Der finanzielle Handlungsrahmen war für die städtischen Führungsschichten dadurch enger geworden, daß auch die städtischen Finanzen durch Einziehung der munizipalen Güter von seiten der *res privata* bis auf Konstantin erheblich beschnitten worden waren; Martin, 1987, S. 93; vgl. S. 59 Demandt, 1989, S. 407; vgl. hierzu auch unten, S. 137 sowie Anm. 199.

170 Demandt, 1989, S. 403 f. Martin, 1987, S. 93. Bliembach, 1976, S. 59.

171 Demandt, 1989, S. 403.

172 Petit, 1955, S. 269 ff; insbes. S. 281 u. 285. Martin, 1987, S. 93.

173 Petit, 1955, S. 156-163; insbes. S. 163.

174 Petit, 1955, S. 294. Als Euergetismus (nach dem griechischen Wort εὐεργέτης = "Wohltäter") werden die freiwilligen Aufwendungen reicher Bürger für ihre Hei-

von oben kontrolliert, hätten darüber hinaus zunehmend an traditioneller Autorität verloren[175]. Letzteres wurde noch dadurch verstärkt, daß die Munizipalaristokratie, was ihre soziale und ökonomische Macht anbelangte, auf der lokalen Ebene übermächtige Konkurrenz von seiten der sich häufig in den Provinzen niederlassenden Reichsaristokratie bekam[176]. Zudem ging der "vielleicht wichtigste Bereich des städtischen Soziallebens", die Sorge für die kultischen Feste und Spiele, mit dem Vordringen des Christentums auf den christlichen Klerus über, so daß die heidnischen Priestertümer, ehedem von den städtischen Magistraten bekleidet und für sie eine äußerst wichtige Möglichkeit ihrer sozialen Präsentation, bis zum Ende des vierten Jahrhunderts fast völlig verschwunden waren[177].

Das alles führte dazu, daß aus den Dekurionen "Honoratioren ohne *honor*" geworden waren – eine Situation, der sich viele Kuriale eben durch Flucht zu entziehen versuchten[178]. Die sich dadurch noch weiter verstärkende Schwächung der städtischen βουλαί kann aber nicht – wie es Libanios es in der vorliegenden Rede versucht[179] – primär dem Konstantios angelastet werden, sondern ist, wie ausgeführt, als Folge eines langen und vielschichtigen politischen, sozioökonomischen und kulturellen Prozesses zu begreifen[180].

So wenig wie speziell dem Konstantios jene allgemein verbreiteten Fluchtbestrebungen unter den Kurialen des vierten Jahrhunderts anzulasten sind, so wenig tat sich dieser Kaiser in besonderem Maße darin hervor, den Dekurionen Freiheiten von staatlichen Abgaben und Leistungen widerrechtlich zu gewäh-

---

matstädte bezeichnet, welche vor allem in der frühen Kaiserzeit eine große Rolle spielten; Cameron, 1994, S. 19.

175 Petit, ebd.. Martin, 1987, S. 191.

176 Martin, 1987, S. 93; vgl. ebd., S. 74, wo es heißt, daß es diesen *honorati* bzw. *clarissimi* insbesondere im Westen häufig gelang, ihren Rang nach Gutdünken für sich einzusetzen: "Die Folge war nicht nur eine Paralysierung regionaler staatlicher Organe (z.B. Druck auf Statthalter bei der Rechtsprechung), sondern vor allem auch eine schwere Störung des gewohnten Handlungsrahmens der lokalen Oberschichten, der Dekurionen".

177 Martin, 1987, S. 93 f.

178 Martin, 1987, S. 94, vgl. S. 191.

179 Vgl. Lib.18,147.

180 Petit, 1955, S. 294, faßt seine Untersuchungen der Reden des Libanios bezüglich dieses Aspektes zusammen, indem er schreibt, es sei für die politische Abdankung der Kurie geltend zu machen "tantôt la diminution de son effectif et son appauvrissement, tantôt une évolution sociale défavorable à la bourgeoisie, tantôt la paresse intellectuelle des curiales et la décadence de leur culture, tantôt enfin une désunion interne qui oppose au sein du sénat les riches aux pauvres et paralyserait la puissance de l'assemblée".

ren[181]. In der Tat hatte der im Zuge der diokletianisch-konstantinischen Reformen geschehene Ausbau der kaiserlichen Zentrale einen mächtigen Sog in den privilegierten Dienst der am Hofe tätigen Chargen zur Folge[182]. Zunächst war es Konstantin, der die palatinischen Funktionäre nicht nur finanziell begünstigte, sondern ihnen zudem äußerst bereitwillig weitreichende Exemtionen gewährte[183]; diese bestanden für die ehemaligen Kurialen insbesondere darin, daß sie nach ihrem Rückzug aus der zentralen Verwaltung volle Immunität von den ihnen noch obliegenden städtischen Lasten und Verpflichtungen genossen[184].

Konstantios schien sich der daraus ergebenden Probleme – vor allem der aus solcher Privilegierung offenbar resultierenden Verstärkung der kurialen Fluchtbestrebungen und damit einer weiteren Ausdünnung der munizipalen Senate – durchaus bewußt gewesen zu sein und suchte diesen Tendenzen durch gesetzliche Einschränkungen entgegenzuwirken. Beispielsweise sollten die Dekurionen Zugang zum Senat von Konstantinopel künftig nur erhalten, wenn sie all ihren munizipalen Verpflichtungen nachgekommen wären[185]; zudem wurde im Jahre 361 ein Gesetz erlassen, nach dem alle ehemaligen Dekurionen, die sich durch Senatseintritt ihren städtischen Aufgaben entzogen hätten, aus dem μεγα συνέδριον der Hauptstadt wieder auszuschließen seien, es sei denn, sie zeigten die Bereitschaft, doppelte Belastungen auf sich zu nehmen[186]. Den Angehörigen des christlichen Klerus gegenüber war Konstantios allerdings gerade auf fiskalischem Gebiete immer wieder zu bedeutsamen Konzessionen bereit; so konnten etwa Bischöfe, die dem Kurialenstande entstammten, unter gewissen Umständen von allen städtischen Lasten befreit sein, auch wenn sie weiterhin Eigentümer ihrer Güter geblieben waren[187].

Konstantios rüttelte zwar nicht an den Privilegien, welche von Konstantin ehemaligen Kurienmitgliedern bei ihrer Entlassung aus dem palatinischen Dienst gewährt worden waren, doch hob er – allein schon um dem Erwerb bloßer Honorartitel zur Erlangung entsprechender Immunitäten vorzubeugen[188] – das

---

181 Vgl. Lib.18,147.
182 Vogler, 1979, S. 159 ff.
183 Ebd., S. 154 ff.
184 Ebd., S. 168.
185 CTh.12,1.29 (aus dem Jahre 340). Unklar ist allerdings, ob der Kaiser diese Anordnung milderte, als er im Jahre 359 den Themistios beauftragte, in großem Stile in den Provinzen neue Mitglieder für den hauptstädtischen Senat zu werben, um dessen Anzahl von 300 auf 2000 Mitglieder zu erhöhen (Petit, 1957, S. 208 ff); vgl. Petit, 1955, S. 344, Anm. 3.
186 CTh.12,1,48. Vgl. hierzu Petit, 1955, S. 344, Anm. 3.
187 CTh.12,1,49; vgl. zu den dem Klerus durch Konstantios gewährten Privilegien: Vogler, 1979, S. 262-67.
188 Vgl. hierzu Vogler, 1979, S. 152 f.

Dienstalter, welches jene Freiheiten von den kurialen Pflichten verschaffte, stark an. Gegenüber den von Konstans im Jahre 346 bereits geforderten fünf Jahren verlangte Konstantios nun 15, 20 oder gar 25 Jahre an geleistetem Dienst[189]: So hatte beispielsweise ein im Kurialenstand Geborener 20 Jahre in der *schola agentium in rebus* zu absolvieren, bevor er von den ihm auferlegten städtischen λειτουργίαι entbunden wurde[190]. Diese strenge Maßregel demonstriert, wie wenig nachlässig oder nachsichtig Konstantios sich im Umgang mit den in kaiserlichen Diensten stehenden Beamten tatsächlich zeigen konnte[191].

Erstaunlich ist nun, daß Julian – von Libanios so sehr als Anwalt kurialer Interessen gerühmt – diese Forderungen hinsichtlich des Dienstalters für die *agentes in rebus* auf drei Jahre zurückschraubte[192], das heißt, gerade gegenüber dieser ihm angeblich so verhaßten *schola* zu erstaunlichen Konzessionen auf Kosten des Kurialenstandes bereit war[193]. Insgesamt werden seine städtepolitischen Maßnahmen insofern auch durchaus nicht einheitlich beurteilt. Jenen Maßnahmenkatalog, den er zwecks Ergänzung der so sehr an Mitgliederschwund leidenden Kurien erließ[194], bezeichnete Libanios als τὸ ... πολλῶν ἐπαίνων ἄξιον ἐκεῖνο γράμμα[195], während Ammian, obwohl gleichfalls als Julian-Anhänger bekannt, über ihn sehr viel distanzierter urteilte: "Auch jenes Gesetz war unerträglich, welches zu Unrecht gestattete, in die Gemeinschaften der städtischen Räte Nichteinheimische oder solche Personen aufzunehmen, die von diesen Vereinigungen durch Privilegien oder durch ihre Geburt weit geschieden waren"[196].

Demnach ist die Kurialenpolitik des Konstantios von Libanios wiederum im Hinblick auf den Nachfolger einseitig negativ dargestellt worden: Es ist zwar richtig, daß Konstantios den von seinen Vorgängern eingeschlagenen Weg eines Ausbaus der Zentrale und der systematischen Privilegierung der Hofbürokratie –

189 Vogler, 1979, S. 159 ff.

190 CTh.6,27,1.

191 Vgl. Vogler, 1979, S. 160.

192 CTh.6,27,2.

193 Vgl. hierzu Vogler, 1979, S. 163 f.

194 Vgl. CTh.12,1,50-56.

195 Lib.18,148.

196 Amm.Marc.25,4,21: *illud quoque itidem parum ferendum, quod municipalium ordinum coetibus patiebatur iniuste quosdam annecti vel peregrinos vel ab his consortiis privilegiis aut origine longe discretos.* Vgl. auch Amm.Marc. 22,9,12.- Auch die Vertreter der modernen Forschung beurteilten jene städtepolitischen Maßnahmen Julians unterschiedlich; so räumte etwa Paul Petit, 1955, S. 279, ein, daß die Gesetze Julians nicht in zufriedenstellender Weise ihre Umsetzung fanden, sprach den Kaiser aber von der Verantwortung für diesen "échec partiel" frei. Ch. Vogler, 1979, S. 252, sah dagegen die gesetzgeberischen Maßnahmen Julians zu Gunsten der Kurien an sich kritisch und schrieb, daß diese "ne devaient guère dépasser le stade des mesures démagogiques et ostentatoires".

mit den entsprechenden Rückwirkungen auf den Kurialenstand – beibehielt, der Kaiser lieferte aber keinesfalls den Beweis "d'une complaisance exagérée dans les avantages accordés aux palatins. Julien leur concédera bien davantage"[197].

Die weiteren städtepolitischen Maßnahmen des Konstantios sprechen ebenfalls dagegen, daß dieser – wie Libanios es beißend bemerkt – nur den Worten nach ein Freund der Kurien war, dem Handeln nach jedoch ihr Feind[198]. Und zwar schien der Kaiser dem engen finanziellen Spielraum der Städte dadurch Rechnung getragen zu haben, daß er ihnen ein Viertel ihrer früheren Einkünfte aus den bis auf Konstantin vom Staate konfiszierten munizipalen Gütern zurückerstattete, um die Instandhaltung ihrer Befestigungsanlagen zu gewährleisten[199]. Den abnehmenden Wohlstand unter den Kurialen suchte er dadurch auszugleichen, daß er den Ratsherren, welche für die noch abzuhaltenden Spiele verantwortlich waren und welche – laut Libanios – durch ihre kurialen Dienste an den Bettelstab gebracht worden seien[200], finanzielle Unterstützung gewährte[201].

Hinzuweisen ist in diesem Zusammenhang auch auf die verschiedentlichen Bemühungen des Konstantios, den fiskalischen Druck zu erleichtern und ein erhöhtes Maß an Steuergerechtigkeit zu erreichen. Libanios erwähnt in seinen späteren Reden hiervon nichts, sondern äußert sich ausschließlich lobend über die entsprechenden Maßnahmen Julians[202]. Dagegen hatte er noch in seiner 59.

---

197 Vogler, 1979, S. 169. Vgl. ebd., S. 159.

198 Lib. 18,147.

199 Petit, 1955, S. 97 f u. S. 97, Anm. 9, notierte dies unter Berufung auf S. Mazzarino (Aspetti Sociali del quarto secolo, Rom 1951, S. 323-6). Wiemer, 1995, S. 102-107, äußert sich zwar nicht zu der hier angesprochenen Zurückerstattung von Einkünften ehemals konfiszierter Güter an die Städte durch Konstantios, er betont aber, daß es – entgegen einer in der Literatur vertretenen Annahme – zu einer generellen, von Konstantios II. verfügten Konfiskation von *fundi rei publicae* nicht gekommen sei (ebd., S. 104 f): Vielmehr bietet die "mehrfach bezeugte Enteignung heidnischer Kultstätten durch Konstantin I. ... einen passenden historischen Kontext für Eingriffe des Staates in städtische 'Besitzungen'" (ebd., S. 106). Im Hinblick auf Konstantios fehlte dagegen jeder Beleg dafür, daß sich *fundi rei publicae* in der Hand des *fiscus* befanden. "Zudem gerät die *communis opinio* auch dadurch in Schwierigkeiten, daß viele Städte unter Constantius nachweislich aus kommunalen Mitteln Bauten errichteten und auch über eigenes Land verfügten"(ebd., S. 104 f).

200 Lib.18,146.

201 Petit, 1955, S. 138. Beispielsweise wurde Antiochus II. von Konstantios bei der Ausrichtung der olympischen Spiele in Antiocheia unterstützt. Vgl. hierzu Lib.ep.439: "Tu sais que l'agonothète (Antiochus II) dépense plus que ses petits revenus, mais que *le généreux empereur* apporte son concours en de telles circonstances" (Übersetzung: Petit, ebd.). Vgl. auch Bliembach, 1976, S. 57.

202 Lib.18,163. Vgl. 18,193. Bliembach, 1976, S. 84 u. 111 f. Bliembach, ebd., S. 112 f wie auch Jones, 1964, I, S. 131, betonen, daß der Effekt der hier angedeuteten Steuernachlässe Julians bzw. der von ihm am Hofe durchgeführten Sparmaßnahmen

Rede gerühmt, daß Konstantios zusammen mit seinem Bruder Konstans λογισταί ausgesandt hatte, um eine Revision bzw. gerechtere Festsetzung der *jugatio* zu erreichen[203]. Konstantios war folglich nicht nur bestrebt, die öffentlichen Finanzen zu sanieren[204], sondern die von ihm angeordneten Maßnahmen zielten auch auf mehr Gerechtigkeit im Steuerwesen: So weigerte sich der Kaiser, mächtigen Grundeigentümern für ihre Besitzungen steuerliche Exemtionen zuzubilligen[205]; er suchte die Steuern auf ihr legales Maß zu begrenzen, indem er den Statthaltern mit Geldstrafen drohte, sofern sie zusätzliche Steuern – ohne zuvor die Zustimmung von Kaiser oder Praetorianerpraefekten eingeholt zu haben – erhoben[206]; überdies war er bestrebt, physische Mißhandlungen an den Steuerpflichtigen zu unterbinden[207].

Wieweit Konstantios mit seinen gesetzlichen Regelungsversuchen allerdings durchgedrungen ist, ist kaum mehr zu sagen[208]. Jedenfalls kennen wir die Namen mehrerer Funktionäre, welche unter seiner Regierung aufgrund eines Vergehens angeklagt und durch ihre Vorgesetzten bestraft worden sind[209]; auch scheinen Brutalitäten von seiten der Beamten unter ihm – im Vergleich zu den Herrschaften des Valens und des Theodosios – entschieden seltener vorgekommen zu sein[210].

---

durch seine Ausgaben für den großangelegten Perserfeldzug weitgehend aufgehoben worden sein wird.

203 Lib.59,159. Dazu Petit, 1955, S. 77, Anm. 5. S. 148 u. S. 148, Anm. 11.

204 Vgl. Vogler, 1979, S. 269 ff u. S. 272, wo auf den Versuch des Kaisers hingewiesen wird, Appellationsverfahren vor dem Fiskus, welche offensichtlich aufschiebenden Charakter hatten, einzuschränken.

205 Vogler, 1979, S. 260 ff in Interpretation von Amm.Marc.21,16,17 u. CTh.11,1,1.

206 CTh.11,16,7.8. Vogler, 1979, S. 256. 272. Jones, 1964, I, S. 130 f. Mudd, 1984, S. 174.

207 Ebd., S. 272.

208 Es handelt sich hierbei wiederum um ein generelles Problem jener Zeit, welches anhand der vielfachen Wiederholungen in den spätantiken Gesetzessammlungen deutlich wird.

209 Petit, 1955, S. 279 u. ebd. Anm. 4 nennt u.a. die Fälle des Aristophanes, bis 359 *agens in rebus* in Ägypten (Seeck, 1906, S. 88 ff), des Nicentius, *consularis Syriae* um das Jahr 358 (ebd., s.v. Nicentius II, S. 220), des Sabinus, ebenfalls syrischer Statthalter, und zwar im Jahre 359 (ebd., s.v. Sabinus I, S. 262) und Procopius, *praeses Ciliciae*, um 360 verurteilt (ebd., s.v. Procopius I, S. 247); Petit kommentiert dies mit den Worten: "Ces procès intentés à des administrateurs, que Libanius défend d'ailleurs, montrent au moins que leurs actes étaient surveillés de près" (ebd., Anm 4).

210 Petit, 1955, S. 258 u. ebd., Anm. 6: "Rares sous Constance et Julien, du moins si l'on en croit le silence de Libanius, les brutalités apparaissent sous Valens, au temps de Festus, I, 161 (I,p.159), et de ses successeurs, I, 170...".

Insgesamt lassen die steuerpolitischen Maßnahmen des Konstantios eine einheitliche Vorgehensweise erkennen. Zu deren Grundsätzen gehörte, daß der Kaiser offenbar zu keinen besonderen Zugeständnissen gegenüber den Mächtigen bereit war; daß er zwar in erster Linie dem Staatsinteresse folgte, dieses jedoch nicht ohne Rücksicht auf die Steuerpflichtigen – etwa im Sinne des Auspressens eines Maximums – durchsetzte, sondern eben auf die Einhaltung des Gesetzmäßigen bedacht war[211]: "Faire payer tout ce qui est dû, mais rien au delà de ce qui est dû"[212] – so ist die Steuerpolitik dieses Kaisers zu interpretieren. Überdies ist zu bedenken, daß weder Julian noch der von Ammian ebenfalls hoch gelobte[213] illyrische Praefekt Anatolius ihre den Wohlstand der Provinzen offenbar merklich anhebenden Eingriffe[214] hätten vornehmen können, wenn sie nicht die Billigung und eine effektive Unterstützung von seiten der Zentrale – sprich des Kaisers – erfahren hätten[215].

Libanios hatte die Mißstände unter der Regierung des Konstantios augenscheinlich übertrieben, um die Reformen seines Nachfolgers Julian in besonderem Maße herausstreichen zu können[216]; die Vehemenz seiner Kritik ergibt demnach ein verfälschtes Bild. So ist selbst von den dem Konstantios kritisch gegenüber eingestellten Vertretern der modernen Forschung zugestanden worden, daß die Politik dieses Kaisers immer wieder durchaus dem Wohle des Reiches, insbesondere seiner Städte gedient hatte: Piganiol sprach davon, daß Konstantios der Münzverschlechterung wirksam entgegen getreten war und unter ihm die staatlichen Finanzen sich geradezu in einem Zustand der Wohlhabenheit befunden haben müssen, da neben langjähriger Kriegführung und mehr oder weniger aufwendiger Hofhaltung die Errichtung umfangreicher Bauten in der kaiserlichen Residenz Antiocheia und der Bau des großen Hafens Seleukia möglich geworden waren[217]. Laut Petit bestätigten die Quellen eine erneute Etablie-

211 Vogler, 1979, S. 272: Konstantios hätte bei seinen Bemühungen, die öffentlichen Finanzen zu sanieren, "un programme cohérent" verfolgt, "dépourvu de toute complaisance à l'égard des puissants, préoccupé avant tout de la défense des intérêts de l'Etat, solidaires de ceux du contribuable".

212 Vogler, 1979, S. 272 f.

213 Amm.Marc.19,11,2-3.

214 Julian stellte sich der Erhebung einer von dem Praefekten Florentius angeordneten Sondersteuer entgegen, wobei ihn der Kaiser nicht nur gewähren ließ, sondern ihm anschließend auch die Verwaltung der *Belgica secunda* übertrug; vgl. Amm.Marc.17,3,2-6. Dem *praef. praet. Illyriae* Anatolius verdankten die Illyrer u.a. eine Erleichterung ihrer regulären Grund- und Kopfsteuer; vgl. Amm.Marc.19,11,3.

215 Vogler, 1979, S. 273.

216 Vgl. Petit, 1955, S. 159, wo es in diesem Zusammenhang auch heißt: "Le tableau de Libanios est 'poussé au noir'".

217 Piganiol, 1947, S. 86.

rung der Geldwirtschaft[218]; auch hätte sich das Leben der bedeutenden Städte im Orient zu jener Zeit in voller Blüte befunden[219]. Eine Passage aus der 59. Rede des Libanios belegt überdies, daß der Wohlstand der mittleren Klassen sich unter der Regierung des Konstantios nicht unerheblich angehoben hatte[220].

Folglich war die wirtschaftliche Lage der östlichen Städte sehr viel besser als man es den Äußerungen des Libanios in der 18. Rede entnehmen möchte. Aber auch deren politische Situation – etwa die Zusammensetzung der Kurien oder das Niveau der staatlichen Funktionäre – schien weitaus weniger bedenklich gewesen zu sein, als es das Zeugnis des Rhetors glauben machen will[221]: Die Kurie Antiocheias sollte im Laufe des vierten Jahrhunderts nie wieder so viele bedeutende Persönlichkeiten aufzuweisen haben[222] und nie wieder sollte Libanios mit so vielen offiziellen Würdenträgern verkehren wie unter der Regierungszeit des Konstantios[223]. Vor allem: "Sous Théodose, il (Libanios) reconnaît la douceur et la bonté de Constance envers les cités"[224].

"Milde und Güte" des Konstantios gegenüber den Städten[225] – dies allerdings sind Charakteristika, die völlig im Widerspruch zur Beschreibung des kaiserlichen Verhaltens gegenüber den Kurien in der 18. Rede des Libanios stehen. Und ebenso kann der vermehrte Einsatz staatlicher Kontrollbeamter – insbesondere bei der Steuereinziehung – unter einem ganz anderen Aspekt als dem der bloßen Drangsalierung städtischen Lebens und der Kurien verstanden werden[226]: Denn

---

218 Petit, 1955, S. 303 u. 303, Anm. 5.

219 Petit, 1955, S. 336, unter Berufung auf S. Mazzarinos (Aspetti Sociali del quarto secolo, Rom 1951, S. 252-55). Vgl. Vogler, 1979, S. 246, wo es heißt, daß im Orient "la prospérité d'Antioche prouve le maintien de la vitalité urbaine".

220 Lib.59,155: καίτοι πρότερον μὲν οἱ βοηθέντες ἐπὶ χρήμασι τῶν νῦν μέσως ἐχόντων εἰς εὐπορίαν καταδεέστερον ἐπλούτουν, νῦν δὲ οἱ μέσως ἔχοντες τῶν πρότερον βασιλέων ἀφθονώτερον διάγουσιν.

221 Immerhin umfaßte der antiochenische Senat nach Lib.48,3 noch 1200 Mitglieder; Bliembach, 1976, S. 55.

222 Petit, 1955, S. 279; dort heißt es demzufolge: "... la situation de la curie et le recrutement des gouverneurs et des préfets en résidence à Antioche ne correspondent pas à la sévérité de notre témoin.

223 Ebd..

224 Petit, 1955, S. 279.

225 Vgl. Lib.19,47 ff, wo der Rhetor mehrfach von der Milde des Konstantios (ἐπιείκεια, πραότης) gegenüber den Städten spricht und ihn als ἥμερος charakterisiert (s. hierzu auch Kap. III 2).

226 Vergleiche hierzu oben, S. 137 f, wo die Meinung Petits, 1955, S. 163, zitiert wurde, daß auch unter Konstantios weniger das Ausmaß der staatlichen Steuern die Städte belastete und ihr politisches Leben veränderte, als die Art ihrer Erhebung, nämlich auferlegt und überwacht von einer wachsenden Anzahl staatlicher Kontrolleure.

gerade die Aufgabe des Steuereinzuges schien den Dekurionen immer wieder auch die Gelegenheit geboten zu haben, sich selbst beträchtliche Gewinne zu verschaffen; unter diesem Gesichtspunkt aber ist eine verschärfte Kontrolle von seiten des Staates eher als eine Maßnahme zugunsten der provinzialen Bevölkerung zu werten[227]. Und auch Libanios wußte sehr wohl, daß die Kurialen aus ihren offiziellen Aktivitäten Nutzen und Gewinne ziehen konnten[228], der Widerstand gegen die zunehmende Vermehrung und Einmischung der kaiserlichen Beamten in das städtische Leben erschien ihm jedoch offensichtlich wichtiger als seine Aufmerksamkeit auf ein solches Geschehen zu lenken[229].

In diesem Zusammenhang wird deutlich, daß der Standpunkt des Libanios auch der eines Angehörigen der lokalen Großbourgeoisie [230] und Besitzers größerer Ländereien war[231], der gegen eine vermehrte staatliche Kontrolle und Überwachung von seiten kaiserlicher Funktionäre opponierte. Hierin scheint zu einem Großteil die Ursache für seinen Haß auf die Regierung des Konstantios gelegen zu haben[232]. Die Hartnäckigkeit allerdings, mit welcher Libanios sich selbst – trotz veränderter Wirklichkeiten – zum Verteidiger des traditionellen kurialen Ideals erhebt, bedarf weiterer Erklärungen, zumal sein persönliches Leben und Verhalten Widersprüche gegenüber der von ihm in dieser 18. Rede vertretenen Auffassung offenbart.

So fällt auf, daß Libanios, obwohl in die Schicht der πρῶτοι Antiocheias hineingeboren, sich Zeit seines Lebens konsequent von allen städtischen Ämtern fernhielt. Als Professor für Rhetorik galt sicherlich auch für ihn das kaiserliche Privileg, welches von allen kurialen Pflichten entband[233]; doch ist die Beharrlichkeit, mit welcher er dieses Privileg wahrte, erstaunlich angesichts der Vehemenz, mit der er für die zentrale Bedeutung des kurialen Dienstes und der kurialen Verantwortlichkeiten innerhalb des städtischen Lebens eintrat. Libanios ver-

---

227 S. Mazzarino, Aspetti Sociali del quarto secolo, Rom 1951, S. 185 ff, zitiert nach Petit, 1955, S. 285, Anm. 5.

228 Petit, 1955, ebd.. Vgl. hierzu auch Bliembach, 1976, S. 113 ff, wo sie in ihrer Behandlung der Versorgungskrise Antiocheias unter Julian darauf aufmerksam macht, daß die Eigeninteressen der großgrundbesitzenden Dekurionen, insbesondere deren Spekulationsbestrebungen, oft den Interessen der Stadt entgegengesetzt waren.

229 Ebd. unter Berufung auf Lib.49,9.

230 Petit, 1955, S. 17.

231 Bliembach, 1976, S. XXX.

232 Petit, 1955, S. 285, Anm. 5, schreibt: "Sans doute Libanios relève-t-il une fois les bénéfices que laisse aux bouleutes leur activité officielle, XLIX, 9 ..., mais nous pensons que le souci d'éviter la multiplication et l'intrusion des fonctionnaires dans la cité est plus important pour lui et qu'il explique même pour une bonne part la haine qu'il porte au régime de Constance".

233 Bliembach, 1976, S. XXX.

harrte all die Jahre hindurch im Privatleben ungeachtet der Tatsache, daß auch in seiner Zeit die Rhetorik in der Öffentlichkeit noch überaus geschätzt und man allgemein von den politischen und administrativen Fähigkeiten der gebildeten Elite überzeugt war[234]. Der Redner, obwohl der Geburt nach ein Angehöriger der städtischen Führungsschichten, hatte sich selbst für ein Leben ohne politische Pflichten und Verantwortlichkeiten entschieden; obgleich er die städtische Politik und mit ihr das überkommene kuriale Ideal konsequent in den Mittelpunkt seines politischen Denkens stellte[235], hatte er sich persönlich dennoch von diesem Ideal dispensiert: "Cette contradiction marqua son esprit ... d'une empreinte indélébile"[236] und schien ihm – nach Paul Petit – auch Schuldgefühle vermittelt zu haben[237].

Ähnlich widersprüchlich wie zu dem Kurialendasein gestaltete sich auch das Verhältnis des Rhetors zu der neugegründeten kaiserlichen Hauptstadt Konstantinopel, den Ort, an welchen es die Kurialen Antiocheias, die den Dienst in ihrer Heimatstadt zu vermeiden suchten[238], immer wieder zog beziehungsweise an den sie vom Kaiser vermittels seines Beauftragten Themistios in den Jahren 358/9 gerufen worden waren[239].

Auch Libanios selbst hatte, in früheren Jahren, in seinem Ehrgeiz und seiner Eitelkeit für einen Moment sein Interesse an die neue Hauptstadt geheftet, wo eine Karriere "à la Themistios" ihm offen zu stehen schien[240]; bald hatten ihn von dort aber wieder das rauhe Klima, die vermeintlichen Hinterhältigkeiten seiner Feinde, die Unkultur eines unwissenden Auditoriums und sicherlich auch die lästige Anwesenheit des damals bereits überaus angesehenen Philosophen Themistios vertrieben[241].

Seit 353/4 endgültig in seiner Heimatstadt Antiocheia niedergelassen, begann Libanios dann in Konstantinopel deren große Konkurrentin zu erblicken. Er wollte jener kaiserlichen Neugründung ihre beginnende Überlegenheit über Antiocheia keinesfalls zugestehen[242]. Die Animositäten des Rhetors wurden

---

234 Petit, 1955, S. 18. Insofern kann auch das wohl nur geringe Erbe des Rhetors allein dessen berufliche Weichenstellung zu Beginn seiner Laufbahn erklären; s. hierzu Petit, ebd., S. 17.

235 Petit, 1955, S. 393, bezeichnet ihn als "le plus constant défenseur de l'idéal curiale". Vgl. Bliembach, 1976, S. XXVIII.

236 Petit, 1955, S. 17.

237 Ebd., S. 393.

238 Vgl. Lib.18,147.

239 Vgl.Lib.18,146.147 u. oben S. 139, Anm. 185.

240 Petit, 1955, S. 393.

241 Petit, 1955, S. 17 f; Petit spricht hier von der "présence encombrante" des Themistios (S.17). Vgl. auch Foerster-Münscher, 1925 (s.v. Libanios), Sp. 2489 f.

242 Petit, 1955, S. 168: "La capitale syrienne est plus belle que celle de la Thrace, par

schließlich noch stärker, als Themistios – vom Kaiser beauftragt, neue Senatsmitglieder für die Stadt am Bosporus zu werben[243] – Angehörige der großen provinzialen Familien, darunter auch Intellektuelle, Philosophen und Dichter[244], für sich gewann[245]. In seinen Briefen zeigte sich Libanios verbittert über die Anziehungskraft des neuen römischen Zentrums im griechischen Osten; immer wieder versuchte er der Abwanderung prominenter Persönlichkeiten aus der Provinz dorthin entgegenzuwirken[246].

Die Feindseligkeiten des Rhetors gegenüber der neuen Stadt am Bosporus scheinen insofern nicht bloß persönlich – durch seine früheren negativen Erfahrungen – begründet oder die Folge eines sehr ausgeprägten Lokalpatriotismus gewesen zu sein[247]. Die Gründung solch eines "Neuen Rom" im Osten lief auch seinem politischen Denken zuwider[248]: Libanios wehrte sich gegen die allgemeine Konzentrationsbewegung in Richtung auf die neugegründete kaiserliche Reichshauptstadt im Orient und wollte nicht, daß – nachdem Konstantin dorthin den Reichtum des Imperiums abgezogen hätte[249] – Konstantios in jener Stadt auch noch die kuriale Elite des Ostens versammelte[250]. Denn der Rhetor wünschte keine Hierarchisierung oder Machtverschiebung zu deren Gunsten, sondern verteidigte vehement die προστασια Antiocheias[251], Konstantinopel damit jene Überlegenheit über seine Heimatstadt verweigernd, "die ihm der Lauf der Ereignisse unabwendbar zu verleihen tendierte"[252]. Nach der Interpretation Dagrons verbarg sich hinter dieser Auffassung auch die Abneigung gegen ein neues Symbol römischer Macht im Osten, wie es Konstantinopel darstellte: Letztendlich handelte es sich dabei um die Aversion des Rhetors[253] gegen eine

---

son climat, sa richesse, l'urbanité de ses habitants" (Zusammenfassung der in den Briefen des Libanios zum Ausdruck kommenden Auffassung durch Petit). Vgl. auch Petit, 1957, S. 219.

243 Siehe oben, S. 139, Anm. 185.

244 Petit, 1957, S. 209.

245 Petit, 1955, S. 168 (unter Berufung auf Lib.1,279 u. 30,37): "Constantinopel est alors la ville mangeuse d'hommes, pleine de jouissance et de démesure, qui s'enrichit de la sueur des autres villes"

246 Petit, 1957, S. 209.

247 Petit, 1955, S. 168.

248 Vgl. Dagron, 1968, S. 81 f u. 90 ff.

249 Vgl. Lib.30,6 u. 49,2. Dagron, 1968, S. 94.

250 Lib.18,146 f. Dagron, 1968, ebd. u. S. 40.

251 Vgl. Libanios, *Antiochikos (or.11)* passim, insbes. 11,270 f. Petit, 1955, S. 177.

252 Petit, 1957, S. 219.

253 Diese Aversion wurde offenbar auch von anderen, etwa Eunapios, geteilt, die Dagron, 1968, S. 81, als Anhänger eines von ihm als "orthodox" bezeichneten Hellenismus beschreibt und deren "trait commun" ihre Anhängerschaft zu Julian und ihre Feindschaft "aux innovations politiques du règne de Constance" gewesen sei

Verpflanzung Roms in den Orient, da dadurch die Distanz zwischen Griechen- und Römertum sich auf ein Nichts zu verringern drohte und eine lang gewahrte, ideologische Unabhängigkeit der Hellenen somit ernsthaft gefährdet schien[254].

In seinen späteren Jahren sollte Libanios freilich für sich im privaten Bereich in Anspruch nehmen, was er hier auf der öffentlich-politischen Ebene so sehr kritisiert hatte: Und zwar bemühte sich der Rhetor während der letzten Regierungsjahre des Theodosios in langwierigen, doch vergeblichen Verhandlungen um die Aufnahme seines Sohnes Kimon wie auch seines Sekretärs Thalassios in den Senat von Konstantinopel[255], eine Maßnahme, welche bei letzterem ganz offensichtlich dazu dienen sollte, ihn von seinen Verpflichtungen gegenüber der antiochenischen Kurie freizubekommen[256].

Damit offenbaren sich bei Libanios gewisse, durch persönliche Interessen bedingte Inkonsequenzen[257], und zwar wenn er mit seiner Umgebung an der von ihm selbst als illegal bezeichneten Gewährung von Immunitäten zu partizipieren suchte oder wenn er – wie im Falle seines Sohnes und seines Sekretärs – gegen deren Abwanderung in den Senat der sich mächtig entwickelnden kaiserlichen Hauptstadt überraschenderweise nichts einzuwenden hatte. Beide Fälle hinterlassen den Eindruck von Unaufrichtigkeit bzw. rhetorischer Übertreibung, zumindest was die von ihm geäußerten Sorgen um die Zukunft des Munizipalwesens anbelangt. Auch wird dadurch die Ernsthaftigkeit seiner Vorwürfe gegenüber dem Kaiser entschieden in Frage gestellt. Hinzu kommt noch, daß Libanios seine Anstrengungen ausgerechnet zu einer Zeit unternahm, als kaiserliche Gesetze derlei Fluchtbestrebungen auf seiten der Kurialen im Interesse der Zurückgebliebenen längst zu unterbinden sich bemühten[258].

Mit anderen Worten: Auch was die Politik des Konstantios gegenüber den Städten und deren Kurien anbelangte, ist das von Libanios tradierte negative Bild zu revidieren; denn die Betrachtung seiner einzelnen, uns bekannten Maßnahmen zeigte, daß dieser Kaiser, der schon im Interesse der Reichspolitik an ei-

---

(ebd., S. 71, vgl. hierzu auch S. 65-82).

254 Dagron, 1968, S. 81 f schreibt: "(L)'héritage constantinien ... modifie profondément l'équilibre politique de l'Orient hellénique ... . Constantinopel, greffe de Rome en Orient, détruit l'organisation antérieure dans laquelle l'acceptation du pouvoir romain se trouvait immédiatement compensée par l'indépendance idéologique de l'hellénisme; la nouvelle capitale valorise l'Orient sur le plan de la politique et le compromet sur le plan de l'idéologie, elle réduit à rien la distance qui séparait les hellènes de Rome".

255 Petit, 1957, S. 210. 224. 229.

256 Ebd., S. 224.

257 Ebd., S. 210.

258 Entsprechende Gesetze existierten seit 361; vgl. CTh 12,1,48 (361). 57. 58 (364). 93 (382) etc.. Vgl. hierzu Petit, 1955, S. 344, Anm. 3.

nem funktionsfähigen Kurialenstande und blühenden Städteleben interessiert zu sein hatte, sich in seinen Taten durchaus nicht als deren beider Feind erwies[259].

2.2.2. Negative Einwirkung der Zentrale auf die Provinz

Libanios beklagte nicht nur den Abzug bedeutender Persönlichkeiten aus der Provinz in die neue Hauptstadt und an den Hof des sich im Osten etabliert habenden römischen Kaisertums, sondern er sieht auch die Freiheit des städtischen Lebens gefährdet durch die sich mehrenden Eingriffe der von der Zentrale entsandten kaiserlichen Beamten[260].

Zunächst sind es die *notarii* – von Libanios als ὑπογραφεῖς bezeichnet[261] –, denen er Schwerwiegendes, insbesondere ihre schier unersättliche Habgier, vorwirft: Sie suchten sich bei allen Amtsgeschäften zu bereichern, indem sie raubten, plünderten, betrögen[262]. Vornehmlich die Besitzenden seien den Bedrückungen von ihrer Seite ausgesetzt[263]; sie würden erpreßt und, sofern sie nicht zahlten, des Mordes, der Magie oder anderer Verbrechen angeklagt und sodann entsprechenden Bestrafungen unterworfen[264]. Doch hätten jene nicht nur einzelne, vordem vermögende Männer an den Bettelstab gebracht und sich selbst von der Armut in den Wohlstand erhoben[265], sondern sie hätten gar ganze Städte und ihre uralten Schätze geplündert, um – obwohl selbst teilweise nur Söhne bescheidener Tuchwalker – ihre Häuser glänzender als die Paläste von Königen auszustatten[266].

Des weiteren äußert sich Libanios verbittert über die Anmaßungen und Eigenmächtigkeiten dieser ὑπογραφεῖς, die trotz ihrer an sich untergeordneten Funktionen beansprucht hätten, Praefekten zu bevormunden[267] oder gar selbst bis zum Throne jener aufzusteigen[268]. Zudem hätten sie in ihren Mitteilungen

---

259 Vgl. Lib.18,147.

260 Vgl. Lib.18,131-142; insbes. 18,142.

261 Lib.18,131.

262 Lib.18,131: ...ἀπεστέρουν, ἥρπαζον, πωλεῖν ἐπηνάγκαζον, τιμὴν οἱ μὲν οὐκ ἐτίθεσαν, οἱ δ᾽ οὐ τὴν ἀξίαν.

263 Lib.18,131: ...τῶν καλόν τι κεκτημένων ἐχθροί.

264 Lib.18,131: ὅτῳ δὲ ἐφαίνετο δεινὸν ταῦτα παθεῖν ἀνδροφόνος, γόης, πλήρης ἀδικημάτων, πολλῶν ὀφείλων δίκας.

265 Lib.18,132: ποιοῦντες δὲ τοὺς μὲν ἄλλους ἀπόρους ἐξ εὐπόρων, αὑτοὺς δὲ ἐξ ἀπόρων εὐπόρους.

266 Lib.18,132: ἀλλ᾽ ἡρμάζοντο παλαιαὶ πόλεις καὶ κάλλη νενικηκότα χρόνον διὰ θαλάττης ἤγετο ποιήσοντα κναφέων υἱέσιν οἰκίας τῶν βασιλείων φαιδροτέρας.

267 Lib.18,131: ...οἳ τέχνην ἔχοντες τὴν τῶν οἰκετῶν ὑφ᾽ ἑαυτοῖς ἔχειν τοὺς ὑπάρχους ἠξίουν.

268 In 62,11 sagt Libanios, daß die Eunuchen so übermütig geworden seien, ὥστε τους

vom Kaiser eingefügt, was ihnen gerade in den Sinn gekommen sei, und es sei unmöglich gewesen, sich ihnen zu widersetzen[269].

Vergleichbare Beschuldigungen bringt der Rhetor gegen die Gehilfen dieser *notarii*, die *domestici et notarii*[270], vor: Auch sie plünderten, raubten, nähmen gefangen, verbannten, fügten Mißhandlungen zu oder erzwängen Landarbeit, allein um für sich persönlich Geld anzuhäufen[271]; sie forderten für sich eine Gewalt, ebenso umfassend wie die ihrer Herren, und gleich ihnen trügen sie den römischen Dienstgürtel[272], der alles vor ihnen erzittern machte[273].

Ausführlicher noch als über die *notarii* und deren Gehilfen führt Libanios Klage über die vom Kaiser ebenfalls häufig in die Provinzen entsandten Angehörigen der *schola agentium in rebus*. Höchst bezeichnend für seine Auffassung vom Regiment des Konstantios nennt er sie "eine dritte Gruppe schändlicher Handlanger"[274], Diebe, Räuber, "die alles sagen und tun würden für Geld"[275]. Häufig den Kurien entflohen, um ihren gewöhnlichen zivilen Pflichten zu entgehen, hätten sie sich unter die *curiosi* (ἀγγελιαφόροι)[276] einschreiben lassen und sich die Position von kaiserlichen Untersuchungsbeamten (πευθῆνες)[277] erkauft[278]. In ihrer Funktion als die βασιλέως ὀφθαλμοί[279], welche eigentlich Verbrechen bekämpfen sollten, hätten sie sich zu Protektoren des Verbrechens gemacht[280]: Sie hätten der Erbärmlichkeit Tür und Tor geöffnet und dem Fehlver-

---

ὑπογραφέας ἄγοντες εἰς τὸν τῶν ὑπάρχων ἐγκαθίζουσι θρόνον.

269 Lib.18,132: ...ὅ τι βούλοιντο παρὰ τοῦ κρατοῦντος ἐπήγγελλον καὶ οὐκ ἦν ἀρνηθῆναι.

270 Lib.18,133; Bliembach, 1976, S. 41 f, faßt οἰκέτης als Übersetzung von *domesticus* auf.

271 Lib.18,133.134.

272 Die ζώνη, das Zeichen der militärischen Organisation der *notarii*, vgl. Bliembach, 1976 S. 41.

273 Lib.18,133.134.

274 Lib.18,135: ...τρίτην μοῖραν κακούργων ὑπηρετῶν.

275 Lib.18,135: ...κλεπτόντων καὶ λωποδυτούντων καὶ πᾶν καὶ λεγόντων καὶ ποιούντων ἐπὶ τῷ λαβεῖν.

276 Inspektoren der Post, vgl. Norman, 1969, S. 366, Anm. b sowie Vogler, 1979, S. 201 f.

277 Vgl. Norman, 1969, S. 367 sowie CTh.6,29,4, wo diese Funktion mit dem Begriff *ad curas agendas* umschrieben wird. Siehe hierzu auch Vogler, 1979, S. 200 f, wo betont wird, daß die *agentes in rebus* freilich erst diverse Karriereleitern zu durchlaufen hatten, bevor ihnen solch wichtige Funktionen, wie sie etwa diese kaiserlichen *deputati* erfüllten, übertragen wurden.

278 Lib.18,135: ...οἳ τὰς αὑτῶν πατρίδας τῆς παρ' αὐτῶν ἀπεστερηκότες χρείας βουλὰς ἀποδράντες καὶ νόμους λειτουργιῶν εἰς ἀγγελιαφόρους τελέσαντες ἐωνοῦντο μὲν πευθῆνες καταστῆναι.

279 Lib.18,140. Vgl. Aristoph.Acharn.92 u. Bliembach, 1976, S. 49, die hierin einen "Seitenhieb auf das 'persische Milieu' an Konstantius' Hof" sieht.

280 Lib.18,140: ...οἱ κωλυταὶ τῶν ἀδικημάτων αὐτοὶ τοὺς ἀδικοῦντας ἔσωζον.

halten Straflosigkeit verkündet, indem sie Unschuldige in skrupelloser Art und Weise erpreßten, sich von den eigentlich Schuldigen aber in großem Umfange bestechen ließen[281]. Insofern hätten auch sie – so Libanios – aufgrund ihrer Habsucht nicht nur einzelnen Individuen großen Schaden zugefügt, sondern gar ganze Städte an den Bettelstab gebracht[282].

Ein ganz ähnlich motiviertes Fehlverhalten wirft Libanios auch jenen *curiosi*, den kaiserlichen Inspekteuren der Staatspost, vor: Sie, deren Aufgabe es eigentlich war, die Mißstände im öffentlichen Postverkehr zu entdecken und einzudämmen[283], nutzten – allein um den eigenen Gewinn zu mehren – die Staatspost rücksichtslos aus. Aufgrund der ihnen allein übertragenen Befugnis, die *evectiones* (Erlaubnisscheine für den öffentlichen Postverkehr) zu kontrollieren[284], sei es ihnen möglich gewesen, Sonderfahrten zu genehmigen[285]. Dies hätte dazu geführt, daß den Zugtieren zu wenig Ruhepausen vergönnt und diese bei unzureichendem Futter vor Mißhandlungen nicht sicher gewesen, bis sie schließlich an Überlastung eingegangen seien. Dadurch sei der Postverkehr erst einmal lahm gelegt worden und dieser mißliche Zustand hätte sich im Winter unter ungünstigen Witterungsbedingungen noch zu verschärfen gepflegt; infolgedessen hätten dringliche Dienstfahrten immer häufiger untragbare Verzögerungen erfahren. Die Hauptleidtragenden aber seien wiederum die Städte gewesen, welche für den Unterhalt der Staatspost aufzukommen und insofern die Rechnung für die entstandenen Verluste zu begleichen gehabt hätten[286].

Diesem Treiben, welches nach Libanios unter Konstantios geherrscht haben sollte, sei nun mit Julian ein Ende bereitet worden. Der Nachfolger des Kaisers hätte die vielen *notarii* entlassen oder sie und ihre Gehilfen wieder auf die Stufe gewöhnlicher Individuen herabgedrückt[287]. Die *agentes in rebus* seien von den Toren seines Palastes vertrieben und die ganze Bande zerstoben worden, nachdem ihnen Rang, Titel und damit auch ihre Machtbefugnisse genommen worden

281 Lib.18,136-140.

282 Lib.18,141: ἄλλου τοίνυν ἀντλοῦντος ἐπ ᾿ ἄλλῳ καὶ γιγνομένων τῶν μὲν πόλεων πενεστέρων, τῶν δὲ ταῦτα καπηλευόντων εὐδαιμόνων.

283 Siehe Vogler, 1979, S. 203 ff.

284 Ebd., S. 203.

285 Lib.18,143: ...τὸ τῷ βουλομένῳ ῥᾴδιον εἶναι ζεύξαντα ζεῦγος ἐλαύνειν καὶ ταὐτὸν δύνασθει βασιλέως τε περὶ ταῦτα καὶ πευθῆνος γράμματα; Libanios spielt hier sicherlich darauf an, daß das Recht zur Bewilligung der *evectiones* neben dem Kaiser und seinem *alter ego*, dem Praetorianerpraefekten, auch dem *magister officiorum*, dem Chef der *schola agentium in rebus* – und damit auch der *curiosi* –, zustand; Seeck, 1901 (s.v. *cursus publicus*), Sp. 1859.

286 Lib.18,143.144. 18,143: ...τὴν βλάβην δὲ πάλιν εἰς χρημάτων λόγον αἱ πόλεις ἐδέχοντο.

287 Lib.18,131.134.

wären[288]. Bei der Staatspost hätte Julian all jenen Reisen, welche nicht unbedingt erforderlich gewesen seien, ein Ende bereitet, die Gewährung und den Empfang von Ausnahmegenehmigungen gleichermaßen für strafbar erklärend. Dadurch hätte es wieder mehr Wohlstand in den Häusern seiner Untertanen gegeben[289]. Libanios kommentiert all diese Maßnahmen Julians mit den Worten: "Dies aber hieß, daß die Städte wirklich frei wurden, während es ihnen nicht möglich war, ungehindert aufzuatmen, solange jemand, der dazu eingesetzt war, die Aufsicht über sie führte"[290].

Den Äußerungen des Libanios zufolge stellten demnach die von Konstantios entsandten kaiserlichen Beamten eine schwere Bedrückung nicht nur für einzelne, sondern gar ganze Städte dar, so daß es diesen nicht einmal mehr möglich gewesen wäre, frei zu atmen. Vornehmlich die dem Kaiser direkt unterstellten – und damit zu ihm auch in einem besonderen Vertrauensverhältnis stehenden – *notarii* schienen neben den *agentes in rebus* die ihnen übertragenen umfassenden Kompetenzen konsequent zu Repressalien gegenüber der Bevölkerung mit dem Ziel der eigenen Vorteilsnahme genutzt zu haben. Libanios zeichnet hier wiederum ein ganz und gar negatives Bild von den Zuständen unter Konstantios, dessen pointierte Ausschließlichkeit stutzig werden läßt, zumal sich das Blatt nach dem Auftreten Julians so plötzlich und vollständig gewendet haben sollte.

Bei der inhaltlichen Klärung dieses auffallend negativen Bildes ist zunächst daran zu erinnern, daß ähnliche Klagen über das Fehlverhalten staatlicher Beamter auch für die Regierungszeiten anderer spätantiker Kaiser von anderen Autoren vielfach bezeugt sind[291]. Die angeprangerten Mißstände stellten demnach kein Spezifikum der Herrschaft des Konstantios dar, sondern der Tatbestand der Korruption und des Amtsmißbrauchs hat als ein weit verbreitetes Phänomen jener Zeit zu gelten[292] – vornehmlich auch die Tatsache, daß die zum Zwecke der Kontrolle entsandten Funktionäre gemeinsame Sache mit den zu kontrollierenden Behörden machten, so daß Bleicken für die Spätantike gar von einer "Solidarität in der Korruption"[293] sprechen konnte.

---

288 Lib.18,135.141.

289 Lib.18,145. Vgl. CTh.8,5,12; Seeck, 1901 (s.v. *cursus publicus*), Sp. 1859, kommentiert das entsprechende Gesetz Julians, welches die Ausgabe von *evectiones* auf Kaiser und Praetorianerpraefekten beschränkte, mit den Worten: "Doch war dies so unpraktisch, dass schon unter demselben Kaiser Ausnahmen zugelassen wurden"; vgl. etwa CTh.8,5,13. Bliembach, 1976, S. 53.

290 Lib.18,142: τοῦτο δὲ ἦν ἀκριβῶς ἐλευθέρας γενέσθαι τὰς πόλεις, ἐφεστηκότος δὲ τοῦ ταῦτα ποιεῖν ἔχοντος οὐκ ἦν ἀναμνεῦσαι καθαρῶς.

291 Vgl. hierzu Demandt, 1989, S. 250 ff.

292 Martin, 1987, S. 88 ff.

293 Bleicken, 1978, Bd. 1, S. 254.

Das heißt, daß die zweifellos auch unter der Regierung des Konstantios herrschenden Mißstände innerhalb des kaiserlichen Beamtenapparates nicht eo ipso diesem Kaiser und seiner Politik anzulasten sind, sondern daß es sich hierbei wiederum vorrangig um ein strukturelles Problem der Spätantike gehandelt zu haben scheint. Martin hat zur Klärung jener korrupten Verhaltensweisen als generalisiertem Phänomen sowie zu der Frage, warum es den Kaisern damals nicht gelungen war, die gesamte Beamtenschaft einer scharfen, einheitlichen Kontrolle zu unterwerfen, einige hilfreiche Gedanken entwickelt, welche die Grundlage der folgenden Überlegungen darstellen.

Zunächst ist angesichts der kontinuierlichen außenpolitischen Bedrohung des Reiches hervorzuheben, daß "der Zweck der Mittelbeschaffung in der Spätantike so stark in den Vordergrund trat, daß darüber andere Zwecke kaiserlicher Herrschaft zurückstehen mußten"[294]. Dies hat sicherlich begünstigt, daß der "Geist der Requisition", den Paul Petit bereits für den städtischen Verwaltungsbereich konstatierte[295], allgemein um sich griff. Des weiteren werden auch die niedrigen Gehälter der Beamtenschaft der Grund dafür gewesen sein, daß einerseits Ämterhandel und Sportelwesen sich ausbreiteten, während andererseits die Kaiser davor zurückschreckten, solche Praktiken grundsätzlich zu verbieten; vielmehr suchten sie diese lediglich durch die Festsetzung von Höchstsätzen zu kanalisieren[296].

Die entscheidende Ursache für die Überhandnahme von Amtsmißbräuchen und Korruption stellte jedoch jene "übermäßige Ausdehnung (des) Verwaltungsstabes" in der traditionalen Gesellschaft des spätrömischen Kaiserreiches dar, die das Ergebnis einer ungeheuren Ausweitung der staatlichen Regelungsbereiche im Zuge der diokletianisch-konstantinischen Reformen war: "Von der Seite des Kaisers aus bestanden die Schwierigkeiten darin, daß ein so ausgedehnter Stab nicht mehr im eigentlichen Sinne patrimonial rekrutiert werden konnte. Die Beziehung zum Kaiser konnte nicht mehr konstitutiv für die Auswahl der Beamten sein. Sie mußte erst geschaffen werden..."[297]. Und eben diese fehlende Bindung suchten die Kaiser durch Verleihung umfassender Privilegien zu ersetzen, was auch der Grund dafür war, daß sie zu so vielen Konzessionen gegenüber der Beamtenschaft bereit waren[298].

Allerdings schien es den Kaisern nur höchst unzureichend gelungen zu sein, die aus den gewährten Vorteilen resultierenden Verpflichtungen von ihren Beamten einzufordern. Darauf verweisen die im Codex Theodosianus überlieferten

---

294 Martin, 1987, S. 89.
295 Petit, 1955, S. 294.
296 Martin, 1987, S. 88 f.
297 Ebd., S. 89.
298 Ebd., S. 89.

Gesetze, von denen sich etwa ein Drittel gegen die Amtspflichtsverletzungen der kaiserlichen Beamtenschaft richteten[299]. Die "Rhetorik und Abstraktheit" jener Gesetzessprache wurde von Martin geradezu als eine Reaktion des spätantiken Kaisertums auf die Unmöglichkeit hin gedeutet, den Handlungsrahmen seines Riesenreiches angemessen auszufüllen[300].

Dabei hatte der Staat, hauptsächlich um eine bessere Verteilung aller Lasten zu ermöglichen[301], seine Regelungsbereiche in nicht unerheblichem Maße ausgedehnt; er hatte einen großen Verwaltungsstab rekrutiert, allerdings ohne daß seine Diener "den Prozeß der Zivilisation" durchlaufen hätten, der nötig gewesen wäre, "um Verhaltensformen eines allein der Allgemeinheit verpflichteten Beamtentums entstehen zu lassen"[302]. Vielmehr entwickelte die spätantike Bürokratie, entsprechend einer allgemein zu beobachtenden Tendenz, ein hohes Maß an Eigenleben[303]: Der Stab bildete in seinem Verhalten "Regeln aus, die weder... auf die Loyalität zum Kaiser (oder ein patrimoniales System), noch... auf die Erfüllung von Sachaufgaben (oder ein 'rationales' System) bezogen waren"[304]. Folglich war es "diese eigentümliche Sonderstellung der Verwaltung, die den Kaiser zwang, sich für die unmittelbare Durchsetzung seines Willens der Vertrauten aus seiner Umgebung zu bedienen"[305].

Zu diesen besonderen kaiserlichen Vertrauensleuten aber gehörten auch die von Libanios so sehr diskreditierten *notarii* und *agentes in rebus*[306]. Gerade die dem Kaiser direkt unterstellten Angehörigen der *schola notariorum* erlangten unter Konstantios ihre außerordentliche Bedeutung und ihr enormes Ansehen[307].

---

299 Ebd., S. 90. 186.

300 Ebd., S. 187.

301 Martin, 1987, S. 186, schreibt, daß die Eintreibung der Steuern sich freilich nicht unter den propagierten Zielen kaiserlicher Politik findet, "obwohl die Reorganisation des Steuersystems den entscheidenden Anlaß für die Verwaltungsreformen Diocletians geboten" hätte.

302 Ebd., S. 188.

303 Ebd. S. 88 f.

304 Ebd. S. 90.

305 Ebd..

306 Die dem *magister officiorum* unterstellten und ebenfalls erst unter Konstantios zu erhöhter Bedeutung gelangten *agentes in rebus* (Vogler, 1979, S. 184 u. 186) wurden in ganz ähnlicher Weise wie die *notarii* als ein Korps beweglicher Inspekteure in die Provinzen entsandt, und zwar entweder als *deputati* in kaiserlichem Sonderauftrag (*ad curas agendas)* oder als *curiosi,* Überwachungsbeamten des staatlichen Postverkehrs (ebd., S. 200).

307 Vogler, 1979, S. 196. Wir wissen, welches Vertrauen Konstantios zu einigen dieser *notarii* – wie auch *agentes in rebus* – hegte; in diesem Zusammenhang wären vor allem der *notarius* Paulus und der *agens in rebus* Gaudentius zu nennen. Vogler vermutete, daß gerade die ihnen übertragenen umfassenden Kompetenzen für ihre

Ursprünglich subalterne Beamte, nämlich bloße Tachygraphen im kaiserlichen Konsistorium, begannen sie aufgrund ihrer Funktion bald in die höheren Ränge der Bürokratie aufzusteigen: Denn da sie auch bei den geheimen kaiserlichen Beratungen anwesend waren, erlangten sie eingehende Kenntnis von den wichtigsten politischen, religiösen und diplomatischen Problemen des Reiches und waren insofern für den Einsatz in ganz unterschiedlichen Sondermissionen im Auftrage des Kaisers prädestiniert[308].

In der Literatur ist darauf hingewiesen worden, daß der vermehrte Einsatz der *agentes in rebus* und der *notarii* unter Konstantios wie auch die Ähnlichkeit der ihnen übertragenen Funktionen auf das dringende Bedürfnis des Kaisers verweisen, eine größere Steuerung und vor allem bessere Kontrolle von seiten der Zentrale gegenüber der regionalen Administration durchzusetzen: Die vom Hofe entsandten Beamten sollten eine gewisse kaiserliche Präsenz in den Provinzen sicherstellen und zugleich die dem Kaiser durch den Administrationskanal zugetragenen Informationen, aufgrund derer der am Hofe ansonsten weitgehend abgeschottete Herrscher seine Entscheidungen traf, immer wieder überprüfen[309]. Insofern stellte der Einsatz dieser Hofbeamten keine Anomalie dar, "sondern (ist) nur Zeichen dafür, ... daß die kaiserliche Kontrolle der Verwaltung sich nicht über eine hierarchische Gliederung der Verwaltung (hatte durchsetzen können)"[310].

Konstantios bediente sich demnach seiner Hofbeamten, um Mißstände auf der regionalen Verwaltungsebene aufzudecken. Dies lehrt uns auch das Beispiel der *curiosi*[311], welche vom Kaiser als Kontrolleure der Staatspost eingesetzt worden waren[312], um einen reibungsloseren Ablauf des Verkehrs zu gewährleisten und den häufig beklagten, exzessiven Gebrauch von Wagen und Zugtieren in stärkerem Maße zu begrenzen[313]. Konstantios handelte damit offensichtlich in

---

schlechte Presse mitverantwortlich gewesen sind (ebd., S. 197).

308 Ebd. S. 192 f u. 196 f.

309 Vgl. hierzu Vogler, 1979, S. 184 u. 200, insbes. S. 184. In diesem Zusammenhang wird W.G. Sinnigen ("Two Branches of the Later Roman Secret Service", AJPh 80,1959,238-54) zitiert, der darauf aufmerksam gemacht hat, daß die Ähnlichkeit zwischen den beiden *scholae* der *agentes in rebus* und *notarii* "has all but passed unnoticed, even though it deserves detailed attention, since it further emphasizes the desire for administrative control on the part of the central government".

310 Martin, 1987, S. 88.

311 Vogler, 1979, S. 203.

312 Ob die Schaffung dieser Institution tatsächlich erst in die Regierungszeit des Konstantios (und seines Bruders Konstans) fiel, ist nicht ganz geklärt; Vogler, 1979, S. 200f.

313 Vogler, 1979, S. 204. Erreicht werden sollte dies, indem der Kaiser den von der kaiserlichen Zentrale entsandten *curiosi* exklusiv das Recht übertrug, die *evectiones*,

der Überzeugung, daß die vom Hofe entsandten Beamten den zahlreichen, bekannten Mißbräuchen besser entgegenwirken konnten, als es die Angehörigen der regionalen Büros bislang getan hatten: Infolge ihrer größeren Nähe zum Kaiser war zu vermuten, daß sie respektvoller gegenüber dem Staatsinteresse handeln sowie sich auch – aufgrund ihrer größeren Distanz zu den lokalen Autoritäten – konsequenter in der Bestrafung der illegalen Nutzung der Post erweisen würden[314]. Allerdings provozierte dieses Vorgehen des Kaisers, indem es Macht und Rechte der provinzialen Administration beschnitt, auch deren Widerstand. Insgesamt schien die verstärkte Kontrolle und der damit verbundene Machtverlust von den provinzialen Behörden als Degradierung empfunden zu werden[315], zumal es den Angehörigen der höfischen Bürokratie, obwohl sie beständig an Rang und Einfluß gewannen, noch häufig – auch aufgrund ihrer vielfach niedrigen Herkunft[316] – an sozialer Autorität mangelte[317].

Libanios selbst bietet ein Beispiel für die Ressentiments, die von seiten der lokalen Führungsschichten und traditionalen Eliten gegenüber dem neuen höfischen Dienstadel gehegt werden konnten. Seine Äußerungen dokumentieren die fehlende Unterordnungsbereitschaft der Regionale gegenüber der im Ausbau befindlichen Zentrale[318] und auch die Konkurrenz, die zwischen beiden Verwaltungsebenen herrschen konnte. So läßt sich die offenkundige Einseitigkeit seiner Darstellung auch mit dem tiefen Groll des Provinzialen gegen die zunehmenden Eingriffe der kaiserlichen Zentrale in den provinzialen Bereich erklären: Der Rhetor hatte all seine Beschwerden ausschließlich auf die höfische Bürokratie konzentriert, obwohl Amtsmißbräuche auf der regionalen Ebene nicht weniger bekannt und verbreitet waren[319]. Libanios hat hier wiederum – bewußt oder un-

---

das heißt, die genau spezifizierten Berechtigungsscheine zur Benutzung der Post, zu kontrollieren; gleichzeitig war den regionalen Behörden, insbesondere den Statthaltern, dieses Recht entzogen worden. – Bei Enßlin, 1923, S. 135, wird Konstantios übrigens selbst für den schlechten Zustand der Staatspost verantwortlich gemacht, da er einer "allzu häufige(n) Verleihung des Benutzungsrechtes auch an Bischöfe, welche Synoden besuchen wollten" (Sulp.Sev.chron.II 42,2), nachgegeben hätte. Da bei Libanios von einem solchen Vorwurf nichts zu lesen ist, ist in diesem Zusammenhange nicht darauf einzugehen; darüber hinaus zeigt CTh.8,5,3 aus dem Jahre 339, mit welchen Mißbräuchen im öffentlichen Postverkehr der Kaiser bereits zu Beginn seiner Regierung sich auseinanderzusetzen hatte; vgl. Vogler, 1979, S. 274.

314 Vogler, 1979, 203 f.

315 Ebd., S. 203. 238. 275 ff.

316 Vogler, 1979, S. 63 f. 142. 192 f u. ebd., Anm. 165. S. 232 ff.

317 Martin, 1984, S. 125.

318 So war Libanios auch nicht bereit gewesen, den Vorrang der neuen östlichen Hauptstadt Konstantinopel gegenüber der Provinzmetropole Antiocheia anzuerkennen; siehe oben, S. 146 ff.

319 Vgl. z.B. Vogler, 1979, S. 203. 276 (Beispiele zur illegalen Nutzung der Post). De-

bewußt – Ursache und Wirkung vertauscht, denn nicht der Einsatz kaiserlicher Überwachungsbeamter war primär für die vielfältigen Mißstände verantwortlich zu machen, sondern jener war gerade die Folge bereits existierender Übel. Solche Mißstände auf der provinzialen Verwaltungsebene mochte der Redner – zumindest im Rahmen dieser retrospektiven Würdigung Julians – nicht zugeben; wiederum aus Gründen rhetorischer Polarisierung lastete er Amtsmißbrauch und Korruption allein der zentralen Beamtenschaft unter Konstantios an, um so seine Kritik zum wiederholten Male allein und ausschließlich gegen diesen Kaiser und dessen Regierung richten zu können.

Hier soll nicht der Tatbestand der Korruption an sich für die höfische Bürokratie des Konstantios infrage gestellt werden, wohl aber die von Libanios unterstellte Ausschließlichkeit. Der Amtsmißbrauch als eine auf allen Verwaltungsebenen mehr oder weniger ausgeprägte Erscheinung[320] wurde mit Martin als eine Folge der strukturellen Gegebenheiten des spätantiken Staates begriffen – Gegebenheiten, denen auch der Sohn Konstantins d. Gr. unterworfen war, zumal er die von seinen Vorgängern getroffenen Weichenstellungen für sich und seine Politik akzeptiert hatte.-

Ebenso wie das ausschließliche Vorkommen von Korruption und Amtsmißbrauch auf der zentralen Verwaltungsebene wird hier das von Libanios behauptete einzigartige Ausmaß bezüglich der Verbreitung jener korrupten Verhaltensweisen unter der zentralen Beamtenschaft des Konstantios bestritten. So ist den Gesetzen des Codex Theodosianus zu entnehmen, daß diesem Kaiser das Erscheinungsbild seiner Hofbürokratie durchaus nicht gleichgültig war, daß er vielmehr immer wieder um eine Besserung ihrer Qualifikation und Dienstauffassung bemüht war. Zwar ist es richtig, daß unter ihm auch Angehörige niedriger Schichten, beispielsweise über eine erfolgreich absolvierte Karriere in der *schola notariorum*, bis in die höchsten Chargen von Hofbürokratie und regionaler Verwaltung, etwa die Praetorianerpraefektur, aufsteigen konnten[321], doch ist hierin nicht ein Indiz für die mangelhafte Qualifikation der Beamtenschaft dieses Kaisers zu sehen. Was sich in den Augen des Libanios als kulturloses Barbarentum

---

mandt, 1989, S. 248. 250 (Mißstände im provinzialen Rechtswesen und bei der Steuereintreibung).

320 Dafür liefern die Gesetze des *Codex Theodosianus* ein beredtes Zeugnis; s. auch Martin, 1987, S. 186 f.

321 Zu nennen wären hier *Fl. Philippus, Domitianus, Taurus* u. *Helpidius*, die alle vier dem Handwerkerstand entstammten und *notarii* waren, bevor sie die Praetorianerpraefektur erlangten (Vogler, 1979, S. 63 f u. 142 – unter Berufung auf Lib.42,23 ff – sowie S. 193, Anm. 165. u. S. 232 ff), wobei *Fl. Philippus, Helpidius* und *Taurus* ihre Karrieren bereits unter Konstantin bzw. Konstans begonnen hatten (ebd., S. 193, Anm. 165). Vgl. auch Jones, 1964, I, S. 133 f.

darstellte, waren in Wirklichkeit Leute, deren bescheidene Herkunft das lange und teure Rhetorikstudium von vornherein ausgeschlossen hatte und die – zunächst in Stenographie unterrichtet – sich dann in langen Jahren steten Dienstes empfohlen haben mußten, bevor sie mit verantwortungsvolleren Aufgaben betraut bzw. zu den höheren Ämtern zugelassen worden waren[322]. Selbst von seinen Gegnern wurde zugestanden, daß Konstantios sich hinsichtlich seiner Beförderungen streng am Anciennitätsprinzip sowie der tatsächlich erbrachten Leistung orientierte[323].

Insofern ist zu bezweifeln, daß die Sichtweise des Libanios, welcher den Tatbestand, daß Leute von niedriger Herkunft und Bildung bis zum Throne der Praefekten aufsteigen konnten[324], als ungeheuerliche Anmaßung begreift, auch für uns noch gültig sein kann. Hinter den neu eingeführten Grundsätzen bei der Besetzung der Staatsämter, denen zufolge neben der traditionellen rhetorischen Bildung nun auch Kenntnisse in der lateinischen Sprache, den römischen Gesetzen und/oder der Stenographie berücksichtigt wurden[325], verbarg sich zunächst das Bemühen um mehr Professionalität und technische Effizienz in der Verwaltung[326]. Darüber hinaus versprach die niedrige soziale Herkunft dieser Hofbeamten eine größere Abhängigkeit vom und damit auch engere Bindung an den Kaiser – und das heißt u.U. auch an die von ihm geforderten Normen –, als sie von den Angehörigen der traditionell etablierten Führungsschichten zu erwarten waren[327]. Tatsächlich scheinen die Mitglieder dieses neuen Dienstadels weniger Neigung zur Verselbständigung – und damit vielleicht auch eine größere Treue zu den Verwaltungsgrundsätzen des Kaisers – gezeigt zu haben. Denn "au moment de l'usurpation de Julien, les défenseurs les plus ardents de la cause de l'empereur légitime furent justement les préfets du prétoire Florentius et Taurus.

---

322 Vogler, 1979, S. 192 ff. 232 ff. Petit, 1955, S. 363 f. Vgl. Amm.Marc.21,16,3.

323 Amm.Marc.21,16,3.

324 Lib.62,10 f.

325 Schemmel, 1907, S. 24. Petit, 1955, S. 363 ff.

326 Vgl. Petit, 1955, S. 364, wo diese Entwicklung negativ gesehen und als mächtige Offensive einer "tendance romaine à l'efficacité technique" gegen die hellenische παιδεία beschrieben wird.

327 Lib.42,23 ff. Bei Vogler, 1979, S. 142, heißt es: "Constance n'hésitait pas à bafouer les traditions: l'aristokratie traditionelle fut écartée du pouvoir d'intention délibérée, et Constance en constitua une autre, dont il peupla le Sénat de Constantinople ...: elle était faite de bourgeois d'Antioche ..., de juristes, ..., mais elle était faite aussi – scandale aux yeux de Libanios – de clarissimes de très basse extraction, fils de chaudronnier, de charcutier ou d'employé de vestiaire des bains publics, parvenus grâce à la 'technique des notes'".

Ces parvenus, qui devaient à Constance leur élévation sociale, témoignaient d'une fidélité intéressée certes, mais inaltérable, aux ordres de la cour"[328].

Nach und nach sollten sich allerdings auch während der Regierungszeit des Konstantios Veränderungen hinsichtlich der sozialen Rekrutierung dieser Hofbeamtenschaft ergeben: Mit der gestiegenen Bedeutung und dem gewachsenen Prestige der *schola notariorum* als Ganzer finden sich in ihr auch Leute aus den angesehensten östlichen Familien, wie etwa der Antiochener und Verwandte des Libanios Spectatus oder der spätere Usurpator Prokop – Männer, denen Konstantios im Jahre 358 im Rahmen der römisch-persischen Friedensverhandlungen unter dem Titel *tribunus et notarius* wichtigste diplomatische Missionen anvertraute[329]. Auch suchte der Kaiser das Niveau innerhalb der *schola agentium in rebus* dadurch zu heben, daß er per Gesetz deren Zugangs- und Aufstiegsbedingungen regelte sowie den für die Rekrutierung verantwortlichen *magister officiorum* anhielt, unwürdige Mitglieder, was Geburt und auch Charakter anbetraf, konsequent auszuschließen[330].

All diese Maßnahmen des Konstantios – seine Proklamierung des Anciennitäts- und Leistungsprinzip bei Beförderungen, eine stärkere Beachtung von Fachkenntnissen sowie der Versuch, Zugangs- und Aufstiegsbedingungen genauer festzuschreiben und an die Würdigkeit des Bewerbenden zu binden – lassen es unwahrscheinlich erscheinen, daß die Verbreitung korrupter Verhaltensweisen innerhalb der zentralen Bürokratie unter diesem Kaiser größer als unter anderen Kaisern – etwa auch seinem Nachfolger – war, zumal Libanios bei seinen Anschuldigungen sehr im Allgemeinen verharrte und keinerlei konkrete Namen oder Fälle benannte.

Nicht bestritten werden soll freilich, daß – wie bereits angesprochen – der Durchsetzungsfähigkeit des spätantiken Kaisertums, gerade was seine Verwaltungsgesetzgebung betraf, offenbar enge Grenzen gesetzt waren[331]. So ist es durchaus berechtigt, nach den tatsächlichen Auswirkungen der um Verbesserungen bemühten Gesetze des Konstantios zu fragen, etwa wenn der Kaiser suchte, den Gefahren falscher oder verharmlosender Berichterstattung entgegenzuwirken, indem er in solchen Fällen entsprechende Strafen androhte[332].

---

328 Vogler, 1979, S. 142.

329 Vogler, 1979, S. 192 ff u. 196 f. Seeck, 1906, S. 247 (Procopius III) u. S. 281 f (Spectatus).

330 CTh.1,9,1. Vgl. CTh.6,29,4.

331 Vgl. auch Martin, 1987, S. 89. 186 f. Vgl. oben, S. 142 u. Anm. 208.

332 CTh.6,29,4. Vogler, 1979, S. 200 f. Vgl. Lib.18,132, wo dieser – bezogen auf die *notarii* – von unrichtigen Übermittlungen kaiserlicher Botschaften an die Bevölkerung spricht.

Am Problem des Ämterhandels – Libanios spricht davon, daß viele ehemalige *curiales* sich ihre Mitgliedschaft in der *schola agentium in rebus* erkauft hätten[333] – sollte sich die reale Schwäche kaiserlicher Exekutive zeigen: Konstantios ging zwar daran, die *ambitio*, also die ehrgeizige Bewerbung eines Klienten per Gesetz mit Strafen zu bedrohen und als einzig gültige Kriterien für den Aufstieg innerhalb der Verwaltung Rang und Leistung zu proklamieren. Doch unterließ es der Kaiser, auch das *suffragium*, jene bezahlte Protektion auf seiten der hohen Funktionäre, unter Strafe zu stellen, so daß seine Bemühungen von vornherein eher den Charakter eines "Rückzugsgefechtes" trugen[334]. Der erste Schritt zu einer gleichsam offenen Tolerierung des Ämterhandels durch das Kaisertum wurde jedoch von niemand anderem als Julian selbst vollzogen. Indem dieser jedes Reklamationsrecht der Klienten auf die für ein *suffragium* bezahlten Gelder gesetzlich verneinte, sicherte er den mächtigen, mit ihrem Einfluß handelnden Funktionären de iure Straffreiheit zu[335]. Daran wird deutlich, daß, auch was die Ämterkäuflichkeit im spätantiken Staate anbelangt, der von Libanios immer wieder behauptete Bruch bzw. die positive Wende in der Politik von Konstantios auf Julian so nicht nachweisbar ist.

Zu den von Libanios häufig beklagten, strafwürdigen Verhaltensweisen der Beamten des Konstantios, wie etwa dem von ihm erhobenen Vorwurf der vielfachen Erpreßung, brutalen Gewalttätigkeit und grundsätzlichen Bestechlichkeit[336], ist in diesem Zusammenhang folgendes anzumerken: Deren Beurteilung ist schwierig, da der Rhetor mit seinen Anschuldigungen wiederum gänzlich auf der allgemeinen Ebene verbleibt[337]. Insofern läßt sich auf diese ebenfalls nur sehr allgemein antworten, nämlich, daß sich den Quellen durchaus Hinweise dafür entnehmen lassen, daß Konstantios nicht nur bestrebt war, gegen solch rechtswidriges Gebaren seiner Beamtenschaft vorzugehen, sondern er mit seinen Bemühungen auch immer wieder durchgedrungen zu sein scheint: So dokumentieren die uns bekannten, oben bereits erwähnten Verurteilungen schuldig gewordener Funktionäre im mindesten, daß die Beamten unter der Regierung dieses Kaisers in ihrem Tun überwacht und immer wieder auch zur Rechenschaft

333 Lib.18,135.

334 Vogler, 1979, S. 251 f, spricht von einem "combat d'arrière-garde" (S.252). Vgl. CTh. 1,9,1. 6,29,4 (beide Gesetze richteten sich an die *schola* der *agentes in rebus*).

335 Vogler, 1979, S. 252. CTh.2,29,1.

336 Lib.18,131.137.138.

337 Es mag durchaus sein, daß Libanios hier mit seinen Äußerungen auf das Wirken des vermeintlich so gefürchteten *notarius* Paulus anspielen wollte – wie Bliembach, 1976, S. 39, meint –, nämlich auf die von jenem durchgeführten Hochverratsprozesse in Skythopolis oder gegen die Anhänger des Magnentius und Gallus; zu diesen unter Konstantios durchgeführten Magie- und Majestätsprozessen vgl. jedoch Kap. III 1.4.

gezogen worden sind[338]. Wie dabei verfahren werden konnte, zeigt der Fall des *agens in rebus* Aristophanes, der, nachdem er wegen Erpressung angeklagt und rechtskräftig verurteilt worden war, unter militärischer Bedeckung noch ganz Ägypten durchziehen mußte, damit jeder, der durch ihn Bedrückungen erfahren hätte, Anklage gegen ihn erheben könnte[339]. Konstantios selbst suchte jene von Libanios beklagte Willkürlichkeit bei Verhaftungen – etwa zum Zwecke der Erpressung – dadurch einzuschränken, daß er anordnete, daß kein Angeklagter länger als einen Monat gefangen gehalten werden durfte, ohne durch einen Richter vernommen worden zu sein[340]. Und schließlich spricht für ein besseres Klima in der Verwaltung dieses Kaisers, als es das Zeugnis des Libanios in seiner 18. Rede glauben machen will, daß – wie schon gesagt – Brutalitäten von seiten der Beamten unter seiner Regierung seltener belegt sind als unter den Herrschaften eines Valens oder Theodosios[341].

Auch der Erfolg der kaiserlichen Bemühungen zur Verbesserung bzw. verstärkten Kontrolle des öffentlichen Postverkehrs ist schwer zu beurteilen[342]. Libanios spricht von einem Ruin für diejenigen, welche die Post zu unterhalten hätten: "Das aber hieß, daß diejenigen, die dafür die finanziellen Mittel aufzubringen hatten, zugrunde gerichtet waren"[343]. Dieser Ruin ist bei ihm wiederum Folge eines Mißbrauchs, den er allein den vom Kaiser in die Provinzen entsandten Untersuchungsbeamten, den *curiosi*, anlastet[344], und nicht Folge jener korrupten Verhaltensweisen, wie sie sowohl von regionaler wie auch der später hinzukommenden zentralen Beamtenschaft geübt wurden[345]. Wiederum wird demnach die Wurzel allen Übels allein auf der Ebene der zentralen Beamtenschaft gesehen, anstatt deren Einsatz als Reaktion auf bereits existierende Mißstände innerhalb der regionalen Verwaltung zu begreifen.

---

338 Petit, 1955, S. 279 u. ebd. Anm. 4. Siehe oben, S. 142 u. Anm. 209.

339 Seeck, 1906 (s.v. Aristophanes), S. 89. Bemerkenswert ist, daß Libanios diesen Aristophanes, obwohl *agens in rebus* und rechtskräftig wegen der von ihm so angeprangerten Erpressung verurteilt, gegenüber Julian mit einer eigens dafür komponierten Rede verteidigte, was sich nur damit erklären läßt, daß es sich bei jenem um einen entschiedenen heidnischen Parteigänger handelte (vgl. hierzu Kap. III 1.4)

340 CTh.9,1,7. Moreau, 1959, S. 167.

341 Siehe oben, S. 142 u. Anm. 210.

342 Vgl. CTh.8,5,5-11. 6,29,2-3.

343 Lib.18,144: τοῦτο δὲ ἦν τοὺς ταῦτα λειτουργοῦντας ἀπολωλένει.

344 Vgl. Lib.18,143 f.

345 Beispiele dafür, in welcher Form sowohl von den Angehörigen der provinzialen Büros wie auch den kaiserlichen Inspekteuren das Postwesen zum eigenen (finanziellen) Vorteil illegal genutzt werden konnte, liefert Vogler, 1979, S. 203. 276 f unter Berufung auf entsprechende Klagen in den Gesetzen des *Codex Theodosianus*.

Vor allem übergeht der Rhetor die gesetzgeberischen Bemühungen, die Konstantios unternahm, um jenen Übergriffen von seiten der kaiserlichen Inspekteure entgegenzuwirken: Die Zahl der *curiosi* wurde auf zwei pro Provinz begrenzt und der Kaiser drohte denjenigen unter ihnen, welche entsprechende Betrügereien begingen, per Gesetz hohe Geldstrafen an. Darüber hinaus unterstellte er sie der Sanktionsgewalt der Praefekten[346], damit es diesen – wie etwa dem von Ammian so hochgelobten Anatolius[347] – möglich sein sollte, effektiver für ein geordnetes Postwesen innerhalb der ihnen unterstellten Provinzen zu sorgen[348].

Dagegen werden entsprechende gesetzgeberische Anstrengungen Julians von Libanios mit großem Lob bedacht. Dem Nachfolger des Konstantios war es angeblich gelungen, die Zustände im Postwesen umfassend und radikal zu ändern: All jenen Reisen, die nicht absolut notwendig gewesen seien, hätte er ein Ende bereitet, indem er beides, die Gewährung und den Empfang von Ausnahmegenehmigungen, für gleichermaßen strafbar erklärte; somit hätte es schließlich wieder mehr Wohlstand in den Häusern seiner Untertanen gegeben[349].

Warum der julianischen Gesetzgebung ein solch prompter Erfolg vergönnt war, den Anstrengungen des Konstantios aber über all die Jahre der Erfolg – nicht recht glaubhaft[350] – versagt geblieben sein sollte, dafür gibt Libanios seinen Hörern allerdings keinerlei Erklärung.–

---

346 Vgl. CTh.6,29,2(1);(4). 6,29,3.

347 Der *praef.praet.Illyriae* Anatolius bewirkte während seiner Amtszeit auch eine Reduzierung der außerordentlichen Lasten für den öffentlichen Postverkehr, welche – laut Ammian – ehemals unzählige Häuser in den Ruin gestürzt hätten (Amm.Marc.19,11,3).

348 Zur Gesetzgebung des Konstantios zwecks Regelung des öffentlichen Postverkehrs allgemein, s. CTh.8,5,5-11.

349 Lib.18,145: ἵστησι δὴ καὶ ταύτην Ἰουλιανὸς τὴν μέθην στήσας ὡς ἀληθῶς τοὺς οὐκ ἀναγκαίους δρόμους καὶ τὰς μὲν τοιαύτας χάριτας ἐπικινδύνους ἀποφήνας καὶ δοῦναι καὶ λαβεῖν... . τουτὶ δὲ τοὺς οἴκους τῶν ὑπηκόων εὐπορωτέρους καθίστη. Vgl. CTh.8,5,12-16.

350 Vogler, 1979, S. 277, resümiert: "... on ne saurait dénier à Constance le mérite d'avoir fait un gros effort pour améliorer le fonctionnement du *cursus publicus* et d'y avoir en grande partie réussi. L'institution de *curiosi* palatins dut, au moins temporairement, limiter les exigences des gouverneurs provinciaux, et les préfets du prétoire disposaient de moyens de sanction à l'encontre des premiers. Les diverses administrations, rivales entre elles, étaient ainsi amenées à se faire concurrence et à se dénoncer mutuellement". – Indirekt und sicherlich unbeabsichtigt würdigt auch Ammian den funktionierenden Zustand des Postwesens unter Konstantios, wenn er berichtet, daß der Kaiser angesichts der kritischen Situation nach der Usurpation Julians den Plan faßte, seine Truppen auf die Wagen der Staatspost zu verladen, um so schnellmöglichst das Heer nach Norden zu befördern (Amm.Marc.21,13,7).

Mit jener Absicht des Libanios, all die beschriebenen Mißstände auf der zentralen Ebene – am Hofe des Konstantios – zu konzentrieren, hängt auch zusammen, daß er den Hörer über die eigentlichen Funktionen dieser kaiserlichen Beamtenschaft im Unklaren läßt: So behauptet er, daß die Aufgaben der *notarii* untergeordneter Natur seien[351], während man über ihre bedeutsamen Sondermissionen, die sie vor allem im außen- und kirchenpolitischen Bereich als Vertrauensleute des Kaisers zu erfüllen hatten, nichts vernimmt[352]. Ihre wichtigen Kontrollfunktionen, die sie zusammen mit den *agentes* gegenüber der regionalen Verwaltungsebene ausübten, werden ebensowenig erwähnt[353]. Stattdessen beschreibt der Rhetor die *agentes* als reine Wachmannschaft des Kaisers, welche verhindern sollte, daß dieser in Unwissenheit bliebe von etwas, was gegen ihn geplant sei[354]; ihre Haupteinkommensquelle sei es, gewisse Verbrechen aufzudecken, welche gegenüber dem Kaiser begangen worden seien[355]. Höchst bezeichnend für seine Einstellung gegenüber Konstantios nennt Libanios sie "schändliche Handlanger"[356] oder "die Augen des Königs"[357], hiermit zugleich auf das "persische Milieu" des Kaiserhofes anspielend[358].

Libanios hat allerdings recht, wenn er sagt, daß u.a. die Aufdeckung von Hochverrat zum Tätigkeitsbereich der *agentes in rebus* gehörte[359]. Die ausschließliche Betonung dieser Funktion hat jedoch dazu geführt, daß sie in Teilen der modernen Forschung[360] ganz im negativen Sinne, als "Geheimpolizei der Spätantike", aufgefaßt wurden. Demgegenüber nahmen die *agentes* zwar in der Tat "einen wichtigen Platz im Informations- und Kontrollsystem des spätantiken Staates ein", sie waren jedoch "keine institutionalisierte Geheimpolizei"; viel-

351 Lib.18,131: ...οἳ τέχνην ἔχοντες τὴν τῶν οἰκετῶν.

352 Vgl. Martin, 1987, S. 88, wo es heißt: "Wichtige Bereiche, auf die sich kaiserliches Handeln erstreckt, erscheinen während der ganzen Spätantike nicht in der Verwaltungsgliederung. Dazu gehört z.B. die Kirchenpolitik ... (und) Außenpolitik. Der Kaiser bedient sich in beiden Bereichen je nach Lage der Prätorianerpräfekten ..., besonders häufig aber auch der Hofbeamten, der ihm direkt unterstellten *notarii,* ferner der *agentes* und *scholares*".

353 Martin, 1987, S. 88. 186. Vogler, 1979, S. 184.

354 Lib.18,135: ...τὸ σχῆμα ἦν φυλάκων, ὅπως μηδὲν ἀγνοοῖ βασιλεὺς τῶν ἐπ' αὐτὸν συντιθεμένων.

355 Lib.18,137: ὁ μέγιστος δὲ τῶν πόρων ἑλεῖν τι κακούργημα περὶ τὴν βασιλείαν.

356 Lib.18,135: ...κακούργων ὑπηρετῶν.

357 Lib.18,140: ...οἱ βασιλέως ὀφθαλμοὶ.

358 Vgl. Aristoph.Acharn.92. u. Bliembach, 1976, S. 49.

359 So war etwa der *agens in rebus* Apodemius an der Verurteilung und Hinrichtung des Gallus beteiligt (Amm.Marc.14,11,19 ff).

360 Vgl. W. Blum, *Curiosi* und *regendarii*. Untersuchungen zur Geheimen Staatspolizei der Spätantike, München 1969. M. Clauss, Der *magister officiorum* der Spätantike (4.- 6.Jh.), Vestigia 32, München 1980.

mehr haben sich die Kaiser "verschiedener Institutionen (der *scholae palatinae, silentiarii, notarii*) bedient ..., um Spezialmissionen durchzuführen und Informationen sammeln zu lassen"[361].

Wenn nun Libanios jene "Spitzeltätigkeit"[362] sowie Betrug und Gewalt zu den hauptsächlichen Aktivitäten der *agentes* (und der *notarii*) zählte, so diente das wieder einmal dazu, den Kaiser in ganz bestimmter Art und Weise zu charakterisieren: Denn gleich dem platonischen Tyrannen hätte auch er beständig um sein Leben zu bangen, und gleich jenem sei auch er von Menschen – sprich seinen Hofbeamten – umgeben, "die zum größten Teil nichts taug(t)en"[363]. Von Gier getrieben, trachtete dieser "lärmende Schwarm seiner Umgebung"[364] danach, den Besitzenden alles abzunehmen und war dafür zu zahlreichen Missetaten, wie Stehlen, Beutelschneiden, Tempelraub, Bestechung, Falschaussage vor Gericht usw., bereit[365]. Dies machte den Kaiser – so will Libanios es suggerieren – als Herrscher verhaßt. Gleich dem Tyrannen Platons[366] verbrachte er deshalb sein Leben voller Furcht und wurde insofern einer immer größeren Schar von Leibwächtern[367] – eben der *notarii* und *agentes in rebus* – bedürftig.

Sofort nach dem Amtsantritt des βασιλεύς Julian fand allerdings, laut Darstellung des Libanios, die große Säuberung statt. Der Nachfolger des Konstantios vertrieb die vielen Sekretäre[368] oder drückte sie zusammen mit ihren Gehilfen auf die Stufe gewöhnlicher Individuen herab[369]; die *agentes* warf er von den Toren seines Palastes[370] und zerstob die ganze Bande, auch ihnen Rang und Titel nehmend, und er nutzte seine persönlichen Gefährten für die Übermittlung von Botschaften, aber ohne ihnen irgendwelche Machtmittel zu geben[371], mit der Folge, daß die Städte nun "wahrhaftig frei" wurden[372].

Auch hier wird ein Bild gezeichnet, welches so nicht glaubhaft ist: Bliembach betont in ihrem Kommentar zur 18. Rede, daß auch Julian nicht darauf hätte verzichten können, erfahrene *notarii* in ihren Stellungen zu belassen und mit Sondermissionen zwecks Durchsetzung seiner eigenen politischen Ziele –

---

361 Martin, 1987, S. 186.
362 Bliembach, 1976, S. 45.
363 Vgl. Plat.Pol. 567 d.
364 Plat.Pol. 575 a.
365 Vgl. Plat.Pol. 573 e. 575 ab.
366 Vgl. Plat.Pol. 579 e.
367 Vgl. Plat.Pol. 567 d.
368 Lib.18,131.
369 Lib.18,134.
370 Lib.18,135.
371 Lib.18,141.
372 Lib.18,142.

insbesondere im religionspolitischen Bereich – zu beauftragen[373]. Was die *agentes in rebus* anbelangt, ist zu sagen, daß auch Julian ihren Aufgabenbereich "keinesfalls auf die bloße Depeschenbeförderung beschränkt wissen wollte"[374], ihnen also auch unter dem Nachfolger des Konstantios umfassendere Kompetenzen zugestanden worden sein mußten, als es Libanios in seiner 18. Rede vorgibt. Von den eigentlichen Stenographen hätte der jüngere Kaiser nach den Worten des Rhetors eine größere Anzahl benötigt[375], abgesehen davon, daß viele von ihnen in den Provinzialverwaltungen tätig waren[376]. Demnach können jene Entlassungen kaum so umfassend und zahlreich[377] gewesen sein, wie es Libanios behauptet. Auch scheinen sie weniger einen politischen Umbruch – etwa im Sinne einer Abkehr von Totalitarismus[378] und Spitzelsystem[379] – anzuzeigen, als daß es sich bei ihnen um Akte politischer Klugheit gehandelt haben mochte: Julian mußte einzelne seinem ehemaligen Gegenspieler Konstantios besonders verbundene *notarii* entlassen, um deren Funktionen eigenen Anhängern übertragen zu können[380].

---

373 Bliembach, 1976, S. 44; namentlich wären hier u.a. Jovianus (Seeck, 1906, s.v. Jovianus I, S. 185) u. Decentius (ebd., s.v. Decentius I, S. 117) zu nennen.

374 Bliembach, 1976, S. 51, beruft sich hierbei auf Pythiodorus, welcher "Julians Restitutionsedikt in Antiochia zu verkünden und gleichzeitig für seine Durchführung zu sorgen hatte".

375 Lib.18,175.

376 Bliembach, 1976, S. 42 f.

377 Irgendwelche genaueren Zahlenangaben zu machen, ist in diesem Zusammenhang nicht möglich; Bliembach, 1976, S. 44, spricht davon, daß unter Julian es "erheblich weniger" *notarii* gewesen sein werden als unter Konstantios; dabei ist allerdings zu bedenken, daß uns selbst aus der Herrschaft des Konstantios nur 22 *notarii* (und 17 *agentes*) namentlich bekannt sind (Vogler, 1979, S. 186); die Zahl der *curiosi* hatte Konstantios gar auf zwei pro Provinz begrenzt (Vogler, 1979, S. 204) und Ammian (21,16,1) bemerkt eigens von diesem Kaiser, daß "mit wenigen Ausnahmen ... (er) keine Neuerungen hinsichtlich der Vermehrung der Verwaltungsfunktionen (duldete)".

378 Petit spricht im Zusammenhang mit dem Ansteigen der staatlichen Funktionärszahlen im spätantiken Kaiserreich und dem Niedergang der traditionellen munizipalen Organisation von einem "'totalitarisme', qui caractérise la période post-constantinienne" (Petit, 1955, S. 281; vgl. S. 269-294), wobei die Anwendung des modernen Totalitarismus-Begriffes auf die Spätantike hier als problematisch angesehen wird; vgl. hierzu unten, S. 188.

379 Bliembach, 1976, S. 43, schreibt, nicht sehr überzeugend: "Unter Julian fiel das Spitzelsystem ... weg; denn Julian besetzte ... die Statthalterposten nach Möglichkeit mit absolut vertrauenswürdigen Männern"; dabei war gerade von Konstantios bekannt, wie sehr er darum bemüht war, nach Möglichkeit nur verdiente Leute in der Verwaltungshierarchie aufsteigen zu lassen (Amm.Marc.21,16,1-3).

380 Vgl. Bliembach, 1976, S. 43 f.

Ähnliches schien für den Fall der *agentes in rebus* zu gelten: Es ist bezweifelt worden, daß Julian deren *schola* tatsächlich auf 17 Mitglieder – wie Libanios in *or.* 2,58 schreibt – reduzieren konnte oder dies auch nur wollte[381]. Die Bedeutung, die auch der Nachfolger des Konstantios dieser *schola* beimaß, erwies sich vielmehr an den außerordentlichen Privilegien, die er bereit war, deren Mitgliedern zu gewähren[382]. Zudem machte er den allseits geschätzten Prätorianerpräfekten Illyriens Anatolius zum Chef über die *agentes in rebus*, indem er ihn zum *magister officiorum* ernannte[383].

Damit soll gesagt werden, daß die Kehrtwende, die Libanios in der Politik gegenüber den Scholen der *notarii* und *agentes in rebus* von Konstantios auf Julian vorgibt, so nicht glaubhaft ist: Weder vermochte Julian Heerscharen dieser kaiserlichen Beamtenschaften zu entlassen, noch wird es für ihn zweckdienlich gewesen sein, diese insgesamt ihrer machtpolitischen Funktionen zu entkleiden.

Insofern muß auch bezweifelt werden, daß der Herrscherwechsel derlei Rückwirkungen auf die städtische Freiheit hatte, wie sie der Rhetor hier behauptete. Vielmehr ist zu unterstellen, daß die so gänzlich diskriminierende Darstellung, die Libanios der zentralen Beamtenschaft des Konstantios in seiner 18. Rede zuteil werden ließ, primär einer zusätzlichen Untermauerung des Tyrannenbildes, welches er von diesem Kaiser vermittelte, und damit einer weiteren Stützung des Gegensatzpaares τύραννος – βασιλεύς dienen sollte.

Fazit

Libanios hatte in seiner 18. Rede auch nicht ein positives Wort für das innenpolitische Wirken des Konstantios übrig gehabt, denn seiner Auffassung nach war der Kaiser weitgehend für die Veränderungen des Munizipalwesens verantwortlich zu machen gewesen: Zum einen hätte er sich als Feind der Kurien erwiesen, indem er die provinzialen Eliten in den privilegierten Dienst des Hofes sowie der neuen Hauptstadt abzog[384]; zum andern sei das Wohl der Städte und ihre Freiheit ernsthaft durch die sich mehrenden Eingriffe von seiten seiner gänzlich korrupten Hofbeamtenschaft bedroht worden[385].

Demgegenüber hat die vorstehende Untersuchung gezeigt, daß die uns bekannten städtefördernden Maßnahmen des Konstantios und seine Bemühungen

381 Bliembach, 1976, S. 45 f.

382 Julian sprach ihnen die Befreiung vom Dekurionat schon nach dreijähriger Dienstzeit zu (CTh.6,27,2), während sie diese unter Konstantios erst nach 20 Jahren erhielten (CTh.6,27,1); vgl. Vogler, 1979, S. 163 f.

383 Bliembach, 1976, S. 46.

384 Lib.18,147.

385 Lib.18,131-144; insbes. 18,142.

um eine effektivere Kontrolle der gleichermaßen korrupten Regionalverwaltung nicht mit diesem einseitig negativen Bild in Übereinstimmung gebracht werden können. Daß der Rhetor seine Kritik in der aufgezeigten Ausschließlichkeit auf den Kaiser und seine Umgebung – den Hof, die Hauptstadt und die zentrale Beamtenschaft – konzentrierte und von dort alle Übel für das hellenistische Städtewesen herleitete, bedarf einer Erläuterung.

So war Libanios nicht nur gegen die Person und Politik des Konstantios selbst eingenommen, vielmehr war der griechische Rhetor, dessen Großeltern unter Diokletian exekutiert worden waren[386], ein Gegner Roms und der römischen Herrschaft überhaupt: "Römertum und römisches Wesen (waren ihm) unsympathisch"[387] und er war der Auffassung, daß "der Gott ... alles mit der Herrschaft der Römer wie mit einer goldenen Kette umschlungen" habe[388]. Infolgedessen betrachtete sich der Rhetor trotz seines eigenen römischen Bürgerrechts in erster Linie als ein Bürger Antiocheias[389]. Seine Äußerungen etwa im *Antiochikos* zeigen, daß in seinem politischen Denken dem Rat nach wie vor in der Führung städtischer Angelegenheiten die zentrale Rolle zukam[390]. Daneben fanden der regierende Kaiser[391] und die von Libanios so wenig geachteten kaiserlichen Beamten[392] nur kurz – hauptsächlich im Zusammenhang mit dem zu führenden Perserkrieg – Erwähnung: Libanios "cannot ignore the importance of the emperor and of his officials, but he really attributes to them only the negative funktion of keeping the cities safe to govern themselves"[393].

---

386 Petit, 1955, S. 17.

387 Foerster/Münscher, 1925 (s.v. Libanios), Sp. 2535.

388 Ebd. unter Bezugnahme auf Lib.11,129.

389 Liebeschuetz, 1972, S. 10.

390 Lib.11,133 ff.

391 Lib.11,176 ff; allerdings äußerte der Rhetor auch hier nur wenig Bemerkenswertes über den Kaiser: Sein Verdienst sei es gleichsam gewesen, sich nicht anderswohin gewandt, sondern die Winterquatiere immer wieder in Antiocheia aufgeschlagen zu haben; was seine Verteidigungsleistung anbelangt, so hätte die Stadt "eine der Leistung des Kaisers ebenbürtige Leistung vollbracht", indem sie nämlich "nirgends seinen Eifer durch Versäumnisse des Dienstes gebremst" hätte.

392 Vgl. 11,140 ff; von ihnen wußte Libanios nicht mehr zu sagen, als daß sie leicht darauf verfielen, Tyrannen nachzuahmen und Willkür auszuüben; doch hätte der Rat mit seiner großen Beredsamkeit ein Zaubermittel besessen, das ihrer Macht überlegen sei, indem er durch die Kraft der Rede und Macht des Wortes sich immer wieder als Hüter von Gerechtigkeit und Freiheit erwiesen hätte.

393 Liebeschuetz, 1972, S. 10. In ganz ähnlicher Weise resümiert Petit, 1955, S. 132, die Einstellung des Rhetors gegenüber dem Imperium: "Assurer la défense commune est sa tâche essentielle et la meilleure justification de son existence". Vgl. auch Bliembach, 1976, S. XXVIII, wo es heißt: "Immer stand für ihn (Libanios) die Stadtpolitik, der städtische Rat im Mittelpunkt, dem Kaiser und seiner Verwaltung

Auf ganz ähnliche Auffassungen bezüglich der Aufgabenteilung zwischen kaiserlicher Zentrale und städtischer Selbstregierung hat Dagron auch bei Synesios, wo sie freilich in deutlicherer und systematischerer Form als bei Libanios zum Ausdruck gebracht sind, verwiesen[394]: Ihnen zufolge sei das Reich zu begreifen als eine Gemeinschaft von Städten, welche ihre Einheit förderativ durch *consensus* herstellten und welche die Verteidigung der gemeinsamen Grenze einem gemeinsamen Kaiser übertrügen[395]; dieser hätte sich von Stadt zu Stadt zu begeben, wobei ein politisches Machtzentrum, von dem aus regiert werden könnte, fehlte: "Entre l'empereur et les cités il n'y plus de place pour l'Empire"[396]. Als ein solches Machtzentrum aber war Konstantinopel, jene "Reproduktion Roms"[397] im Osten, vom konstantinischen Kaisertum gegründet worden. An ihm dokumentierten sich die wachsenden Konzentrationsbestrebungen wie auch der gesteigerte Einheitsanspruch des Reiches[398] – ein Anspruch, den auch Konstantios, welchem geradezu eine "passion de l'unité de l'Empire" nachgesagt wurde[399], entschieden vertrat.

In bewußter Entgegensetzung zu Konstantinopel, diesem neuen Zentrum römischer Macht im Osten, sang nun Libanios das Lob seiner Heimatstadt Antiocheia und suchte deren προστασία, zumindest in moralischer wie kultureller Hinsicht, zu behaupten[400]. Laut Dagron ging es dem Rhetor damit auch um die Aufrechterhaltung einer lange gewahrten Distanz – der Distanz zwischen Griechen- und dem immer näher heranrückenden Römertum[401].

Bezogen auf die hier geforderte Einschätzung des von Libanios vermittelten Konstantiosbildes ist der moderne Historiker nun allerdings kaum berechtigt, diese, die Urteile des Libanios mitbegründenden, rückwärts gewandten Sichtweisen für sich zu übernehmen oder gar als allgemeingültig anzuerkennen. Auch hat

---

werden nur Ordnungsfunktionen zugestanden".

394 Dagron, 1968, S. 91 f unter Berufung auf Synesios, Περὶ Βασιλείας, 1085 a ff.

395 Ebd..

396 Dagron, 1968, S. 92.

397 Martin, 1987, S. 194.

398 Vgl. Martin, 1987, S. 100, wo es heißt: "In der Spätantike ist ... der Anspruch, daß das Reich eine Einheit unter dem Kaiser sein soll, aufs höchste gesteigert ... Es gibt nur einen Ort im Reich, in dem diese Einheit konkret werden konnte, nämlich die Hauptstadt Konstantinopel".

399 Vogler, 1979, S. 146.

400 Vgl. Dagron, 1968, S. 90 f. Petit, 1955, S. 173 ff, insbes. S. 177: "...la ville d' Antioche prétend à une hégémonie sur ses voisins, mais il ne s' agit pas d' une autorité politique ou administrative, c' est une 'prostasia' morale et culturelle...".

401 Dagron, 1968, S. 81 f. Vgl. oben, S. 147 f u. Anm. 254. Die Distanz des Rhetors gegenüber der römischen Macht erweist sich eindringlich auch, wenn er schreibt, daß es den Ratsmitgliedern zur Ehre gereichte, wenn sie die ihnen vom Kaiser dargebotenen Ämter in den Provinzen immer wieder abgelehnt hätten (Lib.11,149).

er zu bedenken, daß jenseits der alles bestimmenden Parteinahme für Julian und der sich daraus ergebenden Neigung zur rhetorischen Polarisierung der Rhetor selbst von gewissen Standortbindungen nicht frei war: Libanios vertrat offenkundig die Meinung eines Angehörigen der lokalen Großbourgeoisie, dem staatliche Kontrolle und Überwachung einfach lästig waren. Überdies dürfen bei einer Beurteilung der Ernsthaftigkeit seiner Kritik an der Politik des Konstantios nicht die Widersprüche zwischen Reden und Handeln außer Acht gelassen werden: Denn während Libanios in seinen Reden den Kaiser als einen Feind der Kurien beschimpfte und sich selbst als konsequentesten Verteidiger des kurialen Ideals exponierte, entzog er sich in der Realität diesem Ideal weitgehend. Hinzu kommt, daß er unter Konstantios den Fortgang von Kurialen an den Hof und in die neue Hauptstadt streng verurteilte, wohingegen er unter Theodosios nicht nur die Aufnahme seines Sohnes Kimon, sondern auch die seines Sekretärs Thalassios, eines Kurialen, in den Senat von Konstantinopel in langen und dringlichen Verhandlungen zu erreichen suchte.

Diese Beispiele zeigen die Notwendigkeit, die Aussagen des Libanios, gerade auch was Konstantios betrifft, immer wieder zu hinterfragen. Zugleich machen sie deutlich, daß das Bild dieses Kaisers neu zu überdenken ist – eines Kaisers, dessen ernsthafte Bemühungen um eine rechtmäßige Verwaltung kaum in Zweifel gezogen werden können; dessen Politik mit ihrer Sammlung provinzialer Eliten in der Hauptstadt, ihrem Ausbau der Zentrale und ihrer verstärkten regionalen Überwachung freilich auch die Zentralisierung des Reiches und die einheitliche Erfassung aller Reichsteile forcierte[402]. Damit provozierte sie die Gegnerschaft des auf städtische Autonomie bedachten und um Distanz zu allem Römischen bemühten griechischen Rhetors, zumal dieser durch die veränderten Wertsetzungen des christlichen römischen Kaisers auch das kulturelle Erbe der Griechen als bedroht ansah.

2.3. Kritik an der sinkenden Bedeutung von λόγοι und ἱερά

2.3.1. Ruinierung der λόγοι

Libanios weist zunächst auf den inneren Zusammenhang von λόγοι und ἱερά hin: Die auf der literarischen Tradition Griechenlands aufbauende Bildung – die

---

402 Vogler, 1979, S. 209, schreibt: "Les progrès de la bureaucratie de cour et de la centralisation constituent indéniablement le fait marquant du règne de Constance II et résultent, de facon non moins indubitable, de sa volonté personnelle. Il chercha à cuirasser l'Empire contre les forces centrifuges de désagrégation et à unifier l'appareil administratif grâce à l'action de ses palatins".

λόγοι – [403] und der alte Glaube – die ἱερά – seien verwandt. Der Nachfolger des Konstantios hätte freilich bei seinem Regierungsantritt erstere gänzlich und letzteren fast völlig ruiniert vorgefunden[404]. Was der Rhetor dem älteren Kaiser im einzelnen vorwirft, läßt sich indirekt an den von ihm beschriebenen Restaurationsmaßnahmen Julians, zunächst die λόγοι betreffend, ablesen.

So hätte Julian seine Handlungen auf eine vollständige Wiedereinsetzung der λόγοι in ihre frühere Position und ihre Erneuerung in den Augen der Menschen gerichtet: Indem er einmal ihre Exponenten ehrte, zum anderen persönlich Reden verfaßte[405]. Insbesondere stellte er die Städte wieder unter die Leitung von Personen, die der λόγοι kundig waren, und beendete die Beschäftigung solcher Barbaren als Statthalter, die bei all ihrer Geschicklichkeit in der Tachygraphie keinerlei Einsicht gezeigt und insofern das Schiff zum Kentern gebracht hätten. Julian hätte die Regierung der Provinzen Männern übertragen, "die sich auskannten in den Dichtern und Schriftstellern", solchen, von denen die Kunst des Regierens erlernt werden könnte, welche aber unter seinem Vorgänger gekränkt worden wären[406].

Die Statthalter seien nun immer wieder auch ῥήτορες gewesen und bei der Begrüßung des Kaisers an den Provinzgrenzen seien Reden gehalten worden, anstatt wortlos dumme Geschenke zu überreichen[407]. Folglich sei das Feld der Philosophie wieder mehr gepflegt worden, und die Erwartung von Ehrungen hätte die Schüler dazu bewegt, sich wiederum den λόγοι zuzuwenden. Auch die Stellung der Lehrer hätte eine Verbesserung erfahren[408]; der Kaiser hätte ihnen freien Zugang zu seiner Person gewährt[409]. So seien die λόγοι – neben den ἱερά – von einer Position äußerster Schande schließlich wiederum zu einer der Ehre aufgerückt[410].

---

403 Wolf, 1954, S. 78.

404 Lib.18,157: ὁ δὲ νομίζων ἀδελφὰ λόγους τε καὶ θεῶν ἱερὰ καὶ τὸ μὲν ὅλως ἀνηρημένον ὁρῶν, τοῦ δὲ τὸ πλέον... .

405 Lib.18,157.

406 Lib.18,158: τῆς αὐτῆς δὲ διανοίας καὶ τὸ τὰς πόλεις ὑπὸ τοῖς λέγειν ἐπισταμένοις ποιεῖν καὶ παῦσαι τοὺς βαρβάρους τῶν ἐθνῶν κυβερνήτας, οἳ γράφοντες μὲν σὺν τάχει νοῦν δὲ οὐκ ἔχοντες ἀνέτρεπον τὰ σκάφη. ὁ δὲ τοὺς πεπληρωμένους ποιητῶν τε καὶ λογοποιῶν καὶ παρ' ὧν ἦν εἰδέναι τίς ἄρχοντος ἀρετή, τούτους παρεωσμένους ὁρῶν ἔδωκε τοῖς ἔθνεσι.

407 Lib.18,159.

408 Lib.18,160: ἀπὸ τούτων πολὺς αὖθις ὁ λειμὼν τῆς σοφίας. καὶ αἱ τῶν τιμῶν ἐλπίδες ἐπὶ τὴν τῶν λόγων μεθειστήκεσαν κτῆσιν, καὶ τοῖς σοφισταῖς τὰ πράγματα βελτίω... .

409 Lib.18,161: ...παρέχοντα μὲν αὐτὸν διὰ πάσης τῆς πορείας σοφισταῖς.

410 Lib.18,161: καίτοι τί μεῖζον εἴποι τις ἂν τοῦ θεούς τε καὶ θεῶν δῶρον τὸ μέγιστον, τοὺς λόγους, ἐκ τῆς ἐσχάτης ἀτιμίας εἰς τὸ τιμᾶσθαι προαγαγεῖν... .

In diesen Lobpreisungen auf die Politik Julians steckt als Hauptvorwurf gegenüber Konstantios, daß der Kaiser ungebildete Barbaren, genauer: der λόγοι unkundige Männer, welche außer ihrer Kenntnisse in der Tachygraphie nichts vermochten, über die Städte gestellt und zu Statthaltern der Provinzen gemacht habe, wodurch das Staatsschiff zum Kentern gebracht worden sei.

Im Gegensatz zu diesem Vorwurf zeigen die uns bekannten Zahlen, daß zur Zeit des Konstantios gut 65% der Staatsfunktionäre nach wie vor literarisch gebildet waren, das heißt, die traditionelle rhetorische Ausbildung genossen hatten[411]. Während die Provinzstatthalter noch fast durchgängig Literaten waren, wurden die Posten am Hofe unter der Regierung des Konstantios allerdings vielfach mit den zunächst nur in Stenographie ausgebildeten "techniciens" besetzt[412]. Wie schon gesagt, war es unter der Herrschaft dieses Kaisers auch den Angehörigen unterer Schichten, deren sozialer und materieller Status die langen und teuren Studien von vornherein ausgeschlossen hatte, möglich, über das Notariat bis zu den höchsten Staatsämtern aufzusteigen, sofern sie sich lange genug in kaiserlichen Diensten bewährt hatten[413]. Diese Entwicklung sollte freilich am Ende der Regierung des Konstantios wieder zum Stillstand kommen[414]: "Il devient de plus en plus difficile aux petits fonctionnaires sans vraie culture d'accéder aux postes élevés, réservés aux juristes et aux littéraires"[415].

Diese Worte Paul Petits verweisen darauf, daß sich zwar Bildung als hauptsächliches Kriterium zur Besetzung der höheren Staatsämter durchgesetzt hatte, daß darunter nun aber nicht mehr nur die von Libanios allein geforderten Kenntnisse in den λόγοι zu verstehen waren, sondern ebenso juristisches Fachwissen. Denn seit Konstantin begann man, bei Beamten neben der Kenntnis der lateinischen Sprache auch das Studium römischer Jurisprudenz vorauszusetzen: Die

---

411 Petit, 1955, S. 368, beruft sich auf Ergebnisse aus der Prosopographie, gemäß derer von 103 uns bekannten Staatsfunktionären vor dem Jahre 365 67 Literaten, 16 Juristen und 20 sog. "techniciens" waren (unter letzteren sind zu verstehen "les sténographes, bureaucrates de métier et techniciens purs, ceux qui furent à leurs débuts notaires, *agentes*, petits *officiales*").

412 Bei Petit, 1955, S. 369, heißt es: "... les gouverneurs de province ... sont tous des littéraires; les postes de cour (sont) occupés sous Constance par des techniciens"; und weiter: "Le règne de Constance marque bien l' apogée du système de recrutement fondé sur la tachygraphie".

413 Vgl. oben, S. 154 ff u. 157 ff. Vgl. Amm.Marc.21,16,3 sowie Petit, 1955, S. 363 f, wo u.a. zu lesen ist: "Le régime de Constance fut, plus qu'aucun autre, favorable à l'ascension sociale de parvenus de basse extraction...".

414 Vogler, 1979, S. 197.

415 Petit, 1955, S. 369. Während vor 365 20% der uns bekannten Funktionäre ihrer Herkunft nach "techniciens" waren, waren es nach 365 nurmehr 9%; Petit, ebd., S. 368.

eben bereits angesprochenen Ergebnisse der Prosopographie zeigen, daß unter den 103 uns bekannten Staatsfunktionären vor 365 immerhin 16 Juristen – neben 67 Literaten und 20 "techniciens" – waren und daß unter den 54 uns bekannten Funktionären nach 365 9 Juristen – neben 40 Literaten und 5 "techniciens" – vertreten waren[416]. Die ausschließliche Wertschätzung der rhetorischen Bildung – das heißt, die der hellenischen παιδεία, welche eine Vermittlung der Welt des klassischen Griechenlands zum Inhalt hatte – war damit aufgegeben. Für das Unterrichtswesen hatte dies zur Folge, daß die Frequentierung etwa der Schule in Antiocheia, an welcher Libanios lehrte, rückläufig war, während die Rechtsschulen von Rom und Berytos einen großen Andrang zu verzeichnen hatten[417].

An genau diesem Punkte lassen sich wesentliche Gründe für den Haß des Libanios auf das Regime des Konstantios festmachen. So war der Redner einmal durch die abnehmenden Schülerzahlen an seiner Schule materiell betroffen[418], vor allem aber war er als Rhetorikprofessor und Verteidiger der hellenischen παιδεία ideell berührt: Libanios – so der Historiker Petit – führte eine Art Kulturkampf gegen den Vormarsch des rein technischen Vermögens, das heißt, gegen die wachsende Bedeutung von Stenographie und darüber hinaus auch des römischen Rechts und der lateinischen Sprache[419]. Offenbar war für Libanios Latein die Sprache der römischen Herren und ein Instrument des kaiserlichen Despotismus[420]. Durch das Vordringen der lateinisch sprechenden und in römischem Recht ausgebildeten kaiserlichen Bürokratie sah er insbesondere die hellenistische Kultur und mit ihr die überlieferten munizipalen Strukturen bedroht[421].

Dem ist jedoch entgegenzuhalten, daß die klassische literarische Bildung – neben den nun geforderten Fachkenntnissen – damals durchaus nicht als überflüssig angesehen wurde[422]. So war es gerade unter der Regierung des Konstan-

---

416 Ebd., S. 368; Petit resümiert: "L' administration a choisi au quatrième siècle ses serviteurs parmi ceux qui possédaient l' une des trois qualifications suivantes: la culture classique, le droit – qui suppose la connaissance du latin – et la sténographie" (ebd., S. 363). Vgl. auch ebd., S. 363 ff sowie Schemmel, 1907, S. 24.

417 Libanios versuchte dieser Entwicklung entgegenzuwirken, indem er an seiner Schule einen Lehrer für lateinische Sprache, der auch Gesetzeskunde lehrte, einstellte; doch schien dies den Anforderungen der Praxis nicht zu genügen; s. Schemmel, 1907, S.24. Vgl. Petit, 1955, S. 364 f.

418 Die Lehrer bezogen Schulgeld von den Eltern eines jeden einzelnen Schülers; Schemmel, 1907, S. 18.

419 Petit, 1955, S. 363 f.

420 Ebd., S. 366.

421 Ebd..

422 Vgl. Petit, 1955, S. 370, wo es heißt: "Il est donc impossible de dire, comme on l'a fait, 'qu'au Bas-Empire la destruction des élites livre le pouvoir à une oligarchie

tios, daß etwa Themistios – selbst Philosophieprofessor – im Auftrage dieses Kaisers viele Professoren und Philosophen in den Senat von Konstantinopel holte[423]; und von dem unter der Herrschaft desselben Kaisers als Präfekt von Illyrien tätigen und hier schon mehrfach genannten Anatolius wissen wir, daß er - im Gegensatz zu den Äußerungen des Libanios – nicht Stenographen, sondern gebildete Juristen bevorzugte[424]. Nicht zu vergessen ist auch, daß, wie bereits erwähnt, uns aus der Zeit vor dem Jahre 365 zwar 20 "techniciens" und 16 Juristen, aber immerhin 67 (!) Beamte mit rhetorischer Ausbildung bekannt sind[425].

Insofern lassen sich die harten Urteile, welche Libanios über das Niveau der kaiserlichen Beamtenschaft fällte, nicht primär mit sachlich begründeter Kritik an dem Abnehmen griechischer Bildung innerhalb der spätantiken Bürokratie erklären; jene hatten eben nur teilweise ihre Berechtigung. Und auch seine materielle Betroffenheit war nicht so groß[426], daß sie die Pointiertheit seiner kritischen Äußerungen verständlich machen könnte. Darüber hinaus scheinen vielmehr Momente verletzter persönlicher Eitelkeit eine Rolle gespielt und den Haß des Rhetors auf diesen Kaiser mitbegründet zu haben.

Darauf deuteten bereits die Aussagen der 18. Rede hin: Julian hätte die Vertreter der λόγοι wieder geehrt, die vor seinem Regierungsantritt – sprich unter seinem Vorgänger Konstantios – gekränkt worden seien[427]. So sei er es auch gewesen, der die Schüler wieder dazu bewegt hätte, sich den λόγοι zuzuwenden, und die Stellung der Lehrer hätte unter ihm eine Verbesserung erfahren[428]; auch sei ihnen jederzeit Zugang zum Kaiser gewährt worden[429]. Ganz anders äußert Libanios sich dagegen über Konstantios. Dieser hätte – so ist in der 62. Rede zu hören – die Mißachtung der ἱερά auf die λόγοι ausgedehnt[430] und hätte keinen einzigen von den Philosophen und Sophisten und allen, die sich mit Hermes und

---

nouvelle d'enrichis et de hauts fonctionnaires qui sont issus des éléments barbares de la population'. Au contraire, la présence à la tête de l'Etat d'élites cultivées et sensibles aux impératifs de la paideia permettait aux optimistes, comme Thémistius, de croire à l'avènement d'une république de philosophes couronnés...".

423 Ebd., S. 366.

424 Ebd., 366 f.

425 Ebd., S. 368.

426 Unabhängig von dem von den einzelnen Schülern zu zahlenden Schulgeld bezog Libanios noch ein Gehalt vom Kaiser, die βασιλικὴ τροφή, welche bei dem hohen Ansehen, das der Rhetor als Lehrer genoß, recht beträchtlich gewesen sein wird; Schemmel, 1907, S. 19.

427 Lib.18,157 f.

428 Lib.18,160.

429 Lib.18,161.

430 Lib.62,8: ...ἐκτείνων δὴ τὴν ἀπὸ τῶν ἱερῶν ἐπὶ τοὺς λόγους ἀτιμίαν.

den Musen beschäftigt haben, in den Palast gerufen; er hätte keinen gesehen, keinen gelobt, hätte nichts zu ihnen gesagt, hätte nicht einmal hingehört, wenn sie den Mund aufgemacht haben; geliebt aber und um sich gehabt und zu Ratgebern und Lehrern gemacht hätte er barbarische Menschen, irgendwelche nichtswürdigen Eunuchen[431]. Die aber hätten auf alle Weise die λόγοι vertrieben, indem sie diejenigen kleingemacht hätten, die sich mit ihnen beschäftigt haben, indem sie einander aufgefordert hätten, doch bloß achtzugeben, daß ja kein Weiser heimlich zu seinem Freund werde[432]. Und schließlich fragt Libanios, ob es denn verwunderlich sei, daß die jungen Leute heutzutage eine rhetorische Lähmung befallen hätte, wenn dem Kaiser keiner von den weiseren Männern je lieb und teuer gewesen sei und auch nicht die, die der Rede mächtig sind, sondern wenn die, welche hitzig sind mitzuschreiben, wenn ein anderer redet, die höchsten Ehren erlangten[433]. All diese Übel seien jedoch vom βασιλεύς Julian beseitigt worden[434].

Diese Worte verweisen auf die starken Ressentiments, die Libanios offensichtlich gegenüber Konstantios empfunden haben muß. Denn davon, daß der Kaiser die hellenische παιδεία und die sie Lehrenden grundsätzlich mißachtete, kann tatsächlich keine Rede sein. So ist uns beispielsweise bekannt, daß er den Philosophieprofessor Themistios zum Senator von Konstantinopel ernannte[435]. In einem offenen Brief, der Δημηγορία, in dem der Kaiser diese Nomination gegenüber dem Senat begründete[436], pries er den Themistios als einen Verkünder der alten und weisen Männer, der nicht zulasse, daß der alte Ruhm erlösche, und der, soweit es in seinen Kräften stünde, allen Menschen Ursache werde, nach dem λόγος zu leben und sich um die παιδεία zu kümmern[437]. Nach den Worten des Kaisers brächte Themistios im Austausch dafür, daß er Anteil an einer römi-

---

431 Lib.62,9: ... καὶ φιλοσόφους μὲν καὶ σοφιστὰς καὶ ὅσοι τῆς πρὸς τὸν Ἑρμῆν τε καὶ Μούσας τελετῆς εἰς τὸ βασίλειον οὐδένα πώποτε τούτων οὐκ ἐκάλεσεν, οὐκ εἶδεν, οὐκ ἐπήνεσεν, οὐκ εἶπέ τι πρὸς αὐτούς, οὐκ ἤκουσε φθεγξαμένων, ἠγάπα δὲ καὶ περὶ αὑτὸν εἶχε καὶ συμβούλους καὶ διδασκάλους ἐποιεῖτο βαρβάρους ἀνθρώπους, ὀλέθρους τινὰς εὐνούχους.

432 Lib.62,10: ...οἱ δὲ τὴν μὲν τῶν λόγων παίδευσιν ἤλαυνον πάντα τρόπον μικροὺς ποιοῦντες τοὺς ἐκείνης μετειληφότας ἀλλήλοις διακελευόμενοι σκοπεῖν ὅπως μηδεὶς σοφὸς λάθοι φίλος ἐκείνῳ γενόμενος.

433 Lib.62,16: εἰ δ' οὐδεὶς ἐκείνῳ τῶν σοφωτέρων φίλος οὐδ' οἱ λέγοντες, ἀλλ' οἱ λέγοντος ἑτέρου γράφειν ὀξεῖς τῶν μεγίστων ἐτύγχανον, τί θαυμαστόν, εἰ νάρκη τις πρὸς τοὺς λόγους κατέσχε τοὺς νέους;

434 Lib.62,17.

435 Petit, 1957, S. 216.

436 Them.18 c – 23 d.

437 Them.20 a.b.

schen Würde empfange, die hellenische σοφία[438]; ausdrücklich aber wünschte der Kaiser, daß die Philosophie in der neugegründeten Hauptstadt ganz besonders blühe und daß diese zu einem allgemeinen Hort der Bildung werde[439]: Denn es müsse vor allem den λόγοι die angemessene Würde verliehen werden, und man müsse der σοφία die angemessene Ehrerbietung und der Bildung die angemessene Ehre erweisen, und der Tugend müsse man den Siegespreis, der ihr geschuldet werde, zuweisen, und es müsse die beste aller Wissenschaften, die Philosophie, überall und unter allen Menschen erstrahlen[440].

Diese schriftlichen Äußerungen des Konstantios sind sicherlich nicht als bloße Rhetorik zu werten, sondern als Ausdruck einer Haltung zu verstehen, der die Zukunft griechischer Bildung und Kultur durchaus nicht gleichgültig war. Auch stimmte Themistios in seinen Panegyriken auf Konstantios nicht nur ein allgemeines Loblied an auf die engen Beziehungen zwischen Kaiser und Philosophie[441], sondern in seiner 4. Rede erfährt man konkret, daß Konstantios in Konstantinopel eine Kopieranstalt für alte Manuskripte hatte einrichten und die Bibliothek um ein Beträchtliches hatte erweitern lassen[442]. Zudem ist davon auszugehen, daß Themistios, als er im Auftrage des Konstantios den hauptstädtischen Senat von 300 auf 2000 Mitglieder erweiterte und dabei viele Professoren und Philosophen nach Konstantinopel berief[443], ganz nach den Wünschen des Kaisers handelte. Und schließlich betont selbst der dem Konstantios gegenüber ansonsten so negativ eingestellte Ammian in seinem Elogium auf diesen Kaiser dessen eifrige Bemühungen um die Wissenschaften[444].

An all dem wird deutlich, daß Konstantios durchaus nicht die hellenische παιδεία und auch nicht deren Exponenten, wie Libanios es meinte, verachtet hatte. Daß der Rhetor in seinen Ausführungen jenes Wirken des Themistios in Konstantinopel vollkommen unberücksichtigt ließ, mochte allerdings auch daran gelegen haben, daß das Verhältnis zwischen ihm und dem berühmten Philosophieprofessor keineswegs ungetrübt war. Denn auch Libanios hatte für kurze Zeit sein Interesse an Konstantinopel geheftet[445], doch hatte er als Lehrer dort nicht den ersehnten Erfolg errungen[446]. Nach eigenen Aussagen hatte er sich in

---

438 Them.21 a.
439 Them.20 d – 21 a.
440 Them.23 c.
441 Vgl. insbes. Them.*or*.2.
442 Them.*or*.4, 59 c – 61 c.
443 Petit, 1957, S. 208 ff. Ders., 1955, S. 366.
444 Amm.Marc.21,16.4: *doctrinarum diligens affectator*. Vgl. hierzu Schlange-Schöningen, 1995, S. 17.
445 Petit, 1955, S. 393.
446 Foerster/Münscher, 1925 (s.v. Libanios), Sp. 2490. 2534.

der Hauptstadt unfrei und unzufrieden gefühlt; aber eines "Grundes zum Mißbehagen gedenkt Libanios selbst nicht, und doch wird auch dieser eine große Rolle gespielt haben, das ist die überragende Stellung, welche Themistios, nicht am wenigsten infolge der Verbindung von Philosophie und Rhetorik, in Konstantinopel einnahm. Äußerlich standen sie gut miteinander, innerlich waren sie ohne Verhältnis. Gerade daß sie in der Rhetorik teilweise verwandte Ziele verfolgten, mochte auf ein Zusammenwirken erschwerend wirken"[447].

Die damit angesprochene, verdeckte Rivalität zwischen dem Philosophieprofessor und dem Rhetor aber wandelte sich in eine Gegnerschaft, als Themistios Ende der 50er Jahre im Auftrage des Kaisers mit der Rekrutierung neuer Senatsmitglieder begann und dabei aus der Sicht des Libanios die Provinzen ihrer kurialen Elite beraubte[448]. Libanios führte eine offene Kampagne gegen jene Aktivitäten des Themistios und gegen den von ihm vermeintlich initiierten Aderlaß der Provinzen zugunsten der neuen Hauptstadt[449]; beider Briefwechsel, bis dahin vom Rhetor "höflich, ja überhöflich" geführt, ist nach dem Jahre 365 nicht mehr nachweisbar[450].

Daß Libanios den Einsatz des Kaisers für die griechische Kultur und Bildung auch in dem uns gerade einmal etwas näher bekannten Fall Konstantinopels überging, lag offenbar vor allem in seinem gespaltenen bzw. negativen Verhältnis zu Themistios sowie der kaiserlichen Hauptstadt begründet. Augenscheinlich hegte der Rhetor Rivalitätsgefühle nicht nur gegenüber dem vom Kaiser so sehr hofierten Philosophieprofessor, sondern auch gegenüber der von diesem ebenfalls so sehr geförderten Stadt. Libanios wollte eben nicht in Konstantinopel, sondern in Athen und Antiocheia die geistigen Machtzentren des Ostens sehen[451]. Dies verengte ihm den Blick und stand damit einer unbefangenen Einschätzung der kaiserlichen Bildungspolitik entgegen.

Darüber hinaus schien es in dem Verhältnis von Rhetor und Kaiser selbst zu einem Bruch gekommen zu sein: Libanios, der seit 341 – und spätestens seit 349 auf kaiserlichen Erlaß hin – in Konstantinopel als Lehrer tätig war, verließ diese Stadt wiederholt, bis er 354 für immer in seine Heimatstadt Antiocheia übersiedelte, ohne jedoch zuvor von Konstantios dessen endgültiges *exeat* eingeholt zu haben[452]. Während er in den 40er Jahren noch zur Abfassung eines Panegyrikos

---

447 Ebd., Sp. 2490. Vgl. Dagron, 1968, S. 39 f.
448 Lib.18,146. Petit, 1957, S. 209 f.
449 Dagron, 1968, S. 40. Petit, 1957, S. 209.
450 Foerster/Münscher, 1925 (s.v. Libanios), Sp. 2534.
451 Wolf, 1954, S. 78.
452 Schemmel, 1907, S. 6 ff. Petit, 1981, S. 147, Anm. 73. Wiemer, 1995, S. 24, Anm. 48.

auf den Kaiser, der 59. Rede, bereit gewesen war, lehnte der Rhetor im Jahre 359 einen entsprechenden Auftrag ab[453].

Was aus der frühen Lobrede auf Konstantios und seinen Bruder Konstans noch nicht ersichtlich ist, zeigen die späteren Reden auf Julian umso deutlicher: Libanios hegte, offenbar weil er sich in seiner Person und Stellung von Konstantios nicht angemessen gewürdigt gefühlt hatte, starke Animositäten gegenüber diesem Kaiser. So steht zu vermuten, daß es sein eigenes Verhältnis zu Konstantios war, welches der Rhetor mit den oben zitierten Äußerungen der 62. Rede beschrieb: Er selbst war es wohl, den der Kaiser nicht in seinen Palast gerufen, nicht gesehen, nicht gelobt, nichts zu ihm gesagt und nicht einmal angehört hatte[454]. Eine solche Behandlung mußte freilich für den Redner, dessen Eitelkeit bekannt war[455] und der in selbstgefälliger Manier über seine Stellung geäußert haben soll, "er bedauere es nicht, Rhetor geworden zu sein, diese Stellung erscheine ihm höher als jede andere, selbst die eines Statthalters"[456], eine schwere Kränkung bedeuten[457]. Libanios revanchierte sich, indem er dem Kaiser, angeblich ein Feind der λόγοι, auch selbst alle Bildung, das heißt, die Fähigkeit zur Beredsamkeit, absprach: Der Kaiser hätte den Senatssitzungen nicht beigesessen; denn wegen seiner Unfähigkeit, öffentlich zu reden, hätte er einen Platz gemieden, der die Anwesenheit eines Redners erforderte[458].

In der 59. Rede war freilich ganz etwas anderes zu lesen gewesen. Hier hatte Libanios nicht nur betont, daß die beiden kaiserlichen Brüder, Konstantios und Konstans, zur Gewalt der Rede und Kraft der Rhetorik ausgebildet worden seien[459] und sich als Lehrer die Besten der Zeit verschafft hätten[460], sondern er hatte auch betont, daß Konstantios, als er anläßlich eines Aufstandes in Konstantinopel im Jahre 342 dem Senat das Recht zur freien Rede einräumte, "selbst im höchsten Maße als Redender Sieger blieb"[461]. Und Libanios erinnerte zudem an die Dialoge, in welchen der Kaiser "den größten Teil des Rates energisch niederrang"[462] – augenscheinlich hatte Konstantios die Sitzungen des Senates von

---

453 Vogler, 1979, S. 55. Wiemer, 1995, S. 28.

454 Vgl. Lib.62,9.

455 Petit, 1955, S. 393. Vgl. Gärtner, 1979 (s.v. Libanios), Sp. 613.

456 Schemmel, 1907, S. 24 f.

457 Vgl. Lib.18,158, wo es heißt, daß die Dichter und Redner in der Zeit vor dem Regierungsantritt Julians, also unter Konstantios, Kränkungen erfahren hätten.

458 Lib.18,154. Vgl. Amm.Marc.21,16,4.

459 Lib.59,33: διπλῆ δὴ τῆς παιδεύσεως ἰδέα τοῖς βασιλεῦσιν ἤσκησε τὰς ψυχάς. ...τῇ δὲ πρὸς δεινότητα λόγων καὶ ρητορικῆς ἰσχὺν ἐπλάττοντο.

460 Lib.59,34: ἀλλ᾽ οἵ γε ἡμέτεροι βασιλεῖς ἄμφω δεξιοὶ κατὰ τὴν τέχνην λόγων μὲν τῶν Ῥωμαίοις προσηκόντων ἡγεμόνας ἐπαγαγόμενοι τοὺς ἀρίστους τῶν τότε... .

461 Lib.59,97: ...ἀλλ᾽ ὡς ἐξουσίαν εἰς λόγον τῇ βουλῇ παρασχὼν πλεῖστον ἐκράτει λέγων;

462 Lib.59,97: ...ἀλλὰ ... τῶν ἀμοιβαίων λόγων μνημονεῦσαι δίκαιον, οἷς τὸ δεινότατον

Konstantinopel durchaus nicht gemieden, ebensowenig wie er zur öffentlichen Rede unfähig war.

Wenn es bei Aurelius Victor gar heißt, daß Konstantios eine sich bis zur Eleganz erhebende wissenschaftliche Bildung und eine sanfte und anmutige Art der Beredsamkeit besaß[463], so fragt sich sehr, ob man den anderslautenden Urteilen der 18. Rede tatsächlich Glauben schenken sollte oder sie nicht vielmehr als Ausfluß persönlicher Ressentiments und rhetorische Boshaftigkeiten abtun muß. Denn offenkundig verachtete der Kaiser weder selbst – wie Libanios den Eindruck erweckt – λόγοι und παιδεία, noch wurde unter ihm die literarische Bildung der Beamtenschaft als grundsätzlich überflüssig angesehen. Im Sinne einer römischen Tendenz zur technischen Effizienz[464] waren nun allerdings Fachkenntnisse gefordert, was sicherlich auch seine Berechtigung hatte[465].

Daß Libanios das Bildungsniveau zur Zeit des Konstantios so gänzlich und ausschließlich negativ beurteilte, hatte demnach mehrere Gründe: Der Rhetor hegte augenscheinlich Neidgefühle gegenüber der "großen Rivalin seiner Vaterstadt"[466], dem sich mächtig entwickelnden Konstantinopel, sowie gegenüber dem dort so erfolgreich tätigen Philosophieprofessor Themistios. Hinzu kam jene übergroße Verehrung Julians und die Bewunderung für dessen ostentativen Einsatz für die hellenische Philosophie und Rhetorik[467]. Die starke emotionale Betroffenheit des Rhetors erklärte sich aber vor allem daher, daß er selbst sich in Amt und Person von diesem Kaiser nicht hinreichend gewürdigt bzw. von dessen – insofern als barbarisch beschimpfter – Umgebung geradezu mißachtet gefühlt hatte: Es waren die nichtswürdigen Eunuchen, welche, vom Kaiser geliebt und zu Ratgebern und Lehrern gemacht, auf alle Weise die Erziehung zu den λόγοι vertrieben hätten, indem sie nämlich diejenigen kleingemacht hätten, die sich mit ihr beschäftigt hätten[468]. Auch hätten sie die Christen beim Kaiser eingeführt[469], wodurch den λόγοι – aufgrund ihrer engen Verwandtschaft zu den ἱερά – eine weitere Schädigung zugefügt worden sei: Es war die Überzeugung

τῆς βουλῆς κατεπάλαισεν ὀξέως... .

463 Aur.Vic.42,23: *...litterarum ad elegantiam prudens atque orandi genere leni iocondoque.*

464 Petit, 1955, S. 364.

465 P. Allard, Julien l' Apostat, 3 Bde., Paris 1906-1910, Bd. 3, S. 332, urteilte über die von Julian eingestellten und von Libanios so hochgelobten Dichter und Rhetoren: "(L)'empereur offrit des postes à des rhéteurs bavards, totalement incompétents et inexpérimentés" (zitiert nach Petit, 1955, S. 364 f, Anm. 11).

466 Petit, 1957, S. 234.

467 Vgl. Lib.18,157-61.

468 Lib.62.9.10.

469 Lib.62,10: ...εἰσῆγον δὲ τοὺς ὠχρούς, τοὺς θεοῖς ἐχθρούς, τοὺς περὶ τοὺς τάφους, ὧν τὸ σεμνὸν διασῦραι τὸν Ἥλιον καὶ τὸν Δία καὶ τοὺς σὺν ἐκείνῳ ἄρχοντας.

des Libanios – so Fritz Schemmel –, daß "mit dem Sinken des alten Glaubens auch die Beredsamkeit dahin(schwände)"[470].

Umgekehrt sollte, so stellt es Libanios dar, durch die Politik des Sohnes des ersten christlichen Kaisers nicht nur der Niedergang der λόγοι, sondern auch der Untergang des alten Glaubens, der ἱερά, eingeleitet werden.

2.3.2. Zerstörung der ἱερά

Libanios klagt, daß Julian die Tempel der Götter in Ruinen, ihre Riten verbannt, die Altäre umgestürzt, die Opfer unterdrückt, die Priester vertrieben und den Reichtum der Heiligtümer unter eine Bande von Schurken aufgeteilt vorgefunden hätte[471]. Konstantin hätte die Götter ihres Reichtums entblößt, Konstantios obendrein deren Heiligtümer niedergerissen und – indem er jedes heilige Gesetz hinweggewischt hätte – sich selbst zum Gesetz gegeben[472].

Tatsächlich war Konstantios per Gesetz in äußerst rigider Form gegen das Heidentum und dessen Kultausübung vorgegangen: Im Jahre 353 hatte er zunächst die nächtlichen – privaten wie öffentlichen – Opfer untersagt[473]; 354 folgte ein generelles Opferverbot und der Befehl, alle Tempel in Stadt und Land zu schließen. Bei Übertretung drohte der Kaiser mit Todesstrafe und nachfolgendem Vermögenseinzug[474]; beides wurde im Jahre 356 noch einmal wiederholt[475].

Damit war zum ersten Mal in der antiken Geschichte der heidnische Kult an sich verboten worden. Allerdings fällt auf, daß der Kaiser danach "nicht nur keine neuen Gesetze gegen den heidnischen Kult (verordnete), sondern ... auch nicht auf der Durchführung der früheren Erlasse (bestand)"[476]. Das galt insbesondere für den stadtrömischen Bereich, wo Konstantios anläßlich seines Besuches im Jahre 357 zu einer Aussöhnung mit dem dortigen Heidentum bereit war; vielleicht überwältigt vom Eindruck der "Ewigen Stadt"[477], "überhäufte er die

---

470 Schemmel, 1907, S. 24.

471 Lib.18,23: ᾧ δὴ καὶ διαφερόντως τὴν καρδίαν ἐπλήττετο νεώς τε ὁρῶν κειμένους καὶ τελετὰς πεπαυμένας καὶ βωμοὺς ἀνατετραμμένους καὶ θυσίας ἀνῃρημένας καὶ ἱερεῖς ἐλαυνομένους καὶ τὸν τῶν ἱερῶν πλοῦτον εἰς τοὺς ἀσελγεστάτους μεμερισμένον. Vgl. Lib.30,38, wo es heißt, daß Konstantios Tempel zerstört hätte und seinen Höflingen Tempelschätze hätte zukommen lassen.

472 Lib.62,8: ὁ μὲν γὰρ ἐγύμνωσε τοῦ πλούτου τοὺς θεούς, ὁ δὲ καὶ κατέσκαψε τοὺς ναοὺς καὶ πάντα ἱερὸν ἐξαλείψας νόμον ἔδωκεν αὑτὸν.. .

473 CTh.16,10,5.

474 CTh.16,10,4.

475 CTh.16,10,6.

476 Moreau, 1959, S. 168 (unter Bezugnahme auf Symm.rel.3,7).

477 Amm.Marc.16,10,13-17.

römischen Heiden mit Gnadenbeweisen"[478]. Doch auch andernorts blieben in seinem Reiche nach wie vor viele der heidnischen Tempel geöffnet: Julian konnte nach seiner Ankunft in Antiocheia die Tempel des Zeus, der Fortuna, der Demeter und des Apollon in Daphne aufsuchen[479] und von Aristophanes war bekannt, daß er in die Tempel ging, um dort zu den Göttern zu beten[480]. Zosimos jedenfalls führte die tatsächliche Schließung der Tempel und das Ende der Opfer erst auf Theodosios zurück[481].

Libanios mochte folglich mit seinen Worten übertrieben haben; laut Geffcken zeigte er gerne "in der Erinnerung an das Geschehene eine Märtyrermiene"[482] und auch Petit hebt hervor, daß das Zeugnis des Libanios geprägt ist "par l'esprit des minorités, qui se croient aisément persécutées"[483]. Wenn es trotzdem bereits unter Konstantios dazu gekommen war, daß – wie der Rhetor schreibt – nicht nur Kult und Opfer verboten, sondern die Tempel zerstört, ihre Reichtümer geplündert und die Priester vertrieben wurden, so ist bei der Beurteilung dieser Geschehnisse auch der Einfluß der munizipalen Organe zu bedenken. Denn sie waren es, denen die Umsetzung der kaiserlichen Religionsgesetzgebung oblag, und in ihrer Hand lag es, den Raub der Tempel und den Bau christlicher Kirchen zu beschließen oder aber nicht[484]. Deshalb ist vermutet worden, daß der in jenen Jahren immer wieder praktizierte Tempelsturm der Christen durch die kaiserliche Gesetzgebung nicht angestachelt, als vielmehr nachträglich gedeckt werden sollte[485]. Sicherlich eher im Sinne des Konstantios war es, wenn Tempelgüter und -gebäude verkauft und zweckentfremdet wurden: Beispielsweise wurde in Antiocheia der Tempel der Fortuna als Vortragssaal für Rhetorikprofessoren ge-

---

478 Moreau, 1959, S. 169. Moreau zitiert weiter (ebd.) Symmachus, rel.3,7, wo es über Konstantios heißt: "'Von den Privilegien der sacrae virgines (Vestalinnen) hat er nichts geschmälert. Die (vakanten Stellen der) Priesterschaften füllte er mit Adligen auf. Der römischen Staatsreligion hat er die staatliche Unterstützung nicht entzogen. Überall auf den Straßen folgte er dem frohgestimmten Senat und sah sich ruhig die Tempel an, las die auf ihren Giebeln aufgeschriebenen Namen der Götter, fragte nach dem Ursprung der Heiligtümer und bewunderte ihre Stifter. Und während er selbst einer anderen Religion verschrieben war, hat er diese in seinem Reiche erhalten'".

479 Petit, 1955, S. 198.

480 Petit, 1955, S. 198, Anm.1.

481 Vgl. Zos.4,29 u. 4,33.

482 Geffcken, 1920, S. 98.

483 Petit, 1955, S. 191.

484 Dagron, 1968, S. 181 f, weist darauf hin, daß es in Caesarea die Kurie war, welche unter Konstantios entschied, ihre Tempel des Zeus und Apollon zu zerstören (vgl. Soz.5,4).

485 Geffcken, 1920, S. 98.

nutzt, und Libanios selbst war im Jahre 354 angeboten worden, seine Schule in einem Tempel zu eröffnen[486].

Der Kaiser unterschied ganz offensichtlich zwischen dem kulturellen und dem kultischen Erbe des antiken Heidentums. Während er ersterem in hohem Maße seine Achtung zukommen ließ, suchte er letzteres – und zwar zunächst mit aller Schärfe – zu bekämpfen. Dies macht erst verständlich, daß er den Heiden Themistios kurz nach der Herausgabe seines ersten generellen Kult- und Opferverbotes[487] so sehr auszeichnen konnte, daß er ihn dem Senat von Konstantinopel als neues Mitglied anempfahl[488]. Zudem waren die Heiden im öffentlich-politischen Leben hochgeachtet und den Christen gleichgestellt; nicht auf der Ebene des Hofes, wohl aber auf Provinzebene blieben die staatlichen Funktionäre auch unter Konstantios in ihrer Mehrheit Heiden[489].

Der Hinweis auf die liberale Anwendungspraxis jener Religionsgesetze des Konstantios entbindet nun aber nicht davon, nach den Gründen für die außerordentliche Rigidität ihrer verbalen Zielsetzung und Schärfe ihres Wortlautes zu suchen. Wichtige Aufschlüsse hierzu liefert das Religionsverständnis des Kaisers mit seiner Verankerung in altrömisch-heidnischen Überzeugungen, so wie es von Klein dargelegt wurde[490].

Und zwar war die römische Religion ihrem Wesen nach immer eine Staatsreligion gewesen, das heißt, sie war durch ihre Staatsbezogenheit charakterisiert. Insofern hielt man das Gedeihen des Staates für unlöslich mit den Göttern verknüpft und sah in einem sorgfältig geordneten Opfervollzug – nicht aber in der Pflege eines Dogmas – die Garantie für den Erhalt der göttlichen Fürsorge für die *civitas Romana*[491]. Die Vernachlässigung dieses Staatskultes wurde demzufolge als "ein nicht zu verantwortendes Aufgeben des überirdischen Schutzes für das Reich" begriffen; daher legte die römische Religion dem Bürger wohl "die Beobachtung einer bestimmten Kultform auf, verlangte ihm aber kein Kredo ab"[492].

In diesen altrömischen Auffassungen wurzelten auch die Überzeugungen des Konstantios[493]. Wie vor ihm Diokletian seine Bemühungen, die Staatsmacht zu restaurieren, in Zusammenhang gesehen hatte mit seiner Sorge um die Aufrecht-

486 Petit, 1955, S. 197.
487 CTh.16,10,4 aus dem Jahre 354.
488 Das war im Jahre 355; Petit, 1957, S. 216.
489 Petit, 1955, S. 203.
490 Klein, 1977, passim, insbes. S. 270-97.
491 Ebd., S. 270-75.
492 Ebd., S. 272 f.
493 Ebd., S. 270 ff.

erhaltung des heidnischen Staatskultes[494], so meinte später auch Konstantios, für die rechte Gottesverehrung verantwortlich zu sein: Gemäß der wichtigsten Pflicht des christlichen Kaisers, für Frieden und Eintracht zu sorgen[495], war es seine – schon von seinem Vater Konstantin erklärte – Absicht, alle Menschen des *orbis Romanus* in der christlichen Anbetung zu einen[496]. Mehr als um die Durchsetzung einer festgefügten, dogmatischen Lehre ging es auch ihm um den gemeinsamen Gottesdienst der geeinten Staatsbürger[497]. Folglich waren die Entscheidungen dieses Kaisers auf religiösem Gebiet immer auch politisch motiviert: Konstantios "vertrat mit innerer Überzeugung die zu Ende gehende antikchristliche Haltung, die vom Primat des politischen Bereiches über den religiösen und von weitgehender Toleranz im Denken und Handeln geprägt war"[498].

Bezogen auf die zur Diskussion stehende Schärfe seiner Heidengesetzgebung heißt das, daß jene verbale Rigidität weniger einem forcierten Bekehrungseifer oder gar religiösen Fanatismus entsprungen war, als daß sich in ihr die Sorge um den rechten Kult manifestierte: Konstantios ging es darum, den christlichen Gottesdienst als den offiziell gültigen Staatskult zu etablieren, denn die christliche Gottheit hatte sich ihm durch seine weithin sichtbaren Erfolge – seine Siege über die Usurpatoren sowie die überaus lange Regierungszeit – legitimiert[499]. In-

494 Ebd., S. 273. Vgl. Martin, 1987, S. 8, der zur Christenverfolgung unter Decius schreibt: "Decius hat zwar von allen Reichsbewohnern ein Opfer verlangt; die Christen konnten aber – so die Auffassung des Staates – Christen bleiben, sofern sie nur opferten".

495 Klein, 1977, S. 288 ff.

496 Ebd. u. S. 279.

497 Ebd., S. 288 ff. Der Autor verweist darauf, daß Konstantios in seinen Ansichten ganz und gar vom Vater geprägt war (ebd., S. 282 ff): Schon jener hatte es für seine Pflicht gehalten, "für den rechten Gottesdienst zu sorgen und keine bedrohlichen Spaltungen aufkommen zu lassen (ebd., S. 277). Und gerade auch Konstantin hatte wenig Verständnis für die Notwendigkeit dogmatischer Kämpfe: "Da dem heidnischen Religionsverständnis für alle verpflichtende Glaubens- und Bekenntnisformeln fremd waren, können sie auch jetzt im Denken des Kaisers nicht den Stellenwert beanspruchen, den sie in der Kirche im Laufe der Entwicklung immer mehr bekamen (ebd., S. 277 f).

498 Klein, 1977, S. 297. Im Gegensatz zur geläufigen Forschungsmeinung hat Klein überzeugend dargelegt, wie sich diese Haltung des Konstantios insbesondere an seinem Vorgehen im sog. christologischen Streit dokumentierte. So war der Kaiser – nach Klein – seit 357 in immer neuen Ansätzen "darauf bedacht, ein für alle christlichen Angehörigen des Reiches annehmbares Glaubenssymbol zu finden" (ebd., S. 293). Wenn ihm infolgedessen von den Bischöfen wiederholter Glaubenswechsel vorgeworfen wurde, "so bedeutete eine solche Vorhaltung ein grundsätzliches Mißverständnis seines altrömisch geprägten, auf möglichst umfassende Tolerierung zahlreicher Gruppen ausgehenden Religionsverständnisses" (ebd.).

499 Vgl. Klein, 1977, S. 282 f.

folgedessen hing von ihrer Anbetung, entsprechend seiner altrömisch geprägten Auffassung, das zukünftige Wohl und Wehe des Staates ab.

Das Gewicht des politischen Aspektes in der Religionsgesetzgebung des Konstantios zeigen auch ihr Beginn und Ende an: So setzten die Heidengesetze nach dem Sieg des Kaisers über den westlichen Usurpator Magnentius ein, durch welchen das Heidentum "politisch wieder relevant geworden"[500] war. Das eigentliche Kultverbot wurde ausgesprochen, als die Verhältnisse im Osten durch die Willkürherrschaft des Caesars Gallus äußerst labil geworden waren[501]; das Ende seiner Religionsgesetzgebung aber wurde markiert durch den Rombesuch des Kaisers, in dessen Verlauf es zu einer Aussöhnung mit dem römischen Heidentum gekommen war[502].

Nach jenem Rombesuch erließ Konstantios nurmehr ein Edikt gegen verschiedene Formen der Magie, dem bereits zwei entsprechende Gesetze vorausgegangen waren[503]. Bei Libanios spiegelt sich dies wieder, wenn er sagt, daß unter Konstantios die Seher von Furcht geplagt[504] und Unschuldige der Magie überführt[505] worden wären. Allerdings war es nicht dogmatische Intoleranz, welche den Kaiser zu dieser Gesetzgebung veranlaßte, sondern das "Verbot von Divination und Magie (war) in erster Linie Waffe gegen Majestätsverbrechen"[506]. Ähnliche Gesetze hatte es bereits in vorchristlicher Zeit gegeben[507], und auch Konstantios ging es mit diesem Gesetz augenscheinlich nicht in erster Linie darum, das Heidentum an sich zu treffen, sondern der Kaiser wollte seine Herrschaft – nach den wiederholten Usurpationen[508] – besser vor politischen

---

500 Noethlichs, 1971, S. 62. Geffcken, 1920, S. 98, schreibt: "Die Schilderhebung des Magnentius vom Jahre 350 gegen die Constantinssöhne brachte den heidnischen Untertanen des Empörers die Erlaubnis der nächtlichen Opfer; es heißt, die Anhänger des alten Glaubens hätten sich zu den Feldzeichen des heidnischen Rebellen gedrängt".

501 Noethlichs, 1971, S. 62 f. Zum Fall des Gallus vgl. unten, Kap. III 1.2.

502 Noethlichs, 1971, S. 65. Bei Moreau, 1959, S. 169, heißt es: "Constantius kam ... als Realpolitiker; er wollte die Träger der röm. Tradition endgültig beschwichtigen u. für sich gewinnen". Wie sehr ihm das tatsächlich gelungen war, beweist die Loyalität des römischen Senates anläßlich der Usurpation Julians; jener mahnte diesen auf ein Schreiben hin: *auctori tuo reverentiam rogamus* (Amm.Marc.21,10,7).

503 CTh.9,16,6 aus dem Jahre 358 sowie CTh.9,16,5 u.4 aus den Jahren 356/7. Vgl. hierzu Noethlichs, 1971, S. 65 ff.

504 Vgl. Lib.18,126: Durch Julian seien die Seher von Furcht befreit worden (μάντεις ἐλεύθεροι φόβου).

505 Lib.18,138: τοὺς δὲ τῶν γοήτων ἐλέγχους τοῖς πόρρω τῆς αἰτίας προσάπτοντες... . Vgl. Lib.18,131.

506 Rosen, 1970, S. 242.

507 Noethlichs, 1971, S. 66.

508 Vgl. Rosen, 1970, S. 244.

Verschwörungen von heidnischer Seite schützen. So richtete sich jenes letzte Edikt ausdrücklich gegen Personen des kaiserlichen Gefolges, die der Magie überführt waren. Sein Kernpunkt war – laut Noethlichs – "die Begründung des Kaisers für die Bestrafung: Diese Leute seines Gefolges seien gleichsam Hochverräter (*pulsant ipsam propemodum maiestatem*). Hier haben wir die rechtliche Anknüpfung an die Majestätsprozesse. Die '*crimina laesae maiestatis* ' bildeten die juristische Handhabe dafür, auch Magie und Zukunftsdeutung zu verfolgen. Der Kaiser fühlte sich offensichtlich durch Wahrsagerei politisch gefährdet". Entsprechend lautete die Anklage in den Prozessen, von denen Ammian (XIX,12,1 ff) für das Jahr 359 berichtete, immer auch auf '*crimen laesae maiestatis* ', niemals nur auf Magie oder Ähnlichem"[509]. Insbesondere der Prozess gegen den heidnischen Philosophen Demetrios Chytras[510] lieferte ein "augenfälliges Beispiel dafür, daß nicht der alte Glaube an sich getroffen werden sollte", sondern es vielmehr um die "Sicherheit des Kaisers vor politisch-religiösen Verschwörungen" ging[511] – ein Tatbestand, den Libanios offensichtlich nicht zugeben mochte, wenn er schreibt, daß unter Konstantios vollständig Unschuldige der Magie angeklagt worden seien[512].

Zusammenfassend ist zur Haltung des Konstantios gegenüber dem Heidentum zu sagen, daß von ihm weder persönliche Überzeugungen angegriffen noch die pagane Kultur angetastet wurden: Doch hat er die heidnischen Opfer, da sie immer wieder auch Mittel politischer Agitation waren[513], auf öffentlicher wie privater Ebene verboten und hat – gerade in den politisch schwierigen Jahren nach 353 – den heidnischen Kult selbst zu unterbinden und den christlichen Gottesdienst als den einzig gültigen Staatskult zu etablieren gesucht. Getragen wurde Konstantios dabei von einer Überzeugung, welche Libanios in ähnlicher Weise auch für sich selbst zum Ausdruck gebracht hatte: "Die Sicherheit unserer Städte liegt in der Anbetung der Götter begründet"[514]; bei Konstantios hieß das: *scientes magis religionibus quam officiis et labore corporis vel sudore nostram rem publicam contineri*[515].

509 Noethlichs, 1971, S. 68 f.
510 Amm.Marc.19,12,12.
511 Noethlichs, 1971, S. 277, Anm. 419 u. S. 67.
512 Lib.18,138. Auf die hier angesprochene Thematik der Majestätsprozesse unter Konstantios ist in Kap. III 1.4. der vorliegenden Arbeit näher einzugehen.
513 Vgl. Noethlichs, 1971, S. 62.
514 Lib.12,69: ...ἐν τῇ θεραπείᾳ τῶν κρειττόντων αἱ πόλεις <σῴζονται>.
515 CTh.16,2,16. Klein, 1977, S. 294 f u. 294, Anm. 33. Dabei spielt es keine Rolle, daß Libanios den außenpolitischen Aspekt anspricht und Konstantios den innenpolitischen; bedeutsam ist vielmehr, daß beide die *salus rei publicae* in Abhängigkeit von einer sorgfältigen Verehrung des Gottes/der Götter begreifen.

Die hier zum Ausdruck kommende geistige Verwandtschaft konnte der Rhetor freilich nicht sehen und hätte dies wohl auch nicht gewollt. Für ihn war und blieb der christliche Kaiser ein τύραννος, der, indem er jedes heilige Gesetz hinweggewischt, sich selbst zum Gesetz gegeben hätte[516] – eine Einschätzung, die auch keinerlei Veränderung durch die Tatsache erfuhr, daß Konstantios sich in den letzten Jahren seiner Regierung wieder zu einer sehr viel liberaleren Haltung gegenüber dem Heidentum durchgerungen hatte.

Fazit

Libanios hatte dem christlichen Kaiser Konstantios vorgeworfen, mit seiner Religionspolitik den alten Glauben ruiniert zu haben[517]. Dieser Vorwurf mag aus dem Munde eines überzeugten Heiden, welcher die Christen und ihre Religion durchaus nicht liebte[518], nicht sonderlich verwundern, zumal das Heidentum von Konstantios sein erstes generelles Kult- und Opferverbot hatte hinnehmen müssen. Im Gegensatz zur modernen Forschung dürfte es den Rhetor dabei kaum interessiert haben, daß die diesem Verbot zugrunde liegende Motivation sich mit der eigenen Überzeugung deckte: Beide, Rhetor wie Kaiser, waren geprägt von einer antiken Tradition, gemäß derer das Wohl des Staates in Abhängigkeit von der rechten Gottesverehrung gesehen wurde; doch für Libanios hatte sich mit der Politik des Kaisers wiederum nur dessen gesetzlose Tyrannennatur bestätigt.

Ausschließlich negativ stellte der Rhetor dann auch die Bildungspolitik des Kaisers dar. Deren Untersuchung hatte allerdings ergeben, daß die Kritik des Libanios so nicht berechtigt war: Weder war der Kaiser selbst der ungebildete und an Bildung uninteressierte Barbar, als den ihn der Rhetor zu präsentieren suchte, noch war er von einer Beamtenschaft aus bloßen Barbaren umgeben. Vielmehr waren die λόγοι nach wie vor der kaiserlichen Fürsorge gewiß und literarische Bildung blieb ein entscheidendes Kriterium beim Aufstieg innerhalb der Beamtenhierarchie.

Von den höheren Chargen wurden daneben nun allerdings auch Kenntnisse in lateinischer Sprache und römischem Recht gefordert. Daß Libanios diese Entwicklung mit solchem Argwohn betrachtete, ist nicht nur mit seiner Sorge um die eigene Stellung als Rhetoriklehrer zu erklären, sondern hat darüber hin-

516 Lib.62,8. Vgl. Plat.Pol.563 d: Die Tyrannis entwickelt sich in einer Atmosphäre, in der jede Achtung vor den Gesetzen geschwunden ist; vgl. auch Plat.Pol.575 a.

517 Vgl. Lib.18,157 ff.

518 Vgl. Petit, 1955, S. 204, wo es zur Einstellung des Libanios gegenüber den Christen heißt: "... les chrétiens sont les 'maudits', les 'méchants', les 'impies', les athées ou les sacrilèges, 'ce qu'il faut détester', 'les 'autres', les adversaires, les menteurs, les ennemis des Dieux, ceux enfin 'qui ne sont pas de nos amis'".

aus sehr viel mit seiner ablehnenden Haltung gegenüber Rom und dem Römertum zu tun. Der griechische Rhetor, "dem alles Römische so zuwider war"[519], wünschte nicht die Unterwerfung unter römische Bildungs- und Effizienzkriterien und damit ein Nachgeben der fortschreitenden Romanisierung des Ostens[520].

Bis dahin hatte sich der Orient, wiewohl der römischen Macht unterworfen, in kultureller Hinsicht seine Autonomie bewahren können; Kultur und Macht waren getrennte Sphären und die Zweisprachigkeit ein Ausdruck dieser Situation gewesen[521]. Diese Unabhängigkeit sah Libanios nun gefährdet: "(L)e péril de la romanité (s'insinue), symbolisé par le prestige de Rome, la connaissance de 'la langue des maîtres'...". In den Augen des Rhetors war das Lateinische "l'ennemi de l'hellénisme"[522], darüber hinaus aber auch "l'instrument du despotisme impérial", was zeigt, wie sehr er für sich immer noch die "Mentalität eines Besiegten" bewahrt hatte[523]. Die große innere Distanz des Libanios zu allem Römischen wird schließlich deutlich, wenn es in einem Brief an den von ihm so verehrten Julian heißt: "Als erstes bist du <selbst> ein Grieche und herrscht über Griechen"[524].

Konstantios, von Libanios immer wieder kritisiert und diffamiert, war dagegen ganz römischer Herrscher: Entsprechend den von seinen Vorgängern eingeschlagenen Wegen suchte er die Bürokratisierung und Zentralisierung des Reiches voranzutreiben, die Beamtenausbildung mit Effektivitätskriterien zu verbinden und der Christianisierung des Reiches seine Unterstützung zukommen zu lassen. Dies waren Bestrebungen, welche dem konservativen, traditionalistisch gesinnten Heidentum des Libanios und seinen rückwärts gewandten Idealen entgegen standen[525]; mit dessen Vorstellungen von einer autonomen griechischen πολιτεία und einer jenseits aller Utilitätskriterien anzusiedelnden hellenischen

---

519 Foerster/Münscher, 1925 (s.v. Libanios), Sp. 2542.

520 Vgl. Petit, 1955, S. 363 ff, insbes. S. 364. Vgl. auch Dagron, 1968, S. 202, wo es heißt, daß eine solche Romanisierung des hellenistischen Ostens zunächst bedeutete, daß die παιδεία aufhörte, "désinteressée" zu sein.

521 Dagron, 1968, S. 202, schreibt über die Situation des Ostens im Römischen Reiche bis zum 4. Jahrhundert: "Jusque-là, l'Orient soumis au pouvoir romain conservait dans l'hellénisme une parfaite autonomie culturelle; ... la séparation de la culture et du pouvoir était devenue un des dogmes de l'hellénisme. Le bilinguisme caractérisait cette situation ...".

522 Petit, 1955, S. 366.

523 Vgl. Petit, 1955, S. 366 u. 366, Anm. 1, wo es heißt: "Libanios ne se sent pas romain, et garde la mentalité d'un vaincu".

524 Lib.15,25: πρῶτον μὲν Ἕλλην τις εἶ καί κρατεῖς Ἑλλήνων. Vgl. Lib.14,27.

525 Vgl. Petit, 1955, S. 191, über das Heidentum des Libanios: "Son paganisme ... est essentiellement hellénique et culturel, une religion de professeur, étroitement conservatrice et traditionaliste ...".

παιδεία waren sie kaum in Einklang zu bringen. Vor allem hatte sich Konstantios in den Augen des konservativen Heiden bereits dadurch ins Unrecht gesetzt, daß es sein Ziel war zu reformieren, nicht aber zu restaurieren[526]. Denn – wie es Ioannes Lydos eimal formulieren sollte -: "Neuerungen einzuführen, macht die Eigentümlichkeit der Tyrannis aus"[527].

*

Libanios erwies sich in seiner Kritik an den innenpolitischen Zuständen unter Konstantios, welche er in den julianischen Reden geäußert hatte, immer wieder als ein *laudator temporis acti*[528]: So machte die Kritik des Rhetors am neuen, orientalisierenden Stil des kaiserlichen Hofes deutlich, daß Libanios den überlieferten, doch von der geschichtlichen Entwicklung längst überholten Wertsetzungen eines humanistisch geprägten Griechentums verhaftet war. Des weiteren entdeckte ihn seine Kritik am Abzug provinzialer Eliten an den Hof und in die neue Hauptstadt sowie an den sich mehrenden Eingriffen des zentralen Beamtentums auf regionaler Ebene als einen Gegner Roms und römischer Herrschaft überhaupt wie auch als einen Verfechter der längst verlorenen städtischen Autonomie. Hinter seiner Kritik am Vordringen römischen Rechts und lateinischer Sprache sowie römischer Bildungs- und Effizienzkriterien stand der Kampf des griechischen Rhetors um die Vorherrschaft einer von allen Utilitätskriterien frei zu haltenden hellenischen παιδεία. Und schließlich vertrat der Heide Libanios eine "conception désuète du polythéisme"[529] gegenüber einem sich immer stärker ausbreitenden Christentum[530].

Während Teile der Forschung, insbesondere der hier immer wieder zitierte Historiker und Libaniosforscher Paul Petit, dieser rückwärts gewandten Optik des griechischen Rhetors mit Verständnis begegneten[531], ist in dieser Arbeit die

---

526 Vgl. Petit, 1955, S. 394: "En effet le siècle entier ... se partage en deux tendances opposées: la révolutionnaire, celle de Constantin et Constance ..., et la traditionaliste, celle de Dioclétien, de Julien ...". Bei Dagron, 1968, S. 59, heißt es darüber hinaus: "Eunape et Zosime, historiens de la 'réaction paienne', désignent Constance comme principal exécuteur de la politique 'constantinienne': ils le condamnent pour ses 'innovations' et appellent son règne une tyrannie" (vgl. ebd., S. 144 ff).

527 Lydus II,19. Vgl. Dagron, 1968, S. 145.

528 Vgl. Petit, 1955, S. 393.

529 Dagron, 1968, S. 146.

530 In Antiocheia war um die Mitte des 4. Jahrhunderts nicht nur das einfache Volk weitgehend christianisiert, sondern auch die Kurie ist "indiscutablement chrétienne, en sa majorité" (Petit, 1955, S. 200 f).

531 Petit, 1955, S. 393, kommentierte die Situation des Libanios mit den Worten 'Le siècle n' était guère favorable à cette forme d' esprit: la victoire du christianisme, le

These vertreten worden, daß jene Gebundenheit des Rhetors an geschichtlich überholte Traditionen und seine entschiedene Parteinahme für den letzten heidnischen Kaiser Julian zu einer einseitigen und damit verzerrten Darstellung des christlichen Kaisers Konstantios und seiner Regierung geführt hatten.

Infolgedessen wurde angezweifelt, daß es ausreicht, die vorgeblichen Bürokratisierungs- und Zentralisierungsbestrebungen des Kaisers ausschließlich negativ, als eine Entwicklung zum "totalitarisme impérial"[532] zu werten. Denn die Quellen lieferten Hinweise dafür, daß hinter dem Ausbau der Zentrale und verstärkten regionalen Überwachung sehr wohl auch das Bemühen des Konstantios um mehr Rechtlichkeit und Gesetzmäßigkeit in der kaiserlichen Verwaltung stand: Der Kaiser hoffte offenbar, eine bekanntermaßen korrupte Regionalverwaltung dadurch effizienter kontrollieren zu können.

Darüber hinaus wäre zu klären, ob der geleistete Ausbau des Verwaltungsapparates tatsächlich als Bürokratisierung im Sinne einer Entwicklung zum staatlichen Totalitarismus interpretiert werden kann. In der neuesten Forschung wird dies bestritten; so heißt es bei Migl bezüglich des Ausbaus der Verwaltung unter dem konstantinischen Kaisertum: "Das alles hat noch längst nicht das Maß an Kontinuität und Regelhaftigkeit, noch längst nicht eine innere Struktur, die den Schluß rechtfertigen könnte, bis zum Ende der konstantinischen Dynastie seien das Reich und seine Verwaltung im großen Stil bürokratisiert worden; die Verwaltungsdichte, die Zahl der Beamten, die Aufgabenfelder nahmen zwar zu, aber über das Stadium einer bedarfsabhängigen Koordination kam der Apparat offensichtlich nicht hinaus"[533].

Ferner ist infrage gestellt worden, daß jene "tendance romaine à l' efficacité technique"[534] wirklich dazu angetan war, so wie Petit es tut[535], den Haß des Libanios auf das Regime des Konstantios zu erklären. Denn die Einführung neuer Qualifikationskriterien bei der Besetzung der Staatsämter, die offenbar unter dem Gesichtspunkt einer größeren technischen Effizienz und erhöhten Professionalität vorgenommen wurde, ist nicht gleichzusetzen mit einer Abwendung von aller Kultur und Hinwendung zur Barbarei und auch nicht mit der Verachtung griechischer Rhetorik – selbst wenn der griechische Rhetor persönlich sich unter dem christlichen Kaiser nicht hinreichend gewürdigt fühlte[536].

Die Unterstützung, die der christliche Kaiser Konstantios einer Religion angedeihen ließ, die dem polytheistischen Heidentum des Libanios ablehnend ge-

---

progrès de la Romania, le développement du totalitarisme impérial, tout l' irritait".

532 Petit, 1955, S. 393.

533 Migl, 1994, S. 140.

534 Petit, 1955, S. 364.

535 Ebd..

536 Siehe oben, S. 176 ff.

genüber stand, und die Art und Weise, wie er deren Ausbreitung förderte, ließen schließlich die feindselige Darstellung seiner Religionspolitik durch den Rhetor verständlich erscheinen. Allerdings ist auch gezeigt worden, daß ein und dieselbe, in antikem Denken wurzelnde Überzeugung[537] der Grund dafür war, daß man auf heidnischer wie christlicher Seite eine gleichermaßen geringe Toleranz gegenüber dem Kult des anderen aufzubringen bereit war.

Doch nicht nur die Untersuchung der Inhalte seiner Kritik an den Zuständen unter Konstantios hatte Libanios als einen *laudator temporis acti* erwiesen; auch die Formen, in welche der Rhetor diese Kritik kleidete, entstammten alten Traditionen: So hatte sich Libanios immer wieder reichlich aus dem Reservoir der literarisch geprägten Muster griechischer Tyrannentopik bedient, um den Kaiser und seine höfische Umgebung zu charakterisieren; die u.a. bei Platon nachzulesenden, griechischen Tyrannentopoi waren ihm probates Mittel, um seiner Verachtung für beide – den Kaiser und das zentrale Beamtentum – Ausdruck zu geben.

Die detaillierte Analyse der einzelnen Kritikpunkte ergab allerdings, daß Libanios über die bloße Anwendung dieser Topoi nicht hinauskam. Ohne sein Urteil mit irgendwelchen Fakten zu untermauern, bezeichnete er die Hofbeamten des Kaisers insgesamt als "nichtswürdig", "nutzlos" oder sogar "anspeienswert", eine Menge "müßiger Vielfraße", welche nur den kaiserlichen Geldbeutel belasteten, ohne einem eigentlichen Zweck zu dienen. Damit setzte er sie dem "lärmenden Schwarm" des tyrannischen Hofstaates bei Platon, einem "Geschlecht von Faulenzern und Verschwendern", gleich. Konstantios selbst hätte gar "unter der Fuchtel" seines obersten Hofeunuchen gestanden, was den Kaiser – wie den platonischen Tyrannen – zum "kriechenden Knecht" eines anderen degradierte und ihn somit als minderwertig – weil zutiefst unfrei – charakterisierte.

Wenn Paul Petit dem Kaiser schließlich ein "assez triste image" attestierte und ihn als "l'otage d'un personnel civil assez discutable"[538] bezeichnete, so handelt es sich dabei um eine unzulässige Übernahme eben jener toposgeprägten Tyrannenschemata. Denn die uns bekannten Fakten haben dieses von Libanios überlieferte negative Bild des Konstantios und seiner Regierung nicht bestätigen können.

Vor allem erwies die Heranziehung neuerer Forschungsergebnisse, daß die Gründe für den veränderten Stil des kaiserlichen Hofes wie auch die anwachsende Macht der Hofbeamten nicht primär, wie Libanios es darstellte, in der Per-

537 Vgl. oben, S. 184, wo darauf hingewiesen wurde, daß sowohl Konstantios als auch Libanios der Auffassung waren, daß die Sicherheit der Städte in der rechten Kultausübung begründet liege.

538 Petit, 1981, S. 657.

sönlichkeit des Konstantios zu suchen sind, sondern beide Phänomene vielmehr strukturell bedingt waren: Bei der Stützung des zunehmend an Machtverlust leidenden spätantiken Kaisertums hatten der orientalisierte Hof und die Palastbeamten eine bedeutende gesellschaftspolitische Funktion zu erfüllen. Insbesondere sind die *notarii* und *agentes in rebus* des Konstantios nicht einfach als die "véritable police politique"[539] eines verhaßten tyrannischen Herrschers abzutun, deren Hauptaufgabe darin bestand, Spitzeltätigkeiten für diesen auszuüben. Aufgrund der unzureichenden Disziplinierung des spätantiken Verwaltungsstabes stellten sie sich vielmehr dar als die Angehörigen einer unabdingbaren Vertrauensmannschaft des Kaisers, welche er in den unterschiedlichsten Funktionen zu ganz unterschiedlichen Zwecken einsetzten konnte.

In der Tat schien Konstantios durchaus nicht jener unfreie und unter der Bevölkerung so verhaßte Tyrann[540] gewesen zu sein, als welchen ihn Libanios in seinen Julianreden immer wieder präsentierte. So hatte sich auch der Rhetor – wie noch zu zeigen sein wird[541] – in seiner frühen 59. Rede bei aller nicht zu übersehenden Kritik immer wieder bemüht, den Kaiser vom Tyrannen abzugrenzen; in einer seiner späten Reden sollte Libanios dann gar zugestehen, daß in der Bevölkererung für Konstantios gebetet worden sei, weil man "unter seiner Milde gegenüber den Städten" hätte leben wollen[542].

Demnach hatte sich Libanios auch was die Darlegung des innenpolitischen Wirkens des Konstantios anging, in seinen in den 60er Jahren verfaßten julianischen Reden – augenscheinlich sehr zu Unrecht – der überlieferten Tyrannenschemata bedient, um den von ihm so abgelehnten Herrscher zu disqualifizieren. Ohne dem Zuhörer auch nur die notwendigsten Fakten zu übermitteln, welche ihm ein eigenes Urteil bzw. eine Überprüfung der dargebotenen Schlüsse hätten ermöglichen können, stellte der Rhetor die Darstellung und Interpretation des Geschehens unter einen alles bestimmenden Aspekt[543]: Die Herausstellung des heidnischen Kaisers Julian als des wahren βασιλεύς gegenüber einem vermeintlich untauglichen christlichen Herrscher Konstantios.

---

539 Petit, 1981, S. 656.

540 Siehe oben, S. 8 f sowie Vogler, 1979, S. 287.

541 Siehe Kap. III 2.

542 Lib.19,49. Siehe hierzu unten, Kap. III 2.

543 Vgl. hierzu das Urteil von Liebeschuetz, 1972, S. 31 ff, über die Reden des Libanios als historische Quellen, wo es u.a. heißt (S. 37): "When Libanius is writing a particular speech he is concerned with one point of view only and all facts in it are used to strengthen the one argument. ... Just as Libanios interprets the facts comprised in a speech to make them serve his argument, so he simplifies his conclusions to make them more striking and effective".

Damit hatte der griechische Rhetor und Heide entschieden Partei ergriffen. Daß er, der Lobredner eines "heidnischen, freien und vorrömischen Antiocheia"[544], das christliche römische Kaisertum nicht liebte, ist verständlich; verständlich ist auch, daß Libanios, seinem Zeithorizont entsprechend, vieles persönlich erklärte und zum Thema individueller Moral erhob, was wir heute strukturell zu erklären gewohnt sind – über all das ist hier nicht zu urteilen.

Dagegen hat sich der moderne Historiker bei der Beurteilung des von Libanios vermittelten Konstantiosbildes sehr wohl von jenen eigenen Sichtweisen des Rhetors zu distanzieren: In seinem Wissen um die deutliche Standortgebundenheit des Redners und die sich daraus ergebenden Darstellungsabsichten kann und darf er sich nicht damit begnügen, dessen Kaiserbild ungeprüft zu übernehmen, zumal wenn er um das Ausmaß des Konstruierten und die immer wieder auftretenden rhetorischen Simplifizierungen weiß. Hier ist versucht worden zu zeigen, daß sich Konstantios unter den spezifischen Bedingungen des römischen Kaisertums um die Mitte des vierten Jahrhunderts durchaus nicht als ein Feind der Städte, ihrer Freiheiten und ihrer Kultur, erwies und schon gar nicht der τύραννος war, als welchen ihn Libanios immer wieder hinzustellen suchte.

544 Petit, 1981, S. 148.

III) Τύραννος oder Βασιλεύς

Vorbemerkungen

Während die Kritik, welche Libanios an der Innen- wie Außenpolitik des Konstantios übte, vor allem an Umfang und Schärfe zunahm, ist das Persönlichkeitsbild, welches der Rhetor in seinen verschiedenen Schaffensperioden von diesem Kaiser vermittelte, von Widersprüchen geprägt.

Diese Widersprüchlichkeit tritt besonders deutlich dort zutage, wo von den verschiedenen Maßnahmen, welche Konstantios zwecks Absicherung seiner persönlichen Herrschaft getroffen haben sollte, die Rede ist: So behauptete Libanios in den julianischen Reden, daß der Kaiser – ganz nach Tyrannenart und allein um seine Macht zu erhalten[1] – auch vor Verwandtenmorden nicht zurückgeschreckt, seine beiden Neffen, die Caesaren Gallus und Julian, mit Neid und Mißgunst verfolgt, in skrupelloser Art und Weise Bürgerkriege initiiert und – furchtsam und mißtrauisch wie er nun einmal gewesen sei – das Land immer wieder mit Majestäts- und Magieprozessen in Angst und Schrecken versetzt hätte. Dagegen pries der Rhetor gut zwanzig Jahre später die außerordentliche Milde und Sanftmut, welche der Kaiser gegenüber einigen Aufständischen hätte walten lassen, und stellte diese als geradezu vorbildhaft für den Umgang eines Herrschers mit aufrührerischen Kräften hin.

Libanios scheute sich demnach nicht, Konstantios einerseits als den vollendeten τύραννος zu präsentieren, der seine Herrschaft auch mit despotischen Mitteln zu verteidigen bereit war; andererseits zeichnete er das Bild eines Kaisers, der, Milde und Nachsicht mit Aufständischen übend, sich wiederholt als βασιλεύς erwies. Um diesen Widerspruch auflösen und erklären zu können, sollen nun folgende Themen behandelt werden:

Zunächst wird der Rolle des Kaisers während der blutigen Wirren am Hofe in Konstantinopel nach dem Tode Konstantins nachzugehen sein; es sollen die Vorgänge um die Abberufung und Hinrichtung des Gallus sowie die vermeintliche Nötigung Julians in Usurpation und Bürgerkrieg erörtert werden, um

1 Vgl. Plat.Pol., wo es heißt, daß der Tyrann zwecks Herrschafts- und Besitzsicherung fortlaufend kriegerische Unruhen in Gang hielte (557 a), mit Raub und Gewalt selbst gegen seine Eltern vorginge (574 ab) und vor keinem entsetzlichen Mord zurückschreckte (574 e).

schließlich die dem Konstantios unterstellte *licentia* eines Tyrannen kritisch zu beleuchten.

Sodann sind die Züge des positiv geprägten Gegenbildes, mit welchen Libanios den Kaiser in seiner 19. Rede charakterisierte und mit welchen er ihm auch bereits in seiner 59. Rede die Qualitäten eines βασιλεύς zugesprochen hatte, zu behandeln. Ziel ist, die Widersprüchlichkeit der beiden Bilder durch eine quellenkritische Untersuchung der Aussagen des Libanios aufzulösen und zu erklären, um so – in Distanz zu den Wertungen und Sichtweisen des Rhetors – zu einigen abschließenden, jedoch notwendigerweise fragmentarisch bleibenden Äußerungen über die historische Persönlichkeit des Konstantios zu gelangen.

1. Konstantios als vollendeter Tyrann

1.1. Die Rolle des Kaisers während der blutigen Wirren am Hofe in Konstantinopel nach dem Tode Konstantins

Von den Ereignissen um die blutigen Vorgänge, die sich am Kaiserhofe in Konstantinopel nach dem Tode Konstantins am 22. Mai 337 abgespielt haben[2], ist wenig Genaues bekannt. Die Aussagen der uns überlieferten Quellen sind nicht nur äußerst dürftig, sondern auch "unklar" und "widersprüchlich"[3]. Gesichert ist lediglich, daß – nachdem am 9. September 337, dreieinhalb Monate nach dem Ableben des alten Kaisers, seine drei Söhne von den Truppen zu Augusti ausgerufen worden waren und der Senat von Rom diese Proklamation bestätigt hatte[4] – es am Hofe zu Auseinandersetzungen kam, in deren Folge zwei Brüder und sechs Neffen Konstantins sowie mehrere einflußreiche Persönlichkeiten aus der nächsten Umgebung des alten Kaisers getötet wurden[5].

Eine Schuld bzw. Mitschuld an diesem Geschehen wurde in alter[6] wie neuer[7] Literatur immer wieder dem zweiten der noch lebenden Konstantinsöhne, Kon-

---

2 Grundlegend hierzu vergleiche den 1979 erschienenen Aufsatz von Richard Klein: Die Kämpfe um die Nachfolge nach dem Tode Constantins des Großen, S. 101-150. Zu anderen Ergebnissen (im Sinne der traditionellen Schuldsprechung des Konstantios) kommt Del Tredici in ihrer 1982 herausgegebenen Dissertation: Three Historical Problems, S. 1-43 (The Succession Crisis of 337/8).

3 Leedom, 1978, S. 132 ff, insbes. S. 136. Klein, 1979, S. 101. Einen Überblick über die Quellen geben: Klein, 1979, S. 118-138. Lucien-Brun, 1973, S. 591-95 (ebd., S. 595-99, findet sich auch eine Übersicht über die älteren Forschungsmeinungen).

4 Chron.min.I 235. Euseb.vit.Const.IV 68.69.

5 Klein, 1979, S. 101 (zur Chronologie der Ereignisse: S. 115 ff). Leedom, 1978, S. 133, u.a..

6 Siehe etwa unter den dem Heidentum zuzuordnenden Schriftstellern: Jul.ep.ad

stantios II., angelastet. Auch Libanios zögerte nicht, ihn in seiner 18. Rede klar und unumwunden für schuldig zu erklären: Der Kaiser sei der Mörder des Vaters und der Brüder Julians gewesen[8]. Diese Ansicht, die der Rhetor vorbringt, ohne sie in irgendeiner Weise näher zu begründen, ist nach einhelliger Forschungsmeinung als eine Übernahme aus dem Briefe Julians an die Athener[9] aufzufassen[10].

Daß Julian in seinem gegen Konstantios gerichteten Rechtfertigungsschreiben – und kurz zuvor auch Athanasios in seiner den Kaiser übel beschimpfenden *Historia Arianorum ad Monachos*[11] – dergleichen Beschuldigung überhaupt vorbringen konnte, ist, schwer nachvollziehbar, auch damit begründet worden[12], daß Konstantios als einziger von den drei lebenden Söhnen Konstantins beim Begräbnis des Vaters – und das bedeutet sicherlich auch während des hier interessierenden Zeitraumes[13] – in Konstantinopel anwesend war[14].

Libanios hatte diese Tatsache in seiner in den 40er Jahren verfaßten 59. Rede freilich noch ganz anders gewertet: Der Rhetor hatte dort berichtet, wie das Begräbnis des Vaters den Caesar Konstantios zur Rückkehr aus dem Osten zwang und daß dieser trotz der Gefahr eines drohenden persischen Angriffes nach Konstantinopel eilte, um heiligem Brauch gerecht zu werden[15], daß er aber – wie

---

Athen.270 C – 271 B; Amm.Marc.25,3,23. Lib.18,10.31. Eun.vit.soph.6,3,11-13. Zos.2,40; unter den christlich-"orthodoxen" Autoren: Athan.hist.Ar.ad.mon.69,1. Socr.2,25,3. Soz.5,2 u.a..

7 Seeck, 1920/23, Bd.IV, S. 29. Moreau, 1959, S. 164. Lucien-Brun, 1973, S. 599-602. Del Tredici, 1982, S. 42 u.a..

8 Lib.18,31: ...καὶ γὰρ εἰ φονεὺς ἐγεγόνει πατρός τε καὶ ἀδελφῶν. Vgl. Lib.18,10.

9 Jul.ad.Athen.270 C – 271 B.

10 Klein, 1979, S. 126 u ebd., Anm. 36 (mit Literaturangaben).

11 Jul.ep.ad Athen.270 C – 271 B (geschrieben im Jahre 361). Athan.hist.Ar.ad. mon.69 (geschrieben im Jahre 358). Beide waren die ersten, die eine solche Anschuldigung äußerten; vgl. hierzu Klein, 1979, S. 119 ff u. 122 ff, der überzeugend ausführt, daß sich bei ihnen handfeste Interessen mit der Hervorbringung dieser Beschuldigung verbanden.

12 In jüngster Zeit ist von del Tredici wiederum so argumentiert worden (1982, S. 31 u. 37; insbes. S. 40). Es leuchtet jedoch nicht ein, wieso ein Kaiser, der eine Serie politischer Morde plante, an dem Ort des Geschehens anwesend zu sein hatte; vielmehr scheint eine solche Anwesenheit für ein gutes Gewissen des Konstantios zu sprechen.

13 Die Morde an den Verwandten Konstantins wie auch an den hochstehenden Persönlichkeiten des Hofes zogen sich allerdings über einen größeren Zeitraum hin und spielten sich nicht nur in Konstantinopel, sondern auch in den östlichen Provinzen ab; Klein, 1979, S. 115 ff.

14 Euseb.vit.Const.IV 70.

15 Lib.59,73 f: ...ἔνθεν μὲν γὰρ ἡ τοῦ πατρὸς ἐπέστρεφε ταφή, ἑτέρωθεν δὲ Περσικῆς ἐφόδου κτύπος. ἔδει δὲ ἢ τοῖς πολεμίοις ἀπαντῶντα τῆς ὁσίας καταμελεῖν ἢ τὴν ὁσίαν

Libanios an späterer Stelle hinzufügte – "nichts tat, was über seine fromme Pflicht hinausging"[16]. Libanios war in seiner 59. Rede also noch bereit gewesen, sich nicht nur jeglicher Anklagen zu enthalten, sondern auch das pietätvolle Verhalten des jungen Caesar zu würdigen; die zuletzt zitierte Äußerung erweckt geradezu den Eindruck eines Verteidigungsbestrebens, wenngleich der Rhetor über keine näheren Informationen verfügt zu haben scheint[17].

Zunächst bleibt festzuhalten, daß die Tatsache, daß Konstantios sich als einziger der drei Söhne Konstantins nach Konstantinopel begab und daß seine beiden Brüder, Konstantin II. und Konstans, dem Begräbnis des Vaters fernblieben[18], durchaus erklärungsbedürftig ist; insbesondere spricht sie gegen die immer wieder vermutete Einigkeit unter den Söhnen Konstantins[19]. Auffällig ist zudem, daß deren aller Proklamation zu Augusti erst dreieinhalb Monate nach dem Tode des Vaters erfolgte[20], wozu nun einige Überlegungen angestellt werden sollen.

Eusebios berichtete über die Vorgänge während jenes Interregnums, daß auf die Nachricht vom Tode des Konstantin alle Heere "wie auf höhere Eingebung" einmütig den Beschluß faßten, keinen anderen als einzig die Söhne des Kaisers als Herrscher anzuerkennen und daß sie ferner nicht lange darauf forderten, jene sollten nicht mehr Caesares heißen, sondern den Titel Augustus führen[21]. Eusebios fügt hinzu, daß die Heerführer der verschiedenen Regionen dabei so verfuhren, daß sie sich dies gegenseitig schriftlich mitteilten und so "wurde in ein und demselben Augenblick allen und an allen Orten die Einhelligkeit der Heere bekannt"[22].

θεραπεύοντα τοῖς πολεμίοις ἀνοῖξαι τὴν ἀρχήν. τί οὖν ἐποίησεν; οὐ μᾶλλον τὸ κέρδος ἢ τὴν ὁσίαν ἐσκέψατο.

16 Lib.59,88: ...τὸν γὰρ οὐδὲν μὲν ἀνωτέρω τῆς ὁσίας πεποιημένον.

17 Diesen Eindruck vermitteln auch die übrigen, sehr allgemein gehaltenen Äußerungen des Libanios zu den Vorgängen aus den Jahren 337/8; vgl. hierzu weiter unten, S. 203 f.

18 Vgl.Euseb.vit.Const.IV 69.70.

19 In diesem Punkte unterscheiden sich die vorgetragenen Überlegungen von Klein (1979, S. 112 ff), der der Auffassung ist, daß sich in Konstantinopel nach der Bestattung des verstorbenen Herrschers "naturgemäß" zwei Parteien gegenüber standen: Die "Partei der Vornehmen des Hofes" und die *factio militaris*, welche die Interessen der Brüder einheitlich gegen jene vertrat. Eine solche einheitliche Interessenlage scheint jedoch unter den drei Söhnen Konstantins nicht bestanden zu haben, wie die immer wieder sich zeigenden Gegensätze und das Agieren gegeneinander beweisen.

20 Siehe oben, S. 194.

21 Euseb.vit.Const.IV 68.

22 Ebd.: ὑπὸ μίαν τε καιροῦ ῥοπὴν τοῖς ἁπανταχοῦ πᾶσιν ἐγνωρίζετο ἡ τῶν σρατοπέδων συμφωνία.

Das in diesem Satz bekundete angestrengte Bemühen der militärischen Führer, nach außen hin unbedingte Einigkeit hinsichtlich der Nachfolgefrage zu demonstrieren, läßt den Verdacht aufkommen, daß von einer solchen Einmütigkeit, wie sie Eusebios zuvor behauptet hat, in Wahrheit nicht gesprochen werden konnte. In der Tat beinhaltete die Nachfolgeordnung Konstantins – von ihm allem Anschein nach noch nicht als endgültige Regelung gedacht[23] – zu viele Unklarheiten, als daß sie nicht genügend Gründe für Auseinandersetzungen unter seinen möglichen Nachfolgern geliefert hätte.

Zwar hatte Konstantin zunächst ganz konsequent das dynastische Prinzip verfolgt, indem er seine Söhne von Jugend an zu seinen Nachfolgern erzogen und als solche kontinuierlich den Truppen präsentiert hatte[24], wohl wissend, daß das Heer der entscheidende Faktor bei der Kaiserproklamation war und von ihm eine dynastische Regelung am ehesten akzeptiert wurde[25]. Zu Beginn der dreißiger Jahre aber berief Konstantin nicht nur seine beiden, im Gegensatz zu ihm legitim geborenen und daher bislang von Hof und Heerlager verbannt[26] lebenden Brüder zu sich nach Konstantinopel[27], sondern er unternahm es im Jahre 335 auch, seinen Neffen Fl. Dalmatius[28] und einige Zeit später auch dessen Bruder Fl. Hannibalianus[29] in den Kreis der designierten Nachfolger miteinzubeziehen. Dies bedeutete eine problematische Durchbrechung bisheriger Prinzipien, da den Mitgliedern dieses Zweiges der Familie der für die Herrscher der damaligen Zeit jeweils unverzichtbare intensive Kontakt zum Heer[30] und die geforderten militärischen Auszeichnungen fehlten. Insofern ist es plausibel, wenn Aurelius Victor berichtet, daß Fl. Dalmatius von Konstantin *obsistentibus valide militaribus*[31] zum Caesar über die Reichsgebiete, Achaia, Makedonien und Thrakien ernannt wurde[32]; und der wohl gerade erst dem Kindesalter entwachsene Hannibalianus[33], von Konstantin unter der Verleihung des Titels *rex regum et Ponticorum*

23 Klein, 1979, S.112.
24 Vgl. Lib.59,32-47.
25 Seeck, 1920/23, Bd.IV, S.3 f.
26 Eine solche Maßnahme scheint getroffen worden zu sein, um zu verhindern, daß von seiten der Halbbrüder Konstantins gegen dessen Interesse Herrschaftsansprüche erhoben hätten werden können; Seeck, 1920/23, Bd.IV, S.6. Lib.or.14,30.
27 Seeck, 1920/23, Bd.IV, S.6 u. Anm. 6,18 u.19. Klein, 1979, S.141 ff.
28 Chron.min.I 235. Euseb.laud.Const.3,4. Hier.chron S.499 u.a..
29 Anon.Vales.6,35. Aurel.Vict.epit.41,20.
30 Seeck, 1920/23, Bd.IV, S.6.
31 Aurel.Vict.41,15 (statt *adsistentibus*: Es handelt sich hier um eine Konjektur Mommsens).
32 Aurel.Vict.epit.41,20. Vgl.Anon.Vales.6,35
33 Klein, 1979, S.109.

gentium offenbar zum König von Armenien ernannt[34], hatte zunächst einmal im kappadokischen Caesarea darauf zu warten, daß andere für ihn im Perserkrieg die Voraussetzungen seines Herrschaftsantrittes schufen[35].

Eine solche Heranziehung und demonstrative Auszeichnung seiner zwei Brüder und der Neffen durch Konstantin schuf aber nicht nur integrative Probleme in Bezug auf das Verhältnis der beiden letzteren zum Heer, sondern darüber hinaus mußten mit ihr auch verschärfte Machtkämpfe am Hofe provoziert werden – und zwar nicht nur, was die kaiserlichen Söhne, sondern vor allem auch was die mächtigen Günstlinge Konstantins anbetraf, denn diese hatten nun nach seinem Tode verstärkt um eine Minderung ihres weitgehend persönlich begründeten Einflusses[36] zu fürchten. Dies gilt insbesondere für den *praefectus praetorio Orientis* Ablabius, der, wie einige Passagen des Eunapios[37] zeigen, "eine so bedeutende Machtstellung am Hofe erreicht hatte, daß er selbst eine Übernahme des Kaiserpurpurs nicht für unmöglich hielt"[38].

Zu welch eigenmächtiger Agitation dieser Praefekt imstande war, dafür scheint auch die Inschrift von *Ain Tebernok*[39] einen Hinweis zu liefern. Von Ablabius und den drei übrigen Praefekten des Reiches unterzeichnet, aber nicht allen vier Caesaren, sondern allein dem jungen Konstantin II. – höchstwahrscheinlich im Juli 337, also knapp zwei Monate nach dem Tode des Kaisers – geweiht[40], stellt sie sich dar als eine Huldigung an die Tugenden ausschließlich dieses Herrschers. Piganiol schloß von ihr auf ein gemeinsames Handeln der Praefekten[41], insbesondere des "trop puissant préfet" Ablabius[42], mit dem Ziel,

---

34 Barceló, 1981, S.79 f.

35 Klein, 1979, S.111 u. Anm.15.

36 Klein, 1979, S.145 f.

37 Eun.vit.soph.VI 3,7 u. 3,10-13.

38 Klein, 1979, S.145.

39 CIL III 12330. Piganiol, 1929, S. 142.

40 Ann.Epigr. 1925, S. 72. Klein, 1979, S. 115. Piganiol, 1929, S. 146.

41 Widersprochen worden ist Piganiol in dem Punkte, daß sich von dieser Inschrift und ihrer Unterzeichnung mit den Namen aller vier Praefekten auf eine Zusammenkunft dieser vier Männer in Afrika zwecks gemeinsamer Konferenz schließen ließe; vgl. Stein, 1934, S. 330 f u. Enßlin, 1954 (s.v. praefectus praetorio), Sp. 2430; laut Enßlin ergibt sich die gleichzeitige Namensnennung vielmehr daraus, daß "die Präfekten offiziell fiktiv ein für das ganze Reich zuständiges Kollegium" waren (ebd.), was aber nicht grundsätzlich gegen die von Piganiol vermutete Aktion der Praefekten – speziell des Ablabius – zugunsten Konstantins II. sprechen muß.

42 Piganiol, 1947, S. 81. Piganiol vermutete hinter der Inschrift eine "savante intrigue" des Ablabius wie auch seines Freundes, des Bischofs und dezidierten Konstantiosgegners Athanasios: "Malgré tant d' obscurités, nous croyons entrevoir qu' une intrigue ecclésiastique a peut-être aggravé l' intrigue politique. Le texte de l' inscription d' Ain Tebernok met particulièrement l' accent sur la *piété* exceptionnelle de Con-

die Oberhoheit Konstantins II., der immerhin der älteste der drei lebenden Söhne Konstantins d. Gr. war[43], sicherzustellen[44].

Es wird nun vermutet, daß es nach dem Tode Konstantins I. zu einer Verbindung zwischen dem offenbar die Suprematie anstrebenden Caesar Konstantin II. und dem mächtigen Praefekten des Ostens Ablabius[45] kam mit dem Ziel, zunächst die Brüder und Neffen Konstantins d. Gr. zu beseitigen. Wichtige Voraussetzung für die Durchführbarkeit eines solchen Planes stellten jene beschriebenen Animositäten innerhalb des Heeres gegen die von Konstantin d. Gr. überraschenderweise ausgezeichneten Neffen dar: So konnten einzelne mächtige, den Kaisersöhnen treu ergebene Militärs, welche zu jenem Zeitpunkt aufgrund des vom alten Kaiser geplanten Perserfeldzuges in der Nähe Konstantinopels besonders zahlreich versammelt gewesen sein werden, von Ablabius zu Mord und Aufruhr angestiftet werden[46], während Konstantin II., der eigentlich in Trier residierte, etwas entfernt in dem bedeutenden Kriegshafen Thessalonike – das

stantin II" (Piganiol, 1929, S. 148).

43 Wahrscheinlich wurde Konstantin II. als unehelicher Sohn Konstantins d. Gr. im Februar 317, also ein halbes Jahr vor der Geburt Konstantios II. im August desselben Jahres, geboren; Moreau, 1959, S. 160.

44 Piganiol, 1929, S. 142 ff. Auf diese These bezieht sich auch Piganiol, 1947, S. 82, Anm. 3. Als weitere Indizien für das Streben Konstantins II. nach der Vorherrschaft nennt Piganiol ein Medaillon aus dem Jahre 328, welches die drei Brüder zeigt, aber allein Konstantin II. mit dem Heiligenschein ausstattete sowie eine Inschrift aus Zypern, welche Konstantin II. als *maximus triumphator Augustus* bezeichnet, seine Brüder aber nur *victores semper Augusti* nennt (ebd., S. 83, Anm. 3). Auch die späteren historischen Ereignisse unterstützen eine solche These: So beanspruchte Konstantin II. auf der sog. Brüderkonferenz in Viminacium die Vormundschaft über seinen jüngeren Bruder Konstans und zögerte nicht, gegen ihn mit Waffengewalt vorzugehen, als Konstans sich dieser zu entziehen versuchte; dem Konstantios aber nötigte er – entgegen dessen Interessenlage – die Rückkehr des bereits von Konstantin I. verbannten Bischofs Athanasios in seinen Reichsteil auf. Auch daß Konstantios in dem ausgebrochenen Perserkrieg ohne Unterstützung von seiten Konstantins II. blieb, ist bezeichnend für das gespannte Verhältnis der Brüder untereinander (vgl. hierzu oben, S. 29 ff).

45 Zu deren beider enger und politisch relevanter Beziehung zu dem mächtigen Bischof Athanasios, dem langjährigen Gegenspieler des Konstantios, vgl. ebenfalls Piganiol, 1929, S. 148 f.

46 Vgl. die oben, S. 115, Anm. 15, bereits zitierte Bemerkung des Libanios aus seiner 59. Rede, wo es hieß, daß es bei den früheren Praefekten "nicht als ruhmvoller galt, mehr von den Feinden als von den eigenen Untertanen zu vernichten" (Lib.59,163); diese Aussage will Portmann, 1989, S. 4 f, sicherlich zu Recht auf Ablabius bezogen wissen (ebd.).

heißt, inmitten des dem Dalmatius zuerkannten Reichsteils – abwartend Stellung bezog[47].

Gegen seinen jüngeren Bruder Konstantios selbst vorzugehen, konnte Konstantin II. zu jenem Zeitpunkt allerdings noch nicht wagen[48], denn als zweiter Sohn Konstantins des Großen und teilweise bereits erfolgreicher Heerführer[49] mochte jener bereits über einen zu starken Rückhalt in der Armee verfügt haben. Wie sehr von seiten des Heeres der Ausbruch eines solchen Kampfes um die Vorherrschaft im Reiche, also der Beginn eines neuen Bürgerkrieges, befürchtet wurde, machen die oben bereits zitierten Anmerkungen des Eusebios[50] deutlich: Mit ihrer auffallenden Betonung der Einhelligkeit und Gleichzeitigkeit, mit welcher die erfolgte Augustusproklamation allen Heeren in allen Ländern bekannt gegeben werden sollte, verweisen sie auf das eindringliche Bemühen der militärischen Führer, jedes – wenn auch noch so kurzfristige – Übergewicht der einen oder anderen Seite zu vermeiden. –

Was die Situation und Haltung des von Libanios an jenen Morden allein schuldig gesprochenen Caesar Konstantios anbelangt, ist kaum mehr zu sagen, inwieweit er die Nachfolgeordnung seines Vaters akzeptieren konnte. Ein *rex Hannibalianus* auf dem armenischen Thron hätte die Bewegungsfreiheit des Herrschers über Asien, den vorderen Orient und Ägypten sicher nicht wesentlich beeinträchtigt[51], die Grenzsicherung gegenüber dem Perserreich dagegen u. U. erleichtert. Ebenso fraglich ist, ob sich Konstantios durch die Übertragung eines Großteils der Balkanhalbinsel an Fl. Dalmatius benachteiligt oder gar bedroht gefühlt hätte. Sicherlich mußte er an einem Zugang zum Donauraum als einem der wichtigsten Rekrutierungsreservoirs[52] ein großes Interesse haben, doch hätte sich dies – ein gutes Einvernehmen mit dem Caesar vorausgesetzt – wohl auch

47 Seeck, 1920/23, Bd.IV, S.40 u. Anm.40,4.

48 So wie er das später gegen Konstans tat. – Die Uneinigkeit unter den Brüdern wird in der vorliegenden Arbeit in stärkerem Maße betont, als Klein, 1979, dies tut, der nach dem Tode Konstantins des Großen nur von zwei gegeneinander gerichteten Parteien spricht, der *factio militaris* und der "Partei der Vornehmen des Hofes"; ebd., S. 112 f.

49 Siehe oben, S. 34, Anm. 98.

50 Euseb.vit.Const.IV 68.

51 Zumal dieser zunächst einen Großteil seiner Kräfte hätte daran setzen müssen, sich auf dem armenischen Thron zu behaupten, denn es ist erkannt, daß das armenische Aufbegehren gegen Rom im Jahre 338 auch eine Folge jenes radikalen Vorgehens von seiten Konstantins d. Gr. war. Die Inanspruchnahme Armeniens als römische Sekundogenitur – wenn auch als Antwort auf entsprechende Maßnahmen Sapors gedacht – hatte den armenischen Nationalstolz so sehr verletzt, daß Konstantios sofort nach seinem Herrschaftsantritt davon Abstand nehmen sollte. Vgl. Barceló, 1981, S.79 f u. 83 f.

52 Siehe oben, S. 30 u. ebd. Anm. 76.

vertraglich regeln lassen. Zudem konnte ein verbündeter Fl. Dalmatius auch ein willkommenes Gegengewicht zu dem offenbar die Vorherrschaft anstrebenden und bei der Wahl seiner Mittel wenig Skrupel zeigenden[53] Konstantin II. bieten

Daß Konstantios tatsächlich am Reichsteil des Dalmatius zu jenem Zeitpunkt wenig Interesse gehabt zu haben scheint, ist auch Libanios zu entnehmen, wenn er sagt, daß jener zwar nach dem Begräbnis des Vaters zwischen Konstantinopel und dem östlichen Reichsteil – angesichts des soeben begonnenen Perserkrieges – hin und her eilte, "nicht aber den größeren Teil der Ökumene betrat"[54]. Während Konstantin II. also sein Hoflager im Dezember 337, offenbar kurz bevor die Morde verübt wurden[55], von Trier nach Thessalonike verlegte[56], das heißt, erst einmal den Reichsteil des Fl. Dalmatius besetzte, beschränkte Konstantios seine Aktivitäten – gezwungenermaßen oder nicht – auf den eigenen Reichsteil. An dem Bemühen des Konstantios um eine Rettung seiner beiden sich noch im Kindesalter befindenden Neffen Gallus und Julian[57] zeigt sich ferner, daß er durchaus ein gewisses Verantwortungsgefühl gegenüber den von seinem Vater an den Hof zurückgeholten Verwandten empfand, zumal er selbst durch Heirat mit ihnen verbunden war[58].

Wie es dazu kam, daß dieser noch sehr junge Kaiser[59] überhaupt mit den Morden in Verbindung gebracht werden konnte, dafür liefert Julian in seinem Brief an die Athener – unfreiwillig[60] – einen weiteren Hinweis. Nach ihm erklärte man am Hofe die Handlungsweise des Konstantios damit, daß dieser einerseits getäuscht worden war, andererseits er der Gewalt und Erregung eines zuchtlosen und zum Aufruhr geneigten Heeres unterlag[61]. Hier wird deutlich, daß von zweierlei Seiten in zweierlei Art und Weise Einfluß bzw. Druck auf den in der Hauptstadt anwesenden Konstantios ausgeübt worden war, dem er sich auch nicht hatte entziehen können. Es steht zu vermuten, daß der kurz zuvor ernannte Augustus einerseits von Ablabius und seinen Hintermännern über deren eigentli-

---

53 Dessen Bedenkenlosigkeit trat offen zutage, als er nicht zögerte, mit Waffengewalt gegen seinen jüngeren Bruder vorzugehen, um diesen, als er sich gegen seine Vormundschaft auflehnte, wieder zur Raison zu bringen; Seeck, 1901 (s.v. Constans), Sp. 949.

54 Lib.18,75: ...ἀλλ᾽ οὐ τὸ πλέον τῆς οἰκουμένης ἐπιών.

55 Zur chronologischen Abfolge der Ereignisse vgl. Klein, 1979, S.115 ff.

56 Seeck, 1920/23, Bd.IV, S.40 u. Anm. 40,4.

57 Ebd., S.29.

58 Jul.ep.ad.Athen. 272 D.

59 Konstantios wurde am 7.August 317 geboren, war demnach beim Tode seines Vaters erst 19 Jahre alt. Seeck, 1920/23, Bd.IV, S.3 u. Anm. 3,8.

60 Zum Kontext der im folgenden zitierten Äußerung Julians s. Klein, 1979, S. 122.

61 Jul.ep.ad Athen. 271 B: ὅτι τὰ μὲν ἀπατηθεὶς εἰργάσατο, τὰ δὲ βίᾳ καὶ ταραχαῖς εἴξας ἀτάκτου καὶ ταραχώδους στρατεύματος.

che Absichten im Unklaren gelassen oder eben getäuscht wurde – u. a. weil man sich der Bereitschaft des Ostkaisers zu solch gewaltsamem Vorgehen nicht sicher war – und daß sich auf der anderen Seite das Heer ganz offen einer Anerkennung der beiden Neffen des Kaisers widersetzte[62]; dies wiederum wird nicht ohne den gewaltsamen Widerstand von seiten der um ihre Macht und ihren Einfluß bangenden Brüder und Neffen Konstantins vor sich gegangen sein.

Schließlich erhoben die Militärs "gegen die Vornehmsten"[63] ihre Waffen: "Aus Angst vor der Revolution machten sie eine Revolution"[64]. Konstantios hat dies nicht verhindert und wird es als Nichteingeweihter auch nicht verhindert haben können. Dagegen ist es durchaus wahrscheinlich, daß er an den Prozessen und Hinrichtungen, welche diesen Ausschreitungen folgten[65], beteiligt gewesen ist. Daß von ihm außerdem die administrative Spitze ausgewechselt worden ist – von Gregor von Nazianz später als herrschaftsstabilisierende Maßnahme beschrieben[66] –, spricht ebenfalls dafür, daß sich der politische Aufruhr und die blutigen Vorgänge der Jahre 337/8 nicht auf die militärischen Kreise beschränkten. Wenn schließlich der jetzt, oder auch schon früher von Konstantios entlassene Praefekt Ablabius[67], wie Eunap berichtet[68], auf Veranlassung dieses Augustus auf seinem Gut ermordet worden sein sollte, so ist dies zunächst nur ein weiterer Hinweis dafür, daß jener in der oben dargelegten Weise gegen den Ostkaiser konspiriert hatte. Konstantios konnte es gar nicht wagen, dem mutmaßlichen Verbündeten seines inzwischen weitaus mächtiger gewordenen Bruders Konstantin[69] öffentlich den Prozeß zu machen.

Mit all diesen Überlegungen sollte dafür plädiert werden, Konstantios – wieweit auch immer involviert – nicht länger als den Initiator oder Hauptschuldigen jener blutigen Vorgänge nach dem Tode Konstantins anzusehen, als welchen ihn Libanios in seinen späteren Reden und andere ihm feindlich gesonnene Autoren

---

62 Dies wird indirekt auch bei Euseb.vit.Const.IV 68 ausgesprochen, wenn es heißt, daß die Heerführer einhellig beschlossen, keinen anderen als nur die Söhne des Kaisers als zukünftige Herrscher anzuerkennen.

63 Greg.v.Naz.or.IV 21: ...κατὰ τῶν ἐν τέλει.

64 Ebd.: ...καινοτομούν<τες> φόβῳ καινοτομίας.

65 Klein, 1979, S.117 u. Anm. 22.

66 Greg.v.Naz.or.IV 21: ...διὰ νέων προστατῶν καθίστατο τὰ βασίλεια.

67 Eun.vit.soph.VI 3,9. Seinen Nachfolger Acindynus bezeugt CTh.2,6,4 für den 27.12.338.

68 Eun.vit.soph.VI 3,11-13.

69 Dieser hatte sich auf der sog. Brüderkonferenz in Viminacium "eine Art vormundschaftlicher Oberhoheit" über den jüngsten Bruder Konstans und dessen Reichsteil gesichert, wodurch er de facto über drei Viertel des gesamten Reiches gebat; Stein, 1928, S. 203 f. Seeck, 1920/23, Bd.IV, S. 41 f u. Anm.41,14.

immer wieder hinzustellen suchten[70]. Im Gegenteil, einiges deutete gar darauf hin, daß der junge Augustus selbst Opfer eines Konfliktes wurde, welcher zum einen dadurch ausgelöst wurde, daß etliche Militärs sich der Machtübertragung an zwei junge, ihnen relativ unbekannte Neffen Konstantins widersetzten, zum andern dadurch, daß der älteste Kaisersohn, Konstantin II., im Bündnis mit interessierten Kreisen am Hofe für sich die Vorherrschaft im Reiche sichern wollte. Von daher erklären sich erst das Ausmaß der politischen Wirren und die Eskalation der Gewalt, welche die Quellen beschreiben, sowie vor allem auch die bei Eusebios indirekt zum Ausdruck gebrachte Furcht der Militärs vor einem erneut ausbrechenden Bürgerkrieg.

Auch Libanios nimmt in seinem frühen Panegyrikos auf Konstantios und Konstans verdeckt auf die damaligen Ereignisse Bezug. So hebt der Redner hervor, daß nach dem Tode Konstantins weder die Herrschaft erschüttert wurde, "noch veränderte irgendetwas von dem, was sich ereignete, die Erben dieser Herrschaft, sondern sie verblieb in derselben Ordnung, aber blieb nicht ohne Geschäftigkeit und auch nicht ohne daß diejenigen, die nachfolgten, ihre Hände gebrauchten, um das Gegebene sicher zu behaupten"[71]. Libanios spricht damit aus, daß Konstantios wie auch sein Bruder Konstans, um ihren Herrschaftsanspruch sicherzustellen, auf die sich nach dem Tode ihres Vaters abspielenden Ereignisse zu reagieren hatten; zugleich bekundet er ihnen beiden gegenüber seine Loyalität und präsentiert ihre Herrschaft als die Rechtmäßige, indem er – gemäß topischem Muster – deren Empfangensein[72] betont: Beide Brüder hätten die Herrschaft von ihrem Vater in Empfang genommen und sich stärker erwiesen als die eintretende Verwirrung. "Die Tatsache, daß sie <ihre Herrschaft> von jemandem, der <sie ihnen> freiwillig[73] <übereignete>, empfangen haben, <ist> ein

70 Vgl. Leedom, 1978, S. 136, wo es heißt: "To suppose Constantius guilty on the basis of such meagre evidence is to invite refutation. Honesty and fairness dictate that Constantius no longer stand convicted". Siehe auch Klein, 1979, S. 118 ff, insbes. S. 137f, wo folgendes Resümee gezogen wird: 'Am Hofe in Konstantinopel wurde von einer dem Constantius feindlichen Partei das Gerücht verbreitet, das zügellose Heer habe nicht von sich aus mit den Morden im Kaiserhaus begonnen, sondern die Soldaten seien von dem um seinen Thron bangenden Kaisersohn dazu veranlaßt worden. In keiner der zahlreichen Quellen, die davon berichten, läßt sich jedoch eine glaubhafte Stütze für die Richtigkeit einer solchen Behauptung finden, im Gegenteil, dort wo sie verbreitet wird, liegen durchsichtige Gründe für die Übernahme vor".

71 Lib.59,48: ...τοσούτου πράγματος συμβάντος οὐκ ἐκινήθη τὰ τῆς βασιλείας οὐδὲ μετέστησε τοὺς κληρονόμους τῆς ἀρχῆς τῶν συμβάντων οὐδέν, ἀλλ' ἔμεινε μὲν ἐπὶ τῆς ἴσης.

72 Im Gegensatz zum Tyrannen, welcher sich selbst die Macht mit Gewalt aneignet; vgl. Hadot, 1972, S. 592.

73 Was freilich auffällt, ist, daß das Moment der Freiwilligkeit hier nicht auf die Bür-

Zeichen ihrer Gerechtigkeit, daß sie sich aber als tüchtiger erwiesen haben als die furchtbaren Ereignisse, <ist> ein Zeichen ihrer äußersten Tapferkeit."[74] Wenn Libanios schließlich Konstantios und Konstans als Retter der Ökumene, σωτῆρες τῆς οἰκουμένης[75], bezeichnet, so ist dies nicht als panegyrische Übertreibung, sondern als ein weiterer Hinweis dafür zu werten, daß die in den Jahren 337/8 von Konstantin II. augenscheinlich bewußt in Kauf genommene Bürgerkriegsgefahr auch von Libanios konkret empfunden wurde, zumal der jüngste Bruder Konstans sich im Jahre 340 in der Tat mit Waffengewalt des in seinen Reichsteil eingefallenen, immer noch um seine Vorherrschaft kämpfenden Konstantin zu erwehren hatte[76].

Daß der in den Jahren 337/8 offenbar drohende Bürgerkrieg doch nicht zum Ausbruch kam, scheint einmal eine Folge jener letztendlich demonstrativ geübten Einmütigkeit des größten Teils der Militärs gewesen zu sein[77], zum andern aber vor allem der weitgehenden Kompromißbereitschaft des damaligen Ostkaisers Konstantios verdanken gewesen zu sein. Denn die in Viminacium im Juni 338 erzielte, längst überfällige Einigung unter den drei Brüdern[78] sah vor, daß der erst 15jährige Konstans den Reichsteil des ermordeten Dalmatius in vollem Umfange zugesprochen bekommen, er allerdings insgesamt unter der Vormundschaft des älteren Bruders Konstantin regieren sollte, womit dieser de facto drei Teile des einst von Konstantin für die Nachfolge viergeteilten Imperium in seiner Hand vereinigte[79]. Die Einwilligung des Konstantios in dieses von Julian ironisierte "ehrenvolle, doch elende Abkommen"[80] ist nur dadurch zu erklären, daß einmal der ihm von seinem Vater vererbte Perserkrieg in eben jenen Monaten zum Ausbruch gekommen war[81]; zum andern dadurch, daß der bereits im

---

gerschaft, sondern allein auf den Kaiser bezogen wird, was sicherlich als Spitze gegen das römische Kaisertum zu interpretieren ist.

74 Lib.59,49: ...ἔγωγε συνήδομαι τοῖς βασιλεῦσι μάλιστα τοῦ τε παρὰ τοῦ πατρὸς λαβεῖν τὴν ἀρχὴν καὶ τοῦ τῆς γενομένης ταραχῆς φανῆναι κρείττονας. ... νῦν δὲ τὸ μὲν παρ' ἑκόντος λαβεῖν δικαιοσύνης, τὸ δὲ τῶν δεινῶν γενέσθαι βελτίονας τῆς ἐσχάτης ἀνδρίας σημεῖον.

75 Lib.59,56.

76 Seeck, 1901 (s.v. Constans), Sp. 949.

77 Euseb.vit.Const.IV 67 ff.

78 Stein, 1928, S. 203 f. Seeck, 1920/23, Bd.IV, S.41 f u. Anm. 41,14. Jul.I 19 A ff bestätigt, welche Spannungen damals unter den Brüdern geherrscht haben müssen und daß tatsächlich der Frieden des Reiches in Gefahr war (s. 19 C).

79 Ebd..

80 Jul.I 19 D: ...ὡς καλῶς μέν, ἀλυσιτελῶς δέ...; die sofortige Zurücknahme dieser zynischen Bemerkung (ebd.) klingt nicht recht glaubhaft.

81 Vgl. Lib.59,75. In diesem Krieg, der die gesamten Kräfte des Ostreiches über Jahre hinaus binden sollte, erhielt Konstantios keinerlei Unterstützung von seiten seiner Brüder (Jul.I 18 C).

Kriegshafen von Thessalonice stationierte, machtbewußte Konstantin offenbar erheblichen (militärischen?) Druck auf seinen Bruder auszuüben vermochte[82].

Mit anderen Worten: Konstantios II. scheint entgegen vielfachen Äußerungen nicht nur nicht die Hauptschuld an den Massakern der Jahre 337/8 getragen zu haben, sondern vielmehr damals selbst zum Opfer geworden zu sein. Dies war auch die Auffassung manch eines antiken Schriftstellers; bei Klein heißt es dazu: "Wo die politische oder religiöse Gegnerschaft eines Autors zu Constantius fehlt, wird lediglich von einer Militärrevolte gesprochen, auf die der junge Augustus keinen Einfluß hatte"[83].

Libanios freilich verstand sich aufgrund seiner Anhängerschaft zu Julian als Angehöriger der politischen Gegenseite: So griff er in seinen julianischen Reden, vor allem um die Usurpation seines Helden Julian plausibel zu machen, bereitwillig die kursierenden Vorwürfe gegen den älteren Augustus auf und scheute sich nicht, wiewohl dies unbewiesen war, Konstantios als mehrfachen Verwandtenmörder hinzustellen. Welche Auswirkungen derlei Verdächtigungen auf die Persönlichkeit und auch die Regierungsweise des Kaisers gehabt haben mochten, ist schwer auszumachen – der immer wieder beklagte mißtrauische Charakterzug des Konstantios könnte u.a. hierin seinen Ursprung gehabt haben.

1.2. Die Vorgänge um die Abberufung und Hinrichtung des Gallus

Konstantios Gallus, älterer Halbbruder Julians, wurde vom Kaiser Konstantios am 15. März 351 zum Caesar für den östlichen Reichsteil ernannt[84]. Nach den Worten des Libanios sollte er an der βασιλεία teilhaben "in nachgeordneter Stellung"[85], denn der Kaiser bedurfte eines Mitherrschers (συνάρχοντος), der über den östlichen, noch immer von den Persern bedrohten Reichsteil wachte[86], während er selbst nach Westen, in den Krieg gegen den Usurpator Magnentius,

82 Daß darüber hinaus Konstantios sich in Viminacium bewegen ließ, dem von seinem Vater nach Trier verbannten Bischof Athanasios die Rückkehr nach Alexandrien, also in den ihm zugeordneten Reichsteil zu gestatten, bedeutete, daß damit zwar der zwischen ihm und dem Bischof ausgetragene machtpolitische Kampf zunächst einmal ein Ende gefunden hatte, der unterschwellig allem Anschein nach mit ihm von Anfang an verbundene religiöse und kirchenpolitische Kampf aber zugleich perpetuiert wurde und bald in verschärfter Form wieder aufgenommen werden sollte.

83 Klein, 1979, S. 138 unter Bezugnahme etwa auf die Aussagen Julians in seinem ersten Panegyrikos sowie auf die des Aurelius Victor, Eutrop, Sokrates und Sozomenes; vgl. ebd., S. 119 ff u. 131 f.

84 Tränkle, 1976, S. 162.

85 Lib.18,16: ...κατὰ τὸ δεύτερον σχῆμα.

86 Ebd..

zog[87]. Allerdings war der Einsatz des Gallus nur von kurzer Dauer: Bereits im Herbst 354 ließ Konstantios ihn wieder aus Antiocheia abberufen; er wurde abgesetzt, zum Tode verurteilt und in der istrischen Stadt Flavona – wo einst schon Konstantin d. Gr. seinen ältesten Sohn Crispus hatte töten lassen[88] – hingerichtet[89].

Libanios macht zu jenen Vorgängen nur einige wenige unklare Bemerkungen. So ist bei ihm zu lesen, daß eine falsche Anklage gegen Gallus vorgebracht und ein Brief hochverräterischen Inhalts entdeckt worden sei; nachdem aber die dafür Verantwortlichen vom Caesar bestraft worden seien, ... "schien <er>, der sich <so> Genugtuung verschafft hatte, Strafe verdient zu haben für eben die Genugtuung, die er sich verschafft hatte, und <deshalb> ist er hingerichtet worden, ohne die Möglichkeit, zu Worte zu kommen, derart, daß das Richtschwert seiner Verteidigung zuvor kam"[90].

Diese reichlich vagen Äußerungen des Libanios zum Ende des Gallus lassen sich zurückführen auf die Darstellung, welche Julian in seinem Briefe an die Athener gab[91]. Auffallend ist jedoch, daß Libanios – im Gegensatz zu Julian – sich jeglicher Vorwürfe gegenüber dem Caesar enthielt. Denn selbst Julian hatte zugestanden, daß jener, da von wildem und hartem Wesen (τρόπος ἄγριος καὶ τραχύς), seinem unkontrollierten Zorn in höchst unwürdiger Weise nachgegeben und sich selbst mit allzu großer Grausamkeit verteidigt hatte[92]. Julian folgerte, daß Gallus es sicherlich verdient hätte zu leben, selbst wenn er unfähig zur Regierung erschienen sei, fügte dann aber noch erstaunlicherweise hinzu, daß, wenn es schon notwendig gewesen sei, ihn auch seines Lebens zu berauben, er selbst dies unter einer Bedingung – nämlich der Möglichkeit zur Rechenschaftslegung – hätte gelten lassen[93].

Daß Julian sich nach seiner Usurpation bemüßigt fühlte, in seinem Rechtfertigungsschreiben solch verurteilende Äußerungen über seinen Bruder Gallus abzugeben, mochte seinen Grund auch darin gehabt haben, daß er glaubte, einer

---

87 Vgl. ebd..

88 Amm.Marc.14,11,20. Etliche Anzeichen deuten darauf hin, daß Konstantin in Crispus "einen ungeduldigen Nachfolger gefürchtet" hatte; Demandt, 1989, S. 75.

89 Tränkle, 1976, S. 162.

90 Lib.18,24: ἐπὶ τὸν Γάλλον συκοφαντία καὶ γράμματα ἐπιβουλὴν ἔχοντα τὴν ἐσχάτην εὕρητο, δόντων δὲ δίκην τῶν ἀδικούντων, ... , ἔδοξεν ἧς εἰλήφει δίκης ὀφείλειν δίκην ὁ λαβὼν καὶ ἀπέθνησκεν ἄφωνος φθάσαντος τὴν ἀπολογίαν τοῦ ξίφους. Vgl. Lib.12,35.

91 Vgl. Jul.ep.ad Athen. 271 A – 272 D. Tränkle, 1976, S. 166, Anm.20.

92 Jul.ad Athen.271 D – 272 D.

93 Jul.ep.ad.Athen. 272 AB: καίτοι τοῦ ζῆν γοῦν ἄξιος, εἰ μὴ βασιλεύειν ἐφαίνετο ἐπιτήδειος. ἀλλ᾽ ἐχρῆν αὐτὸν καὶ τούτου στέρεσθαι. ξυγχωρῶ, λόγον γε πάντως ὑποσχόντα πρότερον, ὥσπερ τοὺς κακούργους.

weit verbreiteten Ablehnung seinem Halbbruder gegenüber Rechnung tragen zu müssen. Warum des Gallus in so negativer Weise gedacht wurde, macht die Erzählung Ammians – dem ausführlichsten Berichterstatter in dieser Angelegenheit – deutlich: In einer breit angelegten und teilweise vielleicht auch überzogenen[94] Schilderung berichtete er von den "entsetzlichen Greueltaten"[95] eines zügellosen und zur Grausamkeit neigenden[96] Caesar, der, "indem er weit die Grenzen seiner Befugnisse, die ihm übertragen worden waren, überschritt(en hätte), alles durch seine übermäßige Grausamkeit zugrunde gerichtet"[97] und eine "bürgerliche und gerechte Regierung in blutige Willkür" gewandelt hätte[98]. Schließlich hätte der Caesar sich "allen anständigen Menschen" verhaßt gemacht, indem er den Befehl gegeben hätte, "die Spitzen der Oberschicht von Antiocheia auf ein Todesurteil hin zu ermorden, dadurch in Wut versetzt, daß sie ihm heftiger, als vernünftig gewesen wäre, widersprachen, als er bei einer drohenden Hungersnot darauf drang, die Preise zur Unzeit beschleunigt herabzusetzen"[99]. So "tobte der unruhige Geist des Gallus", "(w)ährend jetzt bereits die Katastrophen im Innern nicht mehr zu übersehen waren"[100]. Ammian nennt Anzeichen für eine sich ankündigende, ernste Krise in Antiocheia[101]. Die Brutalitäten, welche der Caesar sich nicht nur gegenüber dem sich ihm in der Getreidepreisfrage widersetzenden Großbürgertum erlaubt, sondern die er auch gegenüber einigen ihm zum Teil widerstrebenden hohen Staatsfunktionären geduldet hatte[102], hatten beide Seiten offenbar in Opposition zu ihm zusammengeführt[103]: Laut Ammian hätte der

94 Vgl. hierzu Tränkle, 1976, S. 175 ff.
95 Amm.Marc.14,1,1.
96 Amm.Marc.14,1,1; 7,1 u. 3.
97 Amm.Marc.14,1,1.
98 Amm.Marc.14,1,4.
99 Amm.Marc.14,7,2. Vgl. hierzu Tränkle, 1976, S. 173 f, wo es u.a. heißt, daß "die antiochenischen Kurialen, die sich kritisch über sein (des Gallus) aus Anlaß einer drohenden Hungersnot erlassenes Preissenkungsdekret geäussert hatten",... sicherlich "auf ihren finanziellen Vorteil bedacht waren ..., aber das impliziert noch keineswegs, dass die von Ammian gegen Gallus erhobenen Vorwürfe unberechtigt seien... . Falls hier die Fakten stimmen, ist die negative Beurteilung von seiten des Geschichtsschreibers nur zu verständlich; denn die bloße Festsetzung von niedrigeren Höchstpreisen hat noch nie eine Versorgungskrise behoben, und die offene Missbilligung einer solchen Maßnahme ist noch kein todeswürdiges Vergehen".
100 Amm.Marc.14,7,21.
101 Amm.Marc. 14,1,9. 14,7,18. 14,7,19.
102 Der Statthalter Syriens Theophilus, der Praetorianerpraefekt Domitian und der Quaestor Montius fielen tumultuarischen Exekutionen durch die Plebs bzw. die Palastgarden zum Opfer, wofür Ammian offensichtlich den Gallus verantwortlich machte. Vgl. hierzu Tränkle, 1976, S. 172 ff. Vogler, 1979, S. 88 f.
103 Vogler, 1979, S. 92, schreibt: "... devant les emportements du César, ils (les hauts

Praetorianerpraefekt Domitian "im Verborgenen viele Pläne zum Untergang des Gallus (geschmiedet) und ... seinen Berichten, die er zuweilen an den Kaiser schickte, manches Überflüssige hinzu(gefügt)"[104]; sein Schwiegersohn, ein gewisser Apollinaris, aber hätte "mit übergroßem Eifer unter den Truppenteilen danach (geforscht), ob sie Geheimschreiben des Gallus empfangen hätten, die bewiesen, daß er nach der Kaiserwürde strebte"[105].

Diese Äußerungen Ammians lassen die oben zitierten unklaren und ausschnitthaften Bemerkungen des Libanios[106] ein wenig verständlicher erscheinen: Der Caesar Gallus hatte offensichtlich einen Brief entdeckt, in welchem er, der Aussage des Libanios nach zu Unrecht[107], hochverräterischer Absichten bezichtigt wurde; als er sich, in seiner gewohnten Manier, erlaubte, mit den ihn so Beschuldigenden oder sich ihm auch nur Widersetzenden – unter anderem dem Praetorianerpraefekten Domitian und dessen Schwiegersohn Apollinaris[108] – hart und grausam zu verfahren, wurde er vom Kaiser abberufen und selbst zur Rechenschaft gezogen.

Auf die Hintergründe dieser Handlungsweise des Konstantios hatte Ammian bereits zu Beginn seines Berichtes aufmerksam gemacht, indem er über Gallus schrieb: *ultra terminos potestatis delatae procurrens asperitate nimia cuncta foedabat*[109]. Denn Gallus war vom Kaiser zum Caesar ernannt und in den Osten entsandt worden, um die militärische Grenzsicherung gegen die Perser zu übernehmen[110]; bald aber hatte er sich in massivster Art und Weise Übergriffe in den zivilen Bereich erlaubt[111], so daß Konstantios, von der aufgebrachten Bürokratie

fonctionnaires) se sentirent tout naturellement solidaires de la bourgeoisie et partagèrent son effroi et sa consternation: sans attendre les ordres de la cour impériale, inévitablement longs à venir, ils s'efforcèrent – avec un bonheur inégal – de contrecarrer les volontés du César et de limiter les dégâts de ses colères intempestives..."

104 Amm.Marc.14,7,10.

105 Amm.Marc.14,7,19.

106 Lib.18,24.

107 Tatsächlich ist aus Lib.12,35 zu schließen, daß Gallus auf Briefe konspirativen Inhalts, welche ihm von seiten Julians zugekommen waren – deren Existenz Libanios aber in 18,25 leugnete! – nicht eingegangen war; dies bedeutete freilich nicht den Gegenbeweis dafür, daß Gallus nicht doch – unabhängig von Julian – seine eigenen, hochverräterischen Pläne gehegt haben könnte; vgl. hierzu unten S. 214 f u. ebd. Anm. 161.

108 Amm.Marc.14,7,16. 14,9,8.

109 Amm.Marc.14,1,1.

110 Blockley, 1972, S. 461: "Gallus was sent to the East as Caesar for a specific military purpose, to contain the Persian threat". Freilich war die Ostfront während des betreffenden Zeitraumes relativ ruhig, was – laut Tränkle, 1976, S. 167 f – "aus Ammians Darstellung eindeutig hervor(geht)".

111 Blockley, 1972, S. 462: "... it is clear, that there was considerable and violent inter-

entsprechend unterrichtet[112], ihn verräterischer Absichten verdächtigte[113] und demgemäß reagieren mußte.

Laut Migl hegte der Kaiser einen solchen Verdacht durchaus nicht zu Unrecht. Denn seiner Auffassung nach spricht aus der bei Ammian überlieferten Rede des Gallus vor den Soldaten[114] "nicht die Hilflosigkeit eines verleumdeten und durch die übermächtige Bürokratie erdrückten Caesars, sondern der Drang nach politischer Selbständigkeit und auf das Militär gestütztes Unabhängigkeitsstreben"[115]: Gallus suchte seine kaiserliche Abkunft, die "*auctoritas* in politische Herrschaft umzusetzen"[116], er strebte nach einer Teilhabe an der kaiserlichen Macht, wiewohl er – und hier informiert Libanios falsch[117] – vom Augustus vorrangig zum Repräsentanten dieser Macht bestimmt war[118].

Darüber hinaus schien der Caesar tatsächlich nicht vor solch brutalen Übergriffen und solchen Akten "reine(r) Barbarei"[119], wie sie bei Ammian breit und ausführlich geschildert wurden[120], zurückgeschreckt zu haben[121]. Insofern hätte

---

ference in civil affairs". Wenn ders., 1972, S.464, allerdings schreibt: "Gallus' real crime, in the Emperor's eyes, was not his savagery or his condemnation of the curials, but that he had acted in an area where he had no competence...", so stellt dies eine nicht zu beweisende Behauptung dar, die das überlieferte negative Konstantios-Bild fortschreibt.

112 Vgl. Amm.Marc.14,1,10 (zur Berichterstattung des Praefekten Thalassius). 14,7,10 (zur Berichterstattung des Praefekten Domitianus).

113 Libanios (18,24) schrieb, daß Gallus selbst des Vergehens für schuldig befunden wurde, welches er, nachdem er Briefe hochverräterischen Inhalts entdeckt, bestraft hatte. Vgl. Amm.Marc.14,11,9, wo es heißt, daß der Kaiser Gallus wiederholt darauf "hinwies, daß das Reich nicht geteilt werden könne oder dürfe", dem Caesar demnach usurpatorische Absichten unterstellte; s. ferner Amm.Marc.14,1,1; 7,12; 7,14; 7,19 f. 14,11,8; 11,23.

114 Amm.Marc.14,7,14.

115 Migl, 1994, S. 128. Auf die möglicherweise gefährliche Popularität des Gallus bei den Truppen verweist auch Vogler, 1979, S. 88.

116 Migl, 1994, S.128. Entsprechend hieß es bereits am Beginn des uns erhaltenen Berichtes Ammians: "Infolge der Verwandtschaft mit der kaiserlichen Familie und der engen Verbindung mit dem Namen des Constantius, ... ließ er (Gallus) sich zu solchem Hochmut hinreißen, daß er, im Besitz größerer Machtmittel, sogar gegen den Urheber seines Glücks (so hatte es den Anschein) Feindseligkeiten unternommen hätte"(14,1,1).

117 Vgl. Lib.18,16, wo der Rhetor von Gallus als συνάρχοντος spricht.

118 Migl, 1994, S. 173 f, betont, daß die *Caesares* "als bloße Repräsentanten kaiserlicher Macht ohne konkret definierte Kompetenzen neben den höchsten Beamten fungierten".

119 Tränkle, 1976, S. 175.

120 Vgl. Amm.Marc.14,7,6; 7,15 f. 14,9,4, ff; 9,8.

121 Tränkle, 1976, S. 172 ff hat gegen Thompson, 1947, S. 56 ff, überzeugend dargestellt, daß der ammianischen Schilderung hierin grundsätzlich zu glauben ist. Am-

sein Aufenthalt in Antiocheia bald zu einer ernsten Gefahr für den inneren Frieden des östlichen Reichsteils werden können – Konstantios war gezwungen zu handeln, ansonsten hatte er in der größten Metropole des Orients noch während seiner dringend erforderlichen Anwesenheit im Westen eine Revolte gegen den von ihm im Osten eingesetzten Caesar zu befürchten[122].

Daß Gallus – wie Libanios behauptet – zum Tode verurteilt wurde, ohne daß man ihn anhörte, und daß er hingerichtet wurde, ohne daß er etwas zu seiner Verteidigung vorbringen konnte[123], widerspricht der ammianischen Überlieferung. Konstantios hatte sich zunächst im *consistorium* beraten, wie mit dem Caesar zu verfahren sei[124], bevor er ihn – nach mehrmaligen vergeblichen Vorladungen[125] – unter Bewachung in die istrische Stadt Flavona bringen ließ[126]. Dort wurde er einem Verhör unterzogen, welches der *praepositus sacri cubiculi* Eusebius, der *notarius* Pentadius und der *armaturarum tribunus* Mallobaudes leiteten und in welchem er "bis ins einzelne" Rechenschaft darüber abzulegen hatte *quam ob causam quemque apud Antiochiam necatorum iusserat trucidari*[127]. Die Antworten des Gallus waren allerdings nicht dazu angetan, den Kaiser milde zu stimmen[128]: Ammian schreibt, daß, als Konstantios sie hörte, "sein Zorn und Unwille nicht mehr zu besänftigen" waren und er die Todesstrafe für den Caesar anordnete[129].

Der Caesar Gallus war also nicht das unschuldige und nicht einmal angehörte Opfer einer mörderischen Intrige[130], als welches ihn Libanios in seiner 12. und

---

mian wird in diesem Punkt u.a. auch von Libanios (*or.* 1,96) bestätigt.

122 Vogler, 1979, S. 90, schreibt: "... la surface sociale des mécontents obligeait Constance à tenir compte de la montée de l'opposition au César et à se fier à l'avis du préfét Thalassius, riche propriétaire avec lequel la classe curiale faisait bloc. Zonaras (13,9) ne doit pas se tromper quand il affirme que Constance aurait redouté l'explosion d'une révolte contre Gallus, génératrice de guerre civile.

123 Lib.18,24.

124 Amm.Marc.14,11,1. Tränkle, 1976, S. 176.

125 Amm.Marc.14,7,9; 11,9.

126 Amm.Marc.14,11,11 ff.

127 Amm.Marc.14,11,21. Daß der Kaiser nicht persönlich bei diesem Gerichtsverfahren anwesend war, mochte auch damit zusammengehangen haben, daß er – einmal von seinen Gegnern mit dem Vorwurf des Verwandtenmordes behaftet – sich nicht weiteren Verdächtigungen aussetzen wollte, etwa das Verhör in negativem Sinne, zum Schaden des Caesar, beeinflußt zu haben.

128 Laut Ammian suchte der Caesar sich zu rechtfertigen, indem er hervorbrachte, "daß er die meisten (der Umgebrachten) auf Veranlassung seiner Gattin Constantia (der Schwester des Kaisers!) hingemordet hatte"(14,11,22).

129 Amm.Marc.14,11,23.

130 An späterer Stelle (18,152) machte Libanios auch noch den obersten, von ihm so

18. Rede zu präsentieren suchte. Wie sehr der Rhetor vielmehr bereit gewesen war, die Tatsachen wider besseres Wissen zu verdrehen, um seiner Darstellungsabsicht – der Diskriminierung des Konstantios – zu genügen, zeigt ein Vergleich mit späteren Äußerungen aus seinem βίος: Dort hieß es zu den hier angesprochenen Vorgängen in gänzlich abweichendem Sinne, daß "über die Stadtgemeinde ... ein kaiserlicher Zorn, der das Leben nicht schonte(.) (hereingebrochen war). Einige waren schon hingerichtet, andere, des Todes gewärtig, in Haft, alles *rechtschaffene* Männer ..."[131].

Konstantios hatte folglich allen Grund, der *saevitia* seines kaiserlichen Neffen ein Ende zu setzen. Ob er freilich mit dessen Abberufung zugleich schon über dessen Exekution entschieden hatte, ist nicht mehr zu klären[132]: Vieles spricht dafür, daß der Kaiser den Caesar zunächst einmal abberief, da er – nach jenen, die militärischen Kräfte des Reiches ohnehin überstrapazierenden Auseinandersetzungen mit dem westlichen Usurpator Magnentius – die Stabilität seiner Herrschaft auch in dem östlichen Reichsteil gefährdet glaubte; dann aber hatte der Caesar auf seiner Rückreise[133], wie offensichtlich auch vor Gericht, nichts getan, um Konstantios hinsichtlich der von ihm gehegten Absichten zu beruhigen. Einige Anzeichen weisen darauf hin, daß der Kaiser in Gallus zu jenem Zeitpunkt tatsächlich den Hochverräter sah[134], auch wenn er später bei Ammian

---

verachteten Hofeunuchen des Konstantios, Eusebius, für den Tod des Gallus verantwortlich.

131 Lib.1,96.

132 Mooney, 1958, S. 176 f, betont, daß es – nach Aussage der Quellen – durchaus nicht erwiesen ist, daß der Kaiser die Exekution des Gallus von Anfang an beabsichtigte. Vgl.Amm.Marc. 14,11,10, wo vom Kaiser auf eine mögliche anderweitige Verwendung des Gallus angespielt wird.

133 Und zwar erregte der Caesar den Zorn des Kaiser wiederum, indem er, in Konstantinopel angelangt, Wagenspiele veranstaltete, "als sei seine Lage gesichert und günstig", und "dem Wagenlenker Thorax als dem Sieger die Krone aufs Haupt (setzte)"(Amm.Marc.14,11,12 f) – was bedeutete, daß Gallus erneut "had usurped the prerogative of the Emperor or a civil official"; Blockley, 1972, S. 467. – Die Befindlichkeit des Caesar kurz vor dieser Rückreise beschreibt Ammian mit den Worten: "Schon so weit in das Verhängnis verstrickt und das Schlimmste befürchtend, ... hätte er heimlich die Kaiserwürde an sich gerissen, wenn ihm diese Möglichkeit noch offengestanden hätte"(14,11,8).

134 Gallus wurde enthauptet und sein unkenntlich gemachter Leichnam nicht begraben, was heißt, daß ihm – gleich einem Hochverräter (Brassloff, 1901 (s.v. damnatio memoriae), Sp. 2059) – das Grabrecht entzogen worden war. Auch findet sich sein Name auf Inschriften radiert, allerdings nur ausnahmsweise, und er wurde auch nicht aus den Fasten getilgt (Seeck, 1901 (s.v. Constantius Gallus), Sp.1099), was wiederum gegen eine letztendliche Beschuldigung des Gallus als Hochverräter spricht.

über ihn nur sehr allgemein äußern sollte: *qui cum a iustitia per multa visu relatuque nefaria defecisset, arbitrio punitus est legum*[135].

Dies bedeutet, daß Konstantios durch die Exekution des Gallus weder erneut zu jenem hinterhältigen Verwandtenmörder geworden war, als welchen ihn seine schärfsten Kritiker, u.a. Libanios, in merkwürdigem Widerspruch zu den von ihnen selbst gefällten Negativurteilen[136] darzustellen suchten, noch hatte der Kaiser – zum wiederholten Male – seine vermeintlich tyrannischen Züge offenbart.

1.3. Vermeintliche Nötigung Julians in Usurpation und Bürgerkrieg

Trotz der Katastrophe, in welcher der Einsatz des Gallus im östlichen Reichsteil geendet hatte, sollte Konstantios das Caesarenexperiment noch ein zweites Mal wagen: Libanios schreibt, die Situation in Gallien erforderte – nach der Usurpation des Silvan und den sich mehrenden Germaneneinfällen[137] – einen δεύτερος βασιλεύς[138]. So wurde Julian, jüngerer Halbbruder des Gallus und zu jenem Zeitpunkt gerade zu Philosophiestudien in Athen, ein "Partner auf dem Throne"[139], denn "er erweckte Vertrauen in dem Manne, der ihm am übelsten mitgespielt hatte"[140].

Gleich zu Beginn der Juliangeschichte wird von Libanios somit klargestellt, in welch großer Schuld sich der Kaiser gegenüber seinem jüngeren Verwandten bereits vor dessen Berufung befand. Der Rhetor nimmt die Gelegenheit wahr, an jenes Massaker nach dem Tode Konstantins d. Gr. zu erinnern und Konstantios wiederum als den "Mörder" (φονεύς)[141] des Vaters und der Brüder Julians hinzustellen. Dabei spricht die Heranziehung zweier Nachkommen der Ermordeten an den kaiserlichen Hof und deren Betrauung mit Regierungsaufgaben eine ganz andere Sprache: Offenbar hatte Konstantios hinsichtlich jener Ereignisse der Jahre 337/8 "ein besseres Gewissen ... als allgemein angenommen"[142].

---

135 Amm.Marc.21,13,11.

136 Rosen, 1970, S. 196, konstatiert einen regelrechten Stimmungsumschwung bei Ammian, wenn dieser zunächst das tyrannische Wüten des Caesar in grellen Farben schilderte, dann aber dessen Verurteilung durch Konstantios selbst als tyrannische Willkür brandmarkte: Konstantios war eben in den Augen des Ammian – wie auch des Libanios und Julian – "der schlimmere Tyrann" (Rosen, ebd.).

137 Amm.Marc.15,5,1 ff. 15,8,1.

138 Lib.18,31.

139 Lib.18,32: ...μετασχὼν δὲ τῆς βασιλείας.

140 Lib.18,31: ...παρέχων θαρρεῖν τῷ πλείστα ἠδικηκότι.

141 Ebd..

142 Wirth, 1976, S. 473. – Auch wurde Julian selbst damals nicht durch seine Jugend gerettet, wie Libanios, or.18,10, behauptete, sondern es schien Konstantios gewesen

Auch die Sorge des Kaisers für die Aufzucht des Neffen wurde von Libanios vor allem mit Kritik bedacht. Zwar gesteht Libanios zu, daß Julian, der in der Tat "tüchtige Lehrer für Grammatik und Rhetorik"[143] erhielt, u.a. von dem – erstaunlich, dies aus seinem Munde zu hören – "excellenten Eunuchen Mardonios"[144] unterrichtet wurde; über dessen Erziehung in relativer Zurückgezogenheit läßt Libanios jedoch einige mokante Bemerkungen fallen[145]. Dabei ist zu vermuten, daß, wenn der Kaiser im Anschluß an Nikomedien das einsam gelegene Landgut Macellum zum Aufenthaltsort für den späteren Caesar bestimmte, dies politische Gründe hatte[146]. Auf jeden Fall war es "kein Ort der Verbannung, der strengen Überwachung und des gewaltsamen Fernhaltens von Büchern, wie er (Julian) später seinem kaiserlichen Vetter gehässig vorwarf"[147]; daß insgesamt jene "Erziehung in Abgeschiedenheit ... zu seinen Gunsten geschah, (bewies) er selbst durch seinen Bildungsgrad"[148].

Seinen Bericht über die Ernennung Julians zum Caesar nimmt Libanios nun zum Anlaß, schwerste Vorwürfe gegen den Kaiser zu erheben: Wegen des bereits vergossenen Blutes hätte Julian keinen Grund gehabt zu glauben, daß sein Aufstieg sich nicht als eine Falle erweisen würde[149]. Der Kaiser hätte gebetet, daß Julian als Caesar zugleich den Feind bezwingen, aber auch selbst von ihm bezwungen werden würde[150]; voller Neid hätte Konstantios ihn mit seiner Abordnung an die gallisch-germanische Grenze nicht weniger dem Tod als dem Sieg entgegengesandt[151]. Dies sind Äußerungen, die insgesamt durch nichts zu

---

zu sein, der ihn, zusammen mit seinem Bruder Gallus, vor dem Tode bewahrte; denn nach Klein, 1986, S. 276, war er es, der die beiden Brüder sogleich "dem Bischof Eusebius von Nikomedien zur Erziehung übergab".

143 Klein, 1986, S. 276.

144 Lib.18,11: ...εὐνοῦχός τε βέλτιστος... .

145 Vgl. Lib.18,13: Angeblich fürchtete der neidgeplagte Kaiser, daß Konstantinopel von der Excellenz des jungen Mannes angezogen werden könnte – mit ungünstigen Konsequenzen für sich selbst.

146 Wirth, 1976, S. 473. Klein, 1986, S. 277, schreibt, daß "der östliche Herrscher Constantius, vielleicht in der Befürchtung, seine Brüder könnten sich der beiden Verwandten als Faustpfand bemächtigen, für diese das einsam gelegene Landgut Macellum im Innern Kleinasiens als neuen Aufenthaltsort auswählte".

147 Klein, 1986, S. 277. Jul. ep.ad Athen. 271 B. C.

148 Wirth, 1976, S. 473.

149 Lib.18,32: ...τὸν δὲ οὐδὲν ἦν ὃ πιστεύειν ἔπειθεν ὡς οὐκ εἰς ἐπιβουλὴν ἡ τιμὴ τελευτήσει, ταυτὶ γὰρ ἐδίδου τὸ ρυὲν αἷμα μαντεύεσθαι.

150 Lib.18,36: ...τὸ δὴ καινότατον, τὸν αὐτὸν ὁμοῦ κρείττω τε φανῆναι καὶ χείρω τῶν πολεμίων ηὔχετο, τῷ μὲν τῆς γῆς ἐπιθυμεῖν ἐκεῖνο ποιῶν, φθόνῳ δὲ τοῦτο.

151 Lib.18,37: ...καὶ ὅτι γε ἀπολούμενον οὐχ ἧττον ἢ κρατήσοντα ἐξέπεμψεν εὐθὺς ἔδειξεν. Den Hintergrund dieser Anschuldigungen bildet vor allem der Vorwurf einer angeblich völlig unzureichenden Bedeckung Julians auf seiner Reise ins Innere

belegen und insofern nurmehr als "törichte Verzeichnungen der Wirklichkeit"[152] abzutun sind.

Daneben hatte Libanios angedeutet, daß auf seiten des Kaisers Vertrauen existierte – ein Vertrauen, welches sich Julian freilich "infolge seines Philosphierens"[153] bzw. aufgrund "(s)eines Charakters"[154] selbst erworben hätte. Wirth sieht dies anders; sein Verdienst ist es, darauf aufmerksam gemacht zu haben, daß der Grund für die Ernennung Julians eher in einer spezifisch gutwilligen Disposition des Kaisers gegenüber seinem zukünftigen Caesar zu suchen ist: "Sie (die Ernennung) scheint... (ein) Vertrauensbeweis, wie er unter analogen Bedingungen in der Geschichte, nicht nur der römischen, seinesgleichen sucht, und erklärt sich aus den vorausgehenden Enttäuschungen der Galluskatastrophe oder der Silvanusaffäre m.E. allein ebensowenig wie aus dynastischen Erwägungen und der Rolle Eusebias[155], sondern setzt ein besonderes Maß an vorhandenem Wohlwollen voraus"[156].

Dabei hatten die Ereignisse der jüngsten Vergangenheit Konstantios zu solch einer vertrauensvollen Haltung Julian gegenüber – zumindest was dessen Loyalität anbetraf – eigentlich wenig Anlaß gegeben. Wenngleich Libanios dies in seiner 18. Rede leugnet[157], hatte der Rhetor in seiner 12. Rede offen bekannt, daß Julian Briefe konspirativen Inhalts an seinen Bruder Gallus gesandt hatte[158]. Das Ausmaß des politischen Hintergrundes dieses Briefwechsels deutet sich an, wenn Libanios schreibt, daß mit der, gewissen heidnischen Kreisen sicherlich bekannt gewesenen[159], Konversion Julians bald nach dem Jahre 351[160], auch der Beginn

---

Galliens; vgl. hierzu oben, S. 93 f.

152 Wirth, 1976, S. 474.

153 Lib.18,31: ...ἐξ αὐτοῦ τοῦ φιλοσοφεῖν παρέχων θαρρεῖν τῷ πλείστα ἠδικηκότι.

154 Lib.13,21: ...τὸ δὲ ἐκ τῆς σῆς φύσεως δεχομένου.

155 Vgl. Amm.Marc.15,8,3.

156 Wirth, 1976, S. 473.

157 Lib.18,25.

158 Lib.12,35: εἰ μὲν οὖν προσεῖχε τὸν νοῦν τοῖς τοῦδε γράμμασιν ὁ ἀδελφός, ἦν ἂν νῦν συζυγία προστατῶν...

159 Vgl. hierzu Wirth, 1976, S. 497, Anm. 78. Wiebe, 1995, S. 183 f, betont die intensiven Kontakte Julians zu heidnischen Kreisen des Ostens schon in den Jahren vor seiner Usurpation. Auch hätte ihm Gallus während seines Asienaufenthaltes wegen seiner Sympathien für das Heidentum mehrfach den Arianer Aetios zur Glaubensstärkung gesandt (Philostorg.III 27), "ein Indiz, daß seine Neigung zum Heidentum und seine Kontakte zu den hellenistischen Philosophen nicht verborgen geblieben waren". Auch Wiemer, 1995, S. 24, weist darauf hin, daß "Julian frühzeitig erkennen (ließ), daß er ... den alten Göttern Respekt, ja Sympathie entgegenbrachte" und insofern für Libanios "wie für manch anderen altgläubigen Intellektuellen ... zum Hoffnungsträger geworden sein (dürfte)". Dagegen Drinkwater, 1983, S. 353 ff.

160 Lib.13,12. Norman, 1969, S. 8, Anm. b.

der Freiheit für die Welt anzusetzen gewesen sei[161]. Der Rhetor fährt an anderer Stelle fort, daß damals unter den Gebildeten der Wunsch entstanden sei, die Welt möge durch den Willen Julians geheilt werden[162].

Daß der Kaiser nach der Hinrichtung des Gallus auch Julian bezüglich jener Briefe verhören ließ[163], verwundert weniger, als daß es der Kaiserin Eusebia gelang, den Kaiser "in seinem Zorn" und seiner "stumpfsinnigen Übellaunigkeit" zu besänftigen und ihn zu einer Entsendung Julians nach Athen – eines der Zentren des griechischen Heidentums[164] – zwecks weiterer philosophischer Studien zu bewegen[165]. Dies jedenfalls bedeutete alles andere als ein Strafexil, als welches es Libanios, in böswilliger Interpretation der Absichten des Konstantios, hinzustellen suchte[166].

Jene bekanntgewordene Korrespondenz zwischen Julian und Gallus schien allerdings doch einiges Unbehagen in Konstantios hervorgerufen zu haben. So bestand der Kaiser zwar, entgegen den Ratschlägen seines Hofes[167], auf der Ernennung Julians zum Caesar, er bekleidete diesen aber lediglich mit dem Purpur, während er Adoption und Diademverleihung auffälligerweise unterließ[168]. Julian revanchierte sich, indem er später in seinem Brief an die Athener das Bild eines mißtrauischen, ihm beständig übelwollenden Kaisers prägte[169] – ein Bild, welches Libanios in seinen julianischen Reden weitgehend übernahm.

Auch nach Libanios sieht sich der Caesar von Beginn seines Gallienaufenthaltes an massiv in seinen Aktivitäten behindert, einmal dadurch, daß Konstantios ihm den militärischen Oberbefehl verweigert hätte[170], zum andern durch die beständigen Quertreibereien von seiten hoher militärischer wie ziviler Beamter[171] und schließlich gar durch Sabotageakte des Kaisers selbst[172]. Dabei ist es

---

161 Lib.12,33 f.- Daß Gallus jene konspirativen Briefe Julians offenbar nicht zur Kenntnis genommen hatte, hing wohl vor allem damit zusammen, daß er – von entschieden christlicher Gesinnung (Moreau, 1959, S. 180) – sich nicht jenen heidnischen Kreisen zugehörig fühlte.

162 Lib.18,24: Ταύτης τοίνυν τῆς ἐπιθυμίας ἐν ταῖς ψυχαῖς τῶν πεπαιδευμένων ἀκμαζούσης τοῦ τῇ τοῦδε γνώμῃ θεραπευθῆναι τὴν γῆν... ; vgl. auch 18,21 ff. 13,13 ff. Zu den Hoffnungen und politischen Erwartungen, welche Teile des Heidentums offensichtlich mit der Konversion Julians verbanden, s. weiter unten, S. 225 ff.

163 Lib.18,25 f.

164 Bliembach, 1976, S. 9.

165 Lib.18,27.

166 Lib.12,35 f.

167 Amm.Marc.15,8,2 f.

168 Wirth, 1976, S. 498, Anm. 85.

169 Jul. ep.ad Athen. passim, insbes. 270 C ff u. 277 D ff.

170 Lib.18,42.

171 Lib.18,48 (zum Fall des Marcellus); vgl. Rosen, 1970, S. 80 ff; Vogler, 1982, S. 98. Lib.18,84 f (zum Fall des Florentius); vgl. Vogler, ebd., S. 100 ff.

jedoch zunächst einmal sehr verständlich, wenn sich der Kaiser erst der tatsächlichen Befähigung des militärisch bislang noch nicht profilierten Caesar für die ihm übertragenen Aufgabe vergewissern wollte. So erhielt Julian, nachdem er erste Bewährungsproben mit Erfolg bestanden hatte, bald auch die entscheidende militärische Leitung übertragen[173]. Des weiteren hat die Forschung seit längerem erkannt, daß in den sich wiederholenden Streitigkeiten des Caesar mit einzelnen hohen zivilen und militärischen Funktionären Konstantios personalpolitisch "stets ... in seinem Sinne" und zu seinen Gunsten entschied[174]: Sogar als Julian begann, in die Verwaltung des *praefectus praetorio Galliarum* Florentius einzugreifen, damit dessen Autorität und Prestige verletzend, stellte sich Konstantios weitestgehend auf seine Seite, augenscheinlich bereit, die Kompetenzen des Caesar schrittweise zu erweitern, sobald er nur entsprechende Fähigkeiten bewies[175]. Was schließlich die militärischen Sabotageakte eines vermeintlich neiderfüllten Kaisers anbelangte, so ist weiter oben bereits darauf hingewiesen worden[176], daß es sich hierbei um bloße Wirklichkeitsverdrehungen handelt, von Julian erfunden und von späteren Autoren – wie auch Libanios – mit dem Ziel übernommen, illoyale Verhaltensweisen des Caesar gegenüber den kaiserlichen Strategiekonzepten zu vertuschen.

Daß Konstantios derlei Verletzungen seiner militärischen[177] wie politischen[178] Konzeptionen überhaupt duldete und darüber hinaus noch die "nicht

---

172 Lib.18,49 f; vgl. hierzu oben, S. 94 f.

173 Müller-Seidel, 1955, S. 228. Vgl. Jul.ep.ad Athen. 278 D. Vogler, 1979, S. 96, schreibt: "Après avoir réussi à se dégager de Senones où il avait été assiégé pendant l'hiver 356-57, Julien recevait au printemps le commandement de l'armée... . L'Auguste s'inclinait sans mauvaise grâce devant les qualités du jeune prince".

174 Wirth, 1976, S. 473 f. Bei Vogler, 1979, S. 96 ff, sind all jene Vorkommnisse im einzelnen untersucht.- Die Probleme, welche durch das vielfach eigenmächtige Verhalten des Caesar entstanden, betont auch Migl, 1994, S. 128, wenn er schreibt: "Julians Eigenwilligkeit brachte die Verwaltung in einige Unruhe und ihre Spitze, die Präfekten, in erhebliche Schwierigkeiten", zumal sie "einem Apparat vorstanden, der sich nicht so ohne weiteres von einem nach Ruhm und Erfolg trachtenden, zudem gänzlich unerfahrenen *Caesar* einspannen ließ".

175 Müller-Seidel, 1955, S. 228 f. Vogler, 1979, S. 104 ff. Julian bekam im Anschluß an seine Auseinandersetzung mit Florentius um die Erhebung einer Sondersteuer immerhin die Verwaltung der *Belgica secunda* eigenverantwortlich übertragen; s. Amm.Marc.17,3,2 ff.- Wirth, 1976, S. 474, erläutert in diesem Zusammenhang: "(Es ging) Constantius ganz offensichtlich um die Heranbildung eines potentiellen Nachfolgers für seine Rolle unter besseren Prämissen als bei der überstürzten Ernennung des unvorbereiteten Gallus...".

176 Siehe oben, S. 213 f sowie S. 93 ff.

177 Siehe oben, S. 94 ff u. 97 ff.

178 Vogler, 1979, S. 96 f, weist darauf hin, daß der ostentativ einfache Lebensstil, den Julian in Gallien pflegte, tatsächlich ein Affront gegen die von Konstantios geübten

mehr zu ignorierende(n) Taktlosigkeiten"[179] Julians gegenüber seiner eigenen Person hinnahm, spricht dafür, daß ein augenscheinlich immer noch wohlgesonnener[180] Kaiser "die Hoffnung auf einen Sieg der Vernunft bei dem an sich ja hochqualifizierten Caesar"[181], zumindest vorerst, nicht aufgegeben hatte.

Doch Konstantios sollte sich täuschen: Nicht bereit, sich mit seiner von vornherein begrenzten[182] – und sicherlich immer wieder auch recht schwierigen[183] – Stellung abzufinden, begann der Caesar seine Erhebung von langer Hand vorzubereiten[184]. Die zweifellos berechtigten Truppenanforderungen des Kaisers für den erneut ausgebrochenen Perserkrieg sollten ihm schließlich zum Anlaß dienen, sich von den gallischen Heeresabteilungen zum Augustus ausru-

---

kaiserlichen Repräsentationsformen war: "Dans ce geste symbolique il (Julian) rejette une des options fondamentales de Constance...".

179 Wirth, 1976, S. 474, unter Berufung auf den zweiten, wahrscheinlich in den Wintermonaten 358/9 verfaßten Panegyricus Julians auf Konstantios; siehe hierzu: Seeck, 1920/23, Bd. IV, S. 271 ff.

180 Vogler, 1979, S. 96 f, betont grundsätzlich diesen Aspekt der Gutwilligkeit des Kaisers, wenn sie schreibt, daß Konstantios gegenüber Julian "n'avait pas manqué de sollicitude" und führt als Beispiele an, daß einmal der Kaiser vermittels eines von ihm handgeschriebenen Büchleins seinen Caesar in den Prinzipien der Regierung zu unterrichten suchte (vgl.Amm.Marc.16,5,3), zum andern, daß er die neben dem Caesar in Gallien tätig werdenden zivilen und militärischen Funktionäre durchaus mit Sorgfalt und Überlegung aussuchte (ebd., S. 97); letzteres findet sich auch bei Libanios (18,48) im Fall des *magister equitum* Severus bestätigt.

181 Wirth, ebd..

182 Zur Stellung der *Caesares*, welche von Konstantios zunächst nicht als Mitherrscher eingesetzt, sondern als "Vertreter des Augustus die Allgegenwart der kaiserlichen Macht repräsentieren" und "auf diese Weise gefährlichen Usurpationsversuchen vorbeugen" sollten (Müller-Seidel, 1955, S. 229), vgl. auch Migl, 1994, S. 127 f u. 173 f. Blockley, 1972, S. 433-68.

183 Migl, 1994, S. 127, betont, daß die Schwierigkeit für die *Caesares* darin bestanden hätte, daß sie "ohne jede bürokratische Absicherung in eine bereits existierende Administration hineingestellt wurde(n)". Der Autor räumt aber zugleich ein, daß es darüber hinaus auch die Eigenwilligkeit Julians und seine Profilierungssucht gewesen seien, welche die fortlaufenden Spannungen mit der zivilen Administration hervorgerufen hätten. – Entsprechend weist del Tredici, 1982, S. 132, die an Konstantios gerichteten Vorwürfe bezüglich der von ihm den *Caesares* zugedachten Stellung zurück, indem sie schreibt: "Constantius hardly should be taken to task if Julian was unwilling or unable to let his time as Caesar run its course, ... and began angling for recognition as what amounted to a second Augustus in the West – a move his senior colleague understandably never would sanction".

184 Vgl. hierzu: Müller-Seidel, 1955, S. 234 ff. Rosen, 1969, S. 430 ff. Hinweise dafür, daß Julian seine Erhebung seit längerem plante, liefern ein Brief des Caesar an seinen Freund Oreibasios sowie Äußerungen aus dessen zweitem Panegyrikus auf Konstantios, welche beide auf die Jahreswende 358/9 zu datieren sind (Rosen, ebd.).

fen zu lassen[185]; dabei war es dem Schriftsteller Julian gelungen, vor Zeitgenossen wie Nachfahren in äußerst geschickter und "gekonnter stilistischer Manier ... die Einzigartigkeit seiner Person und die Lauterkeit seiner Ziele in hellstes Licht zu rücken"[186].

Libanios nun tat alles, um seinerseits das Rechtfertigungsbestreben Julians zu unterstützen: Als ein bescheiden und loyal eingestellter Caesar hätte es Julian vor allem als seine Pflicht betrachtet, "die kriegerischen Aktionen (gegen die Germanen) selbst auszuführen, den durch sie erworbenen Ruhm aber an Konstantios abzutreten"; der Kaiser in seiner vermeintlichen Niedrigkeit hingegen hätte keinerlei Bedenken getragen, den offiziellen Triumph für sich in Anspruch zu nehmen und damit "aus den Gefahren eines anderen Mannes Ehre zu gewinnen"[187]. Nichtsdestotrotz sei Konstantios auch weiterhin von Neid und Mißgunst gegenüber seinem Caesar erfüllt geblieben[188]. Eigentlicher Grund der von ihm geforderten Truppenlieferungen sei – so Libanios – nämlich gewesen, den wachsenden Ruhm des Caesar zu zerstören, denn "dieser feine Kaiser neidete demjenigen, der das Barbarenland erschüttert hatte, die Macht, die er <ihm> gegeben hatte"[189].

Julian hätte sich vom Kaiser schließlich in die Enge getrieben gesehen: Ob er dessen Truppenforderungen nachkam oder nicht, beides hätte für ihn verheerende Konsequenzen gehabt, denn einerseits hätte seine Vernichtung durch den germanischen Feind, andererseits aber durch die kaiserlichen Truppen bevorgestanden[190]. Trotzdem hätte der Caesar sich standhaft und hartnäckig geweigert, als die in Paris konzentrierten Truppenverbände ihn umringten, um ihm den Augustustitel anzutragen[191]. Mit dieser Ablehnung erfüllte Julian freilich "(u)nabhängig von seiner persönlichen Einstellung ... eine zeremonielle Forderung: Vom ordentlichen Prätendenten erwartete man im Gegensatz zum Usurpator *Recusatio*"[192]. Endlich aber hätte der Caesar doch der "Notwendigkeit" (ἀνάγκη)

---

185 Rosen, 1969, S. 409 ff. Wirth, 1976, S. 474. Vgl. oben, Kap. I 2.2.4.

186 Klein, 1986, S. 274. Vgl. etwa Jul. ep.ad Athen. passim.

187 Lib.18,66 f: ὁ δὲ ἠγέ τε ἐπ' αὐτῷ πομπὴν ... καὶ ἦν λαμπρὸς ἀπὸ τῶν ἑτέρου κινδύνων... . Konstantios handelte damit freilich ganz im Sinne traditioneller Formalität, siehe oben, S. 96.

188 Lib.18,90.

189 Lib.18,93: ὁ βέλτιστος βασιλεὺς ἧς ἔδωκεν ἀρχῆς ἐφθόνει τῷ διασεσεικότι τὴν βάρβαρον.

190 Lib.18,94.

191 Lib.18,97 ff.

192 Rosen, 1969, S. 412. Müller-Seidel, 1955, S. 244, erklärt zudem, warum "der Hinweis auf seine Unbeteiligtheit" in der politischen Propaganda Julians eine solche Bedeutung hatte: Der Caesar hätte seiner Umgebung geschickt die Rolle zugespielt, "daß er als der Bedrängte, zum Nachgeben Gezwungene, als Augustus wider Willen

und dem leidenschaftlichen Drängen so vieler Truppenverbände nachgegeben[193] beziehungsweise sich – und diesen Aspekt betont Libanios immer wieder – dem Willen der Götter unterworfen[194]. Als die Anhänger des Konstantios ihn bald nach der erfolgten Augustusproklamation davon zu überzeugen gesucht hätten, zu seinem früheren Status zurückzukehren, hätte Julian wiederum die Götter befragt und die Antwort bekommen, "die Position, die er hielte, einzubehalten"[195]. Julian hätte "das Urteil des Himmels" angenommen[196], was meinte, daß sich der Caesar, nachdem alle Verhandlungen gescheitert waren, mit göttlicher Billigung in den Kampf gegen den *Senior Augustus* begab.

Damit war auch in der Darstellung des Libanios Julian in seinem Tun zur Gänze gerechtfertigt: Es waren allein die intriganten, neidvollen Machenschaften des Kaisers sowie dessen Unerbittlichkeit[197], welche den Caesar in die Usurpation und schließlich den Bürgerkrieg getrieben hatten. Insofern aller politischen und moralischen Verantwortung für jene Geschehnisse enthoben, war die Person Julians bei Libanios zudem durch die Behauptung eines göttlichen Auftrages charismatisch überhöht und der Usurpator damit noch in besonderer Art und Weise – unabhängig von der von ihm so ungeliebten dynastischen Beziehung[198] – legitimiert worden[199].

Während der frühere Caesar nun aufgrund seiner einzigartigen Beziehung zu den Göttern als strahlender βασιλεύς erschien, blieb der ältere Kaiser in der Darstellung des Libanios bis zu seinem jähen Ende eine düstere Figur, welche uneinsichtig und unnachgiebig, selbst den Verrat nicht scheuend[200], auf die Ver-

---

erschien, der bis zuletzt seinem Vetter treu ergeben war ... (Denn er) konnte aus seiner scheinbaren Zurückhaltung ein Mittel gewinnen, viele auf seine Seite zu ziehen, die einem Usurpator keine Hilfe geleistet hätten".

193 Lib.18,99.

194 Lib.12,59. Vgl. 13,34, wo Libanios auch die Truppen als von den Göttern in ihrem Tun inspiriert darstellt.

195 Lib.18,103.

196 Lib.18,103.

197 Lib.12,61: ...τὸν δὲ ἔκαμπτεν οὐδέν.

198 Rosen, 1969, S. 426, betont, daß Julian keinerlei dynastische Legitimität beanspruchte, vielmehr seine Erhebung eine "bewußte Loslösung vom flavischen Hause war".

199 Vgl. Rosen, 1969, S. 424 f, der auch darauf verweist, daß eine solche besondere Legitimation für Julian in der Tat von existenzieller Bedeutung war, da ihm – aufgrund seiner sich bald verschlechternden militärischen Lage -"alles darauf ankommen mußte, nicht als Usurpator zu gelten und Anhänger zu gewinnen ... die Gegenmaßnahmen des Constantius wurden wirksam, mit dessen Sieg man allgemein rechnete"(ebd., S. 425). Auch del Tredici, 1982, S. 126, betont, daß Julian außerhalb Galliens nur wenig Unterstützung zuteil wurde.

200 Lib.12,61 f. 18,106 ff (zu der hier u.a. angesprochenen Rolle des Germanenfürsten

nichtung Julians wie seiner Anhänger hinarbeitete. Die neuere Forschung widerspricht freilich einer solchen Interpretation des Geschehens: "Die Dinge diplomatisch sich zuspitzen[201] und dann durch die eigene Offensive 361 den Kampf als unvermeidlich erscheinen zu lassen, (war) in der Tat Sache Julians gewesen"[202].

Daß der *Senior Augustus* durchaus ernsthaft um Verständigung und die Vermeidung einer großen Konfrontation bemüht war[203], ist auch an den Worten des Libanios indirekt abzulesen. Der Rhetor erwähnt eine rege Verhandlungstätigkeit zwischen den Parteien[204], im Verlaufe derer Konstantios – für den die Illegalität der Proklamation Julians offenbar außer Frage stand[205] – zwar die vollständige Lossagung Julians von dem durch ihn usurpierten Augustustitel und bis ins Einzelne die Rückkehr zu seinem vorherigen Status gefordert hätte[206]; doch weiß Libanios über weitere negative Konsequenzen für den Usurpator und seine Anhängerschaft konkret nichts zu sagen. Die Behauptung des Rhetors, daß eine solche Rückkehr die Vernichtung seiner selbst, des größten Teils seiner Armee, seiner Freunde wie Vertrauten bedeutet haben würde[207], ist nicht zu beweisen und als bloßer Rückgriff auf das negative Konstantiosbild abzutun[208].

Vadomar in der Auseinandersetzung zwischen Konstantios und Julian, vgl. oben, Kap. I 2.2.5).

201 Entsprechend schreibt Müller-Seidel, 1955, S. 235 f: "(D)ie scheinbare Bescheidenheit, die Julian nach seiner Erhebung in seinem Auftreten und den Forderungen zeigte, die er Konstantios gegenüber erhob, erhält ein anderes Gesicht, wenn Ammianus (XX,8,18) gleichzeitig mitteilt, daß Julian neben dem offiziellen einlenkenden Schreiben an seinen Augustus ein sehr verletzendes gerichtet hatte". Nicht zu vergessen sind auch die Schmähbriefe, die der Caesar an den Senat von Rom und einige griechische Städte richtete, in welchen er sich in langen Proklamationen agitatorisch mühte, "an Constantius kein gutes Haar zu lassen" (Stein, 1928, S. 243).

202 Wirth, 1976, S. 475. Zum Ablauf jenes Geschehens vgl. Szidat, 1977, S. 85 ff; wo auch darauf hingewiesen wird, daß tatsächlich erst der überraschende Vorstoß Julians in den Donauraum, also in den Machtbereich des Konstantios, einen Abbruch der Beziehungen zur Folge hatte, "denn am 19.5.361 n.Chr., als der Kaiser noch nichts von dem Vorstoß Julians wußte, wurde dieser noch mit in einem Gesetz erwähnt". Bei Ammian (21,13,7) ist darüber hinaus zu lesen, daß die Nachricht vom Vormarsch Julians Konstantios "mit Schmerz erfüllte" (*quo cognito maerore offusus Constantius*).

203 Mit Sicherheit bestimmte den Kaiser in seiner Haltung auch das ganz nüchterne Kalkül, die Gefahr neuerlicher großer militärischer Verluste – gerade auch in Anbetracht des noch immer nicht abgeschlossenen Perserkrieges – so gering als möglich zu halten.

204 Lib.18,106: ...πρεσβειῶν γὰρ οὐκ ὀλίγων ἀμφοτέρωθεν γενομένων.

205 Zur Usurpation Julians als rechtlichem Problem s. Rosen, 1969, S. 419 ff.

206 Lib.18,106: ...πάντως δεῖν ἀφίστασθαι τῆς τιμῆς καὶ διὰ πάντων εἶναι τὸν πρότερον.

207 Lib.18,106: ...ἐν τούτῳ δὲ ἦν αὐτὸν ἀπολωλέναι καὶ τοῦ στρατοπέδου τὸ πλέον καὶ

Im Rahmen des ihm Möglichen und für ihn Zumutbaren war Konstantios offensichtlich auch nach erfolgter Usurpation – und das ist durchaus bemerkenswert – zum Ausgleich bereit[209]. Dem Kaiser möglich und für ihn zumutbar waren jedoch nicht eine Aufsplitterung oder gar Teilung[210] seiner kaiserlichen Macht. Dies mit Libanios auf eine schon lächerlich wirkende, augenscheinlich dem Tyrannenbild entnommene permanente Furcht des Konstantios vor möglicher Konkurrenz[211] zurückzuführen, ist allzu simpel. Der Grund für jene ablehnende Haltung des Kaisers mochte vielmehr darin gelegen haben, daß Konstantios, der sich nach seinem Sieg über den Usurpator Magnentius schließlich als Alleinherrscher über das Reich in besonderem Maße bestätigt fühlte[212], die für ihn so demütigenden Erfahrungen aus der Zeit der gemeinsamen Brüderherrschaft[213] nicht wiederholt wissen wollte[214]. Dies hieß auch, daß er bei der Füh-

---

συνήθεις καὶ φίλους.

208 Ähnlich schreibt Szidat, 1977, S. 86, daß Julian "von der Augustuswürde nicht mehr ohne persönliche Gefährdung abgehen konnte", ohne dies jedoch näher zu begründen.

209 Außer der fortdauernden Verhandlungsphase spricht dafür auch, daß "(i)n den von Constantius beherrschten Gebieten ... weiter mit dem Konsulat Iulians während des Jahres 360 n. Chr. datiert (wurde). Es wurde aber nur der Caesartitel für ihn verwendet. Dies zeigt deutlich, daß die Brücken noch nicht abgebrochen waren" (Szidat, 1977, S. 87).

210 Zu den Plänen Julians für eine Gesamtherrschaft siehe Rosen, 1969, S. 434 ff und Szidat, 1977, S. 85 ff.

211 Vgl. Lib.18,90. 12,57 f.

212 Nach Klein, 1977, S. 284, "kann kein Zweifel bestehen, daß das Selbstbewußtsein des Herrschers aufgrund des durchaus nicht vorhersehbaren Erfolges von Mursa gewaltig gesteigert wurde", was auch daran zum Ausdruck kam, daß er sich selbst – so Ammian (15,1,3) – seit den 50er Jahren in offiziellen Schriftstücken als "aeternitas mea" und "orbis totius dominus" bezeichnete. Entsprechend betonte Themistios in seinem zweiten Panegyrikus auf Konstantios (38 b – 39 a), daß die Erringung der Alleinherrschaft durch diesen Kaiser Zeichen dafür war, daß er von Gott in besonderer Weise geliebt und seine Angelegenheiten ihm von oben gesteuert wurden.- Vgl. hierzu auch Migl, 1994, S. 173 f, wo darauf hingewiesen wird, daß für das Kaisertum spätantik-christlicher Prägung aufgrund seiner Inanspruchnahme eben dieser besonderen göttlichen Legitimation eine Einschränkung bzw. Teilung der herrscherlichen Macht grundsätzlich kaum mehr denkbar war.

213 Die beiden Westkaiser, Konstantin II. und später auch sein jüngerer Bruder Konstans, hatten den damaligen Ostkaiser Konstantios aufgrund des ungleichen Machtverhältnisses immer wieder unter Druck setzen und ihm insofern – gerade in religionspolitischen Angelegenheiten – Entscheidungen gegen seinen Willen aufzwingen können; siehe oben, S. 29 ff u. 48.

214 Nach Rosen, 1969, S. 434 ff, waren die machtpolitischen Konstellationen aus der Zeit der gemeinsamen Brüderherrschaft maßgeblich für die Forderungen, welche Julian gegenüber dem Augustus stellte. Ob sich Julian freilich in der Tat zunächst –

rung des ihm aufgebürdeten Perserkrieges endlich nicht mehr nur auf das begrenzte Machtpotential des östlichen Reiches angewiesen sein wollte. Julian sollte sich ihm genau in diesem Punkte verweigern.

Als den Kaiser in Konstantinopel im März 360 schließlich die Nachricht von der Usurpation Julians erreichte[215], war er gerade mit umfassenden Rüstungsvorbereitungen für einen römischen Gegenschlag auf die beiden geglückten persischen Großoffensiven vom Vorjahr und Februar desselben Jahres beschäftigt[216]. Daß Konstantios trotz des erneuten Drucks aus dem Westen zunächst in die östlichen Grenzgebiete aufbrach und bis in den Herbst 361 hinein dort verharrte, um nach seiner längeren Abwesenheit die militärische Defensive neu zu organisieren, spricht für das Verantwortungsgefühl und die Konsequenz dieses Kaisers[217]. Es spricht aber auch dafür, daß die Auseinandersetzungen mit dem Caesar für ihn einen anderen Stellenwert hatten, als es Libanios vorgibt, und vor allem dafür, daß Konstantios bei all seiner militärischen Überlegenheit[218] "eine Vernichtung (Julians) im Sinne eines Maxentius nicht erwog"[219]. Der Kaiser wollte offensichtlich die weitere Entwicklung im Westen erst einmal abwarten, vielleicht darauf bauend, daß Julian nach Erkenntnis der tatsächlichen Schwierigkeiten seiner selbstverschuldeten Lage[220] zum Einlenken zu bewegen sei. Möglicherweise wäre der Kaiser sogar "nach Einleitung vorbereitender Gegenmaßnahmen in Italien, Afrika sowie an der germanischen Grenze zu einer Lö-

---

wie Rosen in Interpretation von dessen Rechtfertigungsschreiben an den Kaiser (Amm.Marc.20,8,5 ff) meint – mit einer Ordnung, wie sie in den Jahren 337-40 zwischen Konstantin II. und Konstans bestanden hatte, zufrieden gegeben hätte (ähnlich auch Lib.18,106), erscheint äußerst fraglich; denn auch zwischen jenen beiden Kaisern war es sehr schnell zum Bruch und zur gewaltsamen Auseinandersetzung – mit Todesfolge des Älteren – gekommen. Die zweite Möglichkeit, auf welche Julian laut Rosen sodann rekurrierte, die Teilung des Reiches in Ost und West nach dem Muster der Herrschaftsaufteilung zwischen Konstans und Konstantios in den Jahren 340-350, war für Konstantios – aus dem oben genannten Grunde – schlechterdings unannehmbar.

215 Szidat, 1977, S. 93.

216 Seeck, 1901 (s.v. Constantius (4)), Sp. 1088. Szidat, 1977, S. 71 ff.

217 Barceló, 1981, S. 94 ff; der Autor weist freilich darauf hin, daß das Ereignis der Usurpation Julians für Konstantios "eine wesentliche Einschränkung seines außenpolitischen Handlungsspielraumes" bedeutete (ebd., S.95).

218 Vgl. Szidat, 1977, S. 66 ff, zur Verteilung des Heeres und zahlenmäßigen Überlegenheit der kaiserlichen Hofstreitkräfte. Ammian (21,7,3) berichtet, daß die Ansicht, Konstantios werde in der möglichen, bevorstehenden Auseinandersetzung mit Julian Sieger sein, "damals alle ohne Ausnahme" teilten.

219 Wirth, 1976, S. 475.

220 Szidat, 1977, S. 88, betont, daß die militärische Konfrontation für Julian ein großes Risiko bedeutet hätte, "weil er nicht nur im Osten, sondern auch im Westen auf Opposition stieß und militärisch weitaus schwächer als Constantius war".

sung unter Bedingungen bereit gewesen, selbst wenn die Hoffnung auf einen wirklichen Neuansatz und neuerliche Verwendung des *Caesar* schwand"[221]. Als Julian die Waffen gegen ihn kehrte und es sogar wahrscheinlich wurde, daß jener nun gar "fully intended to unseat Constantius"[222], hatte der *Senior Augustus* freilich keine andere Wahl: Der Usurpator wurde zum *hostis publicus* erklärt[223], und das Reich blieb nur durch den überraschenden Tod des Kaisers vor einem weiteren Bürgerkrieg bewahrt.

1.4. Die behauptete licentia des Tyrannen

Libanios führte auch mehrfach Klage über Akte vermeintlicher Terrorjustiz, wie sie von den Beamten des Konstantios, insbesondere den *agentes in rebus*, verübt worden seien: Vom Kaiser als Wachmannschaft abgestellt, um zu verhindern, daß er in Unwissenheit bliebe von etwas, was gegen ihn geplant sei[224], pflegten diese "βασιλέως ὀφθαλμοί"[225] – über ihre Mittelsmänner – Leute zu beschuldigen, die kaiserliche Majestät beleidigt zu haben, auch wenn jene nicht ein entsprechendes Wort geäußert hätten[226]. Auch hängten sie einem völlig Unschuldigen die Klage wegen Magie an[227], eine Unrechtspraxis, welche Libanios in ähnlicher Weise bereits den *notarii* zum Vorwurf gemacht hatte[228].

Danach hätte sich der Kaiser, allein um seinem persönlichen Sicherheitsstreben zu genügen und möglichen Anschlägen vorzubeugen, mit zahlreichen Wachmannschaften umgeben, die, von ihm zu Spitzeltätigkeiten in die Provinzen entsandt, die Bevölkerung dort nur unter Druck gesetzt und terrorisiert hätten. Konstantios war damit von Libanios wiederum als τύραννος entlarvt, der, selbst geplagt von Furcht, um sich herum, vermittels seiner Hofbeamten, nur

---

221 Wirth, 1976, S. 475.

222 Del Tredici, 1982, S. 132. Ebenso schreibt Szidat, 1977, S. 92, daß es Julian schließlich keineswegs nurmehr um Gleichstellung mit dem Kaiser, sondern dessen vollständige Entmachtung ging; anders Rosen, 1969, S 435 f.

223 Szidat, 1977, S. 94.

224 Lib.18,135: ...τὸ σχῆμα ἦν φυλάκων, ὅπως μηδὲν ἀγνοοῖ βασιλεὺς τῶν ἐπ' αὐτὸν συντιθεμένων.

225 Lib.18,140.

226 Lib.18,136: ...οἳ τοὺς χειροτέχνας σιγῶντας ὡς λοιδοροῦντας τὴν βασιλείαν ἦγον ὑπὸ τὰς ἐκείνων μάστιγας.

227 Lib.18,138: ...τοὺς δὲ τῶν γοήτων ἐλέγχους τοῖς πόρρω τῆς αἰτίας προσάπτοντες.

228 Lib.18,131. Den Grund für ein solches Verhalten sieht Libanios in der unermeßlichen Habgier all dieser Beamten.

Furcht verbreitete[229]. Dies bringt der Rhetor freilich vor, ohne dem Leser irgendwelche konkreten Ereignisse oder Personen zu benennen.

Insofern ist man auch bei dem Problem ungerechtfertigter Hochverratsprozesse unter Konstantios wiederum auf den Historiker Ammian verwiesen. Dieser berichtete ebenfalls von einer solchen, schon beinahe pathologisch anmutenden Furcht des Kaisers vor Anschlägen auf die eigene Person und Herrschaft: Bei ihm seien zahlreiche Majestätsprozesse "regelmäßig auf die Niederlage eines Usurpators" gefolgt, oder sie hätten schon "beim geringsten Verdacht des Hochverrates" stattgefunden[230], so daß man schließlich den Eindruck gewinnt, unter Konstantios sei die *iustitia* der *saevitia* und *crudelitas* – eben der *licentia* des Tyrannen – gewichen[231]. Rosen hat in einer kritischen Untersuchung jedoch überzeugend nachgewiesen, daß in jenen von Ammian geschilderten Prozessen, nämlich gegen die Anhänger des aufrührerischen Gallus[232] wie auch gegen die Gefolgsleute der Usurpatoren Magnentius[233] und Silvan[234], tatsächlich nur einige wenige Hauptschuldige hingerichtet, andere lediglich mit Verbannung oder Vermögenseinzug bestraft worden waren[235] und folgerte: "Es ließen sich aus der römischen Geschichte viele Beispiele anführen, daß gescheiterte Usurpationen schlimmere Folgen hatten"[236].

Darüber hinaus ergab eine Untersuchung Rosens dreier der von Ammian berichteten Hochverratsprozesse[237], daß die vom Kaiser veranlaßten Festnahmen und, im Falle des Barbatio und seiner Frau, auch die Vollstreckung zweier Todesurteile augenscheinlich ihre Berechtigung hatten[238]; insbesondere deutete die Erwähnung paganer Praktiken in allen untersuchten Prozessen darauf hin, daß der Sohn des ersten christlichen Kaisers es hier mit einer sich sammelnden heidnischen Opposition[239] zu tun hatte.

---

229 Rosen, 1970, S. 226, Anm. 1 (mit zahlreichen Quellenbelegen): "Der Herrscher, der sich fürchtet und Furcht verbreitet, ist ebenfalls seit Platon Topos der Tyrannenschilderung".

230 Rosen, 1970, S. 221. Amm.Marc.14,5. 15,2; 3,1-3; 6. 16,6. 18,3. 19,12.

231 Vgl. Rosen, 1970, S. 225 f.

232 Amm.Marc.15,3,1-3. Rosen, 1970, S. 236.

233 Amm.Marc.14,5. Rosen, 1970, S. 234 f.

234 Amm.Marc.15,6. Rosen, 1970, S. 237 f.

235 Rosen, 1970, ebd..

236 Rosen, 1970, S. 235 (in Bezug auf den Fall des Magnentius); ganz ähnlich zu den auf die Usurpation des Silvan folgenden Prozesse: ebd., S. 238.

237 Amm.Marc.15,3,7-11 (Prozess im Anschluß an das sog. Gastmahl von Sirmium); Rosen, 1970, S. 237. Amm.Marc.18,3,1-5 (Prozess gegen den *mag. ped.* Barbatio); Rosen, 1970, S. 239 f. Amm.Marc.19,12 (sog. Prozess von Skythopolis); Rosen, 1970, S. 242 ff.

238 Ganz anders: Funke, 1967, S. 146-175 (in Übernahme der Urteile Ammians).

239 Rosen, 1970, S. 244.

Eine Verbindung von heidnischer Praxis und Hochverrat fällt auch im Text des Libanios auf: Die Beamten des Konstantios hätten immer wieder Unschuldigen eine Klage wegen Majestätsbeleidigung oder Magie angehängt[240]. An anderer Stelle erwähnt der Rhetor allerdings, daß es sehr wohl Schuldige gegeben hätte, welche dann jedoch auch wiederum nicht dem Kaiser – da von einer gänzlich korrupten Hofbeamtenschaft umgeben – zugeführt worden wären[241].

Auffallend ist, daß der Vorwurf vermeintlich ungerechtfertigter Majestäts- wie Magieprozesse unter Konstantios von Libanios in dieser Weise thematisiert wurde, obwohl ihn der Rhetor offenbar in keinem einzigen Fall konkret benennen wollte, geschweige ihn entkräften konnte. Zu erklären wäre das damit, daß Libanios sich in der Tat zu jener von Rosen zu Recht vermuteten, im Untergrund sich sammelnden heidnischen Opposition zugehörig fühlte; dann mochte der Rhetor ein Interesse daran haben, die unter Konstantios durchgeführten Hochverrats- und Magieklagen, da nicht als unbegründet abzutun, unter Hinweis auf dessen gänzlich liederliche Beamtenschaft ad absurdum zu führen und somit lächerlich zu machen.

Daß eine solche heidnische Opposition existierte und Libanios mit ihr auch sympathisierte, dafür liefern zahlreiche Äußerungen aus seinen Reden, welche er noch zu Lebzeiten Julians hielt, wichtige Hinweise. So erinnert der Redner in einer Ansprache anläßlich der Ankunft des neuen Kaisers Julian in Antiocheia daran, daß dessen Konversion zum Heidentum "den Leuten um ihn herum erlaubt hätte, in der (seiner) augenblicklichen Pein die zukünftige Hilfe zu erblikken"[242]. Mit dem Wiedererwachen solcher Hoffnungen hätte sich ihm die gesamte intellektuelle Elite angeschlossen und sich verbunden, um für ihn den Thron vorzubereiten[243]: "So warst Du (Julian) Kaiser, lange bevor Du die kaiserliche Robe anzogest, und herrschtest tatsächlich, bevor Du diese Verkleidung annahmst ..."[244].

Dieser Text dokumentiert eindringlich, welche beträchtliche Unruhe unter den Heiden bereits in den frühen 50er Jahren – noch vor der Ernennung Julians zum Caesar – herrschte. Deren Restaurationsbestrebungen waren augenschein-

240 Lib.18,136 f.

241 Lib.18,137: ὁ μέγιστος δὲ τῶν πόρων ἑλεῖν τι κακούργημα περὶ τὴν βασιλείαν· ἀντὶ γὰρ τοῦ παραδοῦναι τῇ τῶν ἀδικουμένων ὀργῇ τὸν ἁλόντα ἀντὶ τῶν καταπεπιστευκότων τοῖς ἐπιβουλεύουσιν ἐπὶ τῷ λαβεῖν ἐβοήθουν.

242 Lib.13,13: ...διδοὺς τοῖς πλησίον ὁρᾶν ἐν τῇ παρούσῃ λύπῃ τὴν ἐσομένην βοήθειαν.

243 Lib.13,14: τοιαύτης δὲ ἐλπίδος ἀναφυομένης ἅπαν ὅσον ἔκκριτον καὶ νοῦν ἔχον ἐν ἠπείρῳ καὶ νήσοις μετὰ σοῦ ταῖς εὐνοίαις ἐτάττετο συγκατασκευάζοντες τὴν βασιλείαν... .

244 Lib.13,15: οὕτω πολὺ πρὸ ταυτησὶ τῆς χλαμύδος ἐβασίλευες καὶ τὴν ἀρχὴν εἶχες ἔργῳ καὶ πρὸ τοῦ σχήματος.

lich nicht mehr nur auf den kulturellen Bereich beschränkt, sie waren vielmehr hochpolitischer Natur: Offenbar hatte die erfolgreiche Usurpation des Heiden Magnentius Hoffnungen geweckt, die durch dessen Niederlage bei Mursa zunächst wieder zerstört worden waren. Die anerkennenden Bemerkungen des Libanios über das vermeintlich gerechte Regiment jenes Usurpators[245] machen deutlich, welche Unzufriedenheit der Rhetor über den Sieg des legitimen Kaisers Konstantios tatsächlich empfand[246].

Die Konversion Julians hatte inzwischen allerdings zu erneuten Hoffnungen Anlaß gegeben: Libanios sagt eindeutig, daß es dessen kurz nach 351 erfolgtes Bekenntnis zur paganen Religion war, durch welches Julian sich den Heiden als Thronanwärter anempfahl[247]. Demnach wurde schon vor seiner Ernennung zum Caesar an seine Person die Erwartung geknüpft, den Griff des Heidentums zur Macht noch einmal zu ermöglichen. Libanios deutet eine Sammlungsbewegung unter der heidnischen intellektuellen Elite an mit dem Ziel, der Herrschaftsübernahme durch Julian den Boden zu bereiten, freilich – so argumentiert der Redner, um jeglichem Usurpationsverdacht vorzubeugen und die spätere Machtergreifung des Caesar als ein Werk der Götter erscheinen zu lassen –, "nicht durch Waffen und Schwerter, sondern mit heimlichen Gebeten und verborgenen Opfern, und jeder Seher hat seinen Dienst versehen in dem Wunsche, das vorherzusehen, was jetzt sichtbar wird. Die Götter aber gaben wohlwollend ihre Zustimmung"[248].

---

245 Lib.18,33: ...ἄρχοντι δὲ αὐτῷ μετὰ φυλακῆς τῶν νόμων.

246 Vgl. hierzu oben, S. 87. Von Ammian ist gar zu hören, daß – nach Auffassung manch rechtlich Denkender -"es ein bedeutendes Anzeichen für seine Vorzüglichkeit gewesen wäre, wenn eben dieser Constantius ohne Blutvergießen von der Kaiserherrschaft zurückgetreten wäre, als daß er sie so gnadenlos verteidigte" (21,16,12).

247 Lib.18,12 ff. Vgl. oben, S. 214, Anm. 159.

248 Lib.13,14.: ...συγκατασκευάζοντες τὴν βασιλείαν οὐκ ὅπλοις οὐδὲ ξίφεσιν, ἀλλ' εὐχαῖς λανθανούσαις καὶ κρυπτομέναις θυσίαις, μάντις τε ἅπας ἐνεργὸς ἦν ἐπιθυμῶν προμαθεῖν τὸ νῦν ὁρώμενον. θεοὶ δὲ εὐμενεῖς ἐπένευον.
Wiemer, 1995, S. 26, bestreitet die Existenz einer solchen heidnischen Opposition und will in den soeben zitierten Passagen des Libanios lediglich einen Nachweis dafür sehen, "daß gebildete Heiden mit dem Regiment des Constantius unzufrieden waren, diese Unzufriedenheit mitunter auch verbal äußerten und insgeheim darauf hofften, daß Julian dem kinderlosen Constantius auf den Thron nachfolgen würde" (ebd.). Nun hatte Julian aber gerade nicht gewartet, bis er dem damals noch kinderlosen Konstantios hätte auf den Thron folgen können, sondern vielmehr die Waffen gegen ihn gekehrt. Daß er dies im Mitwissen seiner heidnischen Freunde tat, vielleicht von ihnen sogar dazu angeregt worden ist, dafür liefert sowohl der Briefverkehr Julians mit Oreibasios einen Hinweis (Rosen, 1969, S. 430 f) als auch die von Libanios berichtete Tatsache (Lib.18,85), daß der Kaiser den engsten Vertrauten des

Diese Worte zeigen, daß die Heidengesetzgebung des Konstantios, welche bald nach seinem schwer erkämpften Sieg über den heidnischen Usurpator Magnentius veranlaßt[249] wurde, einen sehr realen politischen Hintergrund hatte: Der Kaiser sah sich, offensichtlich zu Recht, durch Opfer, Magie und Wahrsagerei gefährdet, erblickte darin Praktiken einer sich sammelnden heidnischen Opposition, vor welcher er sich und seine Herrschaft zu schützen suchte.

Wie umtriebig sich einzelne dieser Oppositionellen tatsächlich betätigten, zeigt der Fall des Aristophanes. Von ihm berichtete Libanios, daß er zu den Göttern zu beten gepflegt hätte, jenem Ruin der Welt – sprich der Herrschaft des Konstantios – ein Ende zu setzen und die Segnungen, derer sich Gallien aufgrund des Einsatzes Julians erfreut hätte, über die ganze Welt zu verteilen[250]. In Voraussicht des ersehnten Herrscherwechsels hätte er unaufhörlich für die heidnische Partei geworben: Er hätte sichergestellt, daß Viele in diesem Gebet seine Partner würden, "indem er jenem (Konstantios) entgegentrat, <sie> aber in unsere Partei hineinführte, und er hielt in den Versammlungen lange Reden, die zwar nicht ungefährlich waren, ihm aber große Freude bereiteten...[251]. Das bedeutet, daß zu der Zeit als Julian Caesar in Gallien geworden war und Libanios vermittels seines *Antiochikos* in geschickter Art und Weise Propaganda für ihn trieb[252], auch jener Aristophanes agitatorisch für den Caesar tätig zu werden begann[253]. Er stellte sich der Herrschaft des Konstantios, da er in ihr nur den Ruin der Welt

---

Caesar in Gallien, Salutius, von dort abberief mit der Begründung ἐπαίροντα τὸν νέον (= Julian); vgl. hierzu auch unten, S. 231. Berücksichtigt man außerdem den umfangreichen Briefwechsel, den Julian von Gallien aus mit heidnischen Kreisen des Ostens, u.a. auch mit den späteren ἑταῖροι der Zeit seiner kaiserlichen Herrschaft pflegte (Wiemer, ebd., S. 23 u. 53; Wiebe, 1994, S. 184), so deutet alles darauf hin, daß man es hier nicht mit einer "bloße(n) Gesinnungsgemeinschaft" (Wiemer, ebd.) zu tun hatte, sondern mit Verbindungen von durchaus konspirativem Charakter.

249 Siehe oben, S. 183 u. ebd. Anm. 500.

250 Lib.14,41: ...ᾔτει παρὰ τῶν θεῶν παῦσαι μεν τὸ φθεῖρον τὴν οἰκουμένην, τὰ δὲ Γαλατῶν ἀγαθὰ κοινὰ ποιῆσαι τῆς γῆς.

251 Lib.14,42: καὶ ταύτης τῆς εὐχῆς οὐκ ὀλίγους αὐτῷ κοινωνοὺς εἰργάσατο, πρὸς μὲν ἐκεῖνον ἐκπολεμῶν, εἰς δὲ τὴν μερίδα τὴν ἡμετέραν εἰσάγων, κἀν τοῖς συλλόγοις οὐκ ἀκινδύνους μὲν ἡδίστους δὲ αὐτῷ λόγους ἀπέτεινεν... .

252 Petit, 1981, S. 127-149, insbes. S.148, sieht in dem seiner Auffassung nach im Jahre 355 veröffentlichten *Antiochikos* (= *or.*11) mit seiner "Verherrlichung des heidnischen, freien und vorrömischen Antiocheia' ein "Manifest der heidnischen und traditionalistischen Partei, einen Akt der Propaganda für Julian".

253 Libanios hatte Aristophanes – und damit auch dessen politische Bestrebungen – bereits im Jahre 356 oder 357 kennengelernt (Wiemer, 1995, S. 134), was bedeutet, daß Aristophanes schon ein Jahr nach der Ernennung Julians zum Caesar für dessen Machtübernahme Propaganda betrieben haben muß.

erblickte, entgegen, indem er Partisanen für die "parti paien"[254] rekrutierte und Versammlungen organisierte, "sans doute clandestines"[255], deren Vorwand offenbar ein literarisch-philosophischer war[256]. Im Jahre 359 sah sich Aristophanes schließlich in jenen Hochverratsprozeß von Skythopolis[257] verwickelt, welcher von Libanios nur knapp angedeutet, von Ammian hingegen, ganz zu Unrecht[258], zu einem Beispiel brutaler Terrorjustiz unter Konstantios hochstilisiert worden ist[259]. Laut Libanios sei Aristophanes beschuldigt worden, daß er dem ägyptischen Praefekten Parnasius – einem der Hauptangeklagten des Prozesses[260] – einen Wahrsager (μάντις) zugeführt habe, damit dieser "etwas von den Dingen sage, über die etwas zu erfahren vom Gesetz verboten ist"[261], was heißt, daß er Auskünfte über die Regierung des Kaisers Konstantios erteilen sollte[262].

Erstaunlich ist nun, daß Aristophanes, bei all seiner Agitation für den heidnischen Untergrund, in diesem Prozeß tatsächlich nur mit Verbannung bestraft worden war[263]. Von den vier der von Ammian namentlich genannten Hauptangeklagten wurden zwei, obwohl offensichtlich für schuldig befunden, ebenfalls nur mit dem Exil belegt[264], die anderen beiden gar freigesprochen: "Diese Urteile passen nicht zu (der) angeblich so grausamen Justiz (unter Konstantios)"[265]. Das aber bedeutet, daß der Kaiser eher Zeichen setzen und sein Wissen um eine solch religiös motivierte Opposition[266] dokumentieren zu wollen schien, als daß er sie direkt und mit allen ihm zur Verfügung stehenden Mitteln bekämpfte; in

254 Petit, 1955, S. 204.
255 Ebd., S. 205.
256 Wiemer, 1995, S. 6 f, will in diesen Versammlungen lediglich "private Gastmähler" nicht konspirativer Natur sehen, was hier als eine Verharmlosung des von Libanios angedeuteten, letztlich in die Usurpation Julians mündenden Geschehens gewertet wird.
257 Vgl. hierzu: Haehling, 1978, S. 74-101. Rosen, 1970, S. 242 ff.
258 Ebd..
259 Amm.Marc.19,12,1 ff.
260 Haehling, 1978, S. 79 f.
261 Lib.14,16: ...ἐροῦντά τι τούτων ὑπὲρ ὧν οὐ νόμος μανθάνειν.
262 Seeck, 1906 (s.v. Aristophanes), S. 89.
263 Ebd..
264 Ammian berichtet von dem ersten Hauptangeklagten des Prozesses, er sei dem Gericht vorgeführt worden, "weil es von ihm hieß, er habe die Frage gestellt, wie er die Kaiserherrschaft erreichen könne"(19,12,9); dazu Rosen, 1970, S. 242: "Das war seit Beginn des Prinzipats ein Kapitalverbrechen. Trotzdem wurde er nur verbannt. Er wurde nicht einmal gefoltert. Die Nachricht, Constantius habe eigens in einem Elogium die Folter angeordnet, klingt demgegenüber unglaubwürdig".
265 Rosen, 1970, S. 243. Ganz ähnlich: Haehling, 1978, S. 78 ff.
266 Die heidnische Religionszugehörigkeit aller Angeklagten einer- und die christliche der von Konstantios eingesetzten Richter andererseits hat Haehling, 1978, S. 88 ff, insbes. S. 97, nachgewiesen.

ähnlicher Weise war sein Wille zum Ausgleich und zu einer gewissen, wenngleich begrenzten Toleranz gegenüber dem Heidentum bereits anläßlich seines Rombesuches im Jahre 357 deutlich geworden[267].

Daß jene heidnische Opposition, die sich seit Beginn der 50er Jahre gegen das christliche Kaisertum zu formieren begann, allerdings auch nicht unterschätzt werden durfte, zeigt das Vokabular des Libanios an. So sind für den Rhetor, wie Paul Petit herausgestellt hat, die Christen u.a. "die Verfluchten", "die Elenden", die Atheisten, "die man verabscheuen muß", "die Anderen", die Gegner oder auch die Feinde der Götter, "die nicht zu unseren Freunden gehören"[268]. Dagegen sieht Libanios in den Heiden "die frommen Leute", "die edlen Leute" (οἱ ἀγαθοί) und vor allem "die Gefährten" (οἱ ἑταῖροι)[269]. Petit betont, daß der Begriff ἑταῖροι ursprünglich die Mitglieder einer Bruderschaft oder Gesellschaft – gleich ob geheim oder nicht – meinte: "Il y a dans ce mot, outre la nuance païenne que nous venons de souligner, l'idée d'une organisation faite pour agir, pour attaquer ou se défendre: l'hétairie évoque la faction, le clan, en un mot, le 'parti paien'"[270].

Damit ist auf ein Gegeneinander von Heiden- und Christentum im frühchristlichen römischen Staate verwiesen. Dieses schien auf der städtisch-lokalen Ebene allerdings so nicht zu existieren. Hier herrschte augenscheinlich keine religiöse Diskriminierung und "(l)a solidarité de classe et de culture était en général plus forte que la communauté de croyance"[271]. Auf der gesamtstaatlich-politischen Ebene verhielten sich die Dinge jedoch anders: Die soeben zitierten Äußerungen des griechischen Rhetors Libanios bezüglich der Christen und des christlichen römischen Kaisertums erwecken durchaus keinen beruhigenden Eindruck, zumal wenn man bedenkt, daß es den heidnischen Oppositionellen gelungen war, sich der Person Julians – und damit eines großen Teils des militärischen Machtpotentials – zu versichern[272]. Offenbar ersehnte man sich von die-

---

267 Siehe oben, S. 179 f u. ebd. Anm. 478.

268 Petit, 1955, S. 204; der Autor betont, daß die Belegstellen zu zahlreich seien, um im einzelnen aufgeführt zu werden (ebd., Anm.1). Vgl. etwa Lib.16,45-56, insbes. 16,46.50.55.

269 Petit, 1955, S. 204 u. ebd., Anm. 2.

270 Petit, 1955, S. 204.

271 Petit, 1955, S. 216.

272 Insofern ist Haehling, 1978, S. 77 f, zu widersprechen, wenn er in den Angeklagten der Prozesse von Skythopolis nur politisch gleichsam ungefährliche Angehörige der zivilen Administration oder der "schöngeistigen" Intelligenz sehen möchte. Der Autor schreibt: "Denn die Personen, die gegen Kaiser Constantius II. eine Erhebung durchführten oder eine solche zumindest planten – wie Magnentius, Vetranio, Nepotianus, Silvanus, Marinus oder Barbatio – entstammten mit einer Ausnahme (Nepotianus) militärischen Kreisen. Das Streben nach der Kaiserherrschaft hatte nur

ser Seite nicht mehr nur eine Teilhabe an der Macht, sondern die umfassende Machtergreifung und Machtablösung. Libanios schreibt in seiner 15. Rede, daß in Antiocheia unaufhörlich zu Zeus gebetet worden sei, "ein Ende all dem zu setzen, was das Imperium ruinierte, und die Herrschaft seinem zukünftigen Retter zu übergeben..."[273]. Das Ziel sei gewesen, "daß die Welt die <S>eine würde"[274].

---

im Zusammenwirken mit dem Heer Aussicht auf Erfolg. Hingegen ist – der literarischen Fassung Ammians folgend – den vier Angeklagten von Skythopolis keine Verbindung mit dem Heer sowie dessen obersten Befehlshabern nachzuweisen". Das aber stimmt, nimmt man die Aussagen des Libanios hinzu, nun gerade nicht: An ihnen zeigt sich, daß Verbindungen zwischen der "schöngeistigen Intelligenz" und dem Feldherrn Julian sehr wohl existierten und sicherlich auch ein starker Einfluß von seiten dieser Opposition auf den Caesar ausgeübt worden ist. Freilich hatte Julian selbst seine Umgebung über eine entsprechende Bereitschaft seinerseits nicht im Unklaren gelassen; Libanios sagt dazu: "Bevor du berufen wurdest, der (heidnischen) Religion zu helfen, hast du bereits durchscheinen lassen, daß du bei gegebener Gelegenheit dich nicht versagen würdest"(*or.*13,13).

273 Lib.15,45.

274 Ebd.: Ἡ πόλις αὕτη ... δημοσίᾳ μὲν οὐκ ηὔξατο τοῖς θεοῖς σὴν γενέσθαι τὴν γῆν, οὐ γὰρ ἐξῆν, καθ' αὑτὸν δὲ ἕκαστος ἢ κατὰ συμμορίας τῶν ταῦτα βουλομένων αἰτοῦντες οὐ διέλιπον τὸν Δία τὰ μὲν φθείροντα τὴν ἀρχὴν παῦσαι, δοῦναι δὲ τῷ σώσοντι τὸ κράτος. Als Zeugen dieser oppositionellen Agitation benennt Libanios den Celsus (15,51); s. Seeck, 1906 (s.v. Celsus I), S. 104-106; zudem verweist der Rhetor auf entsprechende Aktivitäten in Ephesus (15,50). Drinkwater, 1983, spricht sich gegen die hier mehrfach vorgetragene Behauptung einer Unterstützung der Usurpation Julians durch Angehörige des östlichen Heidentums aus: Die von Libanios im nachhinein getroffenen Aussagen seien allesamt verzerrt und übertrieben, entweder um die Antiochener bzw. Aristophanes vor Julian in einem günstigeren Licht erscheinen zu lassen oder aber um dem jungen Kaiser zu schmeicheln (ebd., S. 349). Den Vertretern des östlichen Heidentums sei die Konversion Julians gar nicht bekannt geworden (ebd., S. 353, vgl. dagegen oben, S. 214, Anm. 159), seine Usurpation allein das Machwerk des im Westen lebenden griechischen Arztes Oreibasios von Pergamon und dessem Freundeskreis gewesen, geplant und in Gang gesetzt nicht aus religiösen, sondern politisch-praktischen Erwägungen, nachdem Julian in der Schlacht bei Straßburg seine überlegenen Qualitäten als Heerführer unter Beweis gestellt hätte (ebd., S. 370-383). Eine solche Interpretation bestreitet allerdings nicht nur jegliche ernstzunehmende politische Aktivitäten von seiten eines oppositionell eingestellten östlichen Heidentums, sondern negiert auch die politische Bedeutung des Briefwechsels zwischen Julian und seinen östlichen Freunden, vor allem läßt sie den politisch-religiösen Hintergrund des Oreibasios gänzlich außer Betracht; auch folgt sie – was die Beurteilung der Feldherrnqualitäten Julians und ihrer Einschätzung als Movens für seine Erhebung anbelangt – wiederum den Deutungen der Julian-Panegyrik.

Wie klein auch immer diese heidnischen Zirkel tatsächlich waren[275] – Konstantios mußte auf all ihr umtriebiges Agieren reagieren und hat dies in den Prozessen von Skythopolis und einigen wenigen anderen Fällen auch in offenbar ziemlich moderater Form getan. Daß er Julian in Gallien so lange relativ unbehelligt gewähren ließ, mochte taktischen Erwägungen entsprungen sein, es konnte aber auch an dem besagten Wohlwollen des Kaisers und demzufolge einem zu großen Vertrauen in die letztendliche Loyalität des Caesar gelegen haben, vielleicht auch daran, daß Konstantios von den Kontakten zwischen Feldherrn und Oppositionellen zu wenig wußte[276] und sie in ihren Konsequenzen deshalb unterschätzte. Einen gewissen Verdacht zumindest scheint der Kaiser gehegt zu haben: Die Abberufung des Quaestors und Heiden Salutius[277] – eines engen Vertrauten und späteren "collaborateur" Julians[278], von Libanios scharf kritisiert[279] – braucht nicht nur mit einer Intrige des in seinem Stolz verletzten Praefekten Florentius erklärt zu werden[280]; sie kann sehr wohl auch verstanden werden als das Bestreben des Kaisers, vermutete Kontakte zwischen dem hochgerüsteten Caesar und heidnischen Oppositionellen[281] zu unterbinden oder wenigstens einzuschränken.

Zusammenfassend ist zu sagen, daß Konstantios in seinen Herrschaftssicherungsmaßnahmen augenscheinlich weder willkürlich noch zügellos vorgegangen war: Die uns bekannten Hochverrats- und Magieprozesse hatten, entgegen den Behauptungen des Libanios, ihre Berechtigung, und die Strafen waren, gemessen an römischer Rechtspraxis, eher moderat[282]. Daß der Sohn des ersten christlichen Kaisers, mit einer Fülle innen- wie außenpolitischer Probleme belastet[283], sich

275 Petit, 1955, S. 205, sagt dazu: "... le parti était bien une minorité".

276 Petit spricht von einer "wohlweislich getarnte(n) Agitation in den heidnischen Kreisen" (1981, S. 148) und betont, daß die Gefühle des neuen Caesar sorgfältig verheimlicht worden sind (1955, S. 206).

277 Seeck, 1906 (s.v. Salutius), S. 265 ff.

278 Petit, 1955, S. 207, Anm. 2 u. S. 208.

279 Lib.12,58. 18,84 f.

280 Vogler, 1979, S. 102.

281 Lib.18,85 schreibt, daß man Salutius – angeblich fälschlicherweise – beschuldigte, ...ἐπαίροντα τὸν νέον (Julian).

282 Entsprechend urteilte Mudd, 1984, S. 27-48, insbes. S. 47: "Careful analysis of the treason prosecutions nevertheless shows that these criticisms of Constantius are unjustified. The emperor set no precedents with his sedition trials: every individual that he condemned had actually violated an established treason law. Similar cases had been treated in the same manner by earlier rulers. Furthermore, Constantius sought to insure that no one was punished without proven evidence to support his crime. On some occasions, he granted pardon to people who had been justifiably arraigned for treason".

283 Rosen, 1970, S.244.

gegen die im Untergrund agierende heidnische Opposition zu schützen suchte, hatte mit der ihm immer wieder vorgeworfenen *licentia* eines Tyrannen wenig zu tun[284].

2. Indizien für ein Gegenbild: Konstantios als βασιλεύς

Tatsächlich lassen sich bei Libanios selbst – in einer seiner späten Reden – Äußerungen über Konstantios finden, welche dem einst von ihm in seinen Julianreden entworfenen Bilde des hinterhältigen, grausamen und verfolgungssüchtigen Despoten zur Gänze widersprechen. Und zwar verfaßte der Rhetor im Jahre 387 anläßlich eines Aufstandes in Antiocheia wegen angekündigter Steuererhöhungen, in dessen Verlauf auch die kaiserlichen Bildnisse und Statuen umgestürzt worden waren, eine Rede an den Kaiser Theodosios, um diesen zu einem nachsichtigen Urteil über die Aufständischen zu bewegen[285]. Dabei rief Libanios dem Theodosios das Verhalten seines christlichen Vorgängers Konstantios in Erinnerung, welcher – ganz im Gegensatz zu Diokletian[286] – auf solch aufrührerische Ereignisse in den Städten mit Milde reagiert hätte: "Vielmehr solle man sich erinnern an die Sanftmut des Konstantios gegenüber den Verfehlungen der Städte"[287].

Der Rhetor nennt als erstes Beispiel zunächst das Vorgehen des Konstantios nach der Ermordung des rechtschaffenen[288] syrischen Statthalters Theophilos[289], welche seiner Auffassung nach ebenfalls als ein Frevel gegenüber der kaiserlichen Majestät anzusehen gewesen sei[290]. So hätte Konstantios, als er den Praefekten Strategius anläßlich dieses Ereignisses nach Antiocheia schickte, wohl in seinem Herzen Schmerz empfunden, er hätte aber, als er ihm gegenüber von

---

284 Damit wäre auch auch das Urteil über den *notarius* Paulus zu revidieren, von dem es bei Libanios (18,152) heißt: ὁ μὲν συκοφαντῶν ἐπεληλύθει τὴν οἰκουμένην... . Von Konstantios als Untersuchender in den Prozessen gegen die Anhänger des Magnentius, Gallus und Silvan wie auch in den Prozessen von Skythopolis (und gegen Aristophanes, s. Lib.14,15 u. 14,54) eingesetzt, ist Paulus insbesondere von Ammian als einer der Hauptakteure des vermeintlichen Terrorregimes des Konstantios dargestellt (vgl. hierzu Vogler, 1979, S.187 ff) und desavouiert worden.

285 Sievers, 1868, S. 172 ff. Norman, 1977, S. 235 ff.

286 Lib.19,45 f.

287 Lib.19,47: ...μᾶλλον οὖν μεμνήσθω τις Κωνσταντίου τοῦ πρὸς τὰς τῶν πόλεων ἁμαρτίας ἡμέρου.

288 Lib.19,47.

289 Siehe oben, S. 207, Anm. 102.

290 Lib.19,48.

Bestrafungen sprach, wiederholt gesagt, daß er die Angelegenheit äußerst maßvoll behandeln würde, und jener hätte die Aufträge nicht mißachtet[291].

Libanios fährt in seiner Argumentation fort, indem er aufzeigt, daß der Kaiser sich auch unter ähnlichen Umständen als er selbst erwiesen – sprich Milde geübt – hätte[292]. Als weiteres Beispiel nennt er die Reaktion des Konstantios auf Ausschreitungen, welche von seiten der Bürger Edessas gegenüber seiner Bronzestatue verübt worden waren: "Als Konstantios das erfuhr, da geriet er nicht in Wut und er trachtete nicht nach Rache und er stellte die Stadt um nichts schlechter, sondern – wie man ja wohl auch Kraniche nicht wegen ihres Geklappers bestrafen würde – so hat er auch jene nicht <bestraft>"[293]. Der Redner setzt hinzu, daß dieses und ähnliches Gebaren des Konstantios den Leuten so vortrefflich und rühmenswert erschienen wäre, daß seine Trägheit gegenüber den Feinden durch dieses Verhalten, resultierend aus seiner Milde, überdeckt worden wäre[294]. Bis zum Ende seines Lebens offensichtlich nicht versöhnt mit den außenpolitischen Defensivstrategien dieses Kaisers, gesteht Libanios abschließend jedoch zu: "Obwohl die Perser jedes Jahr immer etwas an sich rissen und ihr Gebiet durch unsere Landstriche vergrößerten, hatte er dennoch Leute, die für ihn beteten und unter seiner Milde gegenüber den Städten leben wollten"[295].

Das aber bedeutet, daß zu einem Zeitpunkt, wo sich Libanios offenbar nicht mehr als heidnischer Parteigänger begriff[296] und es ihm infolgedessen auch nicht

---

291 Lib.19,47: ὃς ὕπαρχον ἐνταῦθα πέμπων Στρατήγιον ἐπὶ τῷ Θεοφίλου θανάτῳ, ..., τότ' οὖν ἤλγησε μὲν τὴν καρδίαν ὁ Κωνστάντιος, τιμωρίας δὲ πρὸς αὐτὸν μνημονεύων, ὅπως μετριώτατα χρήσεται τῷ πράγματι πολλάκις εἶπε, κἀκεῖνος οὐκ ἠτίμασε τὰς ἐντολάς.- Es ist anzunehmen, daß Libanios von Strategius selbst, mit dem er gut bekannt war (Seeck, 1906, s.v. Strategius I, S. 282 ff), über die Reaktion des Kaisers auf jene Vorgänge informiert worden ist.

292 Lib.19,48: ἐγὼ δὲ, ... ἐπιδείξω δὲ ὡς ἐν ὁμοίοις αὐτὸς ἐκεῖνος ἐγένετο.

293 Lib.19,49: ταῦτα μαθὼν ὁ Κωνστάντιος οὐκ ἔπεσεν εἰς ὀργήν, οὐκ ἐζήτησε δίκην, οὐδενὶ χείρω κατέστησε τὴν πόλιν, ἀλλ' ὥσπερ οὐκ ἂν ἐκόλασε γεράνους διὰ τὴν κλαγγήν, οὕτως οὐδὲ ἐκείνους.

294 Ebd.: ταῦτα καὶ τὰ τοιαῦτα οὕτως εἶναι ἐδόκει καλά τε καὶ ἐπαίνων ἄξια ὥστε τοῖς ἐκ τῆς ἐπιεικείας ἡ κατὰ τοὺς πολέμους ἐκρύπτετο ῥαθυμία.

295 Ebd.: ...Περσῶν καθ' ἕκαστον ἔτος ἀεί τι παρασπωμένων καὶ τὰ αὐτῶν μείζω ποιούντων τοῖς ἡμετέροις χωρίοις ὅμως εἶχε τοὺς συνευχομένους αὐτῷ καὶ ζῆν βουλομένους ὑπὸ τῇ ἐκείνου περὶ τὰς πόλεις πρᾳότητι.

296 Nach dem Regierungsantritt des Theodosios schien sich das Verhältnis des Rhetors zum römischen Kaisertum entspannt zu haben: Zunächst einmal wurde Libanios von Theodosios mit Respekt behandelt; infolgedessen wandte der Rhetor sich in mehreren Briefen an den Kaiser und widmete ihm elf sog. Reformreden, deren Einfluß auf die kaiserliche Politik allerdings "schwer zu ermitteln (ist), ... aber wohl sehr gering (blieb)" (Wiemer, 1995a, S. 121 f). Darüber hinaus wurde Libanios von Theodosios in besonderer Weise privilegiert, indem es ihm von dem Kaiser gestattet wurde, "sein Vermögen entgegen der geltenden Rechtslage an seinen *filius naturalis* Cimon

mehr auf die Kontrastierung von christlichem Kaiser und heidnischem Herrscher ankam, aus dem vielgescholtenen τύραννος Konstantios ein um Milde und Gerechtigkeit bemühter βασιλεύς geworden war. Und in der Tat weist das Bild des milden, sich um Nachsicht bemühenden und immer wieder Zurückhaltung auferlegenden βασιλεύς, welches Libanios hier in seiner ersten Rede über den sog. Statuenaufruhr zeichnete, kaum mehr irgendeine Ähnlichkeit zu dem hinterhältigen Tyrannen auf, als welchen der Redner den Kaiser ehemals in seinen Julianreden beschrieben hatte. Vor allem galt die Milde, die Libanios hier so demonstrativ und in mahnender Absicht an Konstantios hervorhob – die er darüber hinaus aber auch noch als dessen wesentlichen Charakterzug beschrieb[297] –, dem damaligen Hörer als die "traditionell höchste Tugend" eines Herrschers[298]. Der einst so vielgeschmähte Kaiser wurde damit zu einem Vorbild, auf welches Libanios den christlichen Nachfolger Theodosios zu verpflichten gedachte, wenn er ihm abschließend vor Augen hielt, daß die Leute für Konstantios gebetet hätten, weil sie unter seiner Milde hätten leben wollen[299].-

Hinweise für ein positiveres Gegenbild des Kaisers hatte schließlich auch bereits der frühe, in den vierziger Jahren verfaßte Panegyrikos des Libanios auf Konstantios und seinen Bruder Konstans geliefert. Wenn auch die allgemein wohlwollende Tendenz der Rede sich aus der Natur des Genre von selbst versteht, so lassen sich doch den Äußerungen des Rhetors – wie oben im Hinblick auf den außenpolitischen Teil des längeren nachgewiesen – subjektive Sichtweisen entnehmen[300], die nicht so ohne weiteres, wie Paul Petit das mit seinem abschätzigen Urteil getan hat[301], als unaufrichtige Schmeichelei abzutun sind.

Ganz im Gegensatz zu den besprochenen Äußerungen seiner julianischen Reden war Libanios hier noch bemüht gewesen, den Kaiser immer wieder als einen βασιλεύς zu charakterisieren und ihn deutlich gegenüber dem Tyrannen abzusetzen: Der Rhetor hatte zunächst, entsprechend den Empfehlungen Menanders[302], die Vortrefflichkeit der umfassenden kaiserlichen Erziehung dargelegt[303] und damit die Würdigkeit des jungen Konstantios für den Thron grundsätzlich zugestanden; auch seine Ausdrucksweise, daß dieser zusammen mit dem Bruder

---

zu übertragen", ohne diesen freilich in die Liste der Ratsherren eintragen zu müssen, wodurch Libanios "indirekt seine Atelie verloren" hätte (ebd., S. 100 f).

297 Wie bereits erwähnt, schreibt Libanios, daß der Kaiser – Milde übend – "sich als er selbst erwiesen" hätte (Lib. 19,48; vgl. oben S. 232 f).

298 Rosen, 1970, S. 232.

299 Lib.19,49; vgl. oben, S. 233 u. ebd. Anm. 295.

300 Siehe oben, Kap. I 1.

301 Petit, 1955, S. 19 u. 185.

302 Men.p.371 f.

303 Lib.59,32-47.

die Herrschaft *empfangen*[304] – nicht selbst ergriffen – hätte, sollte Konstantios von vornherein als einen βασιλεύς kennzeichnen.

Bemerkenswert aber ist vor allem, daß Libanios dem Kaiser in dieser Rede, gleich im Anschluß an die Erzählung jener frühen Perserkriegsereignisse, ein längeres Enkomion[305] widmete, in welchem er sich bereit zeigte, Konstantios, bei all seiner Kritik an ihm als Kriegsherr, eine Fülle ziviler Tugenden zuzuschreiben. Vermittels einer Reihe ausschließlich positiver – allerdings auch recht allgemein anmutender – Einzelzüge, die allesamt an die klassischen Tugenden der φιλανθρωπία, δικαιοσύνη, σωφροσύνη und φρόνησις erinnern, betonte der Rhetor das stete Bemühen des Kaisers um Menschlichkeit, Gerechtigkeit und Besonnenheit sowie sein überaus selbstbeherrschtes und vernunftgeprägtes Handeln.

So hob Libanios an zu einem Lob auf die besondere Milde und Sanftmut (πραότης) dieses Kaisers[306], der "indem er das Rauhe in Bezug auf den Umgang für eines Tyrannen angemessen hält, das Leutselige des Charakters aber der Stellung des Herrschers zurechnet"[307]; der "stolz ist, "nicht wenn er seine Herrschaft durch Schrecken zusammenhielte, sondern er geschützt wird durch die Zuneigung derer, die von ihm beherrscht werden", und der "fähig ist, der guten Gesinnung Entgeld zuzuteilen und der Verfehlung Verzeihung"[308]; der auch, "jenseits von Zorn, Herr über seine Lüste" ist, "denn er glaubt, es komme nicht zu, einerseits über Städte zu herrschen, andererseits aber den Affekten der Seele untertan zu sein"[309]; der "die Ratschläge seiner Umgebung nicht aus Selbstgefälligkeit geringschätzt", sondern der "durch die Tat den alten Satz bekräftigt, daß auch dies ein Zeichen von Einsicht ist, sich darauf zu verstehen, den Besten zuzustimmen"[310]; der "schnell in Bezug auf das Guttun und langsam in Bezug auf die Strafe ist"[311]; der zudem "die Besonnenheit bis zu einem solchen Grade geübt hat, daß er sich sogar vor dem Wort Zuchtlosigkeit schämt"[312] und der "seinen Magen nicht an Hunger zu gewöhnen, für nicht weit entfernt von Feigheit hält"[313]; der schließlich "weder durch Trauer niedergeschlagen, noch durch übermäßige Freude gemein, sondern das Offensichtliche von beidem ablegend,

304 Lib.59,48. Vgl. oben, S. 203 f.
305 Vgl. die langen Kapitel Lib.59,121.122, aus denen im folgenden zitiert wird.
306 Lib.59,121.
307 Lib.59,122.
308 Ebd..
309 Ebd..
310 Ebd..
311 Ebd..
312 Ebd..
313 Ebd..

sein Gesicht bei den maßvollen Zügen fixiert hat"[314]. Libanios endet, indem er – in deutlicher Abgrenzung gegenüber dem Tyrannen – von diesem Kaiser sagt, daß er, "indem er also seine Herrschaft auf diese Weise einrichtete, sein Leben mit größerer Freiheit verbrachte, als er sie wollte, und mit größerer Festigkeit als jeder von den Untertanen"[315].

Bei all diesen genannten Charakterzügen handelt es sich um Vorstellungen vom Idealherrscher, wie sie von der griechisch-römischen Tradition entwickelt und seit Jahrhunderten in Entgegensetzung zum Tyrannenbild unablässig verkündet wurden[316]. Die fehlende Konkretion, die diesen Zügen insgesamt anhaftet, läßt vermuten, daß Libanios den Kaiser nicht näher gekannt hat; sie deshalb unter dem bloßen Verweis auf die rhetorische Topik beiseite zu schieben, wäre allerdings eine unzulässige Verkürzung. Denn es ist auffallend, daß keiner der dem Konstantios zugedachten Wesenszüge im Enkomion des Konstans zu entdecken ist[317]; zudem wohnt ihnen allen eine recht ähnliche Tendenz inne. Libanios hat demnach bei seiner Charakterisierung des Kaisers aus der Fülle der ihm zur Verfügung stehenden Topoi eine ganz bewußte Auswahl getroffen. Das bedeutet, daß die von ihm eingesetzten Beschreibungsmuster sehr wohl einen historischen Aussagewert besitzen[318], also durchaus individuelle Eigenschaften des Konstantios bezeichnen mögen, wie etwa der maßvolle, nüchterne Lebensstil dieses Kaisers sowie seine Selbstbeherrschung und Disziplin weithin anerkannt waren[319].

Zusammenfassend ist festzuhalten, daß Libanios, was seine Beschreibung der zivilen Tugenden des Konstantios anbelangt, offenbar der Empfehlung Menanders gefolgt war, nur die allgemein anerkannten positiven Züge eines Kaisers darzulegen[320]. In Übereinstimmung zu dem öffentlich akzeptierten und von der kaiserlichen Propaganda sicherlich auch entsprechend verkündeten Bild traf der

---

314 Ebd..

315 Lib.59,122: τοιγαροῦν εἰς τοιοῦτον τρόπον καταστήσας τὴν ἀρχὴν μετ᾽ ἐξουσίας μὲν μείζονος ἢ ἐβούλετο διεβίω, μετ᾽ ἀσφαλείας δὲ πλείονος ἢ τῶν ἰδιωτῶν ἕκαστος. Vgl. hierzu Hadot, 1972, S. 579, wo es heißt, daß bei Platon nachdrücklich der Gegensatz dargelegt wurde "zwischen dem Philosophenkönig, der frei ist, da er Herr seiner selbst ist, und dem Tyrannen, der unfrei ist" (unter Verweis auf Plat.Pol.579 B – 580 C).

316 Vgl. hierzu: Hadot, 1972, S. 568-610.

317 S. Lib.59,142-149. Libanios selbst sagt dazu: "Indessen wenn wir auch nur die Mehrzahl seiner (des Konstantios) Eigenschaften aufzählen wollten, werden wir nichts von dem erwähnen können, was dem andern (Konstans) zueigen ist" (59,123).

318 Vgl. hierzu Classen, 1988, S. 179.

319 Amm.Marc.21,16,5 ff. Aurel.Vict.42,23.

320 Men.p.368.

Rhetor dann seine Auswahl aus dem topischen Vorstellungsreservoir, mit dem Resultat, daß sich in den erwähnten Tugenden die Persönlichkeit des Kaisers – in selbstverständlich idealisierter Form – widerspiegelte: Konstantios, so wie er war, sein und gesehen werden wollte: Als ein zu vernünftiger Überlegung, Selbstbeherrschung und Besonnenheit fähiger Herrscher, der – wie sein Kritiker Ammian es einmal ironisch zum Ausdruck bringen sollte – zudem noch "außerordentlich darauf bedacht war, als gerecht und milde zu gelten"[321].

Fazit

Die Äußerungen des Libanios über Konstantios aus seinen verschiedenen Schaffensperioden vermitteln zwei gegensätzliche und miteinander nicht in Einklang zu bringende Herrscherbilder: Während der Redner den Kaiser in den vierziger Jahren, zumindest was seine zivilen Tugenden anbelangte, als einen βασιλεύς gepriesen hatte, diffamierte er denselben Herrscher in den sechziger Jahren als die Inkarnation des vollendeten τύραννος; zwanzig Jahre später, in den achtziger Jahren, sollte er dagegen wiederum ein Lob auf Konstantios anstimmen als einen um Milde und Nachsicht bemühten Herrscher, für dessen langes Leben, sprich Herrschaftsdauer, die Untertanen gar beteten.

Die Widersprüchlichkeit der angeführten Äußerungen und ihre weitgehende Verankerung in der panegyrischen Topik machten deutlich, daß die Persönlichkeit des Kaisers – das heißt, Konstantios als Mensch und Herrscher – für uns in jenen Aussagen des Rhetors nicht mehr direkt zu fassen ist. Indirekt freilich spiegelte sie sich wider in den von Libanios berichteten Handlungen und den immer wieder auch erkennbaren politischen Zielsetzungen. Im Rahmen dieser Untersuchung ist deshalb versucht worden, beides, Handlungen wie Zielsetzungen des Kaisers, in Distanz zu den Sichtweisen und Wertungen des Rhetors zu analysieren, um so der historischen Persönlichkeit des Konstantios näherzukommen. Dabei stellte sich heraus, daß sich in den einander widersprechenden Darstellungen des Libanios erstaunlich homogene Charakterzüge des Kaisers entdecken lassen:

So ergab die Untersuchung der blutigen Wirren, welche um die Nachfolge Konstantins I. am Hofe von Konstantinopel ausgebrochen waren[322], daß Konstantios nicht, wie ihm von Libanios vorgeworfen, die Rolle des skrupellosen Verwandtenmörders gespielt hatte. Vielmehr überraschte der Kaiser, nachdem er von den rebellierenden Parteien offenbar getäuscht und zur Gegenwehr gezwungen worden war, auf der sog. Brüderkonferenz von Viminacium durch eine au-

321 Amm.21,16,11.
322 Siehe Kap. III 1.1.

ßerordentliche Zurückhaltung und Kompromißbereitschaft: Aus nüchterner Einsicht in seine nur begrenzten Möglichkeiten willigte Konstantios in eine Reichsteilung zu seinen Ungunsten ein. Daß dadurch die Beendigung des Konfliktes erst möglich wurde, ist von Libanios nicht erwähnt und von Julian lediglich ironisiert worden[323].

Sodann zeigte die Untersuchung der Vorgänge um die Abberufung und Hinrichtung des Gallus[324], daß Konstantios hier durchaus nicht ein Beispiel kaiserlicher Terrorjustiz abgegeben hatte. Denn Gallus war nicht das unschuldige und nicht einmal zur Verteidigung zugelassene Opfer, als welchen Libanios ihn – offensichtlich wider besseres Wissen und in Verdrehung der Tatsachen – hinzustellen suchte. Vielmehr waren seine zahlreichen Kompetenzüberschreitungen wie auch die sich mehrenden, den inneren Frieden im Osten zunehmend gefährdenden Gewaltakte der Grund dafür, daß Konstantios den widerstrebenden Caesar schließlich zu sich bringen ließ; als dieser, vor ein Sondergericht gestellt, sich immer noch nicht einsichtig zeigte, sprach der Kaiser, hier sehr wohl Härte demonstrierend[325], das Todesurteil aus.

Dagegen waren Duldsamkeit und eine besondere Gutwilligkeit auf seiten des Konstantios im Umgang mit seinem Neffen Julian aufgefallen[326]. Sie erwiesen sich an der Sorge des Kaisers für die Erziehung Julians; seiner Entsendung zu Philosophiestudien nach Athen, obwohl als Hochburg des Heidentums[327] bekannt; seiner Ernennung zum Caesar, trotz eines begründeten, allerdings nicht mehr nachweisbaren Verdachtes der Illoyalität; sodann der fortlaufenden Kompetenzerweiterung, wann immer Julian sich in Gallien bewährte und schließlich der langanhaltenden Bereitschaft des Kaisers zur Verständigung nach dem offenen Ausbruch des Konfliktes – freilich bis zu einer von ihm selbst fest bestimmten Grenze: Zu einer erneuten Teilung seiner Macht war Konstantios nach all den negativen Erfahrungen aus der Zeit der gemeinsamen Brüderherrschaft nicht mehr bereit. Dafür sollte sich Julian rächen, indem er das – von Libanios alsbald kopierte – Bild des mißtrauischen, ihn in seinem Neid beständig verfolgenden Kaisers prägte. Dies freilich waren Wirklichkeitsverdrehungen nach Maßgabe der überlieferten Tyrannentopoi: Nicht die vermeintlich intriganten, neidvollen Machenschaften und die Unerbittlichkeit des Konstantios waren es, welche Julian in Usurpation und Bürgerkrieg trieben, sondern der Wille des Heidentums zur Macht.

---

323 Vgl. oben, S. 204 f.

324 Siehe Kap. III 1.2.

325 Die freilich nicht ungewöhnlich war; man denke daran, wie Konstantin d. Gr. mit seinem vermutlich aufrührerischen Sohn Crispus verfahren war.

326 Siehe Kap. III 1.3.

327 Bliembach, 1976, S. 9.

Dieser war offensichtlich auch der Grund für die dem Kaiser so sehr zur Last gelegten Hochverratsprozesse[328]. Denn die Erwähnung heidnischer Praktiken in allen genannten Verfahren ließ – neben anderen Indizien – darauf schließen, daß Konstantios es hier mit einer sich sammelnden heidnischen Opposition zu tun hatte. Demnach hatten auch jene Prozesse durchaus ihre Berechtigung und waren nicht Zeichen tyrannischer Willkür. Vor allem erwiesen sich die abschließenden Urteile der kaiserlichen Gerichte als vergleichsweise moderat[329]. Darüber hinaus ist daran zu erinnern, wie sehr der in den Reden des Libanios unerwähnt gebliebene Rombesuch des Kaisers demonstrierte, daß sich Konstantios gegenüber einem Heidentum, welches sich ihm gegenüber als loyal erwies, in Zurückhaltung übte und zum Ausgleich und zur Verständigung bereit war[330].

Insofern überzeugt es nicht, wenn Petit den Kaiser als "trop hanté par le spectre des usurpations" beschreibt: Konstantios erweckte in seinem Umgang mit den Heiden, ihrer politischen Opposition und anderen Aufständischen durchaus nicht den Eindruck eines "Gejagten". Vielmehr demonstrierte sein Verhalten etwa nach Bekanntwerden der Usurpationen des Magnentius und Julian eine geradezu erstaunliche Gelassenheit: In beiden Fällen bewies der Kaiser immerhin soviel Konsequenz und Verantwortungsgefühl, daß er sich in den östlichen Randgebieten zunächst noch des längeren aufhielt, um die dort von ihm geplanten Grenzsicherungsmaßnahmen zu beenden, bevor er sich endlich zum Aufbruch nach Westen, in die neuen Krisengebiete anschickte[331].

Mit anderen Worten: Konstantios sicherte seine Herrschaft nicht, wie von Libanios mehrfach behauptet, rücksichtslos nach Tyrannenart, nämlich durch intrigante Machenschaften, skrupellose Morde oder gar die Initiierung von Bürgerkriegen. So war er auch nicht der Tyrann, der, selbst erfüllt von Furcht, um sich herum – vermittels zahlreicher ungerechtfertigter Majestätsprozesse – nur Furcht verbreitete. Im Gegenteil, sein Verhalten schien in den untersuchten Fällen immer wieder von außerordentlicher Zurückhaltung und taktischer Klugheit geprägt; vernunftgesteuert und diszipliniert nahm sich der Kaiser zurück, wo er es mit seinen politischen Zielen vereinbaren zu können glaubte oder es ihm zweckdienlich erschien. War allerdings eine von ihm selbst bestimmte Grenze überschritten, so zeigte sich Konstantios, wie die Fälle eines Gallus und Julian erweisen, sehr wohl zu entschiedener und harter, vielleicht sogar brutaler Reaktion fähig.

---

328 Siehe Kap. III 1.4.

329 Überdies erhellte der Zusammenhang von heidnischer Praxis und Hochverrat auch einen sehr realen politischen Hintergrund der Heidengesetzgebung des Kaisers; vgl. oben, S. 224 ff, insbes. 227.

330 Moreau, 1959, S. 169. Vgl. oben, S. 179 f u. ebd., Anm. 478.

331 Stein, 1928, S. 214 f. Barceló, 1981, S. 88 f u. 94 ff.

Erstaunlich ist nun die Tatsache, daß eine solche disziplinierte und vernunftgesteuerte Zurückhaltung als dominierender Charakterzug in der Persönlichkeit des Konstantios von Libanios selbst ausdrücklich bestätigt wurde. So erinnerte der Rhetor in einer seiner späten Reden[332] an die Milde und Nachsicht, welche Konstantios gegenüber einigen Aufständischen in Edessa hätte walten lassen, und stellte dabei die πραότης – letztlich Ausdruck der Zurückhaltung wie auch Gelassenheit – als den bestimmenden Zug im Wesen dieses Herrschers heraus.

Auch die dem Kaiser in seiner frühen 59. Rede zugeschriebenen Wesenszüge unterstützten ein solches Charakterbild[333]: Libanios schilderte Konstantios während der ersten Jahre des Perserkrieges als einen Herrscher, der – vernunftgeprägt, konsequent und überaus kontrolliert – seine Unternehmungen nur in genau kalkulierten Schritten verfolgte. Die panegyrisch gefärbten Züge des abschließenden Enkomion betonten neben der Menschenliebe und Vernunftgeprägtheit wiederum die außerordentliche Selbstbeherrschung und Besonnenheit im Verhalten dieses Kaisers[334] sowie die Gemessenheit seines Auftretens.

Andere Zeugnisse belegen, wie sehr Konstantios in der Tat bestrebt gewesen war, die eigene Person hinter der Präsentation der Herrschergestalt zurücktreten zu lassen: Der Mensch Konstantios schien sich hinter dem Kaiser verschlossen zu haben. Während ein solches Verhalten von Libanios zynisch kommentiert wurde[335], erblickte Ammian darin einen der wenigen, positiv anzumerkenden Züge des Kaisers: Im Gegensatz zu Julian[336] hätte Konstantios darauf gesehen, die Hoheit der kaiserlichen Autorität überall zu wahren[337].

Eine solche Verschlossenheit und Zurücknahme der eigenen Person birgt in sich freilich auch die Gefahr des Fremdbleibens und des immer wieder Falschverstandenwerdens. Wirth sprach im Hinblick auf das Persönlichkeitsbild des Konstantios von einer "an sich ehrenwerte(n) Amorphität", mit der "so niemand recht etwas anzufangen wußte" und davon, daß infolgedessen "sich mehr und mehr etwas verzerrt(e), was Ansätze zu wirklicher Größe m. E. deutlich in sich (trug)"[338] – wie weit diese Verzerrung tatsächlich gehen konnte, hatte sich an

---

332 Lib.*or.*19; siehe Kap. III 2.

333 Siehe Kap. III 2.

334 Vgl. das Zeugnis des Aurelius Victor, wo es von Konstantios heißt, er sei "ein überaus strenger Hüter seiner selbst (gewesen), wohl wissend, daß von dem Lebenswandel trefflicher Regenten die Ruhe des Staates bedingt wird" (Aurel. Vict. 42,23 nach der Übersetzung von A. Forbiger, 1866).

335 Der Rhetor bemerkte, Konstantios sei wenig besser als ein gemaltes Bild oder eine Tonfigur gewesen; Lib.17,8.

336 Vgl. Amm.Marc.22,7,1-4 sowie oben, S. 120.

337 Amm. Marc. 21,16,1.

338 Wirth, 1979, S. 295 f.

dem von Libanios in seinen julianischen Reden überlieferten Tyrannenbild gezeigt.

Allerdings begegnete die Mehrheit der Untertanen dem Kaiser offenbar nicht mit einem solchen Unverständnis: Jenseits der ihn bekämpfenden heidnischen Opposition und der ihn mit Haß verfolgenden christlich – "orthodoxen" Partei schien man in Konstantios durchaus den βασιλεύς zu sehen. Man dankte es ihm mit Loyalität und Verehrung[339], daß er nach außen, konsequent und plichtbewußt, vermittels seiner zurückhaltenden Defensivstrategien, den Bestand des an allen Grenzen bedrohten Reiches gesichert hatte und daß er im Innern augenscheinlich der Maxime gefolgt war, "stolz (darauf zu sein), nicht wenn er seine Herrschaft durch Schrecken zusammenhielte, sondern er geschützt wird durch die Zuneigung derer, die von ihm beherrscht werden"[340].

339 Vgl. oben, S. 8 f sowie Vogler, 1979, S. 287.

340 Lib.59,122: μέγα φρονῶν οὐκ εἰ φόβῳ συνέχοι τὴν βασιλείαν, ἀλλ' εἰ τῷ φίλτρῳ τῶν ἀρχομένων φρουροῖτο.

Abschließende Bemerkungen

Die Darstellung, die der griechische Rhetor Libanios vom römischen Kaiser Konstantios II. gegeben hatte, war zu keiner Zeit frei von Kritik gewesen: So erwies die hier vorgetragene Interpretation des in den vierziger Jahren komponierten Panegyrikos auf Konstantios und Konstans (= 59. Rede)[1], daß der Redner sich in dieser Rede nicht, wie ihm vorgeworfen, in unaufrichtiger Schmeichelei erging[2], ebensowenig wie er "alle Mittel ein(setzte)", um die Kriegführung des Konstantios gegen die Perser zu preisen[3]; vielmehr war es das zentrale Anliegen des Libanios, seine Kritik am Kaiser und seiner Führung des Perserkrieges zum Ausdruck zu bringen. Dies geschah allerdings indirekt, ohne die panegyrischen Regeln offen zu verletzen, allein durch die besondere Anordnung und Akzentuierung oder aber Auslassung der von Menander geforderten Topoi.

Es ist gezeigt worden, daß Libanios als Anhänger des hellenistischen Herrscherideals vom siegreichen König sowie als Bewohner der Provinz Syrien, in welcher man sich schon immer in besonderem Maße von den Persern bedroht gefühlt hatte, die vorsichtig operierenden Defensivstrategien des Konstantios ablehnte bzw. ihnen verständnislos gegenüberstand. Was hier auf seiten des Kaisers als klug berechnete und konsequent eingehaltene Zurückhaltung zwecks Minimalisierung eines nicht zu kalkulierenden militärischen Risikos verstanden wurde, stellte sich in den Augen des Rhetors dar als unverzeihliche Trägheit, Ausfluß jener so verachteten *inertia*: Libanios hatte demnach eine ihm nicht genehme Art der Kriegführung mit den vermeintlichen Charakterfehlern des Konstantios – seinem Mangel an kriegerischen Tugenden – zu erklären versucht.

Auf der Ebene der zivilen Tugenden blieb Konstantios in der frühen 59. Rede dagegen noch weitgehend von Kritik verschont. Wenn auch die wenigen, nur punktuell getroffenen Anmerkungen zur kaiserlichen Innenpolitik deutlich machten, daß der Rhetor dem Kaiser auch als innenpolitisch Handelndem nicht ohne Distanz gegenüberstand[4], zeichnete Libanios ihn in seinem abschließenden Enkomion doch als βασιλεύς und gestand ihm die klassischen Herrschertugenden der δικαιοσύνη, σωφροσύνη und φρόνησις zu[5].

1 Siehe Kap. I 1.
2 Petit, 1955, S. 185. Ähnlich: Wiemer, 1995, S. 185 u. 373 f; vgl. oben, S. 16.
3 Klein, 1978, S. 15 f; vgl. oben, S. 16.
4 Siehe Kap. II 1.
5 Siehe Kap. III 2.

Dies sollte sich ganz und gar ändern, als der Rhetor ca. 15 Jahre später in seinen julianischen Reden begann, Konstantios als den Gegenspieler des von ihm so verehrten Caesar und späteren Kaisers Julian herabzusetzen: Aus dem zumindest in persönlicher Hinsicht einst integren βασιλεύς war ein verabscheuungswürdiger τύραννος nach platonischem Muster geworden.

Folglich beschrieb Libanios den Kaiser in seinem außenpolitischen Handeln[6] jetzt nicht mehr nur als träge, sondern – entsprechend dem platonischen Tyrannenbild – auch als furchtsam und feige sowie vor allen Dingen in hinterhältiger Manier Verrat übend. Dies hätte schließlich dazu geführt, daß das Reich durch die an allen Grenzen andrängenden Barbaren in seiner Existenz bedroht gewesen wäre, wenn nicht Julian – so stellte es der Rhetor in Verdrehung der historischen Tatsachen dar – als dessen Retter erschienen wäre.

Auch auf innenpolitischem Gebiet[7] wurde die Kritik des Libanios an Konstantios und seiner Regierung nun erheblich umfassender und schärfer: Die wenigen Anmerkungen der 59. Rede verdichteten sich zu einem Komplex immer wiederkehrender Themen, mit denen der griechische Rhetor und Heide seine tiefe Mißbilligung gegenüber dem christlichen römischen Kaisertum zum Ausdruck brachte. Aus der rückwärts gewandten Optik eines Verfechters des "heidnischen, freien und vorrömischen Antiocheia"[8] charakterisierte Libanios den Kaiser wiederum als τύραννος, dessen vermeintlich despotisches Regiment sich am orientalisierenden Stil seines Hofes, am Ausbau der Zentrale und an der wachsenden Macht des Hofbeamtentums sowie vor allem an seinem ruinösen Umgang mit den λόγοι und ἱερά zu erkennen gab.

Am auffälligsten wandelte sich das Konstantiosbild freilich dort, wo es um die Methoden kaiserlicher Herrschaftssicherung ging[9]: Indem Libanios Konstantios in seinen späteren Reden zum vollendeten Tyrannen degenerieren ließ, gab er vor, daß es dem legitimen Kaiser und späteren Kontrahenten des Usurpators Julian nur gelungen sei, seine Macht über all die Jahre zu erhalten, weil er vor skrupellosen Verwandtenmorden nicht zurückgeschreckt sei, in seinem Neid und seiner Mißgunst beständig Intrigen angezettelt habe und schließlich gar zur Initiierung ungerechtfertigter Bürgerkriege bereit gewesen sei – eine Darstellung, welche die quellenkritische Untersuchung als ganz und gar unhistorisch erwies.

Der hier beschriebene Wandel des Konstantiosbildes vom politisch zwar kritisierten, jedoch persönlich geachteten βασιλεύς zum vollendeten τύραννος ist besser zu verstehen, wenn man die näheren Umstände, in welchen Libanios sich

6 Siehe Kap. I 2.
7 Siehe Kap. II 2.
8 Petit, 1981, S. 148.
9 Siehe Kap. III 1.

bei der Abfassung seiner jeweiligen Reden befand, bedenkt und die mit ihnen verbundenen Darstellungsinteressen berücksichtigt. So wird in der Forschung seit längerem darauf hingewiesen, daß der historische Gehalt der Reden des Libanios – seine Auswahl, Darbietung und Bewertung der geschichtlichen Fakten - entscheidend von den aktuellen Wirkungsabsichten des Rhetors abhängig war[10]. Diese aber mußten sich von den 40er zu den 60er Jahren – entsprechend seinen persönlichen Lebensumständen und einem gewandelten Verhältnis zu Konstantios – grundlegend verändert haben.

So hatte Libanios zur Zeit der Abfassung seiner 59. Rede noch eine Rückkehr nach Konstantinopel, in die kaiserliche Hauptstadt, ins Auge gefaßt und schien auf den Beginn einer Karriere "à la Themistios" gehofft zu haben[11]. Der in Nikomedien tätige Rhetor war damals offenbar noch nicht so sehr darauf bedacht, Distanz gegenüber dem christlichen römischen Kaiserhofe zu wahren, was sich auch daran zeigte, daß er zur Abfassung eines Panegyrikos auf den christlichen Kaiser Konstantios noch bereit war. Dabei lag es augenscheinlich in seiner Absicht, sich mit seiner Kritik an der vermeintlich allzu vorsichtigen Perserkriegsführung des Kaisers vor einem lokalen Publikum[12] Gehör zu verschaffen.

Ganz andere Intentionen verfolgte Libanios hingegen mit seinen in späterer Zeit verfaßten julianischen Reden. Denn nach der Usurpation des Magnentius waren nicht nur die Hoffnungen heidnischer Kreise auf einen Regimewechsel geweckt[13], sondern Libanios selbst hatte inzwischen auch Bekanntschaft mit Julian geschlossen und diese über einen Briefwechsel mit dem in Gallien operierenden Caesar intensiviert[14]. Von jenen Karriereplänen in Hofesnähe hatte er endgültig Abschied genommen, nachdem er sich zu Beginn der fünfziger Jahre in seiner Heimatstadt Antiocheia niedergelassen hatte[15] und dort, wie es die Äußerungen seiner späteren Reden belegen, in Kontakt zu heidnischen Oppositionellen getreten war[16].

---

10 Vgl. Wiemer, 1995, S. 370 f, insbes. S. 371, wo es heißt: "(D)ie psychagogische Absicht ist das Kalkül, das die Deformation der Realität steuert". Auch Petit hatte schon 1956 geäußert, daß nicht nur die Rhetorik in den Darstellungen des Libanios gewisse Entstellungen bewirkt, "sondern man muß auch viele andere Faktoren berücksichtigen: die Zeit und die genauen Umstände der Entstehung des Werkes, die persönliche Lage des Autors, seine Ansichten über den Gegenstand, seine Haltung angesichts der Realitäten, seine gegenwärtigen Absichten, die Interessen, die er verteidigt usw." (ders., 1956, S. 84).

11 Vgl. oben, S. 20 u. 175 f. Petit, 1955, S. 393.

12 Vgl. oben, S. 11 u. Anm. 37.

13 Vgl. oben, S. 183, Anm. 500 u. S. 226.

14 Vgl. oben, S. 10.

15 Vgl. oben, S. 9.

16 Vgl. oben, S. 225 ff.

Daß die Kritik des Libanios an der Person und Politik des Konstantios schließlich eine solche Schärfe annehmen sollte, hing aber nicht nur mit der sich nun offenbar herausbildenden oppositionellen Haltung des Rhetors gegenüber dem christlichen römischen Kaisertum zusammen, sondern war auch bedingt durch starke persönliche Animositäten, welche Libanios inzwischen gegenüber Konstantios hegte. Denn seinem eigenen Zeugnis zufolge hatte sich der griechische Rhetor von diesem Kaiser weder genügend beachtet noch in hinreichender Weise gewürdigt gefühlt[17]. Hinzu kam, daß dessen Praefekt Anatolius ihm die Bitte um eine *dignitas*, welche ihm den Rang eines *honoratus* verleihen sollte, ausgeschlagen hatte[18]. Insofern scheute sich Libanios auch nicht, einen ihm im Jahre 359 angetragenen Panegyrikos auf Konstantios abzulehnen[19].

Vor allem aber trug der Rhetor keine Bedenken, nach dem Tode des Konstantios offen und dezidiert Stellung für den gewesenen Usurpator und neuen Augustus Julian zu beziehen: In seinen julianischen Reden übernahm er bereitwillig die Anschuldigungen, die Julian nach seiner Erhebung in einem Brief an die Athener gegen den älteren Kaiser vorgebracht hatte, um dessen Usurpation noch im nachhinein rechtfertigen zu helfen[20].

Der baldige Tod Julians sollte der heidnischen Partei allerdings nicht nur ihren größten Hoffnungsträger entreißen, sondern er bedeutete auch für Libanios persönlich eine Katastrophe: "Die Aussicht auf eine glanzvolle Karriere als höfischer Redner hatte sich jäh zerschlagen; die ersehnte Erneuerung von 'Götterkult' und 'literarischer Bildung' war gescheitert. Bürokraten, Barbaren und Bischöfe würden erneut den Platz von Sophisten, Philosophen und Priestern einnehmen"[21]. Libanios suchte sich und Gleichgesinnten über den erneuten, endgültigen Sieg des christlichen Kaisertums hinwegzuhelfen, indem er in seinen Grabreden ein umfassendes Bekenntnis zu dem "inzwischen heftig angefeindeten 'Apostaten'"[22] ablegte und – gleichsam als Antwort auf die gegen ihn gerichtete Polemik – das Bild des christlichen Herrschers Konstantios als eines verachtenswerten, dem platonischen Vorbild nachgezeichneten τύραννος prägte.

Demnach erfüllte das negativ geprägte Konstantiosbild bei Libanios mehrere argumentative Funktionen: In den noch zu Lebzeiten Julians veröffentlichten Reden diente es vorrangig einem apologetischen Interesse; Konstantios hatte die dunkle Kontrastfigur zur hellen Lichtgestalt des βασιλεύς Julian abzugeben, um dessen gewaltsame Machtergreifung vergessen bzw. im nachhinein als ein Werk

17 Vgl. oben, S. 176 ff.
18 Wiemer, 1995a, S. 112 f.
19 Vgl. oben, S. 176 f.
20 Vgl. insbes. Kap. I 2.2 u. III 1.1 u. 1.3.
21 Wiemer, 1995, S. 259 (hiermit die Perspektive des Libanios wiedergebend).
22 Ebd., S. 359.

göttlicher Fügung erscheinen zu lassen[23]. Darüber hinaus kam dem Kaiserbild, welches Libanios in den nach dem Tode Julians komponierten Grabreden[24] überlieferte, noch eine Trost- und Ventilfunktion zu: Indem sich das einseitig negativ geprägte Konstantiosbild jetzt auch dazu benutzen ließ, das christliche Kaisertum im Zeitalter eines Valens indirekt zu desavouieren, wurde es zum Ausdrucksmittel und damit gleichzeitig auch zum Ventil oppositioneller Überzeugungen[25]. Allerdings konnte es Libanios nun nicht mehr wagen, sich mit seinen Anschuldigungen gegen den christlichen Kaiser an ein größeres Publikum zu wenden, sondern es ging ihm nurmehr darum, in einem kleinen Kreise Gleichgesinnter[26] Trost zu spenden angesichts der so hoffnungslosen und demütigenden Situation, zu welcher der jähe Tod Julians und sein schmähliches Ende im Perserkrieg[27] geführt hatten.

Mit seiner im Epitaphios vorgetragenen Verherrlichung Julians hatte der Rhetor freilich auch dazu beigetragen, den Julian-Mythos[28] zu erschaffen und somit "für alle Zeiten unverdienten Glanz"[29] über den Nachfolger des Konstantios und dessen Taten zu verbreiten. Denn gerade auch bezüglich des von Libanios vermittelten Julianbildes hat die quellenkritische Untersuchung nachweisen können, daß eine solche weitgehend an den Topoi orientierte, die historischen Fakten vernachlässigende oder im eigenen Interesse interpretierende Darstellung der genaueren Überprüfung nicht standhält[30]. Vielmehr konnte gezeigt werden, daß Libanios in seinen julianischen Reden zwei Herrscherbilder weitgehend nach Gutdünken konstruierte, um sie – offen oder verdeckt – in politisch-agitatorischer Absicht einsetzen zu können.

Ob diese Art der Wirklichkeitsverfälschung von Libanios selbst bewußt oder unbewußt vorgenommen wurde, ist im einzelnen nicht mehr zu klären; jedenfalls

---

23 Dies betrifft vor allem die Reden 13 und 12, welche zur feierlichen Begrüßung Julians in Antiocheia bzw. zu dessen 4. Konsulatsantritt von Libanios vorgetragen wurden. Mit seiner in den Reden 14 und 15 vorgebrachten Klage über den angeblichen Sittenverfall des öffentlichen wie privaten Lebens unter Konstantios verfolgte der Rhetor überdies noch die Absicht, das Fehlverhalten des Aristophanes bzw. der Antiochener gegenüber Julian zu entschuldigen; vgl. Wiemer, 1995, S. 241 u. 357 f.

24 Dies sind die "Monodie auf Julian" (= *or.* 17) und der hier hauptsächlich zur Interpretation herangezogene "Epitaphios auf Julian" (= *or.* 18).

25 Diese oppositionelle Haltung mochte noch dadurch bestärkt worden sein, daß auch das Verhältnis des Libanios zu Valens "nachhaltig gestört war", denn Valens verfolgte "die Anhänger Julians vom Beginn seiner Herrschaft an mit Mißtrauen und Haß"; Wiemer, 1995 a, S. 96. Vgl. oben, S. 111, Anm. 628.

26 Vgl. oben, S. 111 u. ebd. Anm. 628. Wiemer, 1995, S. 359 f.

27 Vgl. oben, S. 82 u. ebd. Anm. 416.

28 Vgl. oben, S. 13. Wiemer, 1995, S. 5.

29 Klein, 1978, S. 17.

30 Siehe Kap. I 2.2 – III 1 passim.

scheint das Ausmaß seiner subjektiven Betroffenheit das Maß der Verzerrung bestimmt zu haben. Vor allem ist es dem so viel gelesenen heidnischen Rhetor mit großer Wirkung auf die Nachwelt gelungen, das Bild des christlichen Kaisers Konstantios als eines verabscheuungswürdigen Tyrannen mitzuprägen.

Demgegenüber ist kaum beachtet worden, daß Libanios selbst – wiederum zwanzig Jahre später, als er sich mit dem christlichen Kaisertum unter Theodosios abgefunden zu haben schien[31] – von diesem Bilde abrücken sollte: Als es dem Rhetor darauf ankam, Theodosios ein Beispiel kaiserlicher Milde vor Augen zu führen und ihn auf diese von Heiden wie Christen gleichermaßen anerkannte Tugend zu verpflichten, durfte Konstantios wieder der werden, der er nach Meinung der Verfasserin war: Ein in hohem Maße von der Vernunft kontrollierter, immer wieder auch Nachsicht übender Kaiser, der – wie es Mommsen ausdrückte – "besser als die meisten Herrscher dieses öden Jahrhunderts gewesen"[32] ist.

31 Zum Verhältnis des griechischen Rhetors zum römischen Kaiser Theodosios vgl. oben, S. 233, Anm. 296.

32 Mommsen, 1886, S. 162 (zitiert nach Demandt, 1989, S. 93).

Bibliographie

A. Quellenausgaben

Libanios. Antiochikos (*or.* XI). Zur heidnischen Renaissance in der Spätantike. Übersetzt und kommentiert von G. Fatouros u. T. Krischer, Wien-Berlin 1993.

Libanios. Briefe. Griechisch-deutsch in Auswahl herausgegeben, übersetzt und erläutert von G. Fatouros u. T. Krischer, München 1980.

Libanii opera quae supersunt. Rec. R. Foerster/E. Richtsteig, Bd. I – XII, Leipzig 1903-1927 (Nachdruck 1963).

Libanius. Selected Works. With an English Translation, Introduction and Notes by A. F. Norman, Bd. 1: The Julianic Orations, London 1969. Bd. 2: Selected Orations, London 1977.

Libanios. Autobiographische Schriften. Übersetzt von P. Wolf, Zürich-Stuttgart 1967.

B. Literatur

Alföldi (1934/35): A. Alföldi, Die monarchische Repräsentation im römischen Kaiserreiche (1934-35), Darmstadt 1970.

Barceló (1981): P.A. Barceló, Roms auswärtige Beziehungen unter der constantinischen Dynastie (306-363), Diss. Freiburg 1980. Eichstätter Beiträge 3, Abt. Geschichte, Regensburg 1981.

Barnes (1983): T.D. Barnes, Two Victory Titles of Constantius (ZPE 52, 1983, 229- 35).

Barnes (1993): T.D. Barnes, Athanasius and Constantius. Theology and Politics in the Constantinian Empire, London 1993.

Bleicken (1978): J. Bleicken, Verfassungs- und Sozialgeschichte des Römischen Kaiserreiches, 2 Bde., Paderborn 1978.

Bliembach (1976): E. Bliembach, Libanios. Oratio 18 (Epitaphios). Kommentar (Paragraph. 111 – 308), Diss. Würzburg 1976.

Blockley (1972): R.C. Blockley, Constantius Gallus and Julian as Caesars of Constantius II. (Latomus XXXI, 1972, 433-468).

Blockley (1975): R.C. Blockley, Ammianus Marcellinus. A Study of his Historiography and Political Thought. Coll. Latomus 141, Brüssel 1975.

Blockley (1980): R.C. Blockley, Ammianus Marcellinus. A Selection with Introduction, Notes and Commentary, Bristol 1980.

Blockley (1989): R.C. Blockley, Constantius II. and Persia. In: Studies in Latin Literature and Roman History V (Coll. Latomus 206), Brüssel 1989, 465-490.

Böhme (1974): H.-W. Böhme, Germanische Grabfunde des 4. und 5. Jahrhunderts zwischen Elbe und Loire. Studien zur Chronologie und Bevölkerungsgeschichte (Münchner Beiträge zur Vor- und Frühgeschichte 19), München 1974.

Blum (1974): W. Blum, Die Jugend des Constantius II. bis zu seinem Regierungsantritt (C&M XXX, 1974, 389-402).

Bowder (1978): D. Bowder, The Age of Constantine and Julian, London 1978.

Brassloff (1901): Brassloff, *damnatio memoriae*, RE IV (1901) 2059-2062.

Burns (1981): T.S. Burns, The Germans and Roman Frontier Policy (ca. A.D. 350-378) (AArchSlov XXXII 1981, 390-404).

Callu (1987): J.P. Callu, Un "Miroir des Princes": Le "Basilikos" libanien de 348 (Gerión V, 1987, 133- 152).

Cameron (1994): Averil Cameron, Das späte Rom (dtv-Geschichte der Antike. Hrsg. v. O. Murray. Bd. 7), München 1994.

Ceska (1965): J. Ceska, En Marge de la Visite de Constance à Rome en 357 (SPFB XIV, 1965, E10, 107- 115).

Classen (1988): K.J. Classen, *Nec spuens aut os aut nasum tergens vel fricans* (Amm.Marc.16,10,10). (RhM CXXXI, 1988, 177-186).

Dagron (1968): G. Dagron, L'empire romain d'Orient au IVe siècle et les traditions politiques de l'hellénisme: le témoinage de Thémistios (T+M Byz 3, 1968, 1-242).

Del Tredici (1982): K.L. del Tredici, Three historiographical problems in the ancient sources for the reign of Constantius II. (337-361), Diss. New York 1982.

Demandt (1965): A. Demandt, Zeitkritik und Geschichtsbild im Werk Ammians, Diss. Marburg/Bonn 1965.

Demandt (1989): A. Demandt, Die Spätantike (Handbuch der Altertumswissenschaft Abt.3, T.6), München 1989.

Dodgeon/Lieu (1991): M.H. Dodgeon/S.N.C. Lieu, The Roman Eastern Frontier and the Persian Wars (Ad 226-363). A Documentary History, London/New York 1991.

Drinkwater (1983): J.F. Drinkwater, The "Pagan Underground", Constantius II's "Secret Service", and the Survival, and the Usurpation of Julian the Apostate.

In: C. Deroux (Hg.), Studies in Latin Literature and Roman History, Bd. 3 (Collection Latomus 180), Brüssel 1983, S. 348- 387.

Duval (1970): Y.M. Duval, La Venue à Rome de l'Empereur Constance II. en 357 d'après Ammien Marcellin (Caesarodunum 1970, N.5, 299-304).

Edbrooke (1975): R.O. Edbrooke, Constantius II. and Hormisdas in the Forum of Trajan (Mnemosyne 28, 1975, 412-17).

Edbrooke (1976): R.O. Edbrooke, The visit of Constantius II. to Rome in 357 and its effekts on the Pagan Roman Aristocracy (AJPh 97, 1976, 40-61).

Elliot (1983): T.G. Elliot, Ammianus Marcellinus and fourth century history. Toronto 1983.

Enßlin (1923): W. Enßlin, Kaiser Julians Gesetzgebung und Reichsverwaltung (Klio 18, 1923, 104-199).

Enßlin (1936): W. Enßlin, Zu dem vermuteten Perserfeldzug des rex Hannibalianus (Klio 29 [N.F.11], 1936, 102-110).

Enßlin (1954): W. Enßlin, *praefectus praetorio*, RE XXII 2 (1954) 2391-2502.

Fatouros/Krischer (1983): G. Fatouros/T. Krischer (Hrsg.), Libanios (WdF 621), Darmstadt 1983.

Foerster/Münscher (1925): Foerster/Münscher: Libanios, RE XII 2 (1925) 2485-2551.

Frézouls (1962): E. Frézouls, La mission du magister equitum Ursicin en Gaulle (355-57) d'après Ammien Marcellin. Hommages à A. Grenier (Coll. Latomus 58) Brüssel 1962, 673-88.

Frézouls (1983): E. Frézouls, Les Deux Politiques de Rome face aux Barbares d'après Ammien Marcellin. In: ders., Crise et Redressement dans les Provinces Européennes de l'Empire. Strasbourg 1983, 175-197.

Gärtner (1979): H. Gärtner, Libanios, KlP III (1979), 612-615.

Gehrke (1982): H.-J. Gehrke, Der siegreiche König (Archiv f. Kulturgeschichte 64, 1982, 247-277).

Geffcken (1920): J. Geffcken, Der Ausgang des griechisch-römischen Heidentums, Heidelberg 1920.

Girardet (1975): K. Girardet, Kaisergericht und Bischofsgericht, Bonn 1975.

Girardet (1977): K.M. Girardet, Kaiser Konstantius II. als 'Episcopus Episcoporum' und das Herrscherbild des kirchl. Widerstandes (Historia 26, 1977, 95-128).

Gladis (1907): C. Gladis, De Themistii Libanii Juliani in Constantium orationibus, Diss. Breslau 1907.

Hadot (1972): P. Hadot, Fürstenspiegel (RAC 8, 1972, 555-632).

Haehling (1978): R. v. Haehling, Ammianuns Marcellinus und der Prozeß von Skythopolis (JbAC 21, 1978, 74-101).

Hartke (1951): W. Hartke, Römische Kinderkaiser. Eine Strukturanalyse römischen Denkens und Daseins, Berlin 1951.

Heuss ([2]1964): A. Heuss, Römische Geschichte, Braunschweig [2]1964.

Hoffmann (1969): D. Hoffmann, Das spätrömische Bewegungsheer und die Notitia Dignitatum, Düsseldorf 1969.

Hopkins (1963): M.K. Hopkins, Eunuchs in Politics in the Later Roman Empire. In: Proceedings of the Cambridge Phil. Soc. 189, 1963, 62-80.

Jankowski (1975): N. Jankowski, Restaurationsversuche römischer Herrschaft in den linksrheinischen Gebieten unter Julianus, Diss. (Masch.) Berlin 1975.

Jones (1964): A.H.M. Jones, The Later Roman Empire 284-602. A Social,Economic and Administrative Survey, 3 Bde., Oxford 1964.

Klein (1977): R. Klein, Constantius II. und die christliche Kirche (Impulse der Forschung 26), Darmstadt 1977.

Klein (1978): R. Klein, Einleitung. In: Julian Apostata, hrsg. v. R. Klein (WdF 509), Darmstadt 1978, 1-23.

Klein (1979): R. Klein, Die Kämpfe um die Nachfolge nach dem Tode Constantins des Großen (ByzF VI, 1979, 101-159).

Klein (1979a): R. Klein, Der Rombesuch des Kaisers Konstantius II. im Jahre 357 (Athenaeum 67, N.S. 47, 1979, 98-115).

Kraft (1958): K. Kraft, Die Taten der Kaiser Constans und Constantius (Jb. f. Num. u. Geldgesch. 9, 1958, 141-186).

Krüger ([2]1987): B. Krüger (Hrsg.), Die Germanen. Geschichte und Kultur der germanischen Stämme in Mitteleuropa. Bd. 2: Die Stämme und Stammesverbände in der Zeit vom 3. Jahrhundert bis zur Herausbildung der politischen Vorherrschaft der Franken, Darmstadt [2]1987.

Leedom (1978): J.W. Leedom, Constantius II. Three Revisions (Byzantion XLVIII, 1978, 132-145).

Leiprecht (1932): A. Leiprecht, Der Vorwurf der germanischen Treulosigkeit in der antiken Literatur, Diss. Würzburg 1932.

Lenschau (1948): Th. Lenschau, Tyrannis, RE VII A 2 (1948), 1821-1842.

Liebeschuetz (1972): J.H.W.G. Liebeschuetz, Antioch. City and Imperial Administration in the Later Roman Empire, Oxford 1972.

Lightfood (1981): C.S. Lightfood, The Eastern Frontier of the Roman Empire with special reference to the reign of Constantius II., Diss. (Masch.) Oxford 1981.

Lucien-Brun (1973): X. Lucien-Brun, Constance II. et le Massacre des Princes (BAGB 32, 1973, 585-602).

Martin (1984): J. Martin, Zum Selbstverständnis, zur Repräsentation und Macht des Kaisers in der Spätantike (Saeculum 35, 1984, 115-131).

Martin (1987): J. Martin, Spätantike und Völkerwanderung (Oldenbourg, Grundriß der Geschichte, hrsg. v. J. Bleicken etc., Bd.4), München 1987.

Migl (1994): J. Migl, Die Ordnung der Ämter. Prätorianerpräfektur und Vikariat in der Regionalverwaltung des Römischen Reiches von Konstantin bis zur Valentinianischen Dynastie, Diss. Frankfurt/M. 1994.

Millar (1977) : F. Millar, The Emperor in the Roman World, London 1977.

Momigliano (²1964): A. Momigliano, Pagan and Christian Historiographie in the Fourth Century A.D. In: The Conflict between Paganism and Christianity in the Fourth Century, Oxford ²1964.

Mommsen (1886): Th. Mommsen, Römische Kaisergeschichte von Diocletian bis Honorius, 1886 (unveröffentlichte Vorlesungsnachschrift von Sebastian Hensel, zitiert nach Demandt, 1989, S. 93).

Moreau (1959): J. Moreau, Constantinus II., Constantius II., Constans (JbAC 2, 1959, 160-184).

Mudd (1984): M.M. Mudd, Aspects of the Internal Government of the Later Roman Empire in the Reign of Constantius II., A.D. 337-361, Diss. New Brunswick 1984.

Müller-Seidel (1955): I. Müller-Seidel, Die Usurpation Julians des Abtrünnigen im Lichte seiner Germanenpolitik (HZ 180, 1955, 225-244).

Noethlichs (1971): K.-L. Noethlichs, Die gesetzgeberischen Maßnahmen der christlichen Kaiser des 4.Jhs. gegen Häretiker, Heiden und Juden, Diss. Köln 1971.

Nutt (1973): D.C. Nutt, Silvanus and the Emperor Constantius II. (Antichthon 7, 1973, 80-89).

Pack (1986): E. Pack, Städte und Steuern in der Politik Julians. Untersuchungen zu den Quellen eines Kaiserbildes (Collection Latomus 194), Brüssel 1986.

Peeters (1931): P. Peeters, L'Intervention Politique de Constance II dans la Grande Arménie en 338 (Bull. Acad. Roy. Belg. 17, 1931, 10-47).

Peters (1945): I. Peters, Die Germanenpolitik der Kaiser Konstantius und Julian im Rahmen der römischen Reichspolitik des vierten Jahrhunderts, Diss. Heidelberg 1945.

Petit (1955): P. Petit, Libanios et la vie municipale à Antioche, Paris 1955.

Petit (1956): P. Petit, Untersuchungen über die Veröffentlichung und Verbreitung der Reden des Libanios (1956). In: Libanios, hrsg. v. G. Fatouros u. T. Krischer (WdF 621), Darmstadt 1983, 84- 128.

Petit (1957): P. Petit, Die Senatoren von Konstantinopel im Werk des Libanios (1957). In: Libanios, hrsg. v. G. Fatouros u. T. Krischer (WdF 621), Darmstadt 1983, 206-247.

Petit (1981): P. Petit, Zur Datierung des "Antiochikos" (*or.* 11) des Libanios (Originalbeitrag 1981). In: Libanios, hrsg. v. G. Fatouros u. T. Krischer (WdF 621), Darmstadt 1983, 129-149.

Petit (1981a): P. Petit, Chantal Vogler. Constance II et l' administration impériale. Strasbourg 1979. Rezension (Latomus 40, 1981, 655-57).

Piganiol (1929): A. Piganiol, Notes épigraphiques (REA XXXI, 1929, 139-150).

Piganiol (1947): A. Piganiol, L'Empire Chrétien (325-395), Paris 1947, ²1972.

Portmann (1988): W. Portmann, Geschichte in der spätantiken Panegyrik, Diss. Frankfurt/M. 1988.

Portmann (1989): W. Portmann, Die 59. Rede des Libanios und das Datum der Schlacht von Singara (ByzZ LXXXII 1989, 1-18).

Rosen (1969): K. Rosen, Beobachtungen zur Erhebung Julians 360-361 n.Chr.(1969). In: Julian Apostata (WdF 509), hrsg. v. R. Klein, Darmstadt 1978, 409-447.

Rosen (1970): K. Rosen, Studien zur Darstellungskunst und Glaubwürdigkeit des Ammianus Marcellinus, Diss. Heidelberg 1968. Bonn Habelt 1970.

Rosen (1982): K. Rosen, Ammianus Marcellinus (Erträge der Forschung Bd. 183), Darmstadt 1982.

Schemmel (1907): F. Schemmel, Der Sophist Libanios als Schüler und Lehrer (1907). In: Libanios (WdF 621), hrsg. v. G. Fatouros u. T. Krischer, Darmstadt 1983, 3-25.

Schlange-Schöningen (1995): H. Schlange-Schöningen, Kaisertum und Bildungswesen im spätantiken Konstantinopel, Diss. Berlin 1992. Stuttgart 1995.

Schlinkert (1994): D. Schlinkert, Der Hofeunuch in der Spätantike: Ein gefährlicher Außenseiter? (Hermes 122, 1994, 342-59).

Schmidt (1987): B. Schmidt, Die Alamannen. In: B. Krüger, Die Germanen, Bd. 2, Darmstadt ²1987, S. 336- 61.

Schmid/Stählin (1924): W. Schmid/O. Stählin, Geschichte der griechischen Literatur. Die nachklassische Periode von 100-530 n. Chr.. In: HbAW VII 2,2., München 1924.

Scholten (1995): H. Scholten: Der Eunuch in Kaisernähe. Zur politischen und sozialen Bedeutung des *praepositus sacri cubiculi* im 4. und 5. Jahrhundert n. Chr., Diss. Düsseldorf 1994. Frankfurt/M. 1995.

Seeck (1901): O. Seeck, Constans (3), RE IV (1901) 948-952.

Seeck (1901): O. Seeck, Constantius (4), RE IV (1901) 1044-1094.

Seeck (1901): O. Seeck, *cursus publicus*, RE IV (1901) 1846-1863.

Seeck (1906): O. Seeck, Die Briefe des Libanius, Leipzig 1906, Ndr. Hildesheim 1966.

Seeck (1909): O. Seeck, Eusebius, RE VI (1909) 1367-1368.

Seeck (1920/23): O. Seeck, Geschichte des Untergangs der antiken Welt, 6 Bde, Stuttgart 1920-23, Ndr. 1966.

Seyfarth (1975): W. Seyfarth, Die Entwicklung im 4. Jahrhundert (306-406/7). In: Die Römer an Rhein und Donau, hrsg. v. R. Günther u. H. Köpstein, Wien-Köln-Graz 1975, 98-136.

Sievers (1868): G.R. Sievers, Das Leben des Libanios. Aus dem Nachlasse des Vaters herausgegeben v. G. Sievers, Berlin 1868, Ndr. Amsterdam 1969.

Sinnigen (1962): W.G. Sinnigen, Three Administrative Changes Ascribed to Constantius II. (AJPh 83, 1962, 369-82).

Speyer/Opelt (1967): W. Speyer, I. Opelt, Barbar. In: Nachträge zum Reallexikon für Antike und Christentum (JbAC 10, 1967, 251-290).

Sonnabend (1986): H. Sonnabend, Fremdenbild und Politik. Vorstellungen der Römer von Ägypten und dem Partherreich in der späten Republik und frühen Kaiserzeit, Diss. Hannover 1986. Frankfurt/M. 1986.

Stallknecht (1969): B. Stallknecht, Untersuchungen zur römischen Außenpolitik in der Spätantike (306-395), Diss. Bonn Habelt 1969.

Stegemann (1934): W. Stegemann, Themistios (2), RE V A 2 (1934), 1642-1680.

Stein (1928): E. Stein, Geschichte des spätrömischen Reiches, Bd.I: Vom römischen zum byzantinischen Staate (284-476 n.Chr.), Wien 1928.

Stein (1934): E. Stein, A propos d'un livre récent sur la liste des préfets du prétoire (Byzantion IX, 1934, 327-353).

Straub (1939): J. Straub, Vom Herrscherideal der Spätantike, Stuttgart 1939.

Stroheker (1970): K.-Fr. Stroheker, Begegnungen der Germanen mit dem spätantiken Bildungsgedanken. In: Festschrift für E. Zinn, hrsg. v. M. v. Albrecht u. E. Heck, Tübingen 1970, 233-243.

Stroheker (1974): K.-Fr. Stroheker, Die Alamannen und das spätrömische Reich. In: Die Alamannen in der Frühzeit, hrsg. v. W. Hübener, Bühl/Baden 1974, 9-26.

Szidat (1977/81): J. Szidat, Historischer Kommentar zu Ammianus Marcellinus, Buch XX-XXI. Teil 1: Die Erhebung Julians (Historia Einzelschriften 31), Wiesbaden 1977. Teil 2: Die Verhandlungsphase (Historia Einzelschriften 38), Wiesbaden 1981.

Szidat (1972): J. Szidat, Der Feldzug Constantius II. an der mittleren Donau im Jahre 358 n. Chr. (Historia 21, 1972, 712-20).

Timpe (1986): D. Timpe, Ethnologische Begriffsbildung in der Antike. In: Germanenprobleme in heutiger Sicht, hrsg. v. H. Beck (Ergänzungsbände zum Reallexikon der German. Altertumskunde 1), Berlin/New York 1986, 22-40.

Thompson (1947): E.A. Thompson, The Historical Work of Ammianus Marcellinus, Cambridge 1947.

Thompson (1956): E.A. Thompson, Constantine, Constantius II. and the Lower Danube Frontier (Hermes 84, 1956, 372-81).

Tränkle (1976): H. Tränkle, Der Caesar Gallus bei Ammian (MH 33, 1976, 162-79).

Vogler (1979): Ch. Vogler, Constance II et l' Administration Impériale. Strasbourg 1979.

Vogt (1967): J. Vogt, Kulturwelt und Barbaren. Zum Menschenbild der spätantiken Gesellschaft (Akad. d. Wiss. u. d. Lit. in Mainz, Abhlg. d. geistes- und sozialwiss. Kl., Jg. 1967, 1), Wiesbaden 1967.

Waas (1965): M. Waas, Germanen im römischen Dienst im 4. Jh.n.Chr., Diss. Bonn Habelt 1965.

Wiebe (1995): F.J. Wiebe, Kaiser Valens und die heidnische Opposition, Diss. Bonn Habelt 1995.

Wiemer (1994): H.-U. Wiemer, Libanius on Constantine, CQ n.s. 44, 1994, S. 511-24.

Wiemer (1995): H.-U. Wiemer, Libanios und Julian. Studien zum Verhältnis von Rhetorik und Politik im vierten Jahrhundert n. Chr., Diss. Marburg 1994. München Beck 1995.

Wiemer (1995a): H.-U. Wiemer, Die Rangstellung des Sophisten Libanios unter den Kaisern Julian, Valens und Theodosios. (Chiron 25, 1995, 89-123).

Wirth (1978): G. Wirth, Julians Perserkrieg. Kriterien einer Katastrophe. In: Julian Apostata, hrsg. v. R. Klein (WdF 509), Darmstadt 1978, 455-507.

Wirth (1979): G. Wirth, Themistios und Constantius (ByzF VI, 1979, 293-317).

Wolf (1954): P. Wolf, Libanios und sein Kampf um die hellenische Bildung (1954). In: Libanios, hrsg. v. F. Fatouros u. T. Krischer (WdF 621), Darmstadt 1983, 68-83.

Danksagung

Mein besonderer Dank gilt Herrn Professor Dr. Horst Callies für die wissenschaftliche Förderung und Betreuung der vorliegenden Arbeit sowie meinen beiden Lehrern des Altgriechischen, Herrn Paul-Gerd Jürging und Herrn Dr. Dietrich Roloff, für ihre Hilfe bei den umfangreichen Übersetzungsarbeiten und deren beständiger Überprüfung; schließlich bedanke ich mich sehr herzlich auch bei Frau Dr. Martina Jantz für ihre sorgfältige Korrektur des Manuskriptes.